Zeit Bild

Das historische Nachrichten-Magazin

Die Französische Revolution

1789

1791

1792

1793

1794

Ueberreuter

Herausgeber: Hans Erik Hausner

Chef- und Bildredaktion: Traudl Lessing

Redaktion: Gerhard Eisenkolb,
Kurt Frischler, Alexander Gorgias,
Lorenz Grieder, Johannes Kugler,
Thea Leitner, Gunther Martin,
Olga Obry, Franz Schrapfeneder,
György Sebestyén, Günter Treffer,
Jens Tschebull, Fritz Weissensteiner

»Pariser Revolte« oder Französische Revolution?

ISBN 3 8000 3201 5
J 988
Alle Rechte vorbehalten
Umschlagfoto von Erich Lessing
Umschlag von Herbert Schiefer
© 1977 by Verlag Carl Ueberreuter,
Wien · Heidelberg
Papier und Gesamtherstellung:
Salzer - Ueberreuter, Wien
Printed in Austria

Zeit Bild

Das historische Nachrichten-Magazin

1789

Inhalt

BRIEF DES HERAUSGEBERS	4
ENGLAND	
Der König und der Kanzler	5
ÖSTERREICH	
Bilanz eines Regierungsstils	7
RUSSLAND	
Kein Schwedenpunsch in Petersburg	9
VEREINIGTE STAATEN VON AMERIKA	
Washington for President	10
AUSTRALIEN	
Aus dem Knast zu den Känguruhs	12
FRANKREICH	
ZB-Titel: »Pariser Revolte« oder Französische Revolution?	14
Der Bäcker und die Bäckerin übersiedeln nach Paris	23
Zwei wirklich unbekannte Leute	25
WIRTSCHAFT	
Warum gibt es kein Brot?	29
MEDIZIN	
Heikle Fracht aus Florenz	31
UNIVERSITÄTEN	
Friedrich von Schiller hielt Antrittsvorlesung in Jena	33
GESELLSCHAFT	
Die Revolution begann im Kaffeehaus	33
MODERNES LEBEN	
Ein Mann kämpft gegen den Hunger	34
Der neue Landschaftsgarten	36
UNTERHALTUNG	
Im Dreivierteltakt	38
MODE	
Der Turm ist tot – es lebe die Feder!	38
PERSONALIA	39
KUNST	
Sind unsere Maler nur noch Kopisten?	41
THEATER	
Kassenschlager verdrängt Schiller	42
MUSIK	
Raubdrucker plündern Kapellmeister Haydn	42
BESTSELLER	
Über den (wahren) Umgang mit Menschen	44
Aufregung in Weimar	45
SPORT	
Sport ist Mord	46
WENDEPUNKTE	47

Brief des Herausgebers

Das Jahr 1789 hat das absolutistisch regierte Frankreich bis auf die Grundfesten erschüttert. Von Mai bis Oktober haben sich in diesem Land Ereignisse zugetragen, unter deren Wucht das Ancien régime de facto, wenn auch nicht de jure zusammengebrochen ist. Man braucht kein Prophet zu sein, um zweierlei vorauszusagen: daß das revolutionäre Geschehen in Frankreich Folgewirkungen in den anderen europäischen Staaten haben und daß das Jahr 1789 dereinst von der Geschichtsschreibung als eine historische Wende bezeichnet werden wird.

Der Stein der Revolution kam ins Rollen, als am 5. Mai 1789 in Versailles die Generalstände seit 175 Jahren zum erstenmal wieder zusammentraten, um die schwere Finanzkrise zu lösen, an der das Land seit langem laborierte, und um dem König überfällig gewordene politische Reformen abzuringen. Die Versammlung der Volksvertreter war kein revolutionärer, sondern ein durchaus legaler, von Ludwig XVI. sanktionierter Akt. Den Schritt in die (zunächst noch unblutige) Revolution taten die Delegierten am 17. Juni, als sie sich – unter Umständen auch ohne Adel und Klerus – zur Nationalversammlung erklärten und einige Tage später den Befehl des Königs zur Auflösung ignorierten. Die absolute Monarchie, die Staatsgewalt, hatte eine entscheidende Schlacht verloren.

Am 14. Juli folgte der Sturm auf die Bastille, das verhaßte Symbol des Despotismus. Und dieser revolutionäre Akt, der nicht mehr ohne Blutvergießen abging, war das entscheidende Signal. Im ganzen Land, in den Städten und Dörfern, erhob sich das Volk und nahm in revolutionärer Leidenschaft die Geschichte in seine Hände. Die Bauern erstürmten die Schlösser ihrer Grundherren, verwüsteten die Archive und verbrannten die Urkunden, die sie seit Jahrhunderten zur Fronarbeit verpflichtet hatten. Ganz Frankreich stand in Flammen.

Angesichts dieser Ereignisse entschloß sich die Nationalversammlung zu einem Schritt von ungeheurer Tragweite: Adel und Klerus verzichteten am 4. August nach einer stürmisch verlaufenen Sitzung auf ihre Privilegien. Die Feudallasten wurden abgeschafft, die Standesunterschiede aufgehoben. Mit diesem Beschluß wurde ein Schlußstrich unter eine jahrhundertelange Entwicklung gesetzt. Aber was scheinbar in einer Anwandlung von Großmut geschehen war, entsprang der Angst und war nichts als kalte politische Absicht. Die ungebärdig gewordenen bäuerlichen Massen sollten besänftigt werden. Und so geschah es dann auch. Die Revolution der Bauern verebbte.

Das Revolutionskarussell drehte sich indessen munter weiter. Anfang Oktober rotteten sich in Paris einige Tausend Frauen zusammen, um in unmißverständlicher Form ihren Unmut über die Brotknappheit, die Lebensmittelteuerung und die Arbeitslosigkeit zum Ausdruck zu bringen. Sie zogen hierauf nach Versailles und zwangen den König, in die Hauptstadt zu übersiedeln. Die Nationalversammlung folgte dem Monarchen nach Paris. König und Volksvertretung, die Träger der Staatsgewalt, sind somit in den unmittelbaren Einflußbereich der besitzlosen Massen von Paris geraten.

Wieso konnte es zu den geschilderten Ereignissen kommen, die an die geheiligte Position des Königtums rührten und die zu einer so gravierenden Änderung in der Gesellschafts- und Wirtschaftsstruktur des Landes führten?

Man wird nicht sehr weit fehlen, wenn man die Beweggründe für die unzufriedene Grundstimmung, aus der die Revolution des Jahres 1789 erwuchs, in der ökonomischen, gesellschaftlichen und politischen Ungleichheit der einzelnen Volksschichten sucht. Dem verschwenderischen Königtum, dessen luxuriöse Hofhaltung und kostspielige Kriege den Staatshaushalt bis zur Unerträglichkeit belasteten, standen Adel und Geistlichkeit als Stützen zur Seite. Diese beiden Stände waren eine mit vielen Privilegien ausgestattete Minderheit, deren Zahl sich unter 25 Millionen Franzosen auf ungefähr 270.000 belief. Aber diese 270.000 Privilegierten beherrschten die Verwaltung, das Heer und die Gerichtsbarkeit. Adel und hohe Geistlichkeit besaßen als Grundeigentümer und Pachtherren ungefähr 65 Prozent des Grund und Bodens, waren jedoch von der Zahlung der direkten Steuern (Grundsteuer und Vermögenssteuer) befreit.

Diese himmelschreiende Ungerechtigkeit wurde von den Bürgern und Bauern mit Verbitterung vermerkt. Die Bauern hatten nicht nur eine schwere Steuerlast zu tragen, sie litten unter den Abgaben und dem langen Dienst im Heer. Als wäre dies nicht schon genug gewesen, wurden sie zudem wegen ihrer Unbildung auch noch verachtet und verhöhnt.

Im Gegensatz dazu war das französische Bürgertum, zumindest sein großbürgerlicher Teil, wirtschaftlich mächtig und einflußreich. Wie in Großbritannien und in den Niederlanden hatte es riesiges Vermögen in seiner Hand zusammengerafft. Aber trotz dieser wirtschaftlichen Machtposition war das Bürgertum gesellschaftlich unterprivilegiert und politisch unmündig geblieben. Von den Ideen der Aufklärung, die es bereitwillig aufnahm, beflügelt, ergriff es jede Gelegenheit, um in den Salons und Freimaurerlogen, in Clubs und Cafés gegen die bestehende Gesellschaftsordnung Front zu machen. Ideell gesehen, wurde der Zusammenbruch des Feudalstaates in Frankreich zweifellos durch das Bürgertum herbeigeführt.

Die wirtschaftliche, soziale und politische Situation Frankreichs vor 1789 spiegelt sich übrigens am deutlichsten in den etwa 40.000 »cahiers de doléances« (Beschwerdehefte der Gemeinden) wider, in denen die Bevölkerung, bis hinunter zur niedersten Schicht, ihre Unzufriedenheit zum Ausdruck brachte. ■

ENGLAND

Der König und der Kanzler

William Pitt der Jüngere ist seinem Monarchen gegenüber ganz schön despektierlich. Soll er doch gesagt haben, daß Georg III. für England eine außenpolitische Katastrophe sei.

So unrecht hat er dabei gar nicht. Schon sein Vater, Pitt der Ältere, Earl of Chatham, scheiterte an der Halsstarrigkeit des Volkskönigs und nahm im Herbst 1761 als Premier seinen Hut. Damals ging es Georg III. darum, den Siebenjährigen Krieg möglichst umgehend zu beenden, was wieder dem älteren Pitt nicht in den Kram paßte – er war für Weltreich, Georg für Welthandel. Der König setzte sich durch.

Diesmal ist es wieder ein Krieg, der König und Kanzler entzweit: Englands Einmischung in die Französische Revolution. Georg III. möchte eingreifen.

William Pitt Vater: *auch schon Kanzler unter seiner Majestät, dem »Volkskönig« Georg III.*

Kanzler William Pitt der Jüngere: *Nichteinmischung in Französische Revolution.*

Der Kanzler ist dagegen. Er betreibt den inneren Wiederaufbau des Inselreiches nach der Niederlage im amerikanischen Unabhängigkeitskrieg und bemüht sich, was Wunder bei einem ehemaligen Schatzkanzler, in erster Linie um eine Förderung des Handels.

Der König kann sich um so weniger gegen seinen energischen Premier zur Wehr setzen, als ihm sein labiler Gesundheitszustand zu schaffen macht. Georg III. wird immer wieder von Depressionen befallen, und es ist ein offenes Geheimnis, daß er an einer Geisteskrankheit leidet. Aneinander geraten der König und sein Kanzler auch, wenn es um die Gleichberechtigung der Katholiken geht. Und da bleibt der König, der sich sonst – wenn auch widerstrebend – in die Vernunft und Einsicht Pitts des Jüngeren schickt, hart.

Gerade während des vergangenen Jahres hatte es der Premier ganz besonders schwer. Der alternde Monarch brach mehrmals völlig zusammen. Es dauerte Monate, bis es seinen Ärzten gelang, ihn so weit wiederherzustellen, daß er sich den Regierungsgeschäften widmen konnte.

Diese Zusammenbrüche nützte ein erklärter Gegner Pitts für sich. Der Prince of Wales, bisher lediglich unangenehm als Lebemann und Dandy aufgefallen und ein stiller Verächter seines Vaters, des Königs, versuchte nach der Macht zu greifen. Vor vier Jahren schockierte er den Hof durch seine heimliche Heirat mit der verwitweten und älteren Maria Fitzherbert. Er ist so gar nicht der Mann, mit dem der vorbildliche britische Aristokrat William Pitt der Jüngere zusammenarbeiten kann. Aber er ist der Thronfolger.

Bis heute ist es nur den guten Manieren Pitts, seiner untadeligen Haltung und Loyalität zu danken, daß es noch zu keinem größeren Eklat kam.

Er hat es als Premier nicht leicht. Die Sicherheit Englands hängt von zwei Dingen ab: der weiteren unbeschränkten Seeherrschaft und der Ausgewogenheit der politischen Machtverhältnisse in Kontinentaleuropa. Da hat sich aber in Frankreich einiges geändert.

Mit einem zögernden, oftmals verständnislosen König und dem Kronprinzen als erklärtem Gegner wird es Pitt schwer haben, den drohend heraufziehenden Gefahren für das Inselreich zu begegnen. Wenn Kontinentaleuropa eine Handelsblockade gegen England verhängen sollte, dann sind die Tage Pitts gezählt. ■

Dankgottesdienst in der St.-Pauls-Kathedrale in London: *König Georg III. hat die Depressionen überwunden, die ihn oft regierungsunfähig machen*

ÖSTERREICH

Bilanz eines Regierungsstils

Der Kaiser Joseph, sagt man in Wien, liebt die Menschheit, er kann aber die Leut' net leiden

Die einen stellen klagend die rhetorische Frage: »Warum wird Kaiser Joseph von seinem Volk nicht geliebt?« Die anderen machen den Herrscher populär, indem sie ihn als Hauptfigur herzbewegender Kalendergeschichten und trivialer Anekdötchen zeigen, als würde er – der »Graf von Falkenstein«, wie er sich nach einer deutschen habsburgischen Besitzung auf Reisen zu nennen pflegt – seine Hauptaufgabe darin sehen, unterwegs da oder dort auszusteigen, um höchstselbst und eigenhändig mit dem Pflug eines fronbefreiten Bauern eine Ackerfurche zu ziehen; oder inkognito der Tochter eines Posthalters, eines Landkrämers, eines Steuereinnehmers einen unvergeßlichen blitzblauen Blick zu schenken, der das Mädchen mit ahnungsvollem Schaudern des Majestätischen berührt.

Leutseligkeit und Absolutismus

Joseph II. als eine Art Oberon des kleinen Mannes; als Virtuose der Leutseligkeit; die gekrönte Führungskraft; ein Kaiser, den nicht stets ein unsichtbarer Baldachin überwölbt – dieses halb märchenhafte, halb unkonventionell moderne Bild paßt in den Stil seines aufgeklärten Absolutismus, dem man bereits einen eigenen Namen beilegte: Josephinismus.

Die Persönlichkeit des Kaisers: ein einsamer Mensch, allein wie einst der schwierige »Vetter Preußen«, den er glühend verehrte. Es scheint, daß die Staatskunst, so intensiv betrieben, alles andere an »Lebensglück« ausschließend und von philosophischer Versenkung getragen, seelisch isolierten, bedeutenden Geistern die ideale Zuflucht bietet. Seit seiner Witwenschaft betrachtet sich Joseph als mit dem Staat verheiratet und ist ihm ein ebenso aufmerksamer wie der eigenen Würde bewußter Eheherr. Ist sein aufgeklärter Absolutismus, dieser Versuch der Verschmelzung zweier kontrastierender Größenordnungen, eine Quadratur des Kreises? Das Prinzip drückt sich am bündigsten in der Maxime aus: für das Volk, aber nicht durch das Volk. Daß dieser Kurs der vom Wohlwollen geleiteten festen Hand nicht ohne Fehler ist, hat sich erwiesen, wenn die Allgemeinheit mit manchen »Segnungen« kaum froh wurde.

Der Kaiser schwört auf größte, nur der Sache dienende Einfachheit. Das haben viele nicht verstanden, oben und unten. Konsterniert hatte ein kluger Beobachter, der langjährige getreue Oberhofmeister Johann Joseph Fürst Khevenhüller-Metsch, schon während der Mitregentschaft des »jungen Herrn« aus nächster Nähe mit angesehen, wie ein neuer, scharfer Wind das Puder aus den Perücken blies. Die Wiener Hofhaltung war nie lasterhaft oder frivol wie andere Höfe, sondern fast bürgerlich-familiär, dabei wurden aber die feierlichen Formen des Zeremoniells immer bewahrt. In dieses Lebensgefühl, das Herrscher und Volk verband, kam der neue Mann und setzte die scharfe Schere an.

Josephinismus: das heißt Beschränkung auf das Notwendige, auf das Vernünftige und Zweckmäßige. Einsparungen und kritische Sichtung reduzierten die vertraute barocke Fülle. Wozu ein Schnörkel, wenn eine gerade Linie genügt? Taugt das Holz, dann braucht es keine Vergoldung. Ein Detail, das des Monarchen kompromißlos praktische Einstellung aufzeigt: In letzter Zeit erwog er allen Ernstes, der Armee ihre verschiedenartigen Uniformen auszuziehen und die Truppen in eine graublaue Einheitsmontur zu stecken. Eine Nebensächlichkeit? Nein, ein Symptom.

Josephs Streben, aus dem Völkerreich, diesem Mosaik weitverstreuter Länder und Provinzen, den zentralistischen, nach einem einzigen bindenden Muster organisierten Staat seiner politischen Wunschträume zu machen – und das so rasch wie möglich –, mußte fehlschlagen, weil solche Tendenzen außer acht ließen, was der Aufklärer sonst in den Mittelpunkt rückt: den Menschen, der nur vor dem Gesetz, im übrigen aber nicht gleich zu gleich behandelt sein will. Was für den Breisgauer oder den Niederländer passen mag, das bleibt dem Tiroler oder dem Böhmen unbegreiflich – und umgekehrt. 6.000 Erlässe und Satzungen binnen zehn Jahren – als Vehikel für die Entwicklung in die gewünschte Richtung gedacht, doch in Wahrheit eine Serie von Hemmschuhen.

Wo bleiben die Satiriker?

Mit der Pressefreiheit erteilte Joseph seinen Untertanen das gedruckte Wort. Nur: Österreich fehlt es an Schriftstellern oder gar Dichtern wirklichen Ranges, denen nun ungehinderte Entfaltung geboten wäre. Lokalbarden Wiens, die Herren Blumauer und Alxinger und Konsorten, schmieden ihre Verse sowieso brav wie Theaterschwerter: ohne Schneiden und Spitzen. Doch getrost, das neue geistige Klima wird gewiß neue literarische Talente zeitigen. Mittlerweile ergießt sich die Hochflut eilfertig geschriebener Broschüren über das Brachfeld und schwemmt auch manch wertvolles Stück heran: preziöse kleine Musenalmanache und Taschenbücher »für die gebildeten Stände«.

Das Verhältnis des obersten Josephiners zur Religion ist ambivalent. Er hob mehr Klöster auf, als er – wie bei ihm oft üblich – in Kasernen umfunktionieren kann. Statistiker sprechen von 700 insgesamt. Rein kontemplative, also der Betrachtung und dem Gebet ge-

Kaiser Joseph der Zweite: *Europas fortschrittlichster Monarch ist gleichzeitig Hauptfigur lieber Kalendergeschichten und Anekdoten: »Wer ich bin, sollt ihr nie erfahren, ich bin der Kaiser Joseph.«*

zählt dem kindlich frommen Volk die Kerzen vor, die es an den Altären seiner zahlreichen Heiligen entzünden darf.

Josephs vielzitierte Toleranz gegenüber anderen Konfessionen, wodurch Protestanten, Juden und Orthodoxe aus der unwürdigen Einstufung als Menschen zweiter Kategorie befreit wurden: ein Akt der Humanität, sicherlich, doch außerdem von vernünftigen Erwägungen diktiert. Der Hausvater Österreichs will nicht auf fähige Mitglieder seines großen Haushalts verzichten. Viele Führungskräfte im heutigen Wirtschaftsleben des Kaiserstaates sind Fremde; Spezialisten, die man nicht fragt, ob sie nach der Lehre des Papstes, Luthers oder Calvins selig werden möchten. Tüchtige Leute sollen zu- statt abwandern. Zu viele haben in der Vergangenheit aus Glaubensgründen die Heimat verlassen. Daran denkt Joseph oft.

Seit der Aufhebung der Leibeigenschaft hat der Bauer nun durchschnittlich nur noch einen Tag pro Woche Robot zu leisten, und gleichsam als Revanche widmet der Kaiser seinerseits jeden Donnerstag allen seinen Untertanen, die ihm ein Anliegen vortragen wollen. Ohne Gefolge, ganz zwanglos, betritt Joseph II. den »Controllorgang«, einen Korridor im Leopoldinischen Trakt der Hofburg, wo die Audienzwerber ihn erwarten. Aufmerksam hört er sich Bitten und Appellationen an, kein Fall bleibt unberücksichtigt, manches entscheidet der Kaiser sofort, anderes gibt er an die zuständige Instanz weiter. Eine selbst auferlegte Pflichtübung in angewandtem Josephinismus.

»Jetzt geh' ich in den Controllorgang. Da werden wir ja sehen.« Das ist für viele, die sich übervorteilt, in Rechten verkürzt oder geprellt fühlen, der Weisheit letzter Schluß, gläubige Hoffnung auf den Spruch eines weisen Richters – fast so, als gingen sie zum Bild ihres Schutzpatrons, damit er ihnen beim Herrgott hilft.

»Der Menschheit von ihrem Schätzer« hat der Kaiser auf das Tor des Wiener Augartens schreiben lassen, als er ihn der Öffentlichkeit zugänglich machte. Wird die Menschheit ihren Gönner auch endlich schätzenlernen? ∎

widmete Orden haben in seiner Ära keine Chance. Mit Mystikern weiß der Realist nichts anzufangen, er braucht eine helfende, tätige, auch dem irdischen Heil dienende Kirche. Tatsache ist, daß er aus den Mitteln, die aus dem Verkauf geistlichen Besitzes flossen, sehr viele neue Pfarren errichtete. Der Kaiser scheut sich nicht, zu bekennen, er empfinde – habsburgisches Erbe – tief katholisch. Und sieht zugleich mit scheelen Blicken Wallfahrtsprozessionen,

RUSSLAND

Kein Schwedenpunsch in Petersburg

Gustav III., sehr autokratischer König dickköpfiger Schweden, wird seine Absicht, »mit den Damen des Hofes in Petersburg zu Mittag zu speisen«, nicht mehr so leicht verwirklichen können, wie es noch vor einiger Zeit den Anschein hatte.

Im Osten unseres Kontinents, wo Rußland zur Führung eines Zweifrontenkrieges gezwungen war, bahnt sich eine entscheidende Wende zugunsten der Zarin an, obwohl sich die Hoffnung auf Frieden noch in diesem Jahr nicht erfüllt hat: während der letzten Monate ging es heißer zu als je zuvor.

Wie verliefen die bisherigen Operationen? Man kann nun schon ein Resümee ziehen: Katharinas Expansionsstreben mußte ihre beiden Nachbarn schwerstens beunruhigen. Im Norden beobachteten protestantische Skandinavier ebenso mißtrauisch wie im Südosten islamische Osmanen die zahlreichen machtpolitischen Manöver der zur Supermoskowiterin und militanten, orthodoxen Christin gewordenen einstigen deutschen Prinzessin. Mit der Annexion der Krim durch Rußland während der siebziger Jahre war es nicht getan.

Als Grund zur Eröffnung neuerlicher Feindseligkeiten galt nach außen hin eine von der Türkei unterstützte, angebliche Tatarenverschwörung. Rußland erklärte der Hohen Pforte den Krieg. Ein weiteres Motiv zur Aggression bot laut offiziellen Berichten die Einkerkerung des russischen Botschafters in den berüchtigten »Fünf Türmen«.

Rußland wollte auf diese Weise in den beiden unter osmanischer Oberhoheit stehenden, von Rumänen bewohnten Fürstentümern Moldau und Walachei Fuß fassen. Nolens volens kam Österreich seiner Bündnispflicht nach und zog 1787 ebenfalls gegen die Türken zu Feld. Den Befehl über die kaiserlichen Truppen übernahm Joseph II. persönlich.

Der anfangs für die Alliierten ungünstige Ablauf der Kämpfe ermutigte Gustav III., ein Jahr darauf seinerseits loszuschlagen, um den anderweitig gebundenen Gegner empfindlich zu treffen. Nach den Plänen des Königs sollte die schwedische Flotte den direkten Angriff auf Petersburg vorbereiten. Als Schild zur Abwehr dieses Überraschungsstreichs hatte die Zarin praktisch nur das für den Einsatz im Mittelmeer bestimmte Schiffsgeschwader, das zu ihrem Glück damals noch in der Ostsee ankerte. Die Einnahme der Festung Nyslott durch die Schweden schien den Weg in die Zarenresidenz frei zu machen, wo angesichts der akuten Bedrohung eine Panik ausbrach. In hellen Scharen flohen die Petersburger vor dem herannahenden Feind.

Katharina II., *die militante Zarin aller Russen*

Da hemmt ein Gegenstoß des russischen Geschwaders den Siegeslauf. Admiral Greigh wendet den Druck ab und drängt die Schweden in die Defensive. Im Blitztempo läßt die Zarin im baltischen Raum noch eine Galeerenflotte bauen und ausrüsten, die im Sommer dieses Jahres unter dem Kommando des Prinzen von Nassau in See sticht und die Schweden bei Svensksund endlich schlägt.

Inzwischen ergaben sich auf dem südöstlichen Kriegsschauplatz wechselnde Erfolge. »Wie ein Strom vom Gebirge« prallten die Türken gegen die österreichischen Bereitstellungen von insgesamt 250.000 Mann.

Fast wäre die Front zusammengebrochen, und während des Rückzugs hing Josephs II. Leben oft nur an einem Haar – das erstemal seit Jahrhunderten, daß ein Herrscher des Heiligen Römischen Reiches im Kampfgeschehen persönlich gefährdet war.

Im Fürstentum Moldau traten die russischen und österreichischen Heere gemeinsam zum Angriff an, sie nahmen die Hauptstadt Jassy, und der größte Sieg gelang dem Marschall Fürst Potjomkin im Dezember 1788 mit der Erstürmung der wichtigen Festung Otschakow am Dnjestr.

Nach der Ruhepause in den Winterquartieren rückten die Truppen unter Prinz Josias von Coburg-Saalfeld und General Suworow im April wieder in die Schlacht, in erbittertem Ringen überrannten sie den Feind bei Focşani. Die zweite große und erfolgreiche Operation richtete sich gegen die türkische Hauptmacht im Raum Martineşti. Auf für sie historischem Boden fochten Laudons Österreicher vor Belgrad wie 74 Jahre früher Prinz Eugen. (Bekanntlich ist die Stadt seit 1739 neuerlich türkisch gewesen.) Zäh hielten die Osmanen ihre Positionen. Die Belagerung dauerte nahezu zehn Monate.

In Bukarest begrüßte die Bevölkerung die unter ihren Doppeladlerfahnen einmarschierenden »Weißröcke« fast wie Befreier. Das war im November. Nun liegt das Gesetz des Handelns bei den Verbündeten. Man rechnet mit baldiger Waffenruhe. ■

VEREINIGTE STAATEN VON AMERIKA

Washington for President

Er hat die Manieren eines Grandseigneurs. Und das täuscht. In seinem maßgearbeiteten Samthandschuh verbirgt er eine Eisenfaust, mit der er bedenkenlos zuschlägt, wenn es ihm und seinem geliebten Amerika nützt. Nun hat Amerika ihn einstimmig zum Präsidenten gewählt.

George Washington, am 22. Februar 1732 in dem unbedeutenden Nest Wakefield in Virginia geboren, hat es geschafft. Es war ein langer, dorniger, gefahrvoller Weg, den er bis zu dieser Würde und Bürde zurücklegen mußte. Schon als Einundzwanzigjähriger hatte er es zum Milizoberst gebracht, und Franzosen und Indianer lernten Ohio auf und Ohio ab das strategische Genie dieses Mannes kennen und fürchten. Fünf Jahre lang jagte er die Franzosen und ihre Hilfstruppen, wo er sie fand.

Sein Genie, auf den weiträumigen Schlachtfeldern Amerikas zuerst erprobt, bewies er 1759 auf dem Boden der Politik. Er zog in das Abgeordnetenhaus Virginias ein und begann erneut zu kämpfen. Diesmal gegen die Engländer. Als Demagoge ersten Ranges ist er mit der Sprache fast noch gefährlicher als mit dem Säbel. Die britische Regierung in London hat dies oft genug bitter zu spüren bekommen.

Nur ein knappes Jahr benötigte George Washington, nachdem er 1774 in den Kontinentalkongreß berufen worden war, um sich den Oberbefehl über die amerikanischen Revolutionstruppen zu sichern. Am 15. Juni 1775 hörten etwas mehr als 35.000 miserabel ausgerüstete und noch schlechter gedrillte Männer auf sein Kommando. Schießen konnten sie alle, diese Männer, die angetreten waren, einen gigantischen Kontinent zu erobern. Doch den soldatisch ausgebildeten englischen Truppen, deren Disziplin hervorragend war, hatten sie an Kampfkraft fast nichts entgegenzusetzen.

Mount Vernon, *der Privatbesitz des Landedelmannes George Washington, soll auch dem ersten Präsidenten der Vereinigten Staaten ein Refugium bleiben*

Hier sicherte sich Washington die Hilfe europäischer Heerführer, allen voran jene des Deutschen, General Friedrich Wilhelm von Steuben. Der war gerade arbeitslos und kam über Frankreich nach Amerika. Innerhalb eines Winters stampfte der Preuße eine schlagkräftige Armee aus dem hartgefrorenen Boden Virginias.

G. Washington: *Heerführer wird Präsident*

Zwar gab es Verständigungsschwierigkeiten, weil der Preuße kein Englisch sprach, aber Washington sah großzügig darüber hinweg, daß die erste amerikanische Heeresdienstordnung in französisch verfaßt war. Der organisatorisch hochbegabte Oberbefehlshaber der Revolutionstruppen legte weniger Wert auf Formalitäten denn auf Kampfkraft. Steuben schuf ihm das Instrument, die Briten zu schlagen. Und Washington schlug zu. Bei Yorktown zwang er 1781 mit französischer Unterstützung die britische Hauptarmee zur Kapitulation.

Angewidert von dem politischen Gerangel im Gefolge des Sieges, zog sich Washington zwei Jahre danach auf seinen Privatbesitz Mount Vernon zurück. Doch Alexander Hamilton und Thomas Jefferson, Freunde noch aus Volksmiliztagen, konnten ihn 1786 überreden, daß er und nur er der jungen Nation ein Führer, ein Vater sein konnte.

Zunächst Präsident des Verfassungskonvents, mischte er seit 1787 wieder kräftig in der Politik mit. Aber er zögerte noch, sich um den Posten des ersten Mannes im Staate zu bewerben.

Jubel in New York: *General Washington wird erster Präsident der »United States of America«*

Wieder waren es Jefferson und Hamilton, die ihn überzeugten.

Es bleibt abzuwarten, wie sich der profilierte Heerführer an der Spitze Amerikas macht. Washington scheint jedoch ein Garant für Stabilität. Schon als General hat er bewiesen, mehr noch als Privatmann, daß er Finanzen in Ordnung zu halten weiß. Und nichts ist momentan in Amerika wichtiger als ein ausgeglichener Haushalt. Ebenso natürlich auch eine ausgewogene, möglichst neutralistische Politik.

Die Bürger New Yorks weinten vor Rührung und Freude, als Washington zum Präsidenten gewählt wurde. Thomas Jefferson vertraute Freunden an, auch der Präsident habe nach seiner Wahl Tränen in den Augen gehabt.

Man darf unter seiner Führung sicher ein starkes, friedfertiges Amerika erwarten. ∎

AUSTRALIEN

Aus dem Knast zu den Känguruhs

Australien ist 200 Jahre nach der Entdeckung noch immer eine »Terra incognita«, deren Ureinwohner in der Steinzeit steckengeblieben sind. Die europäische Bevölkerung des neuen Kontinents setzt sich nur aus englischen Strafgefangenen, höchst unfreiwilligen Kolonisten, und ihren militärischen Bewachern zusammen.

Die Niederländer segelten einfach immer dem Horizont nach, den geheimnisvollen Zonen entgegen, die hinter der Kimme liegen mochten.« »Ungewöhnlich großen Gewinn« versprach Kapitän Willem Jansz 1605 sich und den Spitzen des Indienhandels von dem Vorstoß nach Süden. Aber der optimistische Seefahrer erlebte eine herbe Enttäuschung. Er fand »eine Küste aus Eisen«: öde, unfruchtbar und von »tiefschwarzen barbarischen Wilden« bevölkert.

Das ist nun fast 200 Jahre her. Wenigstens ein Resultat hatte das fehlgeschlagene niederländische Abenteuer da unten am Rand der Welt: Die Geographen konnten ziemlich zuverlässige Seekarten der Westküste des unbekannten Landes »Australien« zeichnen. Manche Gelehrten meinten, diese Terra incognita müsse ungeheure Ausmaße haben, denn ihr komme im Schöpfungsplan die Funktion zu, unseren Globus im Gleichgewicht zu halten, der sonst mit seiner massiven nördlichen Hemisphäre kopflastig wäre und umkippen würde. Unbeschwert von so skurrilen physikalischen Spekulationen und ohne sich durch die wenig verlockenden Berichte abschrecken zu lassen, fuhr der bekannte britische Forscher James Cook unverdrossen über die historische Wendemarke der Holländer hinaus. Dabei entdeckte er, daß der östliche Küstenstreifen den schlechten Ruf der anderen Gebiete keineswegs verdiente. Im Gegenteil, das üppige Wachstum des Ankerplatzes regte Cook an, diese Bucht »Botany Bay« zu nennen. Der kühne Weltumsegler ging an Land, hißte den Union Jack, verkündete, den Dreispitz schwenkend und unter den Ehrensalven der Marineinfanterie, dieses Territorium sei für die britische Krone in Besitz genommen, und gab ihm gleich einen heimatlich klingenden Namen: New South Wales.

Seitdem sind 19 Jahre verstrichen, die an Australien fast so spurlos vorübergingen wie die Äonen vom Anbeginn der Welt. New South Wales blieb jenen mohrenartigen Bewohnern überlassen, die Gott seit der Steinzeit vergessen zu haben scheint – samt ganz absonderlichen Tieren, exotischen Fabelwesen, vor allem den Känguruhs, deren aufrechte Haltung und große Bauchtaschen sie wohl zum Seltsamsten machen, was es unter den Säugetieren gibt.

Aber Wissenschaftler wird man wohl nicht so bald zu den nackten Wilden und ihrer grotesken Fauna entsenden. Ganz andere akute Probleme drängen zur Lösung: durch die Unabhängigkeitserklärung der amerikanischen Kolonien verlor Britannien unter anderem die Möglichkeit, Sträflinge über den Atlantik abzuschieben. Das Resultat: überfüllte Gefängnisse, die neue Verbrechen und Revolten erzeugen.

Eingeborener aus Neusüdwales: *Die Australneger sind auffallend klein, ihre Hautfarbe ist fast schwarz. Sie haben stark krauses, kurzes Haar und bemalen ihre Körper mit Lehm und Asche.*

Menschen aus der Steinzeit leben unter uns: *Cameraqal, ein Stammchef aus Neusüdwales.*

Australien bietet nun das Ventil für diesen Überdruck. Nur zu gern griff Premierminister William Pitt die Idee auf, Häftlinge in die neuentdeckten Gebiete zu verfrachten. Damit wird das Mutterland eine Sorge los und weiß die Verbrecher so fern von der gesitteten Insel, als wären sie auf einem fremden Planeten. Ein ehemaliger Marineoffizier, Captain Arthur Phillip, wurde zum Gouverneur von New South Wales ernannt und ging, obwohl schon an die Fünfzig, nochmals auf große Fahrt. Im Mai 1787 stach der erste Transport von Portsmouth in See: elf schwimmende Gefängnisse, für diesen Zweck umgebaute Handelsschiffe, mit 759 Sträflingen an Bord. Die Reise um das Kap der Guten Hoffnung zur Botany Bay dauerte bis gegen Ende Januar 1788. Es entbehrt nicht einer gewissen Ironie, daß diese Fahrt, eine der längsten und gewagtesten unserer bisherigen Weltgeschichte, ausgerechnet von unfreiwilligen Abenteurern unternommen wurde.

Neuesten Berichten zufolge spielt sich das Leben in der Strafkolonie ein. Aus Südafrika importierte Rinder bilden den Grundstock für die Viehzucht. Die Ansiedlung führt den Namen des königlichen Innenministers Sydney. Ob dem Lord diese Ehrung schmeichelt, bleibt dahingestellt. ■

Ein Kontinent der Widersprüche: *Die Nackten dürfen frei herumlaufen, während die Bekleideten aufs strengste bewacht und militärisch eskortiert werden*

FRANKREICH

ZB-Titel:

»Pariser Revolte« oder Französische Revolution?

Am frühen Morgen des 15. Juli wurde König Ludwig XVI. unsanft aus dem Schlaf geweckt. Der Herzog von Liancourt hatte es auf sich genommen, den Souverän zu dieser ungewöhnlichen Stunde – ernster und ausführlicher, als das bisher geschehen war – über die Ereignisse des Vortags zu unterrichten. Ludwig, das Gesicht noch vom Schlaf gerötet, fragte entsetzt: »Ist es denn eine Revolte?« – »Nein, Sire«, antwortete der Herzog, »das ist die Revolution!«

Im nachhinein kann man dem Herzog nur recht geben – damals aber war durchaus nicht zu erkennen, daß der Sturm auf die alte Festung Bastille ein Signal für einen Umsturz werden sollte, dessen Tragweite noch nicht abzusehen ist. Der 14. Juli in Paris war nicht der Donnerschlag aus heiterem Himmel, sondern schien eine Revolte wie so viele andere zu sein, die seit zwei Jahren ganz Frankreich und seit 20 Jahren das soziale Gefüge ganz Europas erschütterten.

Im Jahr 1780 hatte der Sturm auf die Londoner Gefängnisse 200 Todesopfer gefordert, zwei Jahre darauf sperrten die Genfer alle Aristokraten ein, und 1783 gab es Hungerunruhen in Utrecht, Amsterdam und im Haag.

Unter dem Druck seiner Bürger hatte Ludwig schließlich im Laufe des letzten Jahres die Generalstände einberufen und dem Tiers-état (dritter Stand) ebenso wie allen anderen Ständen erlaubt, ihre Wünsche und Vorschläge in den sogenannten »cahiers de doléances« (Beschwerdehefte der Gemeinden) zu unterbreiten – ein Mitbestimmungsrecht, das noch kein französischer König jemals seinen Untertanen eingeräumt hat.

Unter diesen Umständen ist es nur zu begreiflich, daß König Ludwig und ein Großteil der französischen Aristokratie den Sturm auf die Bastille nicht als das erkannten, was er war: als den Auftakt zum Fall des Ancien régime, des tausendjährigen französischen Feudalsystems und zur Kapitulation des Königtums.

Am Nachmittag des 12. Juli verbreitete sich in Paris die Nachricht vom Sturz des reformfreudigen Finanzministers Jacques Necker, den der König auf Wunsch gewisser ultrakonservativer Kreise entlassen hatte. Die aufgebrachten Massen sahen darin ein deutliches Zeichen der einsetzenden Reaktion; Necker, der millionenschwere Bankier deutsch-schweizerischer Abstammung, war zum Retter des Volkes und zum Verteidiger der Freiheit hinaufgelobt worden, seit er im vergangenen Hungerwinter mit zwei Millionen Livre seines eigenen Vermögens (allerdings zu fünf Prozent an die Regierung verliehen) Getreide für die darbende Großstadt gekauft hatte. Neckers Entlassung konnte daher für die breite Masse nur ein rapides Ansteigen der Brot- und Mehlpreise bedeuten, da der Minister der einzige schien, der imstande und gewillt war, die Profitgeier auf dem Getreidemarkt im Zaum zu halten.

Die Gerüchte von Truppenzusammenziehungen in Richtung Paris (ein diesbezüglicher Befehl war von König Ludwig XVI. tatsächlich schon am 7. Juli gegeben worden) verstärkten Empörung und Kampfbereitschaft. Überall fanden improvisierte Versammlungen statt, vor allem in den Gärten des Palais-Royal, das als Privatbesitz des Herzogs Philippe von Orléans einem breiten Publikum offensteht.

Vor zehn Jahren hatte Philippe, da-

12. Juli: *Straßenschlacht zwischen dem Royal-Allemand-Regiment und den »gardes françaises«*

Stein des Anstoßes: *Finanzminister Necker*

Protegiert durch den großen Namen des Besitzers, ist das Palais-Royal zu einem Zentrum der Revolution wie der Prostitution geworden: dorthin strömte auch alles, was an diesem Sonntagnachmittag seiner Empörung Luft machen wollte. Camille Desmoulins, Rechtsanwalt, Publizist und Freimaurer, sprang auf einen Tisch. »Bürger«, schrie er in die Menschenmenge, »ihr wißt, daß das Volk verlangt hat, daß Necker im Amt bleibt, ja daß man ihm ein Denkmal setzen soll. Aber was hat man getan? Verjagt hat man ihn! Können die uns noch unverschämter herausfordern?« Die Menge wurde immer dichter, einige Waghalsige kletterten sogar auf die alten Kastanienbäume. »Wenn sie sich das getraut haben«, fuhr der Redner immer erregter fort, »können sie sich bald alles erlauben! Für heute abend planen sie eine Bartholomäusnacht unter uns Patrioten!« Unter den Begeisterungsstürmen seiner Zuhörer forderte Desmoulins »die verdammte Polizei« auf, ihn nur gut anzuschauen, damit sie ihn bei Gelegenheit verhaften könne. Schließlich zog er eine Pistole: »Sie sollen mich nicht lebend in die Hand bekommen – ich werde würdig zu sterben wissen!«

Das war der zündende Funke. Alles schrie nach Waffen, um sich vor Übergriffen zu schützen und Necker, wenn nötig, auch mit Gewalt zurückzuholen. Zunächst aber, da die Franzosen ihre Revolution ernst nahmen, stürzten sich einige Gruppen in die Theater, die gerade ihre Nachmittagsvorstellungen begonnen hatten. In einer Stunde, in der die Zukunft Frankreichs auf dem Spiel stand, sollte keine frivole Unterhaltung stattfinden. Mehr als 3.000 entflammte Bürger ergossen sich (»unter fürchterlichem Geschrei«, wie ein Besucher versicherte) in die Oper und zwangen den Direktor, die Vorstellung abzusagen und den Zuschauern das Geld zurückzuzahlen.

Eine andere Gruppe von Patrioten (das sind die Anhänger der Revolution) stürmte das Wachsfigurenkabinett des Herrn Curtius auf dem Boulevard du Temple, bemächtigte sich der wächsernen Abbilder Neckers und des Herzogs von Orléans und trug sie im Triumphzug davon. Bald zogen zwischen fünf- und sechstausend Personen hinter den beiden Büsten quer durch die Stadt: die intellektuell-revolutionäre Gesellschaft aus dem Palais-Royal, die Arbeiter aus dem Faubourg Saint-Antoine, Frauen, die wie immer bei den Bäckerläden angestellt waren, und Neugierige aller Stände. Auf der Place Vendôme stieß der Zug mit einem Trupp Dragoner zusammen, der die

mals noch Herzog von Chartres (er trägt erst seit dem Tod seines Vaters im Jahr 1785 den Familientitel Orléans), vom Hochadel viel belacht, sein Palais-Royal in einen öffentlichen Garten mit Kaffeehäusern und Geschäftslokalen umgewandelt. Der Spott seines königlichen Vetters Ludwig, er habe »ein Geschäft eröffnet und man werde ihn daher nur mehr am Sonntag in Versailles sehen«, störte ihn wenig: die Mieten deckten seine Schulden.

Palais-Royal: *Die »Boutique« des Herzogs von Orléans wird zum Zentrum der Revolution. Auf unserem Bild: Camille Desmoulins während seiner Rede*

Menge nicht zerstreuen konnte, sondern selbst in größte Bedrängnis geriet. Erst die Reiterei des Royal-Allemand-Regiments unter dem Prinzen Lambesc konnte die Dragoner aus ihrer gefährlichen Lage retten und auf die durch das Regiment abgeriegelte Place Louis XV bringen. Bei dieser Gelegenheit schleppte man auch einige Manifestanten mit, darunter den Zeitungsausträger François Pépin, der die Wachsbüste des Herzogs von Orléans trug. Pépin wurde durch einen Säbelhieb verletzt, die Menge antwortete mit Steinwürfen – ein am Rand des Platzes gelegener Neubau bot genug Munition.

Als Lambesc versuchte, die Gärten des Tuileries-Palais zu räumen, wurde sein Regiment mit allen möglichen Gegenständen, vor allem mit Sesseln von den Terrassen, beschossen. Das Royal-Allemand-Regiment mußte kehrtmachen, wobei es im Gedränge unter den Zivilisten einige Verletzte und einen Toten gab. Daß dieser Zwischenfall in der erregten Stadt sofort als »Massaker an friedlichen Spaziergängern« ausgelegt wurde, ist nur zu begreiflich. Eine Abteilung der »gardes françaises«, eines der Pariser Hauptregimenter, griff auf seiten der patriotischen Bürger ein, während der Militärkommandant von Paris, Baron Besenval, einige Schweizer Regimenter zur Place Louis XV befahl.

Die Schweizer zogen eine einfache Polizeiaktion wie einen Krieg zwischen feindlichen Heeren auf und verbrachten die halbe Nacht damit, eine taktisch tadellose, aber durch die Existenz einer Brücke, des Pont Royal, eigentlich unnötige Überquerung der Seine durchzuexerzieren. Als sie schließlich am Einsatzort einrückten, waren sie der wütenden Menge nicht gewachsen, so daß Militärkommandant Besenval schließlich gegen fünf Uhr früh zum Rückzug blies und die Truppen über die Seine abzog.

Die Unfähigkeit der Militärs hatte eine entscheidende Aktion verhindert. Es ist aber unwahrscheinlich, daß selbst eine Besetzung des Pariser Rathauses zu diesem Zeitpunkt die Revolution noch hätte ersticken können. Zu viele Gruppen sahen in einer Änderung der be-

Revolutionäre Bürger zünden ein Pariser Mautamt an: *Wenn die Brotsteuer nicht eingehoben werden kann, müssen die Brotpreise endlich fallen*

stehenden Zustände die einzige Rettung, darunter:

- die Pariser Wahlmänner (die Distriktsdeputierten, die im zweiten Wahlgang die Delegierten für die Nationalversammlung gewählt hatten), die eine Bürgermiliz organisieren wollten, um die Ordnung in der seit Monaten rebellischen Stadt selbst zu garantieren und ein Eingreifen des königlichen Militärs zu verhindern;
- die Nationalversammlung, die in Necker eine Art Garantie ihres Fortbestehens sah;
- die Masse der ganz Armen, die fürchten mußten, daß eine neuerliche Brotknappheit zur Hungersnot führen würde.

Auf der Suche nach Brot

Die Befürchtung erwies sich auch als Triebfeder für die Ereignisse des 13. Juli. Nach den ziellosen Umzügen und Kleinstscharmützeln des Vortags begann »le petit peuple« (das einfache Volk) in der Nacht die Linienämter zu attackieren und anzuzünden, in der Überzeugung, daß das Brot billiger werden müßte, wenn keine Stadtzölle mehr eingehoben werden könnten. Den ganzen Montag, den 13., markierten Rauchsäulen die Stadtgrenze, und 40 der 54 Linienämter gingen samt Steuerpapieren und anderen Unterlagen in Flammen auf.

Die Verbilligung des Getreides schien aber noch ziemlich fern, und die hungrigen Massen beschlossen, sich an Näherliegendes zu halten: Gerüchte behaupteten, das Kloster von Saint-Lazare, mit großem Grundbesitz in der Umgebung von Paris, berge gewaltige Lebensmittellager. Sofort begaben sich die Patrioten, die Anhänger der Revolution, dorthin und plünderten die Vorratslager. Wie die Mönche zwei Tage später zu Protokoll gaben, verschwanden etwa 25.000 Liter Wein, 25 Laibe Emmentaler und etliche Fässer Öl und Butterschmalz. Der Wein wurde auf direktem Weg dem Privatkonsum zugeführt, aber die ehrlichen Bürger brachten 53 Karren Getreide zum öffentlichen Verkauf in die Zentralmarkthalle. ▶

Um Brot und Freiheit: *Aufständische plündern das Kloster von St-Lazare (oben), das über reiche Vorratslager verfügt; Aufständische greifen das Royal-Allemand-Regiment an (unten).*

Die Vorräte des Klosters waren zum Teil so reichhaltig, weil die Mönche verpflichtet waren, Gefangene – meist junge Leute der besseren Gesellschaft, die in Skandale verwickelt gewesen waren – zu beherbergen und zu verköstigen.

Während der Plünderung wurden nun auch diese Gefangenen befreit, und das gab der ursprünglichen Hungerrevolte einen neuen Inhalt: die Befreiung der unschuldig Gefangenen. Einige Tausend Pariser marschierten zu anderen Gefängnissen, ohne auf militärischen Widerstand zu stoßen, und öffneten die Zellen. Das Gefängnis La Force wurde von einem Kapitän mit 50 Mann verteidigt. Als er den Militärkommandanten von Paris, Baron Besenval, um Verstärkung bat, ließ der Baron ihm sagen, das sei zur Zeit leider ganz unmöglich. Darauf zog der Kapitän Zivil an und verschwand. Seine Truppe löste sich ebenso rasch in Luft auf und verbrüderte sich mit den Revolutionären.

Auf der Suche nach Waffen

Paris war in Rauchwolken gehüllt; schrilles Glockenläuten mischte sich mit dem Lärm von Detonationen und Gewehrsalven. Die Stadt schien im Chaos zu versinken, als endlich eine neue Autorität in Aktion trat: die Pariser Wahlmänner. Sie bildeten unter Bürgermeister Flesselles einen ständigen Ausschuß, der zunächst beschloß, im Pariser Rathaus ohne Unterbrechung zu tagen und eine Bürgermiliz von etwa 48.000 Mann zu bilden. Diese Miliz, die einerseits dem König die Stärke des revolutionären Bürgertums vor Augen führen, andrerseits aber eben diese revolutionären Bürger vor Ausschreitungen des weit revolutionäreren Pöbels schützen sollte, gab nun den Pariser Unruhen eine endgültige Richtung: die Suche nach Waffen.

Die Beute aus den Plünderungen einiger Waffenhandlungen und die 360 Gewehre, die man im Rathaus gefunden hatte, genügten bei weitem nicht, die rasch anwachsende Miliz auszurüsten. Man besuchte zunächst das Mobiliendepot auf der Place Louis XV und verteilte ein paar historische Hellebarden, etliche rostige Lanzen, einen Säbel, der angeblich König Heinrich IV. gehört haben soll, und eine hübsche, kleine Kanone, mit Silber eingelegt, die der König von Siam Ludwig XIV. geschenkt hatte. Auch beschloß man, als Erkennungszeichen der uniformlosen Milizsoldaten die blauweißrote Kokarde, die Farben der Stadt Paris und das Weiß des Königsbanners, an die Hüte zu stecken.

Aber Kokarden allein genügten nicht. Die Menge drängte wieder zum Rathaus und verlangte Waffen; Der Bürgermeister Flesselles versuchte Zeit zu gewinnen, da ihm beim Gedanken an eine Bewaffnung dieser wilden Menge doch etwas unheimlich wurde, und schickte alle ins Karthäuserkloster, wo angeblich Waffen lägen. Kurz darauf kamen die erregten Patrioten unverrichteterdinge zurück und beschuldigten Flesselles, die Sache des Volkes verraten zu haben. Nun blieb nichts übrig, als die Miliz in den Hôtel des Invalides (das Veteranenhospiz) zu schicken, wo Gouverneur Sombreuil vorgab, Befehle des Königs aus Versailles abwarten zu müssen. Die Menge ließ sich noch einmal vertrösten, aber die Nacht war unruhig, von den schweren Schritten der teilweise bewaffneten Miliz und der an ihrer Seite patrouillierenden »gardes françaises« unterbrochen.

Der 14. Juli kam schwül und drückend herauf. Seit sechs Uhr früh sammelte sich eine ständig wachsende Menschenmenge vor dem Hôtel des Invalides, und als Gouverneur Sombreuil ins Tor trat, um die Leute zu beruhigen und zu bitten, auf die Ankunft der Befehle aus Versailles zu warten, ergossen sich die Menschen wie eine Woge in das Gebäude. Die Veteranen, die im Gebäude Dienst taten, widersetzten sich dem Ansturm nicht, und bald begann eine planlose Verteilung der rund 30.000 Gewehre, die im Keller des Gebäudes lagerten. Jeder nahm, was er konnte und wollte – auch der Ständige Ausschuß der Wahlmänner, der versuchte, etwas Ordnung in die Situation zu bringen, mußte sich geschlagen geben. Die Waffen waren jedenfalls verteilt – ob an Milizsoldaten, ist fraglich. ▶

Kleines Vokabular der Generalstände

Generalstände: die Versammlung der gewählten Vertreter der drei »klassischen« Stände, des Adels, des Klerus und des Bürgertums (Tiers-état – der dritte Stand).

Der dritte Stand: neues Selbstbewußtsein durch führende Positionen in Finanz, Handel und Verwaltung; vom Königshaus als Gegengewicht gegen den Hochadel gefördert; gestärkt nicht zuletzt durch eine Broschüre des Abbé Emmanuel-Joseph Sieyès, »Was ist der dritte Stand?«, in dem es heißt: »Was ist der dritte Stand? – Alles. Was war er bisher? – Nichts. Was will er werden? – Etwas.«

Abstimmung nach Köpfen oder Ständen: Wenn nach Ständen getrennt abgestimmt wird, können Adel und Klerus (die »Privilegierten«) zusammen das Bürgertum überstimmen. Das Zugeständnis des Königs, die Zahl der bürgerlichen Abgeordneten zu verdoppeln (Adel 270, Klerus 291, dritter Stand 578), ist nicht sinnvoll, solange nicht auch nach Köpfen abgestimmt wird; das aber lehnen König und Adel ab, bis die Mitglieder des dritten Standes sich zur »Nationalversammlung« erklären und im *Ballhausschwur* beschließen, »einander niemals zu verlassen, sich zu versammeln, wo immer die Umstände es erfordern, bis die Verfassung auf soliden Grundlagen errichtet ist«. Um das Gesicht zu wahren, fordert Ludwig XVI. am 27. Juni die noch verbliebenen konservativen Mitglieder des Adels und des Klerus auf, sich der »Nationalversammlung« anzuschließen, und billigt ein Abstimmen nach Köpfen.

14. Juli: *Im Kampf um die Bastille, das verhaßte Staatsgefängnis, bietet Festungskommandant de Launay 82 Veteranen und 32 Schweizer gegen die Revolution auf*

Die Patrioten waren nun bewaffnet, aber vorläufig fehlten Pulver und Kartuschen. Beides war in der Nacht vom 12. auf den 13. in die Bastille, das Staatsgefängnis, gebracht worden, die damit notwendigerweise zum nächsten Marschziel der revolutionären Masse werden mußte.

Die Bastille war nicht nur Lagerplatz von Munition, sondern bot sich auch ideal als Objekt einer publikumswirksamen Befreiungsaktion an. Die mittelalterliche Festung, 30 Meter hoch und von 25 Meter breiten Wassergräben umgeben, war ein Symbol königlicher Willkür, ein Ort des Schreckens, an dem man finstere Verliese und die Gebeine unschuldig Verurteilter vermutete. Sie war ein besonderes Gefängnis: reserviert für Häftlinge, die nicht auf dem Wege eines normalen Gerichtsverfahrens hinter Schloß und Riegel kamen, sondern auf Grund der »lettres de cachet«, der mit dem persönlichen Petschaft des Königs versiegelten Verhaftungsbefehle. Die Opfer wurden heimlich verhaftet, in verhängten Kutschen in die Bastille gebracht, während die Wachen sich zur Wand kehren mußten. Kein Häftling wußte, wie lange sein Zwangsaufenthalt in der Bastille dauern würde, bis ihn ein ebenso willkürlicher königlicher Brief wieder befreien konnte.

Dieses Sinnbild des Absolutismus, der Unterdrückung der Gedankenfreiheit (auch Molière hatte mit 23 Jahren Bekanntschaft mit der Bastille gemacht), diese Zwingburg der Monarchie galt es also zu erobern.

Die Verteidigung der Bastille bestand aus 82 Veteranen, verstärkt durch 32 Soldaten des Schweizer Regiments Salis-Samaden. Schon beim Sturm auf den Hôtel des Invalides hatte es sich gezeigt, daß die Truppe mit den Patrioten sympathisierte und nicht gewillt war, ihren Offizieren zu gehorchen. Der Gouverneur der Bastille, Bernard-Jordan Marquis de Launay, war ein »unentschlossener Mann, ohne irgendwelche militärischen Kenntnisse« – so beschreibt ihn der Schweizer Leutnant von der Flue. »Er war so ängstlich, daß er in der Nacht die Schatten für Feinde hielt und uns pausenlos patrouillieren ließ.«

Trotzdem schien die steil aufragende Bastille den Patrioten an diesem Morgen des 14. Juli so uneinnehmbar, daß man zunächst nicht von Eroberung und Munition sprach, sondern Delegationen schickte, die den Gouverneur überreden sollten, die auf dem Dach der Bastille aufgepflanzten Kanonen, die die umliegenden Straßen bedrohten, zurückzuziehen. De Launay bedauerte höflich, dazu keine Befehle erhalten zu haben,

Bastille: *Festung mit gewaltigem Symbolwert für die junge Revolution*

versprach aber, die Kanonen zwar nicht zu entfernen, aber aus den Schießscharten zurückzuziehen. Da auch die Veteranen, ja nicht einmal die Schweizer, große Lust zeigten, sich für ihre Gefangenen und das alte Gemäuer in Stücke hauen zu lassen, schien zu dieser Zeit alles einer friedlichen Lösung entgegenzustreben.

Aber die so förmlich Verhandelnden hatten nicht mit der Ungeduld der erregten Menge gerechnet, die sich in ihrem revolutionären Schwung plötzlich gebremst fühlte und überall Betrug und Verrat sah. Während die Delegationen dem Ständigen Ausschuß ausführlich über die konziliante Haltung des Gouverneurs berichteten, begannen die um die Bastille versammelten Menschen nach Waffen und Pulver zu rufen. Die Veteranen versuchten sie zu beruhigen (»Wir gaben uns große Mühe, ihnen die Gefahr klarzumachen, die ein Sturm auf die Bastille bedeuten würde«, berichtet einer von ihnen), aber einigen Ungeduldigen gelang es, vom Dach eines Wachthauses aus die Ketten der kleinen und der großen Zugbrücke zum Vorplatz zu zerschlagen. Alles drängte in den Hof, wobei nach einigen Aussagen auf die Soldaten und Veteranen geschossen wurde. Nun feuerte auch die Besatzung zurück, es gab Tote und Verwundete, die wütende Menge drängte wieder hinaus, stürmte zum Rathaus und verlangte Rache für den Verrat des Gouverneurs.

Bürgermeister Flesselles aber hielt eine Eroberung der Bastille für ausgeschlossen und wollte weiterverhandeln. Eine Abordnung kam auf halbem Weg darauf, daß sie keinerlei Erkennungszeichen bei sich hatte, mit dem sie der erregten Menge ebenso wie der Besatzung der Bastille ihre Aufgabe und Absicht hätte klarmachen können. Man schickte also noch eine zweite Delegation, diesmal mit Trommler und Fahne. Obwohl de Launay und seine Besatzung deutlich ihren Verhandlungswillen bekanntgaben (die Soldaten hielten ihre Gewehre mit dem Lauf zum Boden und boten sogar an, Geiseln zu stellen), drang diese zweite Abordnung nur in den äußeren Hof vor, wo sie lange Zeit tatenlos stehenblieb. Hier widersprechen einander nun die Aussagen der Beteiligten: während die Delegation behauptet, von der Besatzung beschossen worden und daher unverrichteterdinge wieder umgekehrt zu sein, schwören die beteiligten Veteranen und Schweizer, daß sie alles getan hätten, um ihre Friedensbereitschaft zu zeigen, Gouverneur de Launay aber wegen der zögernden Haltung der Delegation der Meinung war, sie sei gar nicht rechtmäßig von der Stadtverwaltung geschickt.

Aus diesen tragischen Mißverständnissen entstand schließlich die Schießerei, die auf seiten der Patrioten über 50 Tote forderte und heute vielfach als eigentlicher »Sturm auf die Bastille« bezeichnet wird. Die Bürger, die der Abordnung gefolgt waren, wurden nach deren Rückzug von der immer ängstlicher werdenden Besatzung der Bastille beschossen; vor dem Rathaus forderte eine wütende Menge den Ständigen Ausschuß auf, endlich einzugreifen, widrigenfalls man die ganze Verräterbande von Wahlmännern anzünden und verbrennen werde. Als die ersten Gruppen Stroh anschleppten, ließ der Ständige Ausschuß zwei Gardekompanien der »gardes françaises« samt Gewehren und Kanonen vor die Bastille ziehen.

Dort erstanden der jungen Revolution zwei Führer, die dem bisher zögernden Lauf der Ereignisse neuen Schwung gaben: der Schweizer Hulin und der Unteroffizier Élie übernahmen das Kommando und versuchten zunächst, die Bastille mit den vorhandenen Kanonen zu beschießen. Als sich das als nutzlos erwies (die alten Mauern zeigten kaum Spuren der Einschüsse), zog man eine Kanone vor das große hölzerne Haupttor und begann wieder zu schießen. Nun erklärte sich de Launay zum etwa viertenmal an diesem 14. Juli zu Kapitulationsverhandlungen bereit, und Élie und Hulin betraten die Bastille. Gegen fünf Uhr nachmittags begrüßten Belagerer und Belagerte einander mit heftigen Umarmungen, gleich darauf strömte eine wütende Menge, die nur noch Verrat roch, hinter der Abordnung in die Festung und forderte den Tod des ▶

Am 26. August hat die französische Nationalversammlung die »Erklärung der Menschen- und Bürgerrechte« einstimmig angenommen. Vor 13 Jahren wurden in der »Bill of Rights« des amerikanischen Bundesstaates Virginia die gleichen Prinzipien zum erstenmal niedergeschrieben.

Der Atlantikpakt der Freiheit

Auszug aus der *»Bill of Rights«*:

1.: Alle Menschen sind von Natur gleichermaßen frei und unabhängig und besitzen gewisse angeborene Rechte.
2.: Alle Macht ruht im Volke und leitet sich daher von ihm ab; alle Amtspersonen sind seine Treuhänder und Diener und ihm jederzeit verantwortlich.
3.: Die Regierung ist eingesetzt um des gemeinsamen Wohles, Schutzes und der Sicherheit des Volkes willen; von den Regierungen ist diejenige die beste, die ein Höchstmaß an Glück und Sicherheit zu bieten vermag, und wenn eine Regierung sich als dieser Aufgabe nicht gewachsen erweist, so soll die Mehrheit der Gemeinschaft ein Recht haben, sie zu reformieren oder zu beseitigen.
4.: Kein Mensch hat ein Recht auf alleinige oder besondere Zuwendungen seitens der Allgemeinheit, es sei denn in Anerkennung von der Allgemeinheit geleisteter Dienste; und so wie diese nicht übertragbar sind, so sollen auch Beamtenstellen und die Ämter von Abgeordneten und Richtern nicht erblich sein.
5.: Die gesetzgebende und ausführende Gewalt des Staates soll von der richterlichen getrennt sein.
6.: Die Wahlen der Männer, die als Abgeordnete des Volkes in die Volksvertretung entsandt werden, sind frei.
7.: Die Ausübung irgendeiner Gewalt seitens irgendeiner Behörde, ohne Zustimmung der Volksvertretung verletzt die Rechte des Volkes.
8.: In Strafsachen hat jedermann das Recht, Grund und Art der Anklage zu erfahren.
9.: Unbillig hohe Bürgschaften dürfen nicht gefordert, übermäßige Geldstrafen nicht auferlegt und grausame und ungewöhnliche Strafen nicht verhängt werden.
10.: Allgemeine Durchsuchungs- oder Verhaftungsbefehle ohne stichhaltige Verdachtsmomente dürfen nicht ausgestellt werden.
12.: Die Pressefreiheit kann niemals eingeschränkt werden.
15.: Eine freie Regierung kann einem Volke nur durch strenges Festhalten an den Idealen der Gerechtigkeit, Mäßigung, Enthaltsamkeit, Bescheidenheit und Tugend bewahrt bleiben.
16.: Alle Menschen haben einen gleichen Anspruch auf freie Ausübung der Religion nach den Geboten ihres Gewissens.

Auszug aus den *»Menschen- und Bürgerrechten«*:

1.: Die Menschen werden frei und gleich an Rechten geboren und bleiben es.
2.: Der Endzweck aller politischen Vereinigung ist die Erhaltung der natürlichen und unabdingbaren Menschenrechte. Diese Rechte sind die Freiheit, das Eigentum, die Sicherheit, der Widerstand gegen Unterdrückung.
3.: Der Ursprung aller Souveränität liegt seinem Wesen nach beim Volke. Keine Körperschaft, kein einzelner kann eine Autorität ausüben, die nicht ausdrücklich hievon ausgeht.
4.: Die Freiheit besteht darin, alles tun zu können, was einem andern nicht schadet.
5.: Das Gesetz hat nur das Recht, solche Handlungen zu verbieten, die der Gesellschaft schädlich sind. Alles, was durch das Gesetz nicht verboten ist, kann nicht verhindert werden, und niemand kann genötigt werden, zu tun, was das Gesetz nicht verordnet.
6.: Das Gesetz soll für alle das gleiche sein, es mag beschützen oder bestrafen. Da alle Bürger vor seinen Augen gleich sind, so können sie gleichmäßig zu allen Würden, Stellen und öffentlichen Ämtern zugelassen werden auf Grund ihrer Fähigkeit und ohne anderen Unterschied als den ihrer Tugenden und ihrer Talente.
7.: Kein Mensch kann angeklagt, in Haft genommen oder gefangengehalten werden als in den durch das Gesetz bestimmten Fällen und in den Formen, welche es vorgeschrieben hat.
8.: Das Gesetz soll nur solche Strafen festsetzen, welche unbedingt und offenbar notwendig sind, und niemand kann bestraft werden ohne ein vor Begehung des Verbrechens eingesetztes, verkündetes und rechtlich angewandtes Gesetz.
9.: Da jeder Mensch so lange für unschuldig zu erachten ist, bis er für schuldig erklärt ist, so soll, wenn seine Verhaftung für unumgänglich gehalten wird, alle Härte, die nicht notwendig ist, um sich seiner Person zu versichern, durch das Gesetz streng unterbunden werden.
10.: Niemand soll wegen seiner Ansichten, auch nicht wegen der religiösen, beunruhigt werden, sofern ihre Äußerung die durch das Gesetz errichtete öffentliche Ordnung nicht stört.

Gouverneurs und der gesamten Besatzung. Hulin konnte de Launay gerade noch aus der Bastille bringen und versuchte, ihn zum Rathaus zu führen, aber die tobende Bevölkerung schlug auf beide ein. De Launay, schwer verwundet, bat nur noch um den Tod. Mehrere Umstehende versetzten ihm daraufhin Bajonettstiche in Brust und Bauch; schließlich schnitt der Koch Desnot (sozusagen weil er vom Fach war) dem toten Gouverneur den Kopf ab, den man sofort unter lautem Jubel auf eine Pike spießte. Als der makabre Zug vor dem Rathaus ankam, hatte ein Unbekannter gerade den Bürgermeister Flesselles, den die aufgebrachte Menge des Verrats an der Revolution bezichtigte, mit einer Pistole erschossen. Man schnitt also auch seiner Leiche den Kopf ab und paradierte nun mit beiden Köpfen durch die Stadt.

In der Bastille selbst stürmte die wütende Menge in alle Räume, um die Gefangenen zu befreien. Es waren ihrer sieben: die Herren Jean La Corrège, Jean Béchade, Bernard Laroche – mit Spitznamen Beausablon – und Jean-Antoine Poujade waren allesamt beschuldigt, der Bank Tourton-Ravel falsche Wechsel untergejubelt zu haben; ein Irländer namens de Witt hielt sich abwechselnd für Julius Cäsar, den heiligen Ludwig oder den lieben Gott; ein Herr Tavernier saß seit 1759 in der Bastille und hatte darüber den Verstand verloren – er war angeblich an einem Attentat auf Ludwig XV. beteiligt gewesen; der siebente Gefangene schließlich war ein Graf von Solages, dessen Familie vor 24 Jahren eine »lettre de cachet« erwirkt hatte, um sich des Grafen zu entledigen: die lieben Verwandten hielten ihn für einen Mörder.

Aber alle Fakten – das Zögern des hilflosen Gouverneurs, die Kapitulationsfreudigkeit der Invaliden und Schweizer, schließlich die lächerlichen sieben Befreiten – konnten dem »Sturm auf die Bastille« seinen Symbolwert nicht nehmen. Der Glaube, der Berge versetzen kann, hat aus einem zögernd und ziellos vorgetragenen Angriff auf ein altes Gemäuer ein Fanal gemacht, das Frankreich und vielleicht noch die Welt in Brand stecken wird.

Am Abend paradierte man die verwirrt lächelnden, ehemaligen Gefangenen sowie ihre Befreier, die »Sieger von der Bastille«, in Kaleschen durch ganz Paris.

Am 16. Juli berief der König Jacques Necker wieder ins Finanzministerium und zog die Truppen aus der Umgebung von Paris zurück.

Am nächsten Tag erschien Ludwig im Rathaus von Paris und steckte die blauweißrote Kokarde an seinen Hut. Die Farben der Revolution waren salonfähig geworden.

Etwas später riß man die Bastille, das Symbol königlicher Willkür, ab. Die Demolierung übernahm der Bauunternehmer Polloy, der seinen Arbeitern den sehr ordentlichen Taglohn von 45 Sous bezahlte. Er soll auch einige Steine der alten Festung als Souvenirs verkauft haben. ∎

Der Tod des Pariser Bürgermeisters Flesselles vor dem Rathaus: *sinnlose Mordlust oder notwendige Kinderkrankheit einer jungen Revolution?*

Der Bäcker und die Bäckerin übersiedeln nach Paris

Weibermarsch nach Versailles zwingt die königliche Familie zur Rückkehr in die revolutionäre Hauptstadt

Die turbulenten Ereignisse des 14. Juli saßen noch vielen Bürgern in den Gliedern, als es drei Monate danach zu einer neuerlichen direkten Aktion des Volkes von Paris kam.

Am Morgen des 5. Oktober – der Himmel war wolkenverhangen, es roch förmlich nach Regen – rottete sich auf der Place de Grève ein Haufen Weiber zusammen, der sich in wüsten Beschimpfungen über die Haltung des Königs erging (Ludwig XVI. hatte die am 4. August von der Nationalversammlung beschlossene Aufhebung des Feudalsystems und die Erklärung der Menschenrechte noch immer nicht sanktioniert) und in Sprechchören immer wieder den Ruf nach Brot erhob. Im Grunde genommen ist das den Frauen nicht zu verdenken. In der Hauptstadt sind die Lebensmittel seit langem knapp, der Brotpreis ist unverschämt hoch. Die gute Weizenernte des heurigen Jahres hat auf den Preis noch nicht durchgeschlagen, und es ist zweifelhaft, ob das überhaupt der Fall sein wird.

Ob die Versammlung der Frauen auf der Place de Grève ein spontaner Akt einiger femininer Hitzköpfe oder eine geplante Aktion war, ist schwer zu sagen. Durch die Presse angefacht, war die Stimmung jedenfalls trotz der kühlen Witterung mehr als erhitzt. Die wütende Menge stieß Drohungen aus, sie schrie und gestikulierte, und selbst die besser gekleideten Bürgerfrauen ließen es an Schmähungen gegen den König nicht fehlen.

Schließlich warf sich ein gewisser Maillard – auch einige Männer hatten sich unter die aufgebrachten Frauen gemischt – zum Führer der Versammlung auf. Maillard, der schon vor der Bastille mit von der Partie gewesen war, hatte eine gleichermaßen hervorragende schauspielerische wie organisatorische Begabung. Es fiel ihm daher nicht schwer, der revolutionär gesinnten, zunächst unschlüssigen Menge ein Aktionsziel zu geben. »Auf nach Versailles, wir wollen uns vom König Brot holen!« rief er mit dröhnender Stimme.

Diese unmißverständliche Aufforderung zum Handeln wurde von der Versammlung wie ein Schlachtruf aufgenommen, und bald setzte sich ein langer, tausendköpfiger Zug von Amazonen, zu allem entschlossen, in Richtung Versailles in Bewegung. Auf dem Weg durch die Straßen von Paris schloß sich ein Haufen neugieriger Müßiggänger den grimmigen Weibern an. Die Spitze des ungewöhnlichen Zuges erreichte gegen Abend nach einem langen, beschwerlichen Marsch bei strömendem Regen das zirka 18 Kilometer entfernte Versailles. Etwa zur gleichen Zeit machte sich in Paris General Lafayette mit seiner Nationalgarde auf, um Ruhe und Ordnung wiederherzustellen. Ein wenig spät, wie es scheint. Der mangelnde Eifer, den er in dieser Situation an den Tag legte, wird möglicherweise noch ein Nachspiel haben.

In Versailles angekommen, drangen die Weiber – von Damen kann wirklich nicht die Rede sein – in die Räume der Nationalversammlung ein und brachten den verdutzten Abgeordneten auf sehr ungezwungene Weise ihr Anliegen zu Gehör. Besonders abfällig äußerten sie sich über die in weiten Bevölkerungs-

Empörung über die Vergnügen der Reichen: *Die Leibgarden feiern in der Oper in Versailles*

Sorgenvolle Rückkehr: »Der Bäcker und die Bäckerin« werden von Pariser Marktfrauen aus Versailles in die aufständische Hauptstadt eskortiert

kreisen unbeliebte Königin, die sie nicht eben manierlich eine Hure nannten. Eine der Frauen nahm sogar auf dem Präsidentenstuhl Platz. Die Abgeordneten, die zunächst nicht wußten, wie ihnen geschah, faßten sich schnell. Als geübte Verhandler versuchten sie, den bösen Spuk so rasch wie möglich wieder loszuwerden. Sie wählten eine Abordnung, die die Wortführer der Demonstrantinnen zum König geleitete.

Eine unfreiwillige Heimkehr

Ludwig XVI., kurz zuvor von der Jagd zurückgekehrt, mußte erst zur Audienz überredet werden. Auch zur Erfüllung der Forderungen der Demonstranten rang er sich erst nach einiger Zeit durch. Es schlug Mitternacht, als man in der Nationalversammlung eine Erklärung des Königs verlesen konnte, in der er Sondermaßnahmen zur Versorgung von Paris versprach und sein Plazet zur Aufhebung des Feudalsystems und zur Erklärung der »Menschen- und Bürgerrechte« gab. Inzwischen war auch Lafayette mit etwa 20.000 Mann der Nationalgarde in Versailles eingetroffen. Erschöpft, aber erleichtert, legten sich die Volksvertreter zur Ruhe. Man war allgemein der Ansicht, eine schwierige Situation gemeistert zu haben.

In der Morgenfrühe des nächsten Tages kam es aus ungeklärten Ursachen vor einem der Schloßtore erneut zu Tumultszenen. Die Menge brach die Gitter des Schlosses auf, stach die sich zur Wehr setzende Wachmannschaft nieder und erzwang sich den Zutritt zum Palast. Von einem der letzten königstreuen Wachsoldaten beschützt, floh die Königin ins Appartement ihres Mannes, wo sich beide bald von Eindringlingen umringt sahen. Im letzten Augenblick erschien General Lafayette im Schloß, während rund um Versailles der Pöbel von der Straße Besitz ergriff. Eine unübersehbare Menschenmenge füllte die Vorhöfe des Schlosses; die Anführer trugen die Köpfe der ermordeten Wachen auf Piken voran. Mit großer Heftigkeit verlangte man, der König möge nach Paris kommen. Um die tobende Menge zu beruhigen, zeigte sich Ludwig XVI. auf dem Balkon des Schlosses. Aber nun wollte man auch die Königin sehen. Lafayette, ganz Grandseigneur, führte Marie Antoinette auf den Balkon und küßte die königliche Hand. Dieses Stückchen Showbusineß stellte vorübergehend die Ruhe her. Dann aber plärrten die Tausende wieder »Nach Paris, nach Paris!«, und Ludwig mußte nachgeben: »Meine Kinder«, rief er mit fester Stimme, »ich werde mit meiner Familie unter euch leben!«

Das königliche Wort verwirrte und erschreckte die Nationalversammlung: konnte man den König im Stich lassen und in Versailles bleiben, oder mußte man ihm in die Hauptstadt folgen? Die Abgeordneten entschieden sich für Paris. Und so brach der Zug auf: die königliche Karosse war von einer Menschenmenge umringt, die sich in ihrem Benehmen keinerlei Zwang auferlegte. Die Angst vor einer Hungersnot hatte sie nach Versailles getrieben, deshalb schrien sie: »Wir bringen den Bäcker, die Bäckerin und den kleinen Bäckerjungen nach Paris zurück!« – das war noch das Freundlichste, was der belustigte, gutgelaunte Pöbel sich zurief.

Es wird kein fröhliches Erwachen gewesen sein, an jenem 7. Oktober in den verwahrlosten Räumen der Tuilerien, die die königliche Familie seither bewohnt. Eines steht fest (fester jedenfalls als die Mauern des alten Palastes): König und Nationalversammlung sind in Paris dem Druck der Straße sehr viel stärker ausgesetzt als in Versailles. ∎

Zwei wirklich unbekannte Leute

König Ludwig XVI. und seine österreichische Frau Marie Antoinette sind Schlüsselfiguren in einem Drama, das gerade erst begonnen hat. Was für Menschen sind der König und die Königin? ZEIT-BILD versucht, ein Bild dieser beiden komplexen Persönlichkeiten zu zeichnen.

Der 35jährige König ist möglicherweise ein guter Mensch, aber sicher kein guter Herrscher. Eigentlich wurde auch er mit seiner Thronbesteigung überrascht: der frühe Tod seines Vaters machte ihn mit elf Jahren zum Dauphin, der späte Tod seines Großvaters mit vierundzwanzig zum Herrn über Frankreich, aber die Furcht vor dieser Verantwortung scheint ihm geblieben zu sein.

Es wird Mode, die Ursachen für Verhaltensweisen in der frühen Kindheit zu suchen: Ludwig ist nicht Sohn eines Königs – er ist der Sohn des Dauphins, des Thronfolgers. Seine Kindheit war überschattet vom königlichen Großvater, dem glänzenden, frivolen Ludwig XV. mit seinen Mätressen, der Pompadour und der Du Barry. Der Vater (ein unnumerierter Ludwig, da nie auf den Thron gekommen) war bieder, musikalisch, ein fürsorglicher Familienvater und durfte weder im königlichen Rat den Mund aufmachen noch eine Armee seines Vaters führen. Ludwig lernte früh, daß seine Eltern keinerlei Rolle am Hof spielten. Sie lebten in einem stillen Winkel von Versailles, »ungezwungen wie ein bürgerliches Paar«, wie man sich lächelnd erzählte.

Ludwig war der zweite Sohn und führte den Titel eines Herzogs von Berry. Sein älterer Bruder, Herzog von Burgund, glänzend begabt und lebhaft, begann früh zu kränkeln – er litt an Knochentuberkulose, der Familienkrankheit. Der sechsjährige Berry wurde seiner Kinderfrau entrissen und zog in die Zimmer seines Bruders, um ihm Gesellschaft zu leisten. Sicher hat er unter der

König Ludwig XVI. *von Frankreich, 35*

Marie Antoinette, *Königin von Frankreich, Tochter der großen Maria Theresia von Österreich, 34*

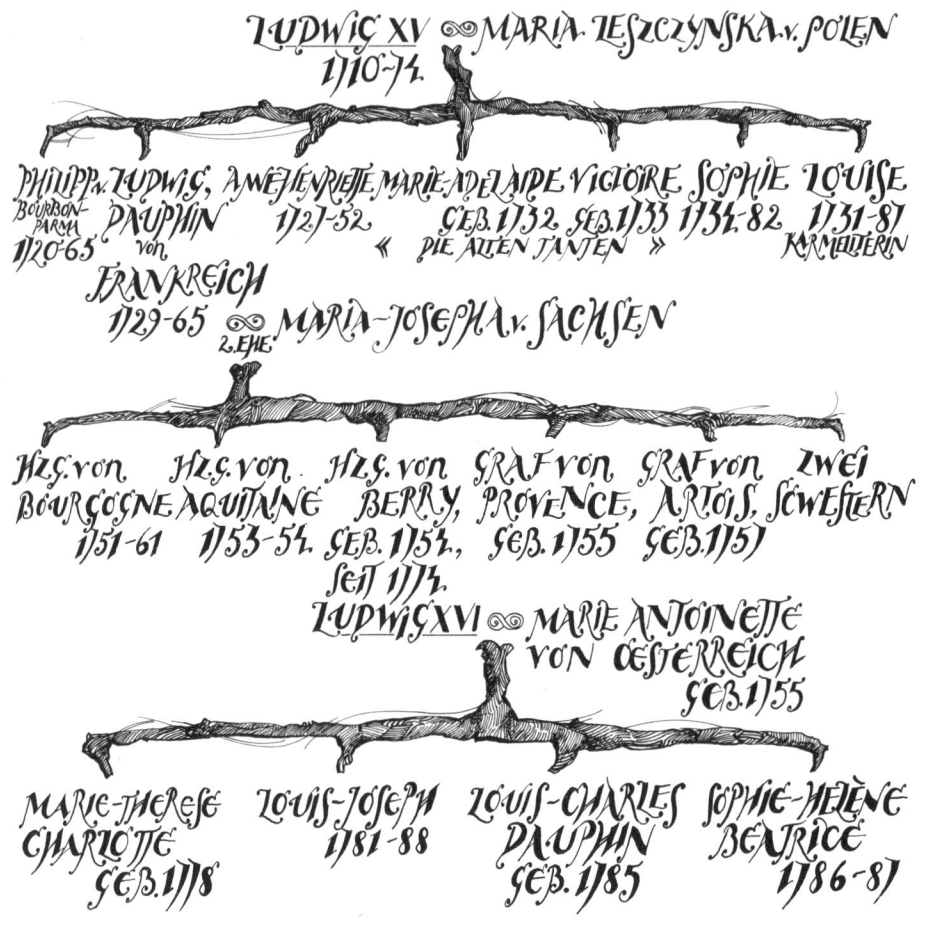

Die Familie Ludwigs XVI. von Frankreich: *Ein Dauphin eines ewigen Dauphins wurde König*

Tyrannei des Kranken gelitten, dem er sich unterordnen mußte. Nach einem Jahr starb Burgund, und Berry war der Dauphin eines Dauphins.

Ludwig war ein braver und fleißiger Schüler, er las alle Bücher gern, Geographie war aber sein Lieblingsfach. Er war ausdauernd und pflichtbewußt, aber eben nicht brillant; pedantisch, aber nicht unternehmend; voll guter Vorsätze, aber ohne Selbstvertrauen. »Was für eine Bürde – und man hat mich nichts gelehrt. Mir ist, als würde die ganze Welt über mir zusammenstürzen«, sagte er, als die erloschene Kerze im Fenster seines Großvaters ihm ankündigte, daß er jetzt König sei.

Und an dieser Einstellung hat sich wohl wenig geändert. Sein Zögern, sein mangelndes Vertrauen zeigen sich immer wieder. Als er mit der österreichischen Kaisertochter Marie Antoinette eine der glänzendsten Partien Europas machte, ließ er Jahre verstreichen, bevor er die Ehe vollzog. Ob eine kleine, leicht operable Mißbildung seine natürliche Trägheit und mangelnde Tatkraft noch verstärkte, ist nicht erwiesen. Sicher ist, daß der Kindersegen des königlichen Paares erst nach einem eher stürmisch verlaufenen Besuch des »Grafen von Falkenstein« (Kaiser Joseph, siehe Seite 7) einsetzte; Hofkreise in Wien munkeln, der Schwager Kaiser habe den zögernden König energisch auf seine ehelichen Pflichten hingewiesen.

Ludwig hat sich seiner schönen, lebhaften und intellektuell weit beweglicheren Frau ebenso untergeordnet wie einst dem brillanten Bruder Burgund. Seine mit den Jahren bedenklich gestiegene Freßsucht erlaubt den Schluß, daß ihm das ständige Nachgeben doch nicht so leichtfällt und er sich zum Trost einen Kummerspeck anißt.

Ein schwieriger Gesprächspartner

Seine wachsende Körperfülle trägt auch mehr zur Lächerlichkeit als zur Würde seiner Erscheinung bei – und Würde und Sinn für feierliche Auftritte fehlen diesem König ganz besonders: bei einem Ball im Salon d'Hercule in Versailles gelang es Ludwig nur mit größter Mühe, sich einen Weg durch die dichtgedrängten Menschen zu bahnen. Als er sich endlich durchgezwängt hatte, konnte er keinen Sitzplatz finden. Eine freundliche Dame bot ihm die Hälfte ihres Klappstuhls an, und so saß der König von Frankreich auf einem halben Stühlchen. Der Minister Maurepas (der natürlich schon »beim Großvater selig« gedient hatte) machte ihm ernste Vorwürfe, daß er versäumt habe, sich durch den Hauptmann der Wache ankündigen zu lassen, aber Ludwig lächelte nur beschämt und schwieg.

Als König und Herrscher hat er allerdings mehr Zähigkeit an den Tag gelegt, als man erwarten durfte, obwohl sein Beharren auf der eigenen Meinung wie bei vielen schwachen Menschen an Starrsinn und geistige Unbeweglichkeit grenzt.

Beim Jagen beweist Ludwig, daß er Ausdauer und Mut besitzt; aber seit Beginn der Revolution ist er in kritischen Situationen immer wieder zurückgewichen – gewiß nicht aus Feigheit, sondern aus einer Scheu vor der Verantwortung für das Leben anderer. Da er im kritischen Augenblick niemals die harte Linie wählen kann, versucht er später, durch mehr oder minder geschickte Intrigen das verlorene Terrain wiederzugewinnen.

Ludwig war schon als Kind, unter dem Einfluß seiner sächsischen Mutter, von echter Frömmigkeit durchdrungen, und auch auf diesem Gebiet wird er den aufgeklärten Patrioten nicht nachgeben können.

Der König ist also kein guter Gesprächspartner für die Männer, die ihm eine Konstitution aufzwingen wollen. Rücksichtsvoll und zögernd, wie er von Natur aus ist, kann er sich, bedrängt, nur in sture Ablehnung aller Vorschläge retten. Da er außerstande ist, geschickt und pragmatisch zu taktieren, sondern aus Furcht, sich etwas zu vergeben, oft brüsk und ungeschickt reagiert, ist zu befürchten, daß sich zwischen König und Nationalversammlung kaum eine Verhandlungsbasis ergeben wird.

Die meistgehaßte Frau Frankreichs

Die 34jährige Marie Antoinette, die vielleicht meistgehaßte, jedenfalls aber meistverleumdete Frau Frankreichs, hat die Abneigung ihrer Untertanen nicht verdient.

Sie ist die zweitjüngste Erzherzogin aus der Schar der 16 Kinder der »Kaiserin« Maria Theresia, und wenn auch der große Bruder Joseph kühl und streng – eben schon Kaiser – war, gab es doch genügend junge Brüder und Schwestern für eine ziemlich etikettefreie, glückliche Kindheit. Antoinette lernte das Übliche: Italienisch, Geschichte, Zeichnen, Klavier- und Harfespielen; aber sie lernte, wie alle Habsburgerkinder, auch ein wenig vom Pflicht- und Verantwortungsgefühl der Mutter, die im Sommer um fünf Uhr aufstand, um schon vor sieben an ihrem Schreibtisch zu sitzen.

Antoinette ging also nicht nur neugierig wie jedes andere junge Mädchen in die Ehe mit dem französischen Ludwig, sondern im vollen Bewußtsein, daß sie selbst das Pfand einer neuen Allianz sei, daß sie dem französischen Volk zu gefallen habe und daß das Glück einer Ehe von der Ehefrau abhinge.

Leider nützten die besten Vorsätze nichts gegen die Schwierigkeiten, die sich gleich zu Beginn dem Glück dieser Ehe entgegenstellten: Was immer Ludwig bewog, die Ehe mit seiner attraktiven jungen Frau mindestens drei Jahre lang nicht zu vollziehen, war gewiß nicht Antoinettes Schuld, mußte sie

Graf Falkenstein: *guter Rat für den Schwager*

aber doch bedrücken, als hätte sie selbst versagt. Das junge Paar fand sich auch ständig beobachtet, teils von den Vertrauten des alternden Königs, teils von den Spitzeln der Österreicher, allen voran der österreichische Gesandte Graf Mercy, der Wahres und Unwahres, bunt gemischt, an die Monarchin berichtete. Maria Theresia griff aber auch unabhän-

Marie Antoinettes Heimat, *Schloß Schönbrunn in Wien: eine glückliche, obwohl kaiserliche Kindheit zwischen Mutterliebe, Harfenspiel und Pflichtbewußtsein*

gig von Mercys Berichten ständig mit mahnenden und tadelnden Briefen in das Leben des jungen Paares ein (»Lesen Sie gute Bücher, Sie haben es nötiger als andere junge Mädchen, da Sie in Musik und Zeichnen nicht perfekt sind...«).

Zwischen einem Mann, der ihr entweder mißtraute oder sie trotz aller Freundlichkeit offensichtlich nicht begehrte, und den Intriganten floh Antoinette in die reichlich angebotenen Vergnügen des Versailler Hofes und in leidenschaftliche Freundschaften mit der Prinzessin von Lamballe und der Gräfin Jolande von Polignac.

Auch als die königliche Ehe ganz offensichtlich endlich in Ordnung und Ludwig so verliebt war, daß er mit seiner Frau Arm in Arm durch den Park von Versailles spazierte (was zunächst unerhört lächerlich aufgefaßt, dann aber gleich Mode wurde), blieb Antoinette bei ihrem unabhängigen und weit freieren Leben, als das bei den französischen Königinnen üblich gewesen war.

Die Damenfreundschaften der Königin gaben zuerst Anlaß zu bösem Tratsch; die Tatsache, daß sie in Abwesenheit ihres Mannes nicht nur im engsten Familienkreis oder unter Damen speiste, sondern auch Herren zu ihren Diners lud, brachte Neider und Antiösterreicher auf den Plan. Wie sehr aber der Ruf der Königin in diesen Kreisen gelitten hatte, zeigte erst die berühmte »Halsbandaffäre«, die ein erfolgreicher Rufmord an der in dieser Sache völlig unschuldigen Königin war.

Die Sache mit dem Halsband

Um eine nun schon fünf Jahre alte Geschichte nur kurz zu wiederholen: Der Großalmosenier des Königs, Louis-René-Édouard de Rohan, hatte sich von einer Betrügerin, Jeanne de La Motte, beschwatzen lassen, die Königin würde ihm ihre Gunst schenken, wenn Rohan ihr dafür beim Kauf des teuersten Diamantenhalsbands Frankreichs, das der Juwelier Böhmer ursprünglich für die Du Barry gemacht hatte, behilflich sein würde. Sie, die Königin, sei gerade etwas knapp bei Kasse, würde in Vierteljahresraten zahlen, aber brauche deshalb einen vertrauenswürdigen Bürgen.

Nach einem Rendezvous im finsteren Park von Versailles, bei dem eine Komplizin der La Motte für den hoffnungsvollen Kardinal die Königin gemimt hatte, übernahm Rohan das Kollier von Böhmer und übergab es einem weiteren Verbündeten der La Motte, bei dem es auch verschwand.

Als der Juwelier sein Geld schließlich bei Hof forderte, flog die ganze Geschichte auf. Ludwig schickte den Kardinal Rohan in die Bastille. Doch obwohl ein Gerichtsverfahren den Sachverhalt klärte, blieb die öffentliche Meinung von Antoinettes Schuld überzeugt.

Die Königin, die sich keines Vergehens bewußt war, nahm sich diesen Meinungsumschwung sehr zu Herzen.

Sie ist ein natürlicher Mensch, emotionell, aufbrausend, aber bei aller Herzlichkeit doch ganz habsburgisch-kaiserliche Würde. Es wäre falsch, ihre Ungezwungenheit zu erwidern oder ihre Einfachheit für demokratische Neigung zu halten. Die Vorfahren der Königin von Frankreich sind seit über 500 Jahren Kaiser des Heiligen Römischen Reiches Deutscher Nation, und ein Widerschein der barbarischen Krone mit den ungeschliffenen Steinen vergoldet auch die Haare dieser zarten, jungen Frau.

Ludwig hat sie bisher freundlich, aber energisch aus seinen politischen Entschlüssen herausgehalten – wird sie sich in wirklicher Bedrängnis auch zur Seite schieben lassen, oder wird sie versuchen, ihrem zaudernden Gatten den Rücken zu stärken? ∎

Ludwigs Heimat, *das prunkvolle Schloß Versailles: Kindheit mit den Mätressen des Großvaters*

WIRTSCHAFT

Warum gibt es kein Brot?

Die Hintergründe der jahrzehntelangen Brotknappheit – finstere Verschwörung oder kriminelle Unfähigkeit der Regierung

Der Getreidehafen in Paris: *Bevölkerungswachstum erschwert die Brotversorgung der Großstadt*

Das Gerücht tauchte schon unter Ludwig XV. auf, als das Brot in den Städten nicht nur teurer, sondern auch seltener wurde: eine Geheimgesellschaft aus Getreidehändlern und höchsten Beamten hätte einen verbrecherischen »pacte de famine«, einen Pakt der Hungersnot, geschlossen, um das französische Volk auszurotten und sich selbst höchste Profite zuzuschanzen. Die phantastische Geschichte wurde mit allerhand Details ausgeschmückt: das französische Getreide werde auf die englischen Kanalinseln verschoben und von dort wieder eingeführt; der König selbst habe an dem schmutzigen Geschäft zehn Millionen Livre verdient; die halbe Regierung sei von dem Getreidetrust bestochen.

In den sechziger Jahren verdichteten sich die Gerüchte. Die Polizei, die auch kein Brot zur Beruhigung der aufgebrachten und hungrigen Bürger herschaffen konnte, tat das Nächstbeste: sie verhaftete einen kleinen Beamten, Prévost de Beaumont, der die Geschichten in Umlauf gesetzt und sogar Beweise angeboten hatte. De Beaumont kam sofort auf Grund einer »lettre de cachet« in die Bastille, wo er 20 Jahre absaß. Wie meistens bei Verhaftungen auf Grund königlicher Briefe wurde ihm kein Prozeß gemacht, und so lebte der Glaube an die finstere Verschwörung unvermindert weiter.

Die plötzliche Entlassung des Finanzministers Necker, der seit seinen Getreidekäufen im Winter 1788 als Retter des Vaterlandes und Ernährer des Volkes galt, ließ unter der hungernden Bevölkerung die alte Angst um das tägliche Brot wieder aufflackern.

Das Märchen von der Verschwörung

Verschwörer hätte man entlarven, einen finsteren Geheimbund zerschlagen können. Die wirtschaftlichen Ursachen der Hungersnot werden aber nicht so bald aus der Welt geschafft werden können. Während das Feudalsystem an der Oberfläche unverändert weiterbestand, wuchsen im Lauf unseres Jahrhunderts die sozialen Spannungen durch ein Zusammentreffen von Bevölkerungszuwachs und Preisauftrieb. Das Ancien régime erwies sich als unfähig, den Versorgungsmechanismus einer größeren Bevölkerungsdichte anzupassen und die Löhne den Preisen nachzuziehen. Auch am täglichen Brot gemessen, war die Revolution unvermeidlich.

Zu Ende des 17. Jahrhunderts lebten in Frankreich etwa 19 Millionen Menschen, im Jahr 1785 war ihre Zahl auf 25 Millionen gestiegen, was mit gewissen regionalen Unterschieden einen Zuwachs von 30 bis 40 Prozent ausmacht. Während der letzten 50 Jahre blieb die Geburtenrate hoch, die Sterblichkeit sank bedeutend, und heute erreicht die durchschnittliche Lebenserwartung 29 Jahre. Diese positive Entwicklung beruht vor allem auf dem Ausbleiben der großen Krisen früherer Perioden, der Hungersnöte, der Pest und der Katastrophenwinter (wie der des Jahres 1709). Die Geburtenrate überflügelt daher die Sterblichkeitsziffer, und die Bevölkerung wächst – allerdings betrifft die Zunahme hauptsächlich die ärmeren Schichten und die Städte.

Das Wachstum der Städte ist besonders auffallend: heute gibt es in Frankreich schon mehr als 60 Städte mit über 10.000 Einwohnern; zählt man alle Siedlungen mit mehr als 2.000 Einwohnern zu den Städten, macht die französische Stadtbevölkerung mehr als 16 Prozent der Gesamtbevölkerung aus. Dieses einseitige Wachstum verstärkt die Nachfrage nach landwirtschaftlichen Produkten, und das trägt wieder zu ihrem Preisauftrieb bei.

Seit 1726 ist der französische Livre nicht mehr auf- oder abgewertet worden, aber während dieser langen Periode sind die Preise ständig gestiegen. Wenn man den Preisindex von 1740 mit 100 beziffert, liegt die durchschnittliche Preissteigerung bis heute bei 45 Prozent, in den letzten Jahren, von 1785 bis 1789, erreicht sie aber 65 Prozent. Diese Preissteigerungen variieren je nach Produkten, sind aber bei Lebensmitteln am größten, und da wieder bei Getreideprodukten höher als bei Fleisch. Die Preissteigerungen vor Ausbruch der Revolution trafen also die ärmsten Schichten der Stadtbevölkerung am härtesten, deren Hauptnahrung Brot und Getreideprodukte sind.

Die galoppierende Inflation

In den letzten vier Jahren stieg der Preis für Weizen um 66 Prozent, für Roggen um 71, und das Brennholz hielt mit 91 Prozent einen traurigen Rekord. Der Weinpreis erhöhte sich nur um 14 Prozent – eine schwierige Situation für die vielen Weinbauern Frankreichs, die nur Wein erzeugen und daher ihr Brot kaufen müssen.

Die Löhne halten nicht Schritt: im Zeitraum unserer Untersuchung stiegen sie um 15 bis 20 Prozent.

Alle diese Probleme – Bevölkerungswachstum, Preissteigerungen und ein unzulängliches Verteilungssystem – erreichen in Paris ihren Höhepunkt.

Paris hat heute etwas über 600.000 Einwohner (es ist damit nach London die zweitgrößte Stadt Europas). Bei einem Brotverbrauch von etwa einem Kilo pro Person braucht die Großstadt also (Kleinkinder abgerechnet) wenigstens 500.000 Kilo Brot am Tag.

Die Bäckermisere in Paris

Das Getreide für diese gewaltige Menge kommt größtenteils aus der Zehnmeilenzone um Paris, in der alles Brotgetreide, das nicht dem lokalen Konsum dient, der Versorgung von Paris zugeführt werden muß. Was darüber hinaus gebraucht wird, führen die großen Agrumenhändler aus der Provinz, bei Mißernten auch aus Nordafrika ein.

Dieses Getreide wird in den Mühlen am Stadtrand gemahlen. Es gibt etwa 3.000 Wassermühlen in den Tälern der Seine, der Oise und der Marne und 1.000 Windmühlen auf den Höhen von Beauce, Brie und Valois. Die bekannteste dieser Windmühlen krönt den Hügel von Montmartre in Paris.

Das Mehl wird in den Mautämtern an der Stadtgrenze kontrolliert und – mit Ausnahme einer geringen Menge für Haushalte, die ihr Brot selbst backen – durch die »plumets«, die Mehlträger, direkt in die Zentralmarkthalle gebracht, wo die Pariser Bäcker sich eindecken.

Es gibt dreierlei Bäcker: Stadtbäcker, Vorstadtbäcker und die Wanderbäcker, jede Gruppe mit verschiedenen Auflagen, Rechten und Privilegien (so dürfen zum Beispiel nur die Stadtbäcker Kleingebäck fabrizieren). Die rund 500 Bäcker der ersten beiden Kategorien genügen bei weitem nicht, um die Versorgung einer Großstadt mit 600.000 Einwohnern zu bewältigen. Es sind auch meistens kleine, kapitalschwache und daher schlecht eingerichtete Betriebe, und Konkurse sind häufig.

Um also den Bedarf der Stadt einigermaßen zu decken, hat man in letzter Zeit immer mehr Wanderbäcker zugelassen, die ihr Brot auf den Märkten anbieten. Rund 300 von ihnen haben ihre Stände in der Zentralmarkthalle aufgeschlagen, die damit zu einem neuralgischen Punkt der Stadt geworden ist; gibt es dort genügend Brot, beruhigt sich die Pariser Bevölkerung; wird wenig Brot angeboten, entstehen sofort Gerüchte von Verschwörung und Hungersnot.

Neckers Sturz wurde an einem Sonntagnachmittag bekannt; Geschäfte und Hallen waren geschlossen, also fehlte auch der beruhigende Anblick voller Brotkörbe. Die aufgebrachte Menge war bereit, das Schlimmste zu fürchten, aber auch das Äußerste zu wagen. ■

Pariser Bäcker wie zu Urgroßvaters Zeiten: *Kapitalmangel verhindert die Modernisierung der Betriebe*

MEDIZIN

Heikle Fracht aus Florenz

Der Bau könnte seiner Anlage nach ein großes Adelspalais sein. So nobel quartiert Kaiser Joseph die Wiener Medizinisch-Chirurgische Akademie ein, an der Ausfallstraße nach Währing, ein kurzes Stück Weges vom Schottentor über das Glacis.

Vor vier Jahren vollendete Isidor Canevale, der Junior aus der hier bereits gut bekannten lombardischen Baumeisterfamilie, das »Josephinum«. Er gehört zu den profiliertesten modernen Architekten der Residenzstadt.

Die Studenten, die das weitläufige Haus bevölkern, werden zu Militärärzten ausgebildet. Damit treibt der Kaiser die Reform des Sanitätswesens voran. Er hat aus Kriegserfahrungen gelernt. Nur zu gut kann der gekrönte Menschenfreund ermessen, was Verwundete zu erdulden haben, wenn irgendein zum Feldscher avancierter Gevatter Barbier an ihnen herumsäbelt.

Das soll nun beim österreichischen Heer anders werden. Die künftigen Doktoren in Uniform haben alle zeitgemäßen Einrichtungen und Hilfsmittel ihrer Wissenschaft zur Verfügung. Namentlich um die »Anatomia Plastica«, eine sehr rare und sehr wertvolle Sammlung medizinischer Wachspräparate, dürfen manche Zentren europäischer Gelehrsamkeit das Josephinum beneiden. Es gibt derartige Studienobjekte in größerer Zahl nur an wenigen anderen Orten.

Ein Museum wächserner »Mumien«, die ein Holländer, Frederik Ruysch, zu Beginn unseres Jahrhunderts in Amsterdam dem Publikum zeigte, machte damals viel von sich reden. Die Sammlung ist jetzt in Petersburg. Einer der Neugierigen, die in Herrn Ruyschs medizinischer Schaubude des Menschen grusliges Innenleben anstaunen, war Zar Peter der Große (inkognito). Was er zu sehen bekam, beeindruckte ihn so, daß er das ganze Panoptikum kaufte und mitnahm.

Auch Bologna besitzt eine solche Sammlung, aber, tempora mutantur, von einer Dame, der Signora Anna Manzolini-Morandi, gespendet. Sie hat die Sammlung nicht nur gestiftet (auch ihr eigenes, wächsernes Abbild übrigens) – mit sichtlichem Vergnügen sezierte die Wachsanna selbst ein menschliches Gehirn.

Kaiser Joseph interessierte sich lebhaft für diese und ähnliche Präparate. Bei einem Besuch im Großherzogtum Toskana, das sein Bruder Leopold seit 1765 regiert, besichtigte er das neugegründete florentinische Museum für Physik und Naturgeschichte. In langen Zimmerfluchten des am Arnoufer gelegenen Palazzo Tarrigioni ist ebenfalls eine »Anatomia Plastica« aufgestellt, von toskanischen Bildhauern unter Anleitung bedeutender Wissenschaftler bossiert.

Die Ausführung ganzer Figuren und einzelner Teile mit genauer Wiedergabe aller Verästelungen der Blut- und Lymphgefäßsysteme und der Schichtung von Muskeln erfolgt nach einer komplizierten, langwierigen Methode. Erste Phase in den Ateliers dieser Spezialisten: die Modellierung in Ton. Sie ergibt ein Positiv, das in Gips abgeformt wird; diese Hohlform wird mit Wachs aus-

Das Wiener »Josephinum«: *ein Stadtpalais für künftige Militärärzte der kaiserlichen Armee*

gegossen. Durch entsprechende Färbung des Wachses erreicht man die angestrebte, fast beklemmend echt wirkende anatomische Treue des Objekts. In Italien hat die Wachsbossierung übrigens Tradition: in manchen Kirchen findet man Glassärge mit Märtyrerreliquien, bei denen wächsernes »Fleisch« das Skelett umhüllt und der Spalt der Lippen die echten Zähne sehen läßt.

Ein Gruselkabinett für Jungärzte: *das feine Geflecht menschlicher Adern in Wachs gebildet*

Selbst strengste naturwissenschaftliche Beobachtung und Ergründung kommt ohne Ästhetik nicht aus. Die Gestik eines stehenden »Muskelmannes« stammt ebenso aus dem Formkanon der Plastik wie die Haltung eines halbaufgerichteten Körpers, der deutlich Anregungen von den Medici-Grabmälern Michelangelos verrät. Kein Wunder also, daß eine weibliche Schönheit mit säuberlich geöffnetem Leib und minutiös angeordneten inneren Organen den Namen »Mediceische Venus« erhielt. Den seltsamen Kontrast zu ihrer so freizügig gezeigten Anatomie bildet die Perlenkette um den Hals, ein Attribut, auf das selbst die größte Sachlichkeit nicht verzichten will. Der südlichen Vorliebe für Dekor entspricht das Beiwerk: die Figuren sind auf kostbare Seide gebettet und in Vitrinen aus Edelhölzern mit venezianischen Glasscheiben aufgestellt, kurzum: Präsentation nicht nur für den forschenden Geist, sondern auch fürs Auge.

Viele Ärzte und vornehme Reisende – darunter kein Geringerer als der Dichter Goethe – haben diese ungewöhnliche Sehenswürdigkeit gebührend bewundert. Kaiser Joseph tat noch ein übriges. Er beschloß, den Großteil der Objekte an Ort und Stelle für seine neue Wiener Akademie kopieren zu lassen. Kostenpunkt: 30.000 Gulden, aus der Privatschatulle bezahlt.

Das Schwierigste war wohl der Transport der ungemein empfindlichen Modelle. Die florentinischen Bossierer müssen auch wahre Virtuosen in der Kunst bruchsicherer Verpackung sein. Behutsam wurden insgesamt 1.192 große und kleine Einzelstücke, ein komplettes plastisches Repertorium des menschlichen Körpers samt Entwicklung der Leibesfrucht, auf Maultieren und von zweibeinigen Trägern über den Brenner nach Linz befördert und dort zur Weiterfahrt nach Wien auf Schiffe verladen. Gewiß die seltsamste und heikelste Fracht, die je ihren Weg aus der Toskana nordwärts nahm. Und bei der Aufstellung im Josephinum meldete sich kein einziger wächserner Gast in die Krankenstube ab. ■

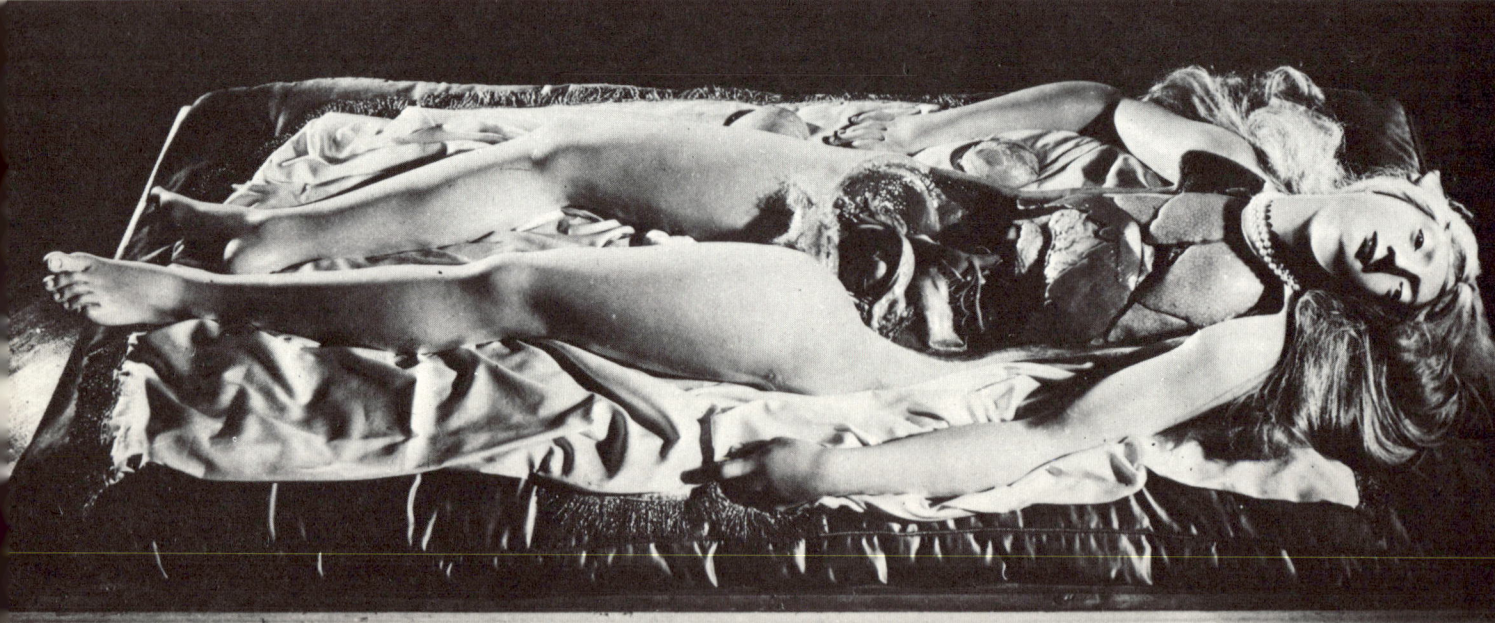

Eine wächserne »Mediceische Venus«: *Freizügige Anatomie und wohlgeordnete innere Organe kontrastieren seltsam mit dem Glanz der Perlenkette*

UNIVERSITÄTEN

Friedrich von Schiller hielt Antrittsvorlesung in Jena

Dozent Friedrich von Schiller: *Der Dichter, der die Jugend mit den »Räubern« begeisterte, läßt sich in Jena nieder. Für den Herzog von Weimar, Karl August, ist das eine Akquisition ohne Aufwand: Schiller erhält kein Honorar, sondern nur Kolleggelder. Sobald sich jedoch die Aufregung über die Ankunft des progressiven Dozenten gelegt hat, werden die Studenten und die Gebühren höchstwahrscheinlich ausbleiben.*

Die Universität Jena, die unter Professor Karl Leonhard Reinhold eine Hochburg der Lehre Kants zu werden scheint, hat einen neuen Dozenten erhalten. Friedrich von Schiller, Enfant terrible des Herzogs Karl Eugen von Württemberg, exilierter Theaterdichter in Mannheim und Schöpfer des mit sensationellem Erfolg aufgeführten Stückes »Die Räuber«, hat mit 21. Januar dieses Jahres als Professor der Philosophie ein unbesoldetes Lehramt für Geschichte erhalten. Der neuernannte Professor hielt am 26. Mai seine Antrittsvorlesung zum Thema: »Was heißt und zu welchem Ende studiert man Universalgeschichte?«

Friedrich von Schiller hat sich im Vorjahr durch seinen vielbeachteten ersten Band der »Geschichte des Abfalls der vereinigten Niederlande von der Spanischen Regierung« als Historiker einen Namen gemacht, in dem er weniger dadurch beeindruckt, daß er den tatsächlichen Gang der Gegebenheiten schildert, sondern dadurch, daß er die allgemeinen »Ideen« herausarbeitet, die in der Geschichte wirksam sind, und die hervorragenden Geschichtspersönlichkeiten hervorhebt, die diesen Ideen Geltung verschaffen.

»Universalgeschichte« ist für Schiller jener Teil der Geschichte, der »zur gegenwärtigen Vervollkommnung der Welt beigetragen hat«. Alles andere habe den Historiker nur am Rande zu interessieren. Details seien etwas für »Brotgelehrte«, nicht für »philosophische Köpfe«.

Verständlich, daß Herr Schiller mit solchen Meinungen beim Jenaer Professorenkollegium einen Sturm der Entrüstung hervorgerufen hat. Er selbst versichert, er habe mit seinen Äußerungen nur den Studenten einen Weg zum Geschichtsstudium weisen wollen. Schließlich habe er in seiner Vorlesung deutlich genug ausgeführt, daß der Historiker die Bruchstücke des Wissens sehr wohl verarbeiten müsse, aber so, daß er sie zum System, zum vernunftmäßig zusammenhängenden Ganzen ordne.

Friedrich von Schillers Verpflichtung verspricht schon allein durch die Vielschichtigkeit seiner Person interessante Diskussion in den Jenaer Gelehrtenkreisen. Er ist zweifellos der »philosophische Kopf«, von dem er spricht. Zuerst für die Juristerei berufen, dann ausgelernter Mediziner, schließlich sehr erfolgreicher Dichter, zuletzt Historiker, dem es vor allem um die metaphysische Freiheit des von den Trieben determinierten Menschen geht.

Und was sagt er von sich als Historiker? »Ich wollte, daß ich zehn Jahre hintereinander nichts als Geschichte studiert hätte. Ich glaube, ich würde ein ganz anderer Kerl sein.« ■

GESELLSCHAFT

Die Revolution begann im Kaffeehaus

Bei Kaffee und Süßigkeiten plant sich der Umsturz am bequemsten

Nase muß man haben, wenn man gute Geschäfte machen will, und die hatte der Sizilianer Francesco Procopio dei Coltelli, der 1686 in der Pariser Rue des Fossés (Saint-Germain) ein Kaffeehaus eröffnete, das sich sehen lassen konnte und die Konkurrenz vor Neid erblassen ließ. Kristalluster an der Decke, Marmortische, Spiegel an den Wänden, mit Plüsch bezogene Stühle und Sessel – das war noch nie dagewesen.

Und Procopio schenkte nicht nur Kaffee aus, er setzte seinen Gästen auch verführerische Köstlichkeiten vor: Mandelmilchpaste, Orangenblütencreme, Rosencreme, kandierte Früchte und Früchte in Alkohol. An Getränken bekam man außer Kaffee auch noch Tee und Schokolade, Würzwein, Zitronensäfte, die unter dem Namen Limonade sehr beliebt waren. Das waren alles höchst köstliche Dinge, aber nichts im Vergleich zu einer anderen Neuheit, die Furore machte: Gefrorenes und Sorbet (eisgekühltes Fruchtsaftgetränk).

Nun, die Enkel des Sizilianers führen noch heute das Café »Procope«, und die Konkurrenten bemühen sich, es möglichst genau nachzuahmen. Die bestbesuchten Cafés sind die Lokale unter den Arkaden des Palais-Royal.

Kaffeehäuser sind ein gutes Geschäft. Die Besitzer können nicht klagen; ihr Personal ist zumeist sachkundig, arbeitsam, geschickt und ehrlich: zwölf Stunden Arbeit am Tag, immer sauber in Frack und weißer Schürze. Gefrorenes und Kaffee tragen sie auch außer Haus.

Sie müssen auch auf Besteckdiebe achten – man erzählt von einem, der hintereinander elf kleine Löffel stahl und dabei beobachtet wurde; als er wiederkam, hielt ihm der Besitzer einen Löffel entgegen: »Sie brauchen das ganze Dutzend!« – Und schließlich obliegt es ihnen auch noch, spätabends die Vielredner hinauszuweisen, um ihre Matratzen auf den Boden des Kaffeehauses legen zu können, denn da schlafen sie.

In letzter Zeit ist das Fieber in den Cafés gestiegen. Sie sind eine Art Klub geworden; hier kommentiert man die Sitzungen der Nationalversammlung. An einem Abend Anfang Juli war es, als Camille Desmoulins im Café de Foy im Palais-Royal auf einen Tisch sprang, ein Kastanienblatt an seinen Hut heftete und mit dem Ruf »Laßt uns die Kokarde hissen!« die Anwesenden zu Begeisterungsstürmen hinriß.

Das Café »Procope« unter seinem Geschäftsführer Zoppi ist zu einer Stätte der Verschwörung geworden. Allabendlich verbrennt man die gemäßigten Zeitungen, und hier treffen sich auch Desmoulins, Danton und Marat, die alle in der Nähe wohnen.

Der elegante und diskrete Robespierre ist Stammgast im »Régence«, wo er Schach spielt; gelegentlich erscheint er auch im »Procope«. Die Kellner sind angewiesen, ihm zusammen mit dem Kaffee einen Korb Orangen zu bringen; Robespierre ißt eine ganze Menge von diesen Früchten, um, wie er sagt, »seinen Teint aufzuhellen«. Mit seiner schmalen Hand wühlt er in den schönen Bällen, nimmt eine Frucht und läßt sie zuweilen wieder nachdenklich in den Korb zurückfallen.

Hoffentlich werden es auch in Zukunft nur Orangen sein, die er in Körbe fallen läßt. ■

Das Pariser Kaffeehaus: *von einer Bühne für Konversationsstücke zum Schauplatz von Dramen*

MODERNES LEBEN

Ein Mann kämpft gegen den Hunger

»Es ist ein Nahrungsmittel, das bläht, schlecht verdaulich ist, einen teigigen, faden Geschmack hat«, entrüstete sich Le Grand d'Aussy noch vor wenigen Jahren in seiner »Geschichte des Privatlebens der Franzosen«. »Man darf sich nicht wundern, wenn feinere Haushalte dieses Zeug ablehnen und es dem gewöhnlichen Volk überlassen, dessen robuster Gaumen und kräftiger Magen alles verträgt, was den Hunger zu stillen imstande ist.«

Harte Worte, die Amerikas unschätzbares Geschenk an das alte Europa, die Speisekartoffel, wirklich nicht verdient hat. Ein gewisser Pedro Cieza de León, ein Waffengefährte Pizarros, entdeckte sie im Inkareich und entschloß sich viele Jahre später, so um 1550, die Pflanze mit den kleinen Knollen nach Spanien zu senden. Dort wußte man nicht viel damit anzufangen und tat das Sicherste: man schickte sie dem Heiligen Vater zur Begutachtung. Der Legat des Papstes reichte sie an den Gouverneur von Mons, Philippe de Sivry, weiter, und der bat einen alten Freund, den französischen Gelehrten Charles de Lécluse (Clusius) in Wien, die seltsame Knolle zu untersuchen. Eigenhändig malte Clusius die erste botanische Tafel mit einer Darstellung der Kartoffel und beschriftete sie: »Kleine Trüffel (taratoufli), erhalten von Philippe de Sivry, zu Wien am 26. Januar 1588. Pappa der Peruaner von Pedro Cieza.«

Taratoufli: die Italiener machten daraus »tartufoli«, die Deutschen »Kartoffel«, die Russen »kortopfrel«, die Serben »krumpit«.

Die Spanier waren die ersten, die das

Antoine-Augustin Parmentier: *Kann er die Franzosen zu begeisterten Kartoffelessern machen?*

neue Nahrungsmittel ausprobierten. Im Krankenhaus von Sevilla servierten die Mönche ihren Patienten die von den spanischen Kolonisten aus Amerika gelieferten Knollen.

Während des Dreißigjährigen Krieges reiste die Kartoffel mit spanischen Musketieren in das vom Krieg verwüstete Land. »In manchen Gegenden«, so ein zeitgenössischer Bericht, »konnte man viele Meilen zurücklegen, ohne Mensch oder Tier oder auch nur einen Sperling zu treffen; in den Dörfern lagen die Häuser voll von Leichen und Aas, Männer, Frauen, Kinder, Knechte, Pferde, Schweine, Kühe, alle neben- und übereinander, an Koliken oder an der Pest gestorben, wimmelnd von Würmern, angefressen von Vögeln, Wölfen und Hunden, denn es war niemand da, der sie begraben, beklagt oder beweint hätte.« Wenn da ein spanischer Soldat einem Bauern ein paar Kartoffeln schenkte, verschlang der sie roh, wie sie waren, und weinte noch vor Freude.

Die ungeliebte Kartoffel

Noch ein anderes armes Land übernahm schon im 17. Jahrhundert die Kartoffel, und das war Irland. Doch als John Forster 1664 ein Buch mit dem Titel »Der Wohlstand Englands erhöht durch den Anbau der Kartoffel« publizierte, lachte man ihn aus.

Außer dem menschlichen Hang zu Vorurteilen gibt es noch eine einleuchtende Erklärung für diese allgemeine Abneigung: zunächst waren die ersten Kartoffeln, die nach Europa kamen, sehr klein (Kleine Trüffel), so daß es niemandem einfiel, sie zu schälen – und Kartoffelschalen in der Suppe schmecken vielleicht dem Vieh, aber nicht dem Menschen. Nicht viel mehr Anklang fanden sie als Beilage. In Europa essen die einfachen Leute nur Salate und in manchen Gegenden Kastanien. Die Wohlhabenden ziehen Gemüse mit ausgeprägtem Geschmack vor – Rüben, Kraut und Möhren – oder solches, das im Mund zergeht, wie Spargel und Artischocken (natürlich nur die Böden!), aber die langweiligen Kartoffeln? Keiner der großen Küchenchefs ließ sich zu den wäßrigen Knollen etwas einfallen.

Trotzdem beginnt »solanum tuberosum« in den letzten Jahren Deutschland zu erobern, ebenso die Schweiz, die Niederlande und sogar – nur sehr langsam – England. Aber in Frankreich mißtraut man der Kartoffel immer noch – so man sie überhaupt schon einmal zu Gesicht bekommen hat. In Besançon hat man ihren Anbau sogar verboten, und noch vor 40 Jahren las man in der »Schule der Suppen«: »Dies ist der allgemeinen Auffassung nach das allerschlechteste Gemüse; das niedere Volk jedoch, das den größten Teil der Menschheit darstellt, nährt sich davon.« Und die Verachtung, die man für die Kartoffel empfindet, schlägt sich im Namen nieder, den man ihr gegeben hat: »pomme de terre« – Erdapfel.

Ausgerechnet im gleichen Besançon, wo man sie (unter anderem wegen Lepragefahr!) verboten hatte, schrieb die Akademie der Wissenschaften und Schönen Künste einen Wettbewerb für eine »Studie über Pflanzen, die im Falle einer Hungersnot das Getreide ersetzen könnten«, aus.

Ein Kandidat schlug die Kartoffel vor, und seine Abhandlung erregte großes Aufsehen. Ausgezeichnet geschrieben, brachte sie ihrem Verfasser den ersten Preis; der Preisträger hieß Antoine-Augustin Parmentier.

Der 1737 in Montpellier geborene Parmentier war als Hilfsapotheker während des Siebenjährigen Kriegs von den

Solanum tuberosum – die Kartoffel:
Die gelblichen Knollen sollen in gekochtem Zustand genießbar sein; aber noch hofft Parmentier, aus ihnen eine Art Mehl zur Herstellung von wohlschmeckendem Kartoffelbrot zu gewinnen.

Preußen gefangengenommen worden und hatte im Gefängnis die Nützlichkeit der Kartoffel entdeckt. Wissenschaftlich begabt, menschenfreundlich, uneigennützig, wird der sympathische junge Mann 1772 Leiter der Apotheke des Hôtel des Invalides, und als sich ihm, dem Preisträger von Besançon, die Gelegenheit bietet, beginnt er seinen Propagandafeldzug für die Kartoffel. Er veröffentlichte in den folgenden Jahren mehrere Schriften über das gleiche Thema, ohne jedoch seine Gegner entwaffnen oder überzeugen zu können.

Vielleicht hätte man den Franzosen die angenehme Beilage längst einreden können – aber Parmentier war eben auch Franzose, und für ihn wie für seine Landsleute ist Brot das einzige Grundnahrungsmittel. So verliert er bis heute seine Zeit mit immer neuen Versuchen, Kartoffelmehl herzustellen, um daraus Brot zu backen – der Hof finanziert seine wissenschaftliche Arbeit.

Denn Parmentier hatte – und hat noch immer – den König auf seiner Seite, der ihm in der Gegend von Paris Land für einen Versuchsanbau zur Verfügung stellte, der 1785 an seinem Geburtstag einen Strauß mit Kartoffelblüten auf Parmentiers Tisch bringen ließ, sich solche Blüten ins Knopfloch steckte und sie an der Frisur der Königin anbringen ließ – und Kartoffeln auch gerne ißt. Marktfahrer boten in Paris Körbe mit den Knollen aus den Versuchspflanzungen an, aber die Pariser und ganz allgemein die Städter sind eigensinnig: sie wollen Brot.

Nun hat Parmentier endlich sein großes Werk »Abhandlung über den Anbau und die Verwendung der Kartoffel« veröffentlicht. Unter anderem schlägt er vor, die Weinbauern mögen, anstatt sich von grobem Brot aus Gerste, Buchweizen und einer ordentlichen Beimischung von Siebstaub und anderem Dreck zu nähren, unter ihren Reben Kartoffeln pflanzen. Damit hätten sie ein Nahrungsmittel zur Verfügung, das alle anderen ergänzt und sie in Zeiten der Hungersnot so gut wie völlig ersetzen könnte.

Frankreich geht schweren Zeiten entgegen, und es wäre denkbar, daß eben dieser Umstand zum erfolgreichsten Bundesgenossen des Philanthropen Parmentier werden und die Kartoffel auf den Tisch der Franzosen bringen könnte. Auch wenn manche Leute es diesem unermüdlichen Streiter heute übelnehmen, daß er den ihm von Ludwig XVI. verliehenen St.-Michaels-Orden angenommen hat. ∎

Der neue Landschaftsgarten: soziales Grün zwischen Ideologie und Empfindsamkeit

Unsere modernen Stargärtner, die Reißbrett, Lineal, Richtschnur, Wasserwaage, vor allem aber die Heckenschere verachten, halten ihre Schöpfungen für eine Kunst, die in hohem Maß die gewaltigen sozialen Veränderungen der letzten Jahre wiedergibt.

Diese kühne These läßt sich gewiß vertreten. Der Landschaftsgarten kommt schließlich aus England, wo schon in den zwanziger Jahren unseres Jahrhunderts die bürgerlichen Schichten den Aufschwung erlebten, der seit der Einberufung der Generalstände in Frankreich auch auf dem Kontinent begonnen hat. Die stagnierende Adelsgesellschaft mit der vergewaltigten, gestutzten Natur des französischen Gartens gleichzusetzen, erscheint durchaus erlaubt, wenn man die ideologische Grundlage des Landschaftsgartens folgerichtig in der bürgerlichen Natur- und Vernunftphilosophie sucht: das neue, bürgerliche Weltbild sieht in der »reinen« Natur die allumfassende und alldurchdringende Macht. Rousseaus »Zurück zur Natur« ist von unseren Gartenkünstlern so gedeutet worden, daß jedes selbstherrliche Eingreifen in die Natur verboten sein muß. Die gerade Linie ist sündig – die neuen Gartenpfade schlingen sich lieblich um natürliche Hügel; Bassins mit gemauerten Ufern sind verpönt –, Bäche, Flüßchen und Teiche behalten ihre bewachsenen Uferränder, über die sich Weiden und Erlen neigen.

Die französischen Gärten waren von hohen Mauern umgeben; der dem bürgerlichen Geist (wenn auch immer noch dem fürstlichen Portemonnaie) entstammende Landschaftsgarten begnügt sich mit Gräben, wo eine Begrenzung deutlich werden muß; er ist ein Stück Natur, das die eingreifende Hand des Gärtners möglichst wenig sehen läßt. Wofür bezahlt man aber dann unsere Gartenschöpfer? Nach ihren eigenen Aussagen dafür, daß sie die unvollkommene Natur verbessern, zerstreute Schönheiten sammeln und gruppieren und zur perfekten Bildkomposition ordnen.

Weil aber die so zurückhaltend gestaltete Natur einer zweiten Forderung unserer Parkphilosophen, der nach »Empfindung«, nach starker Gemütsbewegung beim Beschauer, doch nicht ganz zu genügen scheint, beginnt man in letzter Zeit, die reine Natur mit chinesischen Pavillons, Grotten, Brücken und Felsenarrangements zu verbessern, und versteckt auch einige Gedenksteine mit lateinischen oder griechischen Inschriften unter den unschuldigen Büschen.

Zu den schönsten Landschaftsgärten außerhalb der Britischen Inseln zählt der Park des Herzogs Karl August von Weimar. Die Anregung zur Umgestaltung einiger verlotterter älterer Gärten stammt von Herrn Geheimrat von Goethe, der schon vor mehr als zehn Jahren seinen eigenen kleinen Garten an der Ilm grundlegend veränderte, bald aber auch die herzoglichen Gärten entwerfen half. Er begann seine Arbeiten damals mit einem Stückchen Empfindung: mit einer Grotte zur Erinnerung an das Hoffräulein Christiane von Laßberg, die, Goethes »Werther« in der Hand, aus Liebeskummer den Tod in der Ilm gesucht hatte. Der Geheimrat beriet den Herzog auch bei vielen anderen Bauten in der weiten Parklandschaft, bei der Einsiedelei, beim römischen Haus und bei der Burgruine. Allerdings scheint der große Dichter die Freude am Landschaftsverbessern in dem Augenblick verloren zu haben, als es allgemein Mode wurde und architektonische Scherze ohne tiefere Bedeutung alle Winkel der Parks zu füllen begannen.

In seinem »Triumph der Empfindsamkeit« hat Goethe sich über solche »Naturspäßigkeit« lustig gemacht:

Denn, nota bene! in einem Park
Muß alles ideal sein,
Und salva venia* jeden Quark
Wickeln wir in eine schöne Schal' ein.
So verstecken wir zum Exempel
Einen Schweinestall hinter einem
                     Tempel.
* Wenn Sie den Ausdruck verzeihen...

Gezähmte Natur: *Obwohl jede Kleinigkeit auf dem Reißbrett des Gartenarchitekten geplant wird, darf der romantische Garten keine ordnende Hand verraten*

UNTERHALTUNG

Im Dreivierteltakt: ein neuer Modetanz?

Pavane, Courante, Menuett und Quadrille sind auch heuer die bevorzugten Gesellschaftstänze. Unter der Jugend gewinnt allerdings ein neuer Tanz – Langaus und Ländler genannt – zunehmend an Beliebtheit.

Man dreht sich dabei, gelegentlich sogar paarweise (!), langsam im Dreivierteltakt – ein höchst ungewöhnlicher, von manchen sogar als unschicklich empfundener Anblick. Diese Art zu tanzen wurde bisher vorwiegend in den unteren Volksschichten der deutschen Lande gepflegt.

Fachleute sind sich über die Zukunftsaussichten dieser neuen Tanzmode durchaus nicht einig: während die einen meinen, es handle sich dabei nur um eine Eintagsblüte, prophezeien die anderen, daß der Dreivierteltakt dermaleinst die gesamte Szene des internationalen Gesellschaftstanzes beherrschen werde.

Die Jugend und auch die ältere Generation kümmerten sich allerdings nicht um den Streit der Fachleute: soweit die leidenschaftlichen Tänzer nicht gerade anderweitig mit Revolution beschäftigt sind, geben sie sich dem Vergnügen der anmutigen Bewegungen hin.

Besonders gern getanzt wird in Stuttgart, wo während der Karnevalszeit neben zahlreichen Bällen montags und donnerstags zwischen acht Uhr abends und zwei Uhr früh regelmäßig Redouten stattfinden.

Diese Redouten sind die einzige Gelegenheit, wo Adel und Bürgertum einander ungezwungen begegnen – und es wird ausgiebig Gebrauch davon gemacht. Dem Vernehmen nach soll es bei diesen Festen recht frei und locker zugehen.

Herzog Karl Eugen wünscht, aus welchen Gründen immer, seine Beamten samt Frauen und mannbaren Töchtern auf diesen Veranstaltungen zu sehen. Wer diesen Befehl ignoriert, muß damit rechnen, die Gage für ein Vierteljahr gestrichen zu bekommen.

Außerordentlich gut besucht sind auch die während des Faschings zweimal wöchentlich stattfindenden Hofburg-Redouten in Wien. Die Damen zahlen keinen Eintritt, die Herren zwei Gulden.

Aufstrebende Vergnügungsetablissements befinden sich in London: das von Ranelagh und Vouxhall Gardens. Sie liegen in starkem Wettbewerb mit den berühmten Subskriptionsbällen von Therese Cornelys, zu denen ein solcher Andrang herrscht, daß man sogar die harten Bedingungen der schönen Therese akzeptiert: niemand darf weniger als zwölf Billetts nehmen, und jedes kostet sage und schreibe neun Pfund. Der Preis ist offenbar dennoch nicht zu hoch, denn der Kreis der regelmäßigen Subskribenten zählt nicht weniger als 3.000 Personen. ■

Im Dreivierteltakt: *noch viel enger umschlungen*

MODE

Der Turm ist tot – es lebe die Feder!

Die ebenso verrückte wie unpraktische Mode der aufgetürmten Paradefrisuren, die vor allem in Frankreich die extravagantesten Blüten treibt, scheint sich ihrem Ende zuzuneigen. Ein in Pariser Salons vielbelächelter Verkehrsunfall der jungen, hübschen Marquise de T. dürfte der »Los-vom-Turm-Bewegung« entscheidenden Auftrieb gegeben haben.

Die üppige Phantasie von M. Léonard Autier, Hoffriseur Ihrer Majestät, der Königin Marie Antoinette, hat die Grenzen des für einen normalen Menschen Denk- und Vorstellbaren längst beachtlich überschritten. Der Meister – er fährt bekanntlich täglich sechsspännig in Versailles vor, um seine Königin in stundenlangen Sitzungen zu dekorieren – begnügt sich nicht mehr damit, die Haare mit Pomade doppelt so hoch wie eine preußische Grenadiermütze emporzuquälen, um dann in die »poufs« zum Beispiel Landschaften, Häuser, Schiffe und Gärten zu setzen.

Sein Ehrgeiz treibt ihn vielmehr dazu,

seine Kundinnen in zweibeinige Gazetten zu verwandeln. Kein Tagesereignis von Rang, das nicht in den Frisuren seinen Niederschlag findet: eine Opernaufführung inspiriert Léonard zur »coiffure á la Iphigénie« mit schwarzen Trauerbändern, die Impfung des Königs regt ihn zu den »poufs de l'inculation« an, der amerikanische Freiheitskrieg zur »Freiheitsfrisur«.

Mit Hilfe kompakter Unterlagen und eingebauter künstlicher Haarteile wurden die Frisuren in letzter Zeit so voluminös, daß die Türrahmen des Schlosses Versailles erhöht werden mußten, um den Damen das Bücken zu ersparen.

Leider hat niemand daran gedacht, die Equipagen den Modeerfordernissen anzupassen. Die Damen sind daher gezwungen, kniend – mit gerafften Röcken – zu fahren, wollen sie nicht riskieren, die Haarpyramiden am Wagendach zu ruinieren.

So kam es zum »Verkehrsunfall« der Marquise de T., die, einer Brezel gleich, im Wageninneren kauerte, als ihr Kutscher plötzlich anhalten mußte. Die Schöne verspürte bei dem heftigen Ruck einen bösen Schmerz im Rücken und mußte von zwei kräftigen Bedienten aus dem Wagen gehoben werden, weil sie nicht imstande war, auch nur einen Muskel selbst zu bewegen.

Ausgeschlossen von allen Freuden des höfischen Lebens, hatte die Marquise wochenlang das Bett zu hüten. Mit gutem Grund gab sie der Turmfrisur Schuld an ihrem Leiden.

Meister Léonard indes ist um neue Einfälle nicht verlegen. Die Damen wollen keine Türme mehr? Sie sollen neue, noch prächtigere Rahmen für ihre Gesichter bekommen: schon zeigt sich die Königin nicht mehr mit Riesengebäuden auf dem Haupt; das Haar ist vielmehr locker nach oben gekämmt und wird gekrönt durch schmeichelnde Straußenfedern in bunten Farben.

Die neue Haarmode ist zwar noch wesentlich teurer als die Turmkonstruktionen – doch Kosten haben weder der Königin noch ihren eifrigen Nachahmerinnen bei Hofe je das geringste Kopfzerbrechen bereitet. ■

Hautschäden hinter »mouches« versteckt

Die Mode des hemmungslosen Schminkens beginnt bedrohliche Folgen zu zeitigen, viele Damen leiden an Pickeln und quälenden Hautausschlägen. Kaiser Joseph II. hat darum gegen diesen Unfug drakonische Maßnahmen verfügt: am Wiener Hof wurde die weiße Schminke gänzlich verboten, die rote mit hohen Steuern belegt.

Anders reagiert man in Paris, die Damen der Gesellschaft haben dort bereits zur Selbsthilfe gegriffen: die häßlichen Verunstaltungen der Haut werden kurzerhand überklebt. Aus der Not der Hautkrankheit wurde – wie denn anders in Paris? – eine Modetugend geboren.

Die »mouches«, Pflästerchen aus gummierter schwarzer Seide oder aus Papier, sind wie Halbmonde, Sterne, Quadrate oder Herzen geformt. Gelegentlich zeigen sie sogar die Silhouetten von Tieren und Menschen. Je nachdem, wo sie aufgeklebt werden, ziehen die spitzfindigen Franzosen schon Rückschlüsse auf die Trägerin. Auf der Stirn trägt sie die »Majestätische«, auf der Nase die »Unverschämte«, neben dem Mund die »Kußfreudige«, zwischen Mund und Kinn die »Verschwiegene« und so weiter.

Die künstlichen Schönheitsmale erfreuen sich solcher Beliebtheit, daß sie auch von Damen benützt werden, die nichts darunter zu verbergen haben. Manche tragen sie nicht nur im Gesicht, sondern auch an gewagten Stellen des Dekolletés zur Schau. Und wenn man dem Boudoirgeflüster schwatzhafter Kammerzofen trauen darf, finden sich die »mouches« gelegentlich an anderen Stellen schöner Frauenkörper.

Den Vogel abgeschossen hat ohne Zweifel Madame de Cazes, deren vielbestaunte Wangenmouche aus schwarzem Samt die Größe eines Hühnereies erreicht und mit Diamanten bestickt ist.

PERSONALIA

Der schottische Universitätsprofessor **Adam Smith**, 66, dem es als erstem Wissenschaftler gelungen ist, eine Theorie für die gesamte Volkswirtschaft aufzustellen, ist in der Londoner Gesellschaft sehr gefragt. Auch der junge Minister Pitt schätzt ihn. Bei einer Abendgesellschaft im Haus des schottischen Juristen Henry Dundas war wieder einmal eine illustre Gesellschaft versammelt, als Smith als einer der letzten Gäste eintrat. »Bitte bleiben Sie doch sitzen, meine Herren«, sagte er höflich. – »Aber nein«, antwortete Minister Pitt, »wir möchten stehen bleiben, bis Sie Platz genommen haben – wir sind doch alle Ihre Schüler!«

Adam Smith, *englischer Star-Nationalökonom*

Die Angst vor der Ausbreitung der Französischen Revolution treibt die seltsamsten Blüten: **Maria Luise, Königin von Spanien,** 38, ist so erschüttert über das Schicksal des französischen Königspaares, daß sie neuntägige Gebete zur Wiederherstellung des Ancien régime in Frankreich angeordnet hat. Sollte das nichts nützen, hat ihr Gemahl, **Karl IV.,** 41, die Vollmachten des Großinquisitors erneuert. Wer sich mit einer französischen Kokarde blicken läßt, französische Zeitungen liest oder auch nur von Frankreich spricht, wird verhaftet und der Inquisition ausgeliefert. Alle Briefe aus Frankreich werden an der Grenze geöffnet. Enthalten sie politische Neuigkeiten, werden sie vernichtet. In Schweden hat **Gustav III.,** 43, den Herausgebern der Zeitungen und Zeitschriften verboten, Artikel über die Französische Revolution zu publizieren, ja nicht einmal über die Beratungen der französischen Nationalversammlung darf berichtet werden.

Mme. Susanne Necker, 50, hat nach dem Sturz ihres Mannes auf der Reise in die Schweiz endlich Zeit gefunden, sich mit einem Lieblingsplan zu beschäftigen: sie möchte auch nach dem Tode mit ihm vereint bleiben. Zu diesem Zweck (und da sie überzeugt ist, früher als ihr Mann zu sterben) hat sie nun schriftlich verfügt, daß auf Neckers Besitz in Coppet am Genfer See ein gewaltiges Mausoleum gebaut werden soll, darin ein mit Alkohol gefülltes Becken, groß genug, sie selbst und später auch ihren Mann aufzunehmen. In Alkohol eingelegt, soll ihr Mann sie in den Jahren nach ihrem Tode noch so oft wie möglich besuchen. Nach seiner eigenen Versenkung in den Alkohol soll das Mausoleum zugemauert werden. **Mme. Germaine de Staël,** die 23jährige Tochter des Ehepaars Necker, hat sich noch nicht geäußert, ob auch sie in den elterlichen Rumtopf gebettet werden möchte.

Der große **Mozart,** 33, kann nicht mit Geld umgehen. In Wien erzählt man, daß er seine Logenbrüder von der »Gekrönten Hoffnung« um Darlehen bitten muß, um die Zeit zwischen den mageren

Komponist Mozart: *liebenswerte Schlamperei*

Einnahmen aus Akademien und Subskriptionen zu überbrücken. Kommt aber dann doch wieder etwas Geld ins Haus, etwa von einer Opernaufführung oder Publikation neuer Werke, dann geben Mozart und seine Konstanze alles in Windeseile für hübsche Kleider, Wein und gutes Essen aus, und schon ist alles wieder weg, und die Bettelbriefe beginnen von neuem. Wiener Freunde meinen, daß es nicht die großen Ansprüche sind, die die Mozarts immer wieder in finanzielle Schwierigkeiten bringen, sondern eine fröhliche Schlamperei, ein totaler Mangel an Ordnung in Arbeit und Hausführung. So lustig improvisiert sich's bei dem berühmten Komponisten, daß schon so mancher Schüler, der zur Stunde kam, aufgefordert wurde, Hausherrn und Hausfrau bei einer Partie Billard oder Kegeln Gesellschaft zu leisten, anstatt seine Fingerübungen auf dem Klavier zu machen.

Der »alte« **Lichtenberg,** 47, ist gar nicht so alt; Gift und Galle des Satirikers scheinen ihn zu konservieren. Auch der tragische Tod seiner jungen Freundin, eines Mädchens, das der Göttinger Professor der Naturwissenschaften in sein Haus genommen hatte, konnte den buckligen Alten nicht davon abhalten, sich in weitere Affären zu verstricken. In Göttingen erzählt man sich, die 23jährige Erdbeerverkäuferin, die seit einigen Jahren »Wirtschafterin« bei Lichtenberg ist, erfülle nicht nur hauswirtschaftliche Pflichten. Universitätsbehörden und Landesregierung witterten Unmoral und untersuchten den Fall, Lichtenberg aber erklärte grinsend, er sei bucklig und überhaupt viel zu häßlich, um von einer Frau geliebt zu werden. In diesem Jahr hat er die »Wirtschafterin« geheiratet. Die junge Frau bringt acht Kinder in die Ehe, die bis auf den Buckel dem Herrn Professor wie aus dem Gesicht geschnitten sind.

Häßlicher Lichtenberg: *dennoch Vaterfreuden?*

In einer Abendgesellschaft in Paris, die auch der adelige Abgeordnete des Bürgerstandes, **Honoré-Gabriel Riqueti Graf von Mirabeau,** 40, mit seiner Anwesenheit ehrte, unterhielt man sich empört über die grauenvolle und unnötige Abschlachtung des Kommandanten der Bastille, des Marquis de Launay. Alles erregte sich über diesen Ausbruch von wilder Brutalität. Nur der Graf Mirabeau schien ungerührt: »Das sind eben die Kinderkrankheiten der Revolution«, meinte er. ■

KUNST

Sind unsere Maler nur noch Kopisten?

Moderne Kunst aus der archäologischen Mottenkiste

Seit einigen Jahren haben unsere Künstler bekanntlich einen »Stil«. Watteau, Chardin oder Tiepolo schien es selbstverständlich, daß sie so malten, wie sie es taten. Sie alle hatten eine bestimmte Art, ihre künstlerische Aufgabe zu bewältigen, und sie selbst und die Auftraggeber waren mit der Wirkung zufrieden. Hätte man ihnen von ihrem Stil gesprochen, sie wären sehr erstaunt gewesen. Verblüfft wie der brave Bürger Molière, als man ihm sagte, er hätte sein Leben lang Prosa gesprochen.

Nun, jetzt muß offensichtlich ein Stil her, und man kann ihn sich aussuchen: römisch, wie man es in Frankreich und Deutschland liebt; mittelalterlich, wie das manche spleenige Engländer bevorzugen, oder auch anders. Wer weiß, was noch alles kommen wird. Hat man einen Stil gefunden, der begeistert, so hat man auch einige Chancen, seine Werke zu verkaufen. Dabei übersieht man geflissentlich, daß es keine Künstler mehr gibt, sondern nur Nachahmer

Monsieur Jacques-Louis David beherrscht die Nachahmung der Alten auf das trefflichste, seit er auf Staatskosten in Rom alles studieren und abzeichnen konnte, was man dort aus Staub und Asche gräbt. Dennoch liegt ein eigenartiger Ton in seinen Bildern, der betroffen macht. Als er vor wenigen Jahren aus Rom ein Gemälde im »style grec« für den Pariser Salon einsandte, das den »Schwur der Horatier« darstellt, waren viele Kritiker und Besucher vom republikanischen Edelmut dieser Gestalten begeistert. Viele mögen gewünscht haben, daß unsere heutigen Republikaner sich auch so edelmütig dem Kampf stellen würden, sollte es der Augenblick fordern.

Davids Gemälde ist ein Lehrstück für die Nation, das Werk eines Idealisten, aber leider nicht das eines Malers. Der feine Pinsler David soll einmal behauptet haben, er »verachte das Handwerk wie Schmutz«. Trotzdem, er braucht die Handwerker. Für sein jüngstes Werk (im diesjährigen Salon zu sehen), »Die Liebe von Paris und Helena«, ließ er sich Möbel getreu nach antiken Vorbildern zimmern, weil er nicht genug Phantasie aufbrachte, sie zu erfinden. Das Bild ist danach: eine abgeschmackte archäologische Rekonstruktion. ■

Jacques-Louis David, Der Schwur der Horatier: *ein Lehrstück für die revolutionäre Nation, leider jedoch nicht das Werk eines echten Malers*

THEATER

Kassenschlager verdrängt Schiller

Eine ungeheure Überraschung erlebte dieser Tage das Publikum im Mannheimer Nationaltheater. Die gütige Eulalia heißt in Wirklichkeit gar nicht Madame Müller, sondern entpuppt sich als Baronin Meinau! Wer aber war der unbekannte Menschenhasser, der auch im Titel erwähnt wird? – Der verlassene Ehemann: Baron Meinau. Mit dieser Entdeckung erreichte ein Schauspiel seinen Höhepunkt, das von nun an alle deutschen Bühnen beherrschen wird.

»Menschenhaß und Reue« heißt das Spiel, verfaßt von August Friedrich Ferdinand von Kotzebue. Nach der Uraufführung seines Stückes über die Leiden der Ortenbergischen Familie war der Autor kein Unbekannter mehr. Der Sohn eines Legationsrates aus Weimar und spätere Jurist hat sich bereits während seiner Aufenthalte in Rußland einen Namen gemacht. Auch in der heutigen, dem jungen Talent aufgeschlossenen Zeit passiert es selten, daß jemand mit 24 Jahren im Rang eines Präsidenten den Magistrat des Gouvernements Estland übernehmen kann. Um so überraschender ist es, daß Kotzebue genügend Mut fand, seinen Aufenthalt in Rußland abzubrechen und als Literat in die Heimat zurückzukehren.

Es ist so gut wie sicher, daß sich die Intendanz Dalberg den begabten jungen Mann als Hausautor gewinnen wird. Wie man hört, wird der zweite Ausschuß des Theaters bereits zu seiner nächsten Sitzung den gefeierten Dramatiker einladen. Zur Diskussion steht die Frage: »Ist das Händeklatschen oder eine allgemein herrschende Stille der schmeichelhafteste Beifall für den Schauspieler?« Als Referent ist ein Star vorgesehen: August Wilhelm Iffland.

Gespannt wird in Mannheimer Schauspielerkreisen die Frage gestellt, ob mit Kotzebue die Erfolgsserie Friedrich Schillers ein Ende findet. Von diesem Autor wurden bisher »Die Räuber«, »Die Verschwörung des Fiesko zu Genua«, »Kabale und Liebe« und »Don Carlos« in Mannheim uraufgeführt, vorwiegend Stücke einer freidenkerischen, ja revolutionären Denkungsart. Kotzebue dagegen will ausschließlich unterhalten.

Es wäre eine besondere Pikanterie, wenn sich gerade angesichts der bekannten Ereignisse in Frankreich das deutsche Publikum von der progressiven Literatur abwenden sollte. Allerdings wäre es nicht das erste Mal, daß man sich in Deutschland völlig anders verhält als in Frankreich.

Wie man hört, soll sich der für die Intendanz des neuen Weimarer Hoftheaters vorgesehene Schriftsteller Johann Wolfgang Goethe, 40, über die Mannheimer Neuentdeckung lobend geäußert haben. Er nannte Kotzebue »ein ausgezeichnetes Talent« und bescheinigte ihm, »die Zuschauer zu unterhalten und der Kasse zu nutzen«.

Nach der Mannheimer Premiere hat Kotzebue die Theaterstadt zwischen Rhein und Neckar wieder verlassen. Aus seinem Freundeskreis ist zu hören, daß der junge Dramatiker an weiteren Stücken arbeitet. »Die Indianer in England« soll demnächst abgeschlossen werden, »Die Spanier in Peru« werden bereits skizziert. Wie ein arrivierter Dichter am Höhepunkt seiner Karriere denkt Kotzebue bereits daran, seine gesamten Werke herausgeben zu lassen. Verhandlungen mit einem Leipziger Verleger sind angelaufen. Der Arbeitstitel lautet: »Die jüngsten Kinder meiner Laune«. ∎

MUSIK

Raubdrucker plündern Kapellmeister Haydn

Joseph Haydn, der Kapellmeister von Nikolaus (der Prachtliebende) Fürst Eszterházy, kann ohne Übertreibung zu Europas beliebtesten zeitgenössischen Komponisten gezählt werden. Musiker, Dirigenten, Solisten, Impresarios und Konzertveranstalter leben, mit einem ständigen Strom »schwarz« hergestellter Kopien Haydnscher Musik wohlversorgt, gut und sorglos. Der Meister selbst kann sich zwar eines gewaltigen ideellen, aber kaum eines nennenswerten materiellen Erfolges erfreuen. Wie wir aus zuverlässiger Quelle erfahren, besitzt das seit Jahrzehnten rastlos tätige Genie heute, im Alter von 57 Jahren, nur rund 2.000 Gulden an Privatvermögen.

Haydn steht nicht viel besser da als sein Kollege, Freimaurerbruder und persönlicher Freund Wolfgang Amadeus Mozart. Er hat diesem allerdings die Sicherheit einer fixen Anstellung im fürstlich Eszterházyschen Dienst voraus und braucht sich wenigstens nicht um die täglichen Bedürfnisse des Lebens kümmern: Kost und Quartier sind ihm allemal sicher.

Die seit nunmehr 28 Jahren bestehende enge Bindung an das Haus Eszterházy ist letzten Endes auch die Ursache für Haydns finanzielle Situation, die durch eine über ihre Verhältnisse freigiebige, um nicht zu sagen verschwenderische (und nebenbei auch zänkische) Ehefrau nicht gerade verbessert wird.

Haydn gehört zwar dem höchsten der drei Eszterházyschen Bedientenränge an – er darf sich »Haus-Officier« nennen –, aber der Dienstvertrag engt seine persönliche Freiheit auf das Minimum eines besseren Domestiken ein.

Nicht nur, daß er allzeit die blaue, goldbetreßte Hausuniform tragen muß

(»in weißen Strümpfen, eingepudert und entweder in Zopf oder Haarbeutel«), daß er »nüchtern und sauber« zweimal täglich im Vorzimmer des Fürsten zu erscheinen hat, um dessen Befehle zu empfangen, schreibt ihm das Papier auch bindend vor, seine Kompositionen nicht kopieren zu lassen, sie seien »für Ihro Durchlaucht allein vorzubehalten«.

Haydn selbst also sind bei der Auswertung seiner Werke die Hände gebunden, will er nicht seiner Gage von 400 Gulden jährlich verlustig gehen. Zwar hat er sich, mit stillschweigender Zustimmung des Fürsten, ein bescheidenes Nebeneinkommen verschafft, indem er doch Kopien seiner Arbeiten an einzelne Klöster und Fürstenhäuser verkauft, das große Geschäft aber machen die anderen.

Markenware »Joseph Haydn«

In ganz Europa, vorwiegend aber in Frankreich, sind ungezählte Raubdrucke seiner Werke im Umlauf, manchmal bis zur Unkenntlichkeit verstümmelt. Die Nachfrage nach neuen Werken von Haydn ist so gewaltig, daß diese skrupellosen Geschäftemacher unbedenklich Arbeiten anderer Komponisten (von Dittersdorf, Michael Haydn, Ordoñez u. a.) mit dem begehrten Markennamen »Joseph Haydn« adeln.

Zum Glück hat sich Haydns Stellung so gefestigt, ist er seinem Fürsten so teuer und unentbehrlich geworden, daß er es heuer zum erstenmal wagen konnte, persönlichen Kontakt zu den großen Musikverlegern aufzunehmen. Derzeit steht er in Verhandlungen mit Artaria und Toricella in Wien, mit Forster in London sowie mit Sieber und Boyer in Paris, die imstande sein müßten, dem Diebsgesindel an Haydns geistigem Eigentum das Handwerk zu legen.

Vielleicht ergibt sich aus der Zusammenarbeit mit seriösen Musikverlagen für später die Möglichkeit, Haydn eine gewisse Unabhängigkeit zu verschaffen und ihn vom Frondienst des täglichen Routinebetriebs eines Hauskapellmeisters zu befreien.

Haydn leitet nicht nur das 26-Mann-Orchester, er betreut und schult auch ▶

Joseph Haydn, *fürstlich Eszterházyscher Kapellmeister: ein prominentes Opfer der Raubdrucker*

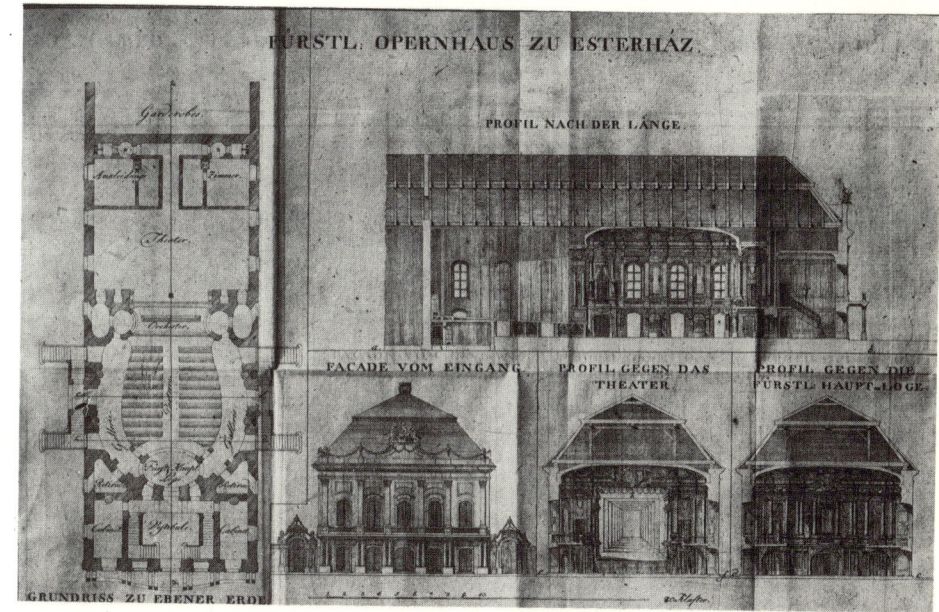

Premierenschauplatz von Haydns Opern: *das Privattheater des Fürsten Nikolaus in Eszterháza*

Nikolaus Eszterházy, *der Prachtliebende*

den Chor, der sich aus den musikalischen Mitgliedern des Hofpersonals rekrutiert, und führt selbständig ein Marionettentheater.

Täglich gibt es stundenlang Proben, abends um sechs Uhr eine Opern- oder Konzertaufführung. Allein in diesem Jahr wurden unter Haydns Stabführung 92 Opern gegeben, darunter nicht weniger als neun Neuinszenierungen (drei Werke von Cimarosa, drei von Paisiello, je eine von Prati, Bianchi und Bertini). Am 14. Juli (der Tag, an dem in Paris die Bastille gestürmt wurde) traf Mozarts neueste Oper, »Le nozze di Figaro«, in Eszterháza ein. Sie soll nächstes Jahr ins Repertoire aufgenommen werden.

Eszterháza hat sich unter Haydn zu einem der führenden Opernhäuser entwickelt. Noch immer wird nicht ohne Stolz der Ausspruch Maria Theresias kolportiert, die am 1. September 1773, anläßlich eines Besuches bei Fürst Nikolaus, sagte: »Wenn ich eine gute Oper hören will, dann gehe ich nach Eszterháza.«

Die »gute Oper«, welche die Monarchin damals bewundern konnte, war »L'infedeltà delusa«, eines der besten musiktheatralischen Werke Haydns, das mit kleinem Aufwand geistreich unterhält. Das Textbuch Coltellinis weist, ebenso wie Mozarts »Figaro« nach Beaumarchais, deutlich sozialrevolutionäre Züge auf: die Helden sind toskanische Bauern, der einzige darin vorkommende Edelmann ist die groteske Karikatur eines Aristokraten – was dem Erfolg gerade in Kreisen des Hochadels durchaus nicht abträglich ist.

Neben »L'infedeltà delusa« hat Haydn in den letzten Jahren zahlreiche Opern für Fürst Eszterházy komponiert, – aber auch einige abendfüllende Œuvres für die Marionettenbühne.

Daß ihm neben dieser anstrengenden Tätigkeit noch Zeit blieb, Symphonien und Oratorien, Messen, Quartette und Sonaten zu schreiben, zeugt von der geradezu übermenschlichen Schaffenskraft des Künstlers.

In diesem Jahr allerdings stellte Haydn nur eine einzige Symphonie für den Comte d'Ogny und eine Klaviersonate fertig. Es ist im Interesse der musikalischen Welt zu hoffen, daß dies nur eine vorübergehende schöpferische Pause war. ∎

BESTSELLER

Über den (wahren) Umgang mit Menschen

Adolf Freiherr von Knigge schreibt Bestseller

»Jetzt wissen wir's!« sagen die Aristokraten mit ironischem Unterton. Freiherr von Knigge hat sie im Umgang mit Menschen unterwiesen – eine Lektion, die sie ihrer Meinung nach nicht gebraucht haben.

»Jetzt wissen wir's!« sagen die Bürger mit einem Seufzer der Erleichterung. Nicht nur hat der Freiherr sie im Umgang mit Menschen unterwiesen, er hat sie vor allem in ihrem ständischen Selbstbewußtsein bestärkt.

Natürlich haben es beide, Aristokrat und Bürger, gewußt – oder zumindest geahnt –, doch jetzt hat Knigge es ausgesprochen: Es gibt die Würde des Menschen, unabhängig von Rang, Stand und Titel. Sie ist es, der wir in unseren menschlichen Beziehungen begegnen müssen.

Der Aristokrat fühlt sich mit der Nase daraufgestoßen, dem Bürger ist es aus der Seele gesprochen. Beides erklärt den ungeheuren Erfolg von Knigges Buch »Über den Umgang mit Menschen«, das schon wenige Monate nach seinem Erscheinen so gut wie vergriffen ist. Übersetzungen ins Englische, Holländische und Dänische sind in Vorbereitung – denn auch anderswo gibt es Standesdünkel und Standesbewußtsein, die beim Umgang der Menschen ihre tristen Blüten treiben.

Der Freiherr kennt das Leben, hat genug Menschenkenntnis und persönliche Erfahrungen erworben, um auf dem Boden der Realität zu bleiben. Er will keineswegs das soziale Gefüge unserer Welt aus den Angeln heben. Es muß Stände geben: Fürsten, Hofleute, Beamte, Kaufleute, Handwerker und Bauern. »Verachte nicht so ganz und gar Titel, Orden, Glanz, äußere Zieraten und dergleichen, aber setze keinen inneren Wert darauf!« rät Knigge.

Aber was ihn so stört am Umgang der Menschen, ist die Herablassung, das sich trennend zwischen Menschen verschiedener und – leider auch – gleicher Rangordnung schiebt. Da redet der Höhere mit dem Niederen entweder gar nicht oder so, daß diesem sein geringer Stand in jeder Sekunde des Gesprächs bewußt bleibt. Da tun zwei Gleichrangige alles, um einander in Kleidung, Verhalten und Sprechweise zu übertreffen.

Auf der Strecke bleibt der echte Kontakt von Mensch zu Mensch. Allen diesen Leuten sei gesagt: »Jeder Mensch gilt in dieser Welt nur so viel, als er sich selbst geltend macht... Suche weniger selbst zu glänzen, als anderen Gelegenheit zu geben, sich von vorteilhaften Seiten zu zeigen... Wenige Menschen vertragen ein Übergewicht von anderen...«

Aber mit diesen allgemeinen ethischen

Aufregung in Weimar

Adolf Freiherr von Knigge: »Über den Umgang mit Menschen«. Feinste Benimm-Regeln für alle Stände, Umstände und Altersstufen werden zum absoluten Bestseller des Jahres.

Der Herr Geheimrat von Goethe, der Weimar vor drei Jahren bei Nacht und Nebel verlassen hat, einen verstörten herzoglichen Hof und eine gekränkte Frau von Stein zurücklassend, ist als ein anderer Mensch aus Italien wiedergekommen.

Der neue Herr Goethe hat an Breite gewonnen, körperlich auch, aber das ist nur das Äußerliche; er hat an innerer, menschlicher Breite gewonnen, er hat sich der sinnlichen Welt in ihren vielfachen Erscheinungsformen zugewendet. Er ist universaler geworden, ein Künstler, dem die »mechanischen« Regierungsgeschäfte lästig sind; ein Gast, fast ein Fremder in dem bescheidenen Weimar, dessen Politik ihn doch zum Zeitpunkt seiner Adelserhebung noch so sehr in Anspruch nahm.

Herzog Karl August hat Goethe verstanden. Ein Sessel bleibt dem Dichter im Ministerrat reserviert – symbolisch. Der Herr Geheimrat wird ihn kaum benützen und scheint auch keinen Wert mehr auf die gute Meinung der Weimarer feinen Gesellschaft zu legen. Wer noch nicht gehört hat, daß das Gartenhaus des Dichters in den letzten Monaten häufig von einer zwar reizenden, aber einfachen jungen Person besucht wurde, der hat spätestens bei der Lektüre der eben erschienenen »Römischen Elegien« erfaßt, daß hier nicht die glutäugige Faustina, sondern die blondlockige Thüringerin Christiane Vulpius an der Brust des Dichters liegt.

Vorbei die edlen Gefühle, die »übermächt'gen Sterne« und sein »Dichten und Trachten«, die ihn mit seiner verflossenen Muse, Charlotte von Stein, verbanden – der Liebhaber Goethe ist seit

Richtlinien ist es nicht getan. Jetzt muß der so Belehrte auch Umgang pflegen mit Eltern, Kindern, dem Ehegespons, dem oder der Geliebten, dem Herrn, Diener, Wirt, Gast, Lehrer, Schüler, Gläubiger, Schuldner – und auch mit dem Gauner. Knigge berät in allen Lebenslagen. Und die meisten seiner in die Tausende gehenden Leser haben natürlich gewußt (und die es nicht gewußt haben, können es jetzt heimlich nachlesen), daß man beispielsweise in einer Gesellschaft den Leuten nicht den Rücken zukehren soll; bei Titeln und Namen sich keine Verwechslungen zuschulden kommen lassen darf; den Vornehmeren immer rechts gehen läßt oder, falls man zu dritt ist, in die Mitte nimmt; einer Dame auf steiler Treppe vorangeht, beim Hinuntersteigen nachfolgt und so weiter.

Und wenn jetzt einer Knigges Buch vor andern lobt und selbstgefällig hinzufügt: »Ja, was lange dauert, wird gut«, kriegt er vom Freiherrn gleich einen Nasenstüber. Denn eine solche Plattheit gehört nicht in ein Gespräch zwischen vernünftigen Menschen: sie ist weder geistreich noch wahr. ■

Johann Wolfgang von Goethe: *seltsame Verwandlung eines Geheimrats während einer Italienreise*

Christiane Vulpius: *lebendiger Marmorbusen*

Italien solidere Kost gewöhnt und besingt die körperlichen Schönheiten, wo er vorher die Seele anbetete. Der Bildungsdrang ist ihm allerdings geblieben: »Und belehr' ich mich nicht, indem ich des lieblichen Busens / Formen erspähe, die Hand leite die Hüften hinab? / Dann versteh' ich den Marmor erst recht; ich denk' und vergleiche.«

Entgegen den Wünschen der Weimarer Gesellschaft, die an eine vorübergehende Verirrung denken möchte, scheint die Liaison aber dauerhafterer Natur zu sein: der Herr Geheimrat setzt sich in letzter Zeit lebhaft für den Bruder des Fräuleins, Herrn Christian Vulpius ein, der nicht ohne Geschick ein paar Ritterromane und Dramen geschrieben hat, aber seinen und seiner Geschwister Unterhalt mühsam als schlechtbezahlter Sekretär eines Nürnberger Barons verdient. ∎

SPORT

Sport ist Mord

Gefährliche Leidenschaften beim friedlichen Tennisspiel

Als die ersten Spieler das Ballhaus in der Rue Loreston 74, gleich in der Nähe des Arc de Triomphe, am Tag nach dem Match zwischen den beiden besten Spielern von Paris aufsuchten, mußten sie eine schreckliche Entdeckung machen. Der »marqueur« (Ballmeister), Alexandre Mausegeaux, lag tot direkt unter dem durchhängenden Netz. Was war geschehen?

Am späten Nachmittag des Vortages war es zur lange erwarteten Begegnung zwischen Jacques-Edmond Duroc und Raymond Masson gekommen, für die König Ludwig XVI. 100 Louisdor als Siegesprämie ausgesetzt hatte.

In das etwa 15 Meter hohe Ballhaus, auf dessen Galerien und Estraden sich eine 100köpfige Menschenmenge in Erwartung des Spektakels – auch der Adel war zugegen – versammelt hatte, treten die beiden Kämpen ein. Die 30 mal 10 Meter große, durch ein Netz unterteilte Spielfläche, deren Schmalseite gegen Westen gerichtet ist, damit die Sonne die Spieler nicht stört, liegt blank da, tückisch blinzeln die sogenannten »hasards«, die das Spiel erschweren sollen. Es handelt sich dabei um Mauervorsprünge, Löcher in der Wand und andere Hindernisse, denn in dieses Spiel ist die gesamte Halle einbezogen. Da gibt es in der oberen Galerie die »grille«, eine viereckige Öffnung; den »trou de service«, einen Mauervorsprung nahe der Längsgalerie; den »ais«, eine Öffnung in der Breitseite; und den »tambour«, ein abgeschrägter Vorsprung, von dem die Bälle abprallen. Man spielt auf Steinboden, da sonst die Bälle nicht springen können. Die Zuschauer sind durch Netze abgeschirmt.

Duroc und Masson hatten sich ihrer höfischen Kleidung entledigt und vom Ballmeister Sportkleidung geben lassen, sie prüften das Dutzend Bälle, nahmen ihre modischen Schläger und ließen sich noch ein Glas Bier geben.

Masson hat den ersten Aufschlag, bei dem der Ball in einen markierten Teil des Spielfeldes fallen und von wo ihn Duroc aus der Luft oder nach dem ersten Aufspringen zurückschlagen muß. Den ersten Ball konnte Duroc nicht direkt nehmen, er mußte ihn sozusagen rücklings schlagen. Doch dies wiegt nicht so schwer, denn der erste Aufschlagball wird nicht gerechnet: er ist »für die Damen«.

Jetzt aber der erste Punkt für Masson,

R. Masson: *Der Champion siegte nur knapp*

Duroc kann den Aufschlag nicht zurückgeben – 15 : 0. Diese Zählweise stammt von der Uhr, mit der der »marqueur« den Spielern die Punkte angibt. Das erste Viertel des Ziffernblattes gehört Masson.

Nach wechselndem Verlauf kommt es schon im ersten Spiel zum Einstand, nachdem ein empörter Zuschauer laut verlangt, bei 45 : 30 für Masson einen Strafschlag zu geben – er glaubte, den Rückschlagball mehr als einen Yard vor der Rückwand aufspringen gesehen zu haben! Mausegeaux besteht aber auf seiner Entscheidung: es sei nur ein Yard gewesen.

Wild wogt jetzt das Spiel, Masson beschwert sich, daß Duroc die Bälle mit Absicht in die »hasards« schlüge. Duroc kontert mit dem Hinweis, die Bälle seien nicht elastisch genug. Masson gewinnt den ersten Satz ganz knapp 6 : 5, im zweiten steht es 5 : 5, also Einstand.

Zwei Punkte fehlen Masson noch zum Sieg. Den ersten erringt er mit einem hochmütig in den Zuschauerraum geschlagenen Rückschlag, beim zweiten schlägt Duroc auf, der Ball springt auf den »trou de service«, zurück ins Spielfeld – doch zu weit hinein. Die Zweiyardmarke ist übertreten – der »marqueur« gibt trotz hitziger Proteste Durocs und eines Teils des Publikums Masson den Sieg.

Ein Mann kann sich gar nicht genug über die seiner Ansicht nach offensichtliche Fehlentscheidung ereifern. Es handelt sich um den Fleischermeister Lucien Maurier, der – wie man später erfuhr – den Preis von fünf Stieren auf Duroc gesetzt hatte und sich nun gefoppt fühlt. Noch bei der Verleihung des Geldpreises entfernte er sich unter wüsten Drohungen und verschaffte sich später wieder Eintritt in das Ballhaus, in dem der »marqueur« noch Ordnung schafft. Mit bloßen Händen erschlug er ihn.

Maurier gestand im Verhör und wurde guillotiniert. Ein Pater sprach bei seiner Enthauptung die Worte: »So wie ein Tennisball wird der armselige Mensch von einer Versuchung in die andere geschleudert, bis er endlich die ewige Finsternis erreicht.« ■

WENDEPUNKTE

Geboren:
August von Goethe, dem Geheimrat **Johann Wolfgang von Goethe** und seiner Lebensgefährtin **Christiane Vulpius,** am Weihnachtstag in Weimar.

Vater geworden: *Johann Wolfgang von Goethe*

Gestorben:
Abd Al Hamid I., 64, glückloser Türkensultan, unter dessen 16jähriger Regierung der Russisch-Türkische Krieg (unter Mithilfe Österreichs) mit der Niederlage der Türkei endete. Österreich annektierte die Bukowina, Rußland die Krim und sicherte sich ein Interventionsrecht in den türkischen Provinzen Moldau und Walachei. Rußland ist damit auf breiter Front drohender Grenznachbar der Türken geworden.

Gestorben:
Paul Heinrich Dietrich Baron von Holbach, 66, französischer Philosoph und Enzyklopädist deutscher Abstammung. »In den Pariser Salons hat er den Atheismus so populär gemacht, daß selbst die Geistlichkeit sich dazu bekehrte.«

Gestorben:
Claude-Joseph Vernet, 75, Maler, Sohn eines Karossenmalers. Nach Lehrjahren in Südfrankreich ging Vernet nach Rom, wo er seinen Ruf begründete. Dort erwarb er viele englische Kunden (zum Teil über seine irische Frau). 1753 nach Frankreich zurückgekehrt, malt er für den Hof eine Serie von 15 Ölbildern: »Die Häfen Frankreichs«. Berühmtestes Bild des Akademiemitglieds: »Der Tod der Virginie«, nach dem beliebten Roman »Paul et Virginie« von Bernardin de Saint-Pierres. Der Achtzigjährige malt damit noch einmal eines seiner berühmten Meeresbilder und findet gleichzeitig durch die Illustration des Romans Anschluß an die neue Historienmalerei.

Ernennung:
Charles-Maurice de Talleyrand-Périgord 35, hinkender Lebenskünstler und dennoch Priester, ist durch die Vermittlung seines einflußreichen Vaters zum Bischof von Autun ernannt worden. Kritische Zeitgenossen fürchten allerdings, daß die ehrwürdigen Mauern der mehr als 600 Jahre alten Kathedrale den neuen Herrn des Bistums nur selten empfangen werden. Talleyrand ist an einer politischen Laufbahn interessiert, und der heilige Eifer, den er zur Erreichung seines jetzigen Ranges an den Tag gelegt hat, gilt weit eher einem Sitz unter den Klerikern in der Nationalversammlung als seinem Bischofssitz Autun.

Neuer Bischof: *Charles-Maurice de Talleyrand*

Das historische Nachrichten-Magazin

ZeitBild

1791

Lumpengesindel

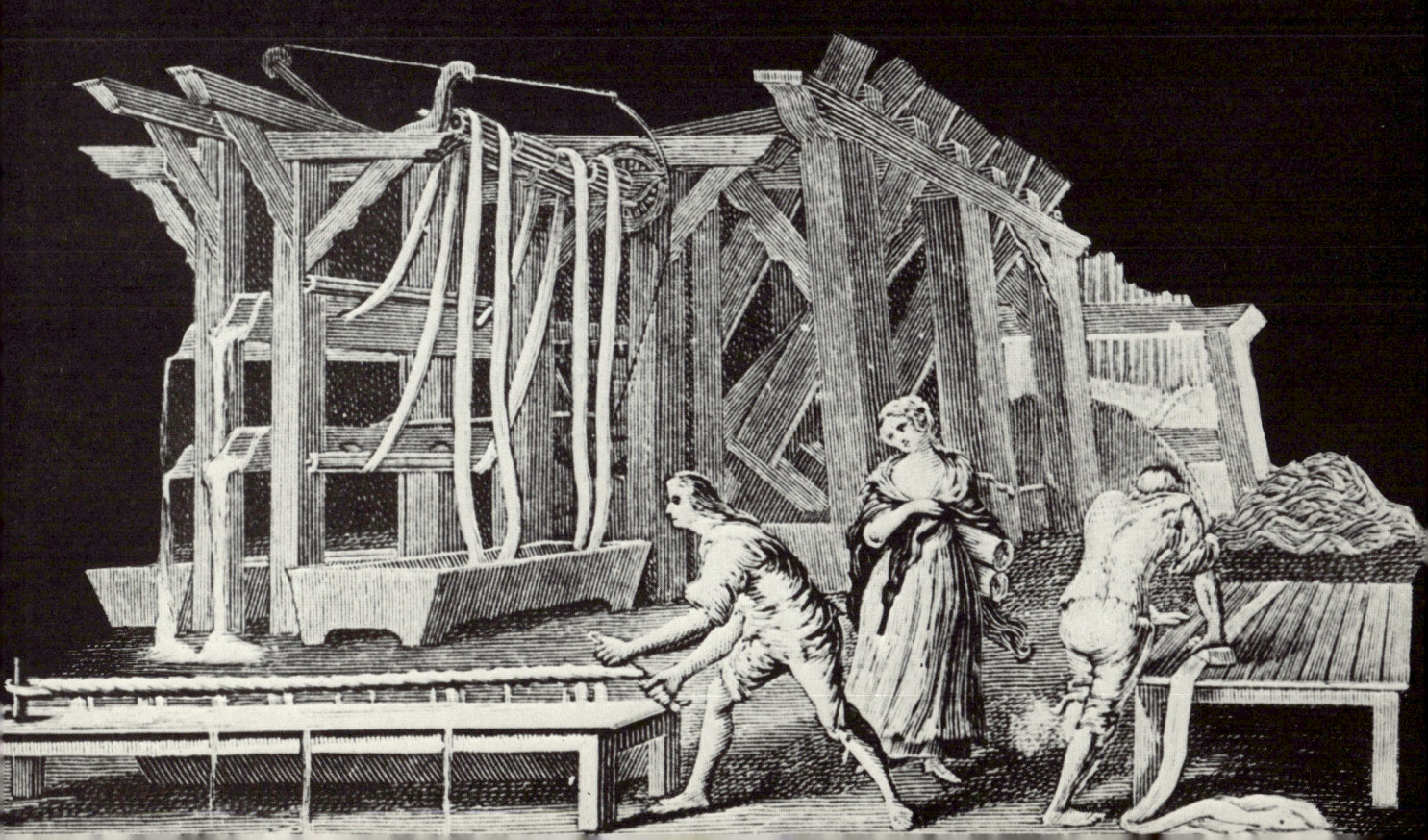

Inhalt

BRIEF DES HERAUSGEBERS 50
FRANKREICH
Der König und die Revolution 51
Die verunglückte Reise der
  Familie Korff 57
ÖSTERREICH
Der Kaiser kommt aus Florenz 61
SACHSEN
Die Sorgen des Kurfürsten 62
WIRTSCHAFT
ZB-Titel: Lumpengesindel 64
Das Vermächtnis des National-
  ökonomen Adam Smith 69
RECHT
Der Magier und der Papst 70
WISSENSCHAFT
Die Sache mit dem Frosch 75
MODE
Revolution auch in der Mode 76
ABENTEUER
Die Wiener gehen in die Luft 77
BIOGRAPHIE
Begegnung mit dem Feuergeist 79
PERSONALIA 80
THEATER
Wer war der König von
  Madagaskar? 80
»Verlust der Herrschaft«
  ist verboten 82
Was Spaß macht, ist erlaubt 83
MUSIK
Requiem aeternam dona ei... 84
Krach um Stimmwunder David 87
KUNST
Der Präsident hat viel zu tun 88
BESTSELLER
Der Marktschreier und sein
  Hanswurst 90
Ideen zur Philosophie der
  Geschichte der Menschheit 93
Die Götter der Griechen und Römer 93
WENDEPUNKTE 94

Brief des Herausgebers

In Frankreich ist eine leidenschaftliche Kampagne gegen das Königtum im Gange. Der Ruf nach der Republik wird immer lauter. In der gesetzgebenden Versammlung, die am 1. Oktober zusammengetreten ist, sind die Royalisten in der Minderheit. Die Tage der Monarchie sind – so scheint es wenigstens – gezählt. Die Hauptschuld daran trägt Ludwig XVI. selbst.

Der König hat auf allen Linien versagt. Er hat durch sein unentschlossenes, zwiespältiges Verhalten das Kapital der königstreuen Gesinnung nach und nach verspielt. Er hat im Frühjahr 1789 die Reformbewegung nicht zu leiten vermocht, er hat den Schritt vom absoluten zum konstitutionellen Monarchen nur halben Herzens getan. Die Exekutivgewalt, die ihm von der Verfassung übertragen wurde, ist ihm offenkundig zuwenig, obwohl er die Verfassung beschworen, obwohl er sein Siegel unter den Pakt zwischen Königtum und Volkssouveränität gesetzt hat.

Seit seinem Fluchtversuch im Juni, durch den er sich die Sympathien weiter Bevölkerungskreise endgültig verscherzt hat, haben zwei seiner Handlungen besonderes Ärgernis erregt: das Veto gegen die Maßregelung der adeligen Emigranten und sein Einspruch gegen das Dekret, das alle jene Priester zur Rechenschaft zieht, die den Eid auf die Verfassung verweigert haben. Gewiß, diese Einsprüche standen dem König verfassungsmäßig zu. Aber sie haben die Königsgegner in der Überzeugung bestärkt, daß Ludwig XVI. ein eingefleischter Reaktionär ist, daß er die Feinde des Staates, die Emigranten, deckt, die vom monarchischen Ausland unterstützt werden.

Die antimonarchischen Kreise werten das Verhalten des Königs als Beweis dafür, daß Ludwig XVI. die Hoffnung nicht aufgegeben hat, durch eine militärische Aktion des Auslandes die Revolution niederzuwerfen und seine alte Machtposition wiederherzustellen. In der Tat hat der Monarch dem König von Preußen und seinem Schwager, dem Kaiser, schon einige Male einen solchen Schritt nahegelegt. Aber bis jetzt haben Preußen und Österreich darauf lediglich verbal reagiert. Die beiden Staaten haben in der »Pillnitzer Deklaration« ihre Absicht bekundet, »zugunsten einer den Rechten des Souveräns und den Interessen der Nation gleichmäßig angemessenen monarchischen Regierung« in Frankreich einzuschreiten, falls die anderen europäischen Mächte mitwirken.

Wie man hört, hat sich der französische König in letzter Zeit häufiger an den König von Preußen um Hilfe gewandt als an den Kaiser. Das ist gewiß ungewöhnlich, denn der Kaiser ist natürlich ranghöher, er ist noch immer des Heiligen Römischen Reiches Deutscher Nation oberster Würdenträger. Aber Ludwig XVI. scheint es ausnahmsweise einmal mit der Realpolitik und den Fakten zu halten. Der preußische König hat Macht, der Kaiser, der auch die Würde eines deutschen Königs bekleidet, hat keine. Mächtig ist er als habsburgischer Landesfürst, als König von Böhmen und Ungarn, aber das Kaisertum ist nur noch ein leeres Symbol, obwohl das Reich noch existiert. Es hat keine selbständigen, unabhängigen Organe, keine Ministerien, keine eigene Verwaltung, keinen Finanzapparat, kein Heer. Es erfüllt keine politische Aufgabe, es hat keinen Inhalt mehr.

Noch gibt es freilich einen Reichstag, der seit 1663 in Regensburg in Permanenz tagt. Aber er ist längst nicht mehr die repräsentative Reichsversammlung der Kurfürsten, der geistlichen und weltlichen Fürsten, und der freien Städte wie noch zur Zeit der Reformation etwa, sondern ein Gesandtenkongreß, auf dem lediglich diskutiert wird. Keine

Rede davon, daß er die Reichsinteressen wahrnimmt. Wie sollte er auch? Seine Kompetenzen sind nie umschrieben, seine Befugnisse nie eindeutig bestimmt worden. Das Reich – das Heilige Römische Reich Deutscher Nation, wie es seit 1486 offiziell heißt – lebt nur noch in seinen Einzelstaaten, die sich vollständig emanzipiert haben. Die deutschen Reichsfürsten treiben ihre eigene Politik. Sie haben eine eigene Verwaltung aufgebaut, ein eigenes Heerwesen, sie führen ihre eigenen Kriege.

Zwei deutsche Großstaaten sind sogar zu europäischer Bedeutung aufgestiegen: die habsburgische Donaumonarchie und Brandenburg-Preußen. Alle übrigen deutschen Staaten – vom Kurfürstentum Bayern bis zur freien Reichsstadt Lübeck – haben politisch kein Gewicht. Die europäische Mitte ist seit dem Westfälischen Frieden des Jahres 1648, der diese Ländervielfalt nicht geschaffen, wohl aber sanktioniert hat, ein politisches Vakuum. Das ist im Grunde genommen bedauerlich. Denn politische Leerräume fordern nach dem historischen Dschungelgesetz, daß der Starke den Schwachen auffrißt, einen militärisch potenten Nachbarn geradezu zur Aktion heraus.

Derzeit sieht es nicht danach aus, als ob es einen solchen Nachbarn des Reiches gäbe. Frankreich ist mit sich selbst beschäftigt, obwohl die Girondisten (die Partei der gemäßigten Republikaner) seit Monaten den Krieg predigen. Und Rußland, der östliche Nachbar, richtet seine begehrlichen Blicke auf das schwache Königreich Polen, dem auch die preußische und österreichische Politik ihr Interesse zuwendet.

Das Heilige Römische Reich Deutscher Nation hat – so scheint es – trotz seines Schwächezustandes nichts zu befürchten. Aber ob das bei einer Änderung der politischen Gesamtsituation in Europa so bleiben wird, darf man füglich bezweifeln. Und dann wird es höchstwahrscheinlich nur eines Windstoßes, keines Sturmes bedürfen, um diesen überlebten und anachronistischen Länderkomplex, dieses morsche und mittelalterliche Staatsgebäude zum Einsturz zu bringen. ■

FRANKREICH

Der König und die Revolution

Ludwig XVI. scheint die Revolution immer noch für eine Art »loyale Opposition Seiner Majestät« zu halten, die man mit kleinen Zugeständnissen und großer List früher oder später wieder an die Kandare nehmen kann. Aber die Revolution, die Frankreich die modernste Verfassung Europas gegeben hat, ist durchaus nicht zu Ende.

Die Ansprache, mit der Ludwig XVI. am 14. September 1791 die Verfassung beschwor, ist wie das meiste, was der Monarch zur Revolution zu sagen weiß, halbherzig, hinterhältig, berechnend und – unrichtig. Der König sagte damals mit seiner farblosen, nüchternen Stimme, die keinen einzigen Menschen zu begeistern vermag: »Und damit – mit diesem Werk der Verfassung – ist die Revolution beendet. Gehen Sie nun an die Arbeit, Messieurs!«

Wie sehr er sich irrte, beweist eine kleine Episode, die die wild um sich schlagende Zeitung des Bürgers Jean-Paul Marat, »L'Ami du Peuple«, groß herausgebracht hat:

Ein kleiner, unbedeutender Mann, Bürger aus Valence im Rhônetal, wurde – so Marat in seinem Leitartikel – 30 Jahre seines Lebens von den Aristokraten unterdrückt. Nun, da sich die ganze Nation gegen die Tyrannen erhebt, bricht dieser »Brutus aus Valence« auf, mit nichts als einem alten Schießgewehr und mit nur einem Ziel: den Verräter auf dem Thron, den König, zu ermorden.

Der Bürger wird von den revolutionären Klubs geehrt, verköstigt und nach Paris weitergereicht, wo man ihn zu Lafayette, dem Befehlshaber der Nationalgarde, bringt. Aber Lafayette, der phrasendreschenden Helden längst müde, will ihn einsperren lassen.

Aber nun schaltet sich Marat mit seinen revolutionstrunkenen Anhängern im Jakobinerklub, dem radikalsten politischen Klub, ein und fordert die Freilassung des Mannes. Lafayette gibt endlich nach, nicht ohne vorher das Gewehr zu konfiszieren.

Ludwig XVI.: *Die Revolution läßt sich nicht durch höchsten Befehl aus der Welt schaffen.*

»So sehr haßt also das Volk den König?« fragt Lafayette, der die amerikanische Verfassung mit aus der Taufe hob, erstaunt. Es scheint, daß er sein eigenes Volk nicht mehr versteht.

Denn dieses Volk feiert an jedem nur denkbaren Jahrestag seine Erfolge: die Erstürmung der Bastille etwa an jedem 14. Juli mit neuartigem, der römischen Antike entnommenem Prunk, mit einem »Altar des Vaterlandes«, vor dem die Patrioten Tränen vergießen und vor dem der Girondistenabgeordnete Brissot, dieser von seinen eigenen Worten berauschte, größte Redner der Nationalversammlung, in den Ruf ausbrach: »Welch ein Glück, als Franzose geboren zu sein und den anderen Nationen den Weg zum Glück zu weisen!«

Brutus, der Tyrannenmörder, wird zum Idol der Bürger. Sie tragen ihre Kinder in die Register der Standesämter als »Brutus« und »Cato« ein, nennen ihre Töchter »Athenais« und »Lais«.

Nein, die Revolution ist nicht zu Ende. Wer immer auch die Berater des Königs sind, sie haben von dem großen Mirabeau, der zum Unglück Ludwigs XVI. im März 1791 starb, nichts gelernt. Sie sind nicht einmal jener grandiosen Korruption fähig, die den Grafen Mirabeau auszeichnete.

Dank Camille Desmoulins, dem unermüdlichen Reporter der Revolution, wissen wir nun, daß – wie er in seinem Boulevardblatt mit Dokumenten nachweist – Mirabeau im Solde des Königs stand, der ihm seine unermeßlich hohen Schulden beglich und einen Monatslohn zahlte. Mirabeau hat dafür dem König in insgesamt 50 Denkschriften Ratschläge erteilt. Daß der König von Spionen der Patrioten umgeben ist, beweist die Tatsache, daß Desmoulins alle diese Berichte wortwörtlich abdrucken konnte.

Mirabeau wußte viel besser als der König, daß die Revolution unaufhaltsam fortschreiten werde, wenn man sich nicht rechtzeitig entscheide:

»Entweder«, so rät er Ludwig XVI., »der König begibt sich in die Provinz – nach Lyon etwa oder nach Toulouse –, sammelt dort treue Truppen und Bürger um sich, um siegreich nach Paris zurückzukehren, oder der König bekennt sich rückhaltlos zum dritten Stand und stellt sich an die Spitze der neuen Verfassung, ohne jeden Hintergedanken, ohne jede Intrige. Da der dritte Stand das Geld und den größten wirtschaftlichen Einfluß besitzt, ist auch dieser Weg nicht so düster, wie es dem König scheinen mag.«

Aber der König wählt weder den ersten Weg des Kampfes noch den zweiten – der geliebte König eines großbürgerlichen Staates zu werden. Er laviert und intrigiert, vergißt aber dabei die Worte des Bischofs von Autun, Talleyrand, der – als Abgeordneter – in der Nationalversammlung den König mit seinem Spott geradezu tödlich trifft.

Talleyrand sagt: »Wenn der König

Gabriel-Honoré Riqueti, Graf Mirabeau: *gute Ratschläge für den unentschlossenen Herrscher*

nur halb so gut intrigieren könnte, wie er es versteht, sein Wort zu brechen und die Nation zum besten zu halten, so müßten wir schlaflose Nächte haben. Aber dieser Herrscher, der die Nation mit den Emigranten betrügen möchte und die Emigranten mit der Nation, der die Verfassung beschwört, nur um sie zu brechen, der den Friseur seiner Königin beauftragt, alles für die Flucht vorzubereiten – nein, dieser König bereitet uns keine schlaflosen Nächte. Wird jemals ein Mann aus ihm?«

Tatsächlich ist Ludwig XVI. ein unbegabter Intrigant, dem es nicht einmal gelingt, einen Brief aus den Tuilerien ins Ausland zu schmuggeln, ohne daß man ihn abfängt. Um die Nationalversammlung zu täuschen, schrieb er etwa im September 1791 dem Kurfürsten von Trier einen lendenlahmen Brief, in dem er sich dagegen verwahrt, daß die Gegner der Revolution ein regelrechtes Hauptquartier in Koblenz besitzen, von dem aus sie gegen Frankreich intrigieren, ja, wie man hört, sogar einen Interventionskrieg vorbereiten.

Der Brief wird in der Nationalversammlung verlesen. Schütterer Applaus auf der Rechten, wo die Königstreuen sitzen.

Sogleich aber springt der Abgeordnete Marat auf, schwingt ein Blatt Papier in der Hand, kann vor Aufregung kaum sprechen, schreit schließlich: »Man verlese auch diesen Brief des Königs!« In diesem zweiten Schreiben an den Kurfürsten bittet Ludwig, man möge seinen offiziellen Protest nicht so wörtlich nehmen: er stehe unter Zwang und sein Herz sei im Koblenzer Hauptquartier, für das er den Segen des Allmächtigen herabflehe.

Daraufhin springt die gesamte Linke, von den Girondisten (die gemäßigten Republikaner) über die Cordeliers (radikaler, volkstümlicher Bund) bis zu den Jakobinern auf und brüllt: »Solch einen unwürdigen König wollen wir nicht! Fort mit dem König!«

Die Abgeordneten von Marseille schreien: »Es lebe die Republik!« Danach wird die Sitzung unterbrochen...

Wäre der König Mirabeau gefolgt, so hätte eine geringe Chance bestanden, das Königtum zu retten. Nun aber, da die radikalen Klubs immer mehr an Einfluß gewinnen und sich durch Zweigstellen im ganzen Lande ihren Einfluß sichern, nun, da man jeden, der Interesse zeigt, den politischen und philosophischen Debatten in den Klubs beiwohnen läßt, verbreitet sich eine zweite Welle revolutionärer Begeisterung rascher, als es die Politiker selbst für möglich gehalten hätten.

Im Mittelpunkt der Debatten steht das Vetorecht, das die Verfassung dem Herrscher zugesteht und von dem der König zweimal in ganz entscheidenden Fragen Gebrauch gemacht hat: einmal, um das sogenannte »Emigrantengesetz« zu blockieren, das jeden, der seit 1789 aus Frankreich flüchtete, enteignet, wenn er nicht bis zum 1. Januar 1792 nach Frankreich zurückkehrt; zum zweiten in der Verfolgung der in die Tausende gehenden kleinen Pfarrer, die sich geweigert haben, den Eid auf die neue Zivilverfassung des Klerus zu leisten, wie sie, gleichzeitig mit der Staatsverfassung, im Jahr 1790 ausgearbeitet worden war.

»Madame Veto« und das »dicke Schwein«

Die Bevölkerung ist dabei der Meinung, daß die Königin, die als reaktionär, zynisch, lasterhaft und unmäßig stolz gilt, den König zu seinem Veto überredete. In den Massenzeitungen wird sie seither nur noch als »Madame Veto« karikiert, der Dauphin als »der kleine Veto«, während sich immer mehr revolutionäre Blätter hervorwagen, die den König offen nur noch als »dickes Schwein« apostrophieren, was übrigens die Kartenspieler in den Pariser Bistros schon längst tun: sobald sie einen König ausspielen, sagen sie nur noch »...und jetzt das dicke Schwein!«.

Zunächst ging es der Nationalversammlung nur darum, Geld für die ruinöse Finanzlage des Staates aufzutreiben. Seit 1789 funktioniert das Steuersystem überhaupt nicht mehr – die Steuerpächter, die der König eingesetzt hat, diese Blutsauger am Volksorganismus, sind erschlagen, geflohen oder eingesperrt. An ihre Stelle aber trat niemand. Die Gemeinden erheben Abgaben, wie es ihnen gerade einfällt, nach Paris kommt so gut wie nichts.

Um den Staat verwalten zu können, beschloß die Nationalversammlung, die unermeßlichen Güter des Klerus als Deckung für die Banknoten – man nennt sie »assignats« – heranzuziehen. Aber die Inflation war dennoch nicht aufzuhalten, und so entschloß man sich schließlich, die Güter der nicht tätigen, der »beschaulichen« Klöster, zu beschlagnahmen und gleichzeitig – um dies gesetzlich möglich zu machen –

Camille Desmoulins: *Der Publizist, der am 12. Juli 1789 im Palais-Royal den Sturm auf die Bastille entfacht hat, beschuldigte den Grafen Mirabeau, das Volk an den König verraten zu haben. Für Geld riet der Graf in insgesamt 50 Schriften zu blutiger Unterdrückung.*

den gesamten Klerus unter die Jurisdiktion des Staates zu stellen. Nicht der Papst, nicht Rom, nicht einmal der Bischof sollte über die Belange der Kirche urteilen, sondern der Staat: vor dem Gesetz soll also auch die Kirche gleich sein, lautet die neue Zivilverfassung.

Der Papst, von Hunderttausenden aus ihren beschaulichen Klöstern aufgescheuchten Mönchen und Nonnen, die bisher »wie Gott in Frankreich« lebten, zu einer Verdammung aller von der Revolution erlassenen Verordnungen aufgefordert, verdammte in einem Breve die Zivilverfassung des französischen Klerus, suspendierte alle Priester, die den Eid auf die neue Verfassung geleistet hatten, und verwarf die staatlich ernannten Bischöfe als Sakrileg. Außerdem nahm er gegen die Menschenrechte Stellung.

Das ging dann auch den Gemäßigten zu weit, und sie forderten den König auf, sich als Herrscher der Franzosen maßvoll und würdig beim Papst gegen die Einmischung in die inneren Angelegenheiten ihres Landes zu verwahren.

Aber Ludwig XVI. tat wieder einmal nichts. Er versuchte nur, all die Tausende Priester zu schützen, die sich weigerten, mit ihrem Eid die Oberhoheit des Staates anzuerkennen, und die alsbald mit Kerker oder Deportation, auf jeden Fall aber mit dem Verbot der Ausübung des Priesteramtes bedroht waren. Wie anständig diese Haltung auch gewesen sein mag, in Paris kostete sie die Königsfamilie die letzten Sympathien.

Seit dem Sommer dieses Jahres vergeht keine Nacht, ohne daß man der Königsfamilie in den Tuilerien ein lautstarkes »Ständchen« bringt: das Lied »Ah, ça ira ...«, das mit dem Refrain »Die Aristokraten an die Laterne!« aufhört und das Ende der Königsherrschaft preist, klingt immer wieder durch die Nacht.

Mehr noch als durch den Streit mit der Kirche ist das Jahr 1791 von der drohenden Kriegsgefahr überschattet. Jedermann in Frankreich redet darüber, nämlich über den Abgeordneten Brissot, der – überzeugter Revolutionär, der er ist – nur den einen Wunsch hat: die ganze Welt im Sinne der neuen Ordnung zu verbessern, und sei es durch einen Krieg.

Brissot bereitet ein »Internationales Manifest der Revolution« vor, das dem alten Europa den Kampf ansagt: »Die französischen Patrioten suchen vergeblich nach einer Macht, die sie noch zu fürchten haben«, heißt es darin, »die alten Mächte, allen voran der Bruder der verräterischen Königin, der Kaiser in Wien, werden rasch besiegt werden, die Komödie, die die gekrönten Häupter spielen, wird beendet werden, und Frankreichs alter Glanz der Vergangenheit wird wieder auferstehen.«

Von seinen Parteifreunden begeistert gefeiert, ließ sich Brissot zu der Phrase hinreißen: »Frankreich hat überhaupt nur eines zu fürchten: keinen Krieg führen zu können!«

Gegner Brissots von der Rechten haben hämisch bemerkt, es sei nichts Neues, daß Staaten, die nicht mehr aus und ein wissen, sich in einen Krieg stürzen.

Aber da jedermann die altrömischen Tugenden zu besitzen glaubt – Einfachheit, Festigkeit, Vaterlandsliebe, Opfermut und Hingabe bis zum Tode –, scheint den Franzosen der kommende Krieg als eine einzige, von aufrüttelnden Gesängen begleitete Fortsetzung des revolutionären Kampfes, dem die Völker Europas zujubeln werden ...

Der König, durch geheime Boten (die die Nationalversammlung regelmäßig abfängt, aber wieder laufenläßt, sobald sie den Inhalt ihrer Botschaften kennt) von den Zusammenkünften der europäischen Herrscher informiert, ist von der zu Mäßigung mahnenden Haltung seines kaiserlichen Schwagers enttäuscht. Aber der dem aufgeklärten Absolutismus huldigende Leopold, der die Fehler seines Schwagers klar erkennt, hat sehr wenig Lust, gemeinsam mit den reaktionären, unbelehrbaren Emigranten in Frankreich einzufallen.

Freilich – wie die gekrönten Häupter die Kampfansage der Revolution aufnehmen werden, das wird sich erst zeigen. Welche Haltung Ludwig XVI. dabei einnimmt, ist übrigens vollkommen gleichgültig. Denn das Königtum hat abgewirtschaftet und besteht nicht mehr. Nur einer weiß es noch nicht: der König. ∎

Paris, 14. September 1791: *Die »beste Verfassung der Welt« wurde auf dem Markt zu den Unschuldigen Kindern unter lautem Jubel der Pariser verkündet*

Der »unbestechliche« Robespierre

Die Wähler haben dem mittelgroßen, unauffälligen, blassen Maximilien de Robespierre, 33, den Beinamen »der Unbestechliche« verliehen, weil er in einer Zeit, da jedermann von jedermann Geld annimmt, jeden Versuch, ihn zu korrumpieren, durch Brandreden in der Nationalversammlung aufdeckt.

Nun verkaufen die Pariser Händler bereits sein Porträt. »Der Unbestechliche, Deputierter von Arras« steht darunter; sie stellen sein Bild zwar nicht in die vorderste Reihe, wo die Girondistenführer Brissot, Vergniaud, Roland und der Sozialrevolutionär Condorcet dominieren, aber sie gruppieren ihn mit seinen Landsleuten aus Arras, dem Abgeordneten Carnot und dem leidenschaftlichen Atheisten und Revolutionär Fouché.

Wie es sich für einen Unbestechlichen gehört, lebt Robespierre in keinem Palais, sondern in einem möblierten Zimmer, das er beim Tischlermeister Duplay gemietet hat, spartanisch in der Einrichtung, so, wie auch sein Lebensstil ist.

»Ich habe nur eine Leidenschaft: für das Glück der Menschheit zu kämpfen«, sagt er.

Und über sein Privatleben befragt, zieht er sein katzenartiges Gesicht mit der breiten Stirn in unmutige Falten: »Ich liebe meinen Hund, er beschämt viele Menschen.« Nie verschönt ein Lächeln dieses undurchsichtige Gesicht, auch jetzt nicht, wenn er hinzusetzt: »... und daß ich gerne Orangen esse, werden Sie ja wohl schon wissen.«

Man weiß: Hier gibt es kein Privatleben, hier wird niemals ein Wort über menschliche, allzu menschliche Gefühle gesprochen. Nur ein Thema gibt es: das Glück der Menschen, herbeizuführen durch die Revolution. Die Revolution aber ist durch innere und äußere Feinde bedroht.

Daher Robespierres' Stellungnahme zu den Kriegsplänen Brissots: »Welcher Art wird denn der vorauszusehende Krieg sein? Ist es der Krieg eines Königs gegen einen anderen König oder einer Nation gegen eine andere Nation? Nein! Es ist der Krieg der Feinde der Revolution gegen die Revolution. Sind die meisten dieser Feinde im Ausland? Nein, sie sind mitten unter uns. Bei ihnen müssen wir anfangen.«

Zu Robespierres Lieblingsworten gehören »Verrat«, »Verschwörung«, »Deckmantel«, »Maske«, »Entlarvung« und »Schurkerei«, er gebraucht sie immer wieder und gegen jeden, in dem er seinen Feind sieht. Das ist aber jeder, der nicht bedingungslos an Jean-Jacques Rousseau und seine Lehren glaubt.

Lazare Carnot, Gefährte Robespierres auf seinem Weg durch die Politik, sagt von ihm: »Die gefährlichsten Menschen sind stets diejenigen, die eiskalt und messerscharf nur eine einzige Idee verfolgen. Robespierre ist so ein Mensch.«

Man wird daher den »Unbestechlichen« nicht aus den Augen verlieren dürfen, auch wenn die Absurdität mancher seiner Anschauungen heute noch viele seiner Zuhörer zum Lachen bringt.

Zwei alte Tanten gehen auf Reisen

Den königlichen Tanten Marie-Adélaïde (59) und Victoire (58) war die Zivilverfassung schon immer ein Dorn im Auge. Am 7. Februar machten sie dem König von ihrem Wunsch Mitteilung, ihren Wohnsitz auf Schloß Bellevue zu verlassen und nach Rom zu reisen. Auf eine Anfrage des Rates der Stadt Paris, der sich geweigert hatte, den Damen Pässe auszustellen, erklärte Ludwig, »er habe vergeblich alles versucht, um seine Tanten von dieser Reise abzuhalten, könne sie indes nicht daran hindern, da es nach der Erklärung der Menschenrechte jedem Franzosen freistehe, zu reisen, wohin er wolle«.

Diese Erklärung des Königs entsprach zwar der Verfassung, fand jedoch wenig Beifall, und in den darauffolgenden Tagen stieg der allgemeine Unwille über den Entschluß der königlichen Tanten aufs höchste.

Am 12. Februar versammelte sich eine größere Menge von Marktweibern im Park der Tuilerien und beschloß, am folgenden Tag, mittags zwischen ein und zwei Uhr, nach Bellevue zu ziehen, um die beiden Prinzessinnen nach Paris zu holen. Marie-Adélaïde und Victoire erfuhren aber vom Vorhaben der streitbaren Pariserinnen und trafen noch am gleichen Tag abends um zehn in den Tuilerien ein.

Einige Deputierte des Stadtrats erschienen am 14. vor der Nationalversammlung, um anzufragen, ob es den Tanten des Königs erlaubt werden könnte, Frankreich zu verlassen, da der König doch durch diese Abreise einsam und traurig zurückbliebe. Präsident Mirabeau erwiderte, die Nationalversammlung werde überlegen, ob für gewisse Personen eine Ausnahme von dem Gesetz, nach dem jeder Bürger unabhängig sei, gemacht werden müsse.

Am 19. Februar schickten die Fisch- und Blumenweiber eine große Abordnung in die Tuilerien, um die königlichen Tanten zu bitten, die Nation nicht durch ihre Abreise, die auch die öffentliche Ruhe stören könnte, zu betrüben. Die Prinzessinnen aber erklärten, sie wollten nicht mehr in Frankreich bleiben, und wenn es sie ihr Leben koste.

Am 20. Februar machten sich die beiden alten Jungfern tatsächlich aus dem Staub; sie nahmen nicht einmal Wäsche zum Wechseln mit. Am Tag darauf wurde in der Nationalversammlung ein Brief des Königs verlesen, in dem es hieß: »Ich glaube, die Nationalversammlung benachrichtigen zu müssen, daß meine Tanten, wie ich soeben erfahren habe, gestern um zehn Uhr abends abgereist sind. Da sie nach dem Grundsatz der Freiheit nicht gehindert werden können, zu reisen, wohin sie wollen, habe ich geglaubt, mich ihrer Abreise, obgleich ich sie sehr ungern sehe, nicht widersetzen zu müssen.«

Kaum war dieser Brief verlesen, forderte der Abgeordnete Camus, die königliche Zivilliste um sieben Millionen – so hoch war der Etat für die königlichen Tanten – zu kürzen. Der Vorschlag wurde mit großer Stimmenmehrheit verworfen, da nun einmal beschlossen worden war, die Zivilliste während der Regierung Ludwigs XVI. nicht zu reduzieren.

Am gleichen Tag kamen in der Stadt Moret Equipagen mit einer Bedeckung an, die vermuten ließ, daß es sich um hochgestellte Reisende handeln müsse. Städtische Beamte hielten die Wagen an und wollten sie erst weiterfahren lassen, wenn die Prinzessinnen ihre Pässe vorgewiesen hätten. Die Damen zeigten nicht nur einen vom König ausgestellten Paß, sondern auch eine Schrift des Pariser Stadtrates vor, in der erklärt wurde, der Rat könne sich den Reisen irgendeines Bürgers innerhalb des Königsreichs nicht widersetzen. Während die Beamten noch überlegten, kamen Jäger des Regiments Lorraine mit gezogenem Säbel und öffneten den Prinzessinnen das Tor mit Gewalt.

Am 24. Februar wurden die königlichen Tanten in Arnay-le-Duc, einer Stadt in Burgund, angehalten. Sie wandten sich mit Kurierpost an den Präsidenten der Nationalversammlung, um die Erlaubnis zur Fortsetzung ihrer Reise zu erhalten.

Inzwischen begaben sich die Marktweiber zum königlichen Schloß, um einen Befehl zur Rückkehr der Tanten zu erwirken, aber man ließ sie nicht ein. Sie fluchten und beschimpften die Nationalgarden, und als diese die aufgeregten Demonstrantinnen beruhigen wollten, gingen einige sogar mit Messern auf die Soldaten los. Acht Bataillone samt Kanonen mußten schließlich anrücken, um die Randalierer zu zerstreuen, die vier Stunden lang unter den Fenstern des Königs Krach gemacht hatten.

Erst am 28. Februar zog die Nationalversammlung einen Schlußstrich unter diese leidige Sache, indem der Abgeordnete Menou unter lautem Gelächter des Hauses wörtlich erklärte: »Ganz Europa wundert sich, daß wir uns stundenlang mit der Frage beschäftigen, ob es zwei alten Frauen gestattet sein soll, die Messe lieber in Rom als in Paris zu hören.«

Die verunglückte Reise der Familie Korff

»Ich habe den richtigen Augenblick verpaßt«, klagte der König nach der Rückkehr von seiner »Reise« seinem und Marie Antoinettes Freund, dem schwedischen Grafen und Obersten in der französischen Armee, Hans Axel von Fersen. »Ich hätte weder auf meinen Bruder hören sollen noch auf den Marschall de Broglie. ›Nach Metz kommen wir, aber was machen wir dort?‹ hatte der gemeint. Daß ich vor zwei Jahren hiergeblieben bin, war der größte Fehler meines Lebens.«

Das mag wohl sein. Fest steht auch, daß Ludwig seine Niederlage vom Sommer 1789 bis heute nicht verschmerzt, daß er mit der Beharrlichkeit eines schwachen, aber starrsinnigen Mannes immer wieder versucht hat, aus einer Situation herauszukommen, die ein stärkerer und anpassungsfähiger Charakter vielleicht erträglich gefunden hätte.

Dennoch war Ludwig zweifellos entschlossen, auch weiterhin gute Miene zum bösen Spiel zu machen. Aber im Februar dieses Jahres überstürzten sich die Ereignisse. Kaum waren die königlichen Tanten über die Grenze, wurde der König, auf dessen Haupt sich der ganze Zorn der Öffentlichkeit entladen hatte, durch die ungewohnten Aufregungen ernstlich krank und lag drei Wochen mit hohem Fieber zu Bett. Damit nicht genug, traf ein Breve Pius' VI. ein, mit dem der Papst gegen die Zivilkonstitution des französischen Klerus Stellung nahm.

Ludwig, der in Sachen Seelenheil dem Papst mehr vertraute als der Nationalversammlung, zog die Konsequenzen, entließ seinen bisherigen Beichtvater und ersetzte ihn durch Bruder Hébert, einen frommen Mann aus der Normandie. Worauf Abgesandte des Pariser Magistrats beim König vorsprachen und die Abberufung Bruder Héberts forderten. Gleichzeitig brachte der Klub der Cordeliers ein Pamphlet in Umlauf, in dem Ludwig beschuldigt wurde, daß ihm die Kommunion von einem eidverweigernden Priester gespendet werde.

Ludwig begriff, daß diese Kampagne darauf abzielte, ihn zu zwingen, die Kommunion von einem »staatlichen« Priester zu empfangen. Er beschloß daher, mit seiner Familie nach Saint-Cloud, nahe Paris, zu fahren – seine eben überstandene Krankheit mochte den frühen Beginn der üblichen Sommerferien rechtfertigen. Dort wollte er, dem Rat des Bischofs von Clermont folgend, vor einem eidverweigernden Priester die Osterbeichte ablegen.

Aber er hatte nicht mit dem Pöbel gerechnet, der in dieser Reise einen »konterrevolutionären« Fluchtversuch erblickte. Ein aufrührerischer Haufe umringte die Kutsche, in der die königliche Familie den Innenhof der Tuilerien zu verlassen suchte. Beschimpft und bedroht, saß Ludwig eindreiviertel Stunden in seiner Berline – einem viersitzigen Reisewagen mit zurückschlagbarem Verdeck – und wartete vergeblich darauf, in sein Landhaus fahren zu können. Schließlich befahl er dem Kutscher auszuspannen.

Nun konnte es für das Königspaar keinen Zweifel mehr geben, daß sie de facto Gefangene waren, und entsprechend umsichtig begannen sie, ihre Flucht zu planen. Das Maß war voll. Nach außen allerdings versuchten sie den Eindruck zu erwecken, als fügten sie sich in ihr Schicksal. So erschien Ludwig am 19. April vor der Nationalversamm-

Ludwig XVI. und Marie Antoinette: *Familie Korff mußte die geplante Reise plötzlich abbrechen*

57

lung, um gegen den jüngsten Vorfall zu protestieren, und ließ durch Außenminister Montmorin seine diplomatischen Vertretungen anweisen, den Bericht zu dementieren, wonach er nicht Herr seiner Entscheidungen wäre und man ihn gezwungen hätte, die im Vorjahr in Kraft getretene Verfassung anzuerkennen. »Die Feinde der Verfassung erklären, der König wäre nicht glücklich; als ob ein König glücklich sein könnte, wenn sein Volk es nicht ist! Sie sagen, er besäße keine Autorität; als ob eine

Axel Graf von Fersen: *Liebe zu der Königin?*

auf Gewalt gegründete Autorität nicht um vieles weniger überzeugend wäre als eine auf dem Gesetz begründete! Sie sagen, der König wäre nicht frei; die Unterstellung, man habe seinen Willen gebeugt, ist eine grausame Verleumdung und eine absurde noch dazu, wenn man einen Mangel an Freiheit in dem vom König so oft zum Ausdruck gebrachten Wunsch erblicken wollte, unter den Bürgern von Paris zu leben, deren Vaterlandsliebe, Ergebenheit und Zuneigung er über alles schätzt!«

Schöne Worte, die die Vorbereitungen zur Flucht verdecken sollten. Zunächst brauchten König und Königin einen Freund und Fluchthelfer, der als Ausländer den Haß des Volkes nicht fürchten mußte und der deshalb unbehindert außerhalb des Palastes agieren konnte. Dieser Mann war Hans Axel Graf von Fersen, der tiefes Mitgefühl für Ludwig und Marie Antoinette empfand – »ein Engel in ihrem Mut und ihrem Zartgefühl«, schilderte er die Österreicherin seiner Schwester Sophie. »Ich versuche, sie zu trösten, wo ich kann; das bin ich ihr schuldig.«

Der gutaussehende 35jährige Schwede ist ein ritterlicher Mann, der den Damen gefällt. Er ist liiert mit einer üppigen, glutäugigen Italienerin namens Eleonore, einer um vier Jahre älteren ehemaligen Zirkusreiterin. Zu ihren Liebhabern gehörten der Herzog von Württemberg, ein wohlhabender Amerikaner namens Sullivan, der sie auch heiratete, und vermutlich auch ein offensichtlich nicht geiziger schottischer Millionär, Quentin Crawford. Diese Affären mögen das Bild des edlen Ritters trüben, machten ihn aber auch zu einem unvergleichlichen Fluchthelfer, wohlgeübt in Verstellung und heimlichen Stelldicheins. Eleonore mag der Hauptgrund für sein Verbleiben in der französischen Hauptstadt gewesen sein, nicht aber Marie Antoinette, mit der ihn – hier muß anderslautenden Gerüchten energisch entgegengetreten werden – nur Freundschaft verband.

Fersen erklärte sich mit Vergnügen bereit, dem französischen Königspaar zu helfen, wies aber darauf hin, daß das Unternehmen nicht billig sein würde.

Der österreichische Herrscher war ersucht worden, dreiviertel Million Livres vorzustrecken, hatte sich jedoch geweigert, diesem Wunsch nachzukommen. »Ist Euer Plan geglückt«, schrieb er seiner Schwester Marie Antoinette, »sollt Ihr alles haben, Geld, Truppen, alles steht zu Eurer Verfügung«. Vorher wollte er sich in keiner Weise engagieren.

Die Königin übergab Fersen 75.000 Livres, er selbst steuerte 30.000 aus seinem eigenen Vermögen bei, lieh sich weitere 15.000 von Crawford und 12.000 von seinen Freunden Madame Stegelmann und ihrer Tochter, der Baronin Korff, aus. Aus seiner Zivilliste brachte Ludwig 136.000 Livres auf, 60.000 stellte ihm ein befreundeter Bankier zur Verfügung.

Die Flucht wurde mehrmals verschoben, aber Montag, den 20. Juni, war es so weit. Um sechs Uhr kam Fersen zum ersten Mal. Die Königin war in Tränen aufgelöst. »Monsieur de Fersen«, sagte der König, »was immer geschieht, ich werde nicht vergessen, was Sie alles für uns getan haben.« Um ein Viertel vor zehn, eine Stunde vor der verabredeten Zeit, kam Fersen, als Droschkenkutscher verkleidet, mit einem unauffälligen Mietwagen zum Südflügel der Tuilerien.

Seit Tagen war von einer bevorstehenden Flucht des Königs gemunkelt worden – eine Zofe Marie Antoinettes konnte den Mund nicht halten –, und man hatte die Wachen verstärkt. Bailly,

der Bürgermeister von Paris, und Gouvion, der Kommandant der Palastwache, verbrachten außerdem selbst die Nacht in den Tuilerien. Eine Tür blieb trotzdem unbeaufsichtigt, die des vor Jahresfrist emigrierten Ersten Kämmerers, des Herzogs von Villequier; die Wohnung stand leer – wozu sie bewachen? Man hatte vergessen, daß ein Gang sie mit den königlichen Gemächern verband.

Die Tür öffnete sich, und vorsichtig schlüpften die Königskinder heraus – die 14jährige Marie-Thérèse und der als Mädchen verkleidete Dauphin, gefolgt von ihrer Gouvernante, Madame de Tourzel. Eine dreiviertel Stunde später kam Fersen wieder, um Madame Élisabeth, die Schwester des Königs, abzuholen; sie trug die Kleidung eines Kindermädchens. Bald darauf schlich sich der König, in grauem Mantel und mit Perücke, aus dem Palast. Als letzte kam die Königin: sie trug ein braunes Kleid, einen schwarzen Mantel und einen schwarzen Hut mit Schleier.

Es war Mitternacht geworden. Weil zu große Eile unliebsames Aufsehen erregt haben könnte, fuhr Fersen auf Umwegen durch die dunklen Straßen – er inspizierte sogar noch seine Stallungen in der Rue Saint-Honoré – bis Saint-Martin, wo die Reisekutsche wartete. Ein anderes dreispänniges Kabriolett mit zwei Kammerfrauen war schon nach Claye, der zweiten Poststation auf der Straße nach Châlons, vorausgefahren. Auf dem Kutschbock der Berline saß neben Fersen der Graf von Moustier.

Die »Familie Korff« (auf diesen Namen lauteten die Pässe der königlichen Familie) und ihre Begleitung brachen um halb zwei Uhr nachts, mit einer Stunde Verspätung, nach Châlons auf – das waren 147 Kilometer.

Nach knapp 30 Minuten erreichten sie die Poststation in Bondy. Sobald die Pferde gewechselt waren, bat Fersen um die Erlaubnis, die königliche Familie auch auf der Weiterfahrt begleiten zu dürfen. Ludwig wies den Vorschlag zurück; im Falle einer Gefangennahme hätte die Anwesenheit eines Ausländers nicht gut ausgesehen. Fersen verabschiedete sich und ritt auf dem kürzesten Weg nach Belgien. Er hatte die Absicht, auf deutschem Gebiet mit dem König neuerlich zusammenzutreffen.

Zum Gelingen seines Planes hatte sich Ludwig der Hilfe eines ihm ergebenen Generals mit einer zuverlässigen Truppe versichert. Es war dies der Marquis de Bouillé, der das Heer im Osten befehligte. Der Plan sah vor, daß Ludwig nach dem 310 Kilometer östlich von Paris gelegenen Montmédy reisen sollte. Hier wollte Bouillé mit seiner

Verhaftung in Varennes: *Als der Wagen mit der königlichen Familie Verspätung hatte, ließ Hauptmann d'Adoin die wartenden Dragoner einfach absitzen*

Truppe zu ihm stoßen, und von hier aus wollte der König die Emigranten zurückrufen und ein Manifest an Frankreich richten, in dem er erklären würde, daß er nach den Grundsätzen einer für alle annehmbaren Verfassung der königlichen Sitzung vom 23. Juni 1789 zu regieren gedenke. Sollte er nicht genügend Unterstützung finden, waren die Schweiz oder die Niederlande nicht weit.

40 Husaren sollten in dem 170 Kilometer von Paris entfernten Pont-de-Somme-Vesle postiert werden, 40 Dragoner an jeder weiteren Poststation – insgesamt 800 Soldaten. Zum Kommandanten der 40 Husaren in Pont-de-Somme-Vesle hatte Bouillé einen jungen Offizier ernannt, den Herzog von Choiseul. Zwar erhob Fersen gegen Choiseul Einspruch, da er ihn für unzuverlässig hielt, doch gelang es schließlich Bouillé, Fersen zu überzeugen, daß Choiseul genau der richtige Mann sei.

Den ganzen langen Sommertag – den längsten des Jahres – holperten die Flüchtenden über die heißen staubigen Straßen und hielten nur jeweils ein paar Minuten an den Poststationen, um die Pferde zu wechseln. Ihre Mahlzeiten – kalter Kalbsbraten, Brot, eine Flasche Weißwein und fünf Flaschen Wasser – nahmen sie, so gut es ging, im Wagen ein; hin und wieder durften die Kinder aussteigen.

Der Himmel war bedeckt. Auf einer schmalen Brücke hinter Chaintrix stieß ein Rad gegen einen steinernen Brückenpfeiler, die Zugriemen rissen, und die Pferde stürzten. Erst nach einer Stunde konnte die Reise fortgesetzt werden. Gegen vier Uhr nachmittags erreichten sie Châlons. In einer so großen Stadt zu halten, um die Pferde zu wechseln, war ein Risiko, das die Flüchtigen nicht vermeiden konnten. Sie wurden auch tatsächlich erkannt; aber der Bürgermeister wagte es nicht, sie aufzuhalten. Erst sechs Stunden später, nachdem er seine vorgesetzte Behörde informiert hatte, meldete er der Nationalversammlung in Paris die Flucht.

In dem nur noch 16 Kilometer von Châlons entfernten Pont-de-Somme-Vesle wartete der junge Herzog von Choiseul mit seinen 40 Husaren. Nach dem Essen ließ er satteln und Aufstellung nehmen. Er wußte von einer Mitteilung Fersens an Bouillé, wonach die königliche Reisegesellschaft spätestens um halb drei Uhr nachmittags in Pont-de-Somme-Vesle eintreffen würde. Er wartete bis vier Uhr und beging dann zwei folgenschwere Fehler. Statt den Reisenden mit seiner Kavallerie entgegenzureiten, zog er nach Osten ab. Er ließ auch durch den Hoffriseur Léonard, der mit ihm aus Paris gekommen war, die an der Straße nach Varennes postierten Truppen verständigen, daß die Reisegesellschaft an diesem Tag nicht mehr kommen würde. So geschah es, daß Ludwig, als er endlich Pont-de-Somme-Vesle erreichte, keine Truppen mehr vorfand.

Die Reisenden befanden sich jetzt in einer Gegend, wo die Landbevölkerung den Aristokraten besonders feindlich gesinnt war: der Anblick der prächtigen, hochbeladenen Kutschen der adeligen Emigranten, die seit Monaten über die Landstraßen der nahen Grenze zu roll-

Die traurige Heimkehr: *Hat der König den einzigen richtigen Augenblick zur Flucht nun endgültig versäumt? Was wird jetzt aus der Familie Korff?*

ten, hatten die Bevölkerung empört. Gegen halb acht Uhr abends erreichte die königliche Berline die kleine Stadt Sainte-Mènehould. Hier hatte Bouillé eine Abteilung Dragoner unter dem Hauptmann d'Adoins stationiert, der jedoch, von Choiseuls Botschaft irregeführt, eine halbe Stunde vor der Ankunft des Königs seine Leute hatte absitzen lassen. In der Stadt herrschte große Aufregung, denn am gleichen Tag war eine zweite Abteilung Kavallerie eingetroffen, ohne daß die Behörden davon informiert worden wären. Die Stadt betrachtete die fremden Truppen äußerst argwöhnisch.

Während die Pferde gewechselt wurden, ließen Ludwig und Marie Antoinette sich unvorsichtigerweise sehen und wurden vom Postmeister Jean-Baptiste Drouet, der eben von der Arbeit auf dem Felde kam, erkannt.

Nun wurden Drouet und ein anderer guter Reiter namens Guillaume von der Stadtverwaltung ausgeschickt, um den Wagen des Königs zu verfolgen und anzuhalten. Kurz nach neun Uhr ritten sie los – die Berline hatte einen Vorsprung von etwa 15 Kilometern.

Noch bevor Drouet und Guillaume Clermont erreichten – von wo die königliche Kutsche ebenfalls ohne Kavalleriebegleitung weiterfahren mußte –, hatten sie die Postreiter getroffen, die mit ihren Pferden zurückritten. Diese Männer hatten den Befehl gehört, den Ludwig gegeben hatte: »Nach Varennes!« Drouet und Guillaume verließen daraufhin die Straßen und erreichten über eine Abzweigung, die für einen Wagen nicht befahrbar war, um Viertel nach elf, kurz vor der königlichen Berline, Varennes. Mit Hilfe eines Wirtes und seiner Gäste, die sich eben auf den Heimweg machen wollten, blockierten sie eine Brücke mit einem Wagen voll von Möbeln, der zufällig dort stand. Sie bewaffneten sich und warteten bei einem Torbogen.

Langsam kam der Wagen die steile Straße herunter. Kaum hatte er den Torbogen erreicht, als ringsum Gestalten auftauchten und die Reisenden den Ruf vernahmen, den sie schon den ganzen Tag lang befürchtet hatten: »Halt!« Der Bürgermeister der Stadt war in Paris. Aber Jean-Baptiste Sauce, den Drouet geweckt hatte, war Bevollmächtigter der 1.500 Einwohner zählenden Stadt Varennes und bat um ihre Pässe. Zwar waren die Pässe in Ordnung, und Sauce war geneigt, die Berline weiterfahren zu lassen, doch Drouet warnte ihn: »Der König und die Königin sind in dem Wagen. Wenn Sie sie passieren lassen, machen Sie sich des Hochverrats schuldig.«

Sauce ging zu den Reisenden zurück und informierte sie, daß er es angesichts der »Aufregung im Ort« für besser halte, wenn sie bis zum nächsten Morgen warten würden. »Das ist Gewalt!« protestierte Ludwig. Wo waren nur die 60 Husaren, die in Varennes stationiert waren, um ihn aus eben solch einer Situation zu befreien? Sie schliefen in einem Gebäude am Stadtrand, da der Friseur Léonard auch ihren Kommandanten informiert hatte, der König werde an diesem Tag nicht mehr eintreffen.

Die Reisenden stiegen aus und nahmen Sauces Angebot an, die Nacht in seinem Haus zu verbringen. Dann ließ Sauce den Richter Destez aus dem Bett holen, der etliche Jahre in Versailles gelebt hatte. Ihm gegenüber mußte Ludwig zugeben, daß er tatsächlich der König war. Aber selbst jetzt wäre eine Rettung noch möglich gewesen, denn Choiseul und andere Offiziere waren mittlerweile mit 50 ihrer Männer in der Stadt eingetroffen. Ludwig aber, nun völlig apathisch geworden, fürchtete einen Zusammenstoß. Vor Bouillés Eintreffen wollte er keine Befehle geben, und die Offiziere wagten nicht, ihn mit Gewalt fortzuführen.

Aber Bouillé, der von alledem nichts wußte, kam nicht. Bald darauf trafen Truppen ein. Ludwig erfuhr, daß sich an die 6.000 bewaffnete Männer in Varennes versammelt hatten. Gegen eine solche Übermacht würde Bouillé machtlos sein. Nach einigem Zögern erklärte er sich nach dem Frühstück zur Rückfahrt bereit, und kurz vor sechs Uhr bestieg die königliche Familie wieder die Berline.

Am dritten Tag nach ihrer Abreise aus Varennes trafen Ludwig und eine völlig erschöpfte Marie Antoinette wieder in den Tuilerien ein. ■

ÖSTERREICH

Der Kaiser kommt aus Florenz

Musterstaat Toskana

Pietro Leopoldo muß sich nach 26 Jahren wieder in den österreichischen Leopold zurückverwandeln, seit er nach dem Tod seines Bruders Joseph II. aus dem Palazzo Pitti in die Wiener Hofburg heimkehrte. Der neue Kaiser kommt zwar nicht als Fremder in das Zentrum habsburgischer Macht zurück, wohl aber als ein Mann, der in völlig anderer Umgebung die entscheidende Prägung seiner Persönlichkeit erhielt, der gewohnt ist, Gedanken und Entschlüsse in der Sprache Dantes zu formulieren.

Mit Leopolds offiziellem Verzicht auf die Souveränitätsrechte als Großherzog von Toskana zugunsten seines Sohnes Ferdinand endet in diesem italienischen Staat eine Ära, in der lange vor dem Bastillesturm überzeugend bewiesen wurde, wie man, ohne einen einzigen Kopf rollen zu lassen, Menschheitsideale verwirklicht, Mißstände beseitigt und Reformen durchführt. Die unblutige Revolution erfolgte von oben statt von unten.

Das Großherzogtum Toskana, das 1737 nach dem Tod des letzten Mediciherrschers Gian Gastone an das Haus Lothringen kam, glich einer vergreisten, verarmten schönen Frau. Weiland Kaiser Franz, der Lothringer, der sein Land am Arno nur flüchtig kennenlernte und dann durch Stellvertreter aus der Ferne regierte, konnte bloß das Nötigste an Reformen anbahnen, um den völligen Ruin wenigstens hinauszuschieben.

Kaiser Leopold II.: *triumphaler Einzug in Wien*

Bei Franzens Tod war Leopold, als zweiter Sohn sein Nachfolger in der »Reggenza lorenese«, ein Achtzehnjähriger, noch formbar und anpassungsfähig. Sofort begab er sich nach Florenz, um das Erbe anzutreten. Rasch wurde der Innerösterreicher zum Toskaner. Was er in der neuen Heimat vorfand, war ein enormer Staatsschuldenberg, ein schier unentwirrbarer Knäuel veralteter, die Entwicklung hemmender Gesetze und feudalistische Mißwirtschaft, verschärft durch eine akute Hungersnot.

Demokratie? Pietro Leopoldo praktizierte sie vom Beginn seiner Regierung an. Bei der Wahl seiner Mitarbeiter gaben nicht hohe Geburt oder Günstlingsunwesen den Ausschlag, sondern Persönlichkeit, Befähigung und Integrität des einzelnen. Schrittweise, aber unbeirrbar und systematisch legte er Stein auf Stein seines Aufbauwerkes. Das vielzitierte Volkswohl, so oft nur eine klingende, leere Parole, in Toskana wurde es allmählich zur Wirklichkeit.

Man erinnert sich in der bisherigen Umgebung des Großherzogs, wie er in heiligem Zorn dreingefahren, als er entdeckte, daß seine Untertanen bis zum äußersten darbten, weil adelige Gutsbesitzer und Wucherer die Kornspeicher unter Verschluß hielten. Er liberalisierte den Getreidehandel, eine erste Aktion zur Gesundung der darniederliegenden Landwirtschaft. Den Musterstaat der Aufklärung machte er auch zur Musterfarm Europas.

Gleichheit vor dem Gesetz? Der Herrscher Toskanas schrieb sie nicht auf seine Fahnen wie die Pariser Revolutionäre, sondern realisierte sie ohne Propagandatrommelwirbel. Und Hand in Hand damit gingen Strafrechtsreformen. In der Abschaffung der Folter zum Beispiel mag man den Geist Josephs II. erkennen, man würde den Jüngeren aber völlig falsch einschätzen, wollte man ihn als Nachahmer, als bloßen Abklatsch eines Vorbildes sehen. Die beiden Brüder hatten die gleichen Ziele, und trotz aller Problematik, mit der er kämpfen mußte, hatte Pietro Leopoldo mehr Glück als der Erstgeborene.

1789 legte der Großherzog einen Rechenschaftsbericht vor, zog Bilanz über das Erreichte. Durch das Zusammentreffen der Ereignisse ein dramatisch gewählter Zeitpunkt. Toskana war kein Boden für jakobinische Saaten. »Wo findet man einen monarchischen Staat in unserer Hemisphäre, der trefflicher organisiert, weiser verwaltet, kurz: blühender und glücklicher wäre als dieses Großherzogtum?« kommentiert der Zeithistoriker August Crome.

Man darf sicher sein, daß Leopold II., nun vor Aufgaben von ungleich größerer Tragweite gestellt, nicht vergessen wird, welche Erfahrungen Pietro Leopoldo sammelte. ■

SACHSEN

Die Sorgen des Kurfürsten

»Gott scheint auf der Seite der Revolutionäre zu stehen«, soll Seine Durchlaucht, der Kurfürst von Sachsen, geseufzt haben, als er erfuhr, daß auch die Ernte von 1790 – Winter- und Sommersaat – verdorrt sei und daß die Bauern sich anschickten, die Schlösser der Adeligen zu plündern.

Das letzte Mal regnete es in den kursächsischen Kreisen am Sonntag Jubilate im Frühjahr. Staubwolken standen über den Feldern, das Wasser holte man aus den zu Rinnsalen vertrockneten Flüssen. Es gab weder ausreichend Milch noch Gemüse, weder Schweine noch Eier.

Die Rittergutsbesitzer im Lande freilich kümmerten sich nicht um die Lage der Bauern. Ihre Vögte und Amtmänner beorderten die verzweifelnden Bauern nach wie vor zu Frondiensten auf die herrschaftlichen Güter, wo man sie, da es auf den Feldern nichts zu bestellen gab, Häuser und Stallungen bauen ließ.

Obwohl man auch in Dresden gewußt haben muß, daß es eine Mißernte geben werde, führte man eine neue Steuer ein, um die Not, in die der Staat nach dem für Sachsen unglücklichen Siebenjährigen Krieg geraten war, zu überwinden. Unnachsichtig nahmen die Steuertreiber die letzte Kuh, das letzte Huhn, das letzte Schwein den Bauern. Auf die verödeten Felder aber, deren kümmerlicher Getreidewuchs eine Ernte von nur einem Achtel des Normalen verhieß, trieben die Gutsherren ihre Schafherden. Denn noch nie war die Konjunktur in Wolle so günstig wie nun, da allenthalben Tausende Uniformen gebraucht wurden,

Englands Wollieferungen aber durch die Lage in Frankreich ausblieben. Die Schafe fraßen den letzten Halm. Und im Juli kamen noch die herrschaftlichen Jagden dazu, die ihr Wild eben dort fanden, wo es zufolge eines Wasserlaufes noch ein bißchen feucht und grün war.

Am 18. Juli 1790 ritt ein 47jähriger Seilermeister, Christian Benjamin Geißler aus Liebstadt bei Pirna, von Dorf zu Dorf und verteilte überall eine acht Punkte enthaltende Schrift. Er forderte darin, daß alle Personen, die Sachsen unglücklich machten, ihrer Posten enthoben werden sollen; daß man die Güter der Reichen, sofern sie Betrügereien begangen hätten, konfisziere, um mit ihrem Reichtum die Armen zu retten; daß man Jagd und Schafhaltung auf ein vernünftiges Maß drücke; die Frondienste einschränke und keine neuen Steuern einhebe.

Der Aufruf wurde von den Bauern begierig entgegengenommen. Sie beauftragten die Dorflehrer, ihn abzuschreiben, und sandten die Schrift weiter in Dörfer, die Geißler noch nicht erreicht hatte. Wenig später zeigten sich die ersten Folgen. Im August schon verweigerten Bauern in der reichen Gegend von Lommatzsch ihrem Gutsherrn die Frondienste, andere vertrieben die Schafe

Sorgenvoller Kurfürst von Sachsen: *Steht Gott wirklich auf seiten der bäuerlichen Aufrührer?*

von ihren Feldern, und in Schleinitz verprügelten sie eine vornehme Jagdgesellschaft, die rücksichtslos über eben gemähtes Korn geritten war.

Der Amtmann von Pinnewitz verhaftete den Anführer der Bauern, den Schulzen Böhme, und steckte ihn ins Gefängnis. Innerhalb weniger Stunden versammelten sich mehr als 800 Bauern, bewaffnet mit alten Flinten, Sensen und Dreschflegeln, forderten die Freilassung ihres Schulzen und nahmen dem hilflosen Amtmann den Akt fort.

»Laß nur Soldaten kommen und schießen!« drohte ein Aufständischer. »Wenn sie auch nur einen von uns treffen, werden sie ein zweites Mal nicht laden.«

Ein Offizier, der mit 36 Mann erschien, wurde gefangengenommen, die Soldaten (sie stammten alle aus der Gegend und waren Bauernsöhne) entwaffnet und verprügelt, Böhme befreit.

Doch nun hatten die Bauern ein neues Ziel: das Schloß des verhaßten Gutsherrn von Zehmen. Sie drangen in den Schloßhof ein, jagten den Herrn von Zehmen so lange durch seine Räume, bis er zusammenbrach, und zwangen ihn schließlich, eine Verzichtserklärung abzugeben: daß er auf alle Frondienste und Zehentabgaben verzichte.

Rechtsanwälte aus den kleinen Städten halfen den Bauern, ihre Papiere auszufertigen, sie organisierten auch den Widerstand in zahlreichen anderen Dörfern, und so kamen zeitweilig mehr als 8.000 Bauern zusammen, um zu beraten.

Die Bauern versuchten, die Städte als Verbündeten zu gewinnen und forderten sie auf, mit ihnen eine gerechte evangelische Ordnung einzuführen und den allergnädigsten, sicherlich ahnungslosen Kurfürsten von den wahren Zuständen in seinem Land zu unterrichten. Die

Bauernwirbel in Sachsen: *Frondienst und Zehent verweigert, feine Jagdgesellschaft verprügelt*

Städter aber ängstigten sich vor den Bauernscharen. Blutrünstige Erzählungen, wie das wilde Volk in Frankreich verfahre, wo man die wohlhabenden Bürger um ihren Besitz bringe und wo nicht mehr der Bauer, sondern der Bürger die Steuern zahlen müsse, verhinderten das Bündnis von Stadt und Land.

Nur die Handwerksgesellen, die weit in der Welt umherkommen und daher am besten wußten, was in Frankreich geschieht, nützten die allgemeine Unruhe und Nervosität aus. In Leipzig etwa begannen die Schneidergesellen zu streiken und forderten bessere Arbeitsbedingungen, kürzere Arbeitszeit und mehr Lohn. Die geängstigten Innungsvorsteher stimmten zu, freilich nur so lange, bis Militär zu Hilfe gekommen war. 190 Kürassiere genügten, den Schneideraufstand zu beenden.

Der Kurfürst, dem man geraten hatte, die Bauern mit Gewalt niederzuwerfen und sie »reihenweise aufzuknüpfen«, schenkte schließlich vernünftigeren Räten Gehör, die ihm klarmachten, daß »an den Mißständen wie in Paris etwas Wahres sein müsse«. Er entschied sich, milde zu sein...

Nun freilich sah die »Milde« in der Praxis hart genug aus. In jedes der aufständischen Dörfer – es mögen an die 700 gewesen sein – legte man Garnisonen, die von den Dörfern ernährt werden mußten. Die Anführer des Aufstandes haben oftmals ein Dutzend Reiter zur Einquartierung erhalten und sind seither wirtschaftlich ruiniert.

Ihren Mut hat man freilich nicht brechen können. Auch jetzt kursiert im Kreis Zittau noch ein Flugblatt, in dem es heißt: »Fahren die Franzosen fort, / und kommen sie hierher an diesen Ort, / so muß dem Arcis-Kommissär / sein Kopf zuerst her, / über ihn ergeht die erste Klage, / denn er ist der Menschheit Plage. / Hierauf sollen die Herren kommen, / die sich so viel Freiheit genommen...«

Auf dem Titelbild zeigt die Flugschrift die seltsame Zeichnung einer Maschine und darunter die Worte: »Das ist die Guillotine, / die neuerfundene Köpfmaschine, / für den hochedlen Rat von Zittau bestimmt!« ■

WIRTSCHAFT

ZB-Titel:
Lumpengesindel

In den hundert Jahren, seit Isaac Newton das Gesetz der Schwerkraft entdeckte, wurden wir mit einer Fülle »aufgeklärter« Gedanken über die menschliche Gemeinschaft und ihre Gesetze überschüttet. Aber die Gesetze, nach denen eine Volkswirtschaft funktioniert, sind uns – sofern es sie überhaupt gibt – nach wie vor verborgen. Zumindest haben sie Europas Regierungen nicht im Griff.

Die Welt macht nicht nur politisch, sondern auch wirtschaftlich eine Wandlung durch.

Die Produktion von Nahrungsmitteln bleibt (trotz der – besonders in England – verbesserten landwirtschaftlichen Methoden) hinter dem Bevölkerungswachstum zurück. Ein Millionenheer von beschäftigungslosen Armen belastet Europas Städte und Landstraßen.

Gleichzeitig bedingt die Vergrößerung der Städte (jeder zehnte Engländer lebt bereits in London) einen vermehrten Warenaustausch. Und der wieder verlangt höheren Kapitaleinsatz in Produktion und Handel. Dadurch wächst die Bedeutung kapitalkräftiger Unternehmer, die ihr Geld so lange vorstrecken (»vorlegen«), bis das Rohmaterial verarbeitet und das Produkt beim Endverbraucher gelandet ist.

Vom »Vorlegen« des Geldes stammt auch der Name dieser Kapitalisten: Verleger. Sie kaufen – insbesondere im Textilbereich – Rohmaterial en gros ein und verteilen – zum Beispiel das Garn – an die bei ihnen unter Vertrag stehenden »selbständigen« Handwerker, die an den Webstühlen sitzen.

Das fertige Gewebe geht wieder an den Verleger, der für die weitere Veredelung bei anderen Vertragshandwerkern (zum Beispiel Färbern oder Zeugdruckern) und schließlich für die Vermarktung sorgt. Der Weber hat auf diese Art weder mit den Rohstofflieferanten noch mit den Endverbrauchern, sondern nur mit dem Verleger oder dessen »Faktor« (der Mann, der die Arbeit an die Handwerker vergibt) Kontakt und ist entsprechend abhängig. In England ist das gesamte Hügelland von West Riding ein einziges Tuchmacherdorf. In jeder Hütte wohnt eine Weberfamilie, die ihre Produkte per Packpferd zum Verleger schickt.

Glashütte: *Manufaktur statt Handwerksbetrieb*

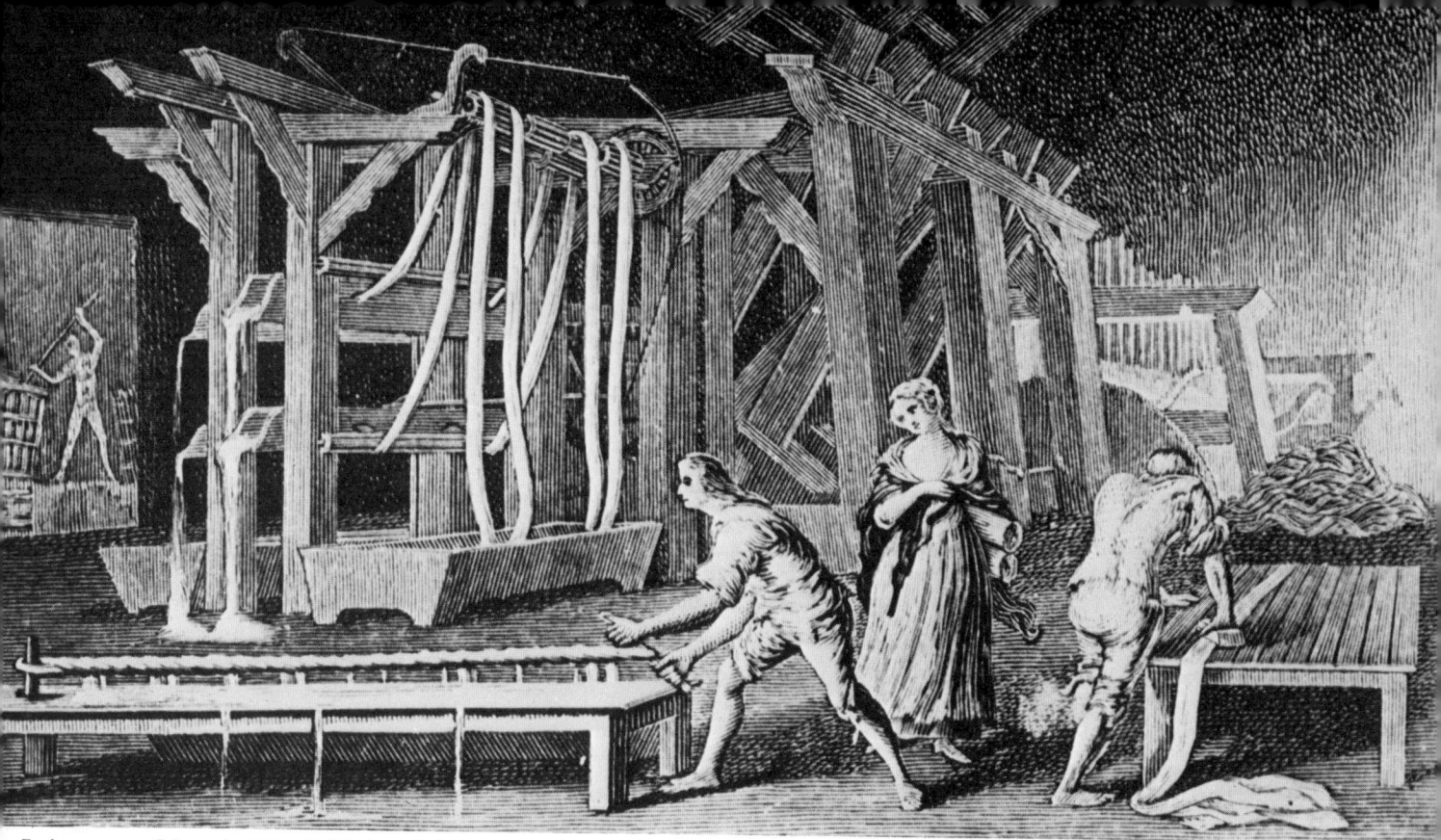

Leinenmanufaktur in Irland: *Verleger liefern das Rohmaterial an selbständige Handwerker oder an Lohnarbeiter und vermarkten das fertige Produkt*

Manchmal wird den Verlegern die Organisation zu kompliziert. Dann gründen sie »Manufakturen« und beschäftigen Lohnarbeiter. Das erfordert allerdings zusätzliche Kapitalbindung, da neben den Werkstätten häufig auch Quartiere für die Arbeiter, die mit Frau, Kind und Haustieren angerückt kommen, bereitgestellt werden müssen.

Wenn der Manufakturbesitzer dann allmählich von der rein manuellen Arbeit seiner Leute zum Einsatz moderner Maschinen übergeht, wird er zum »Fabrikanten«.

Immer häufiger taucht die Dampfmaschine, die bisher hauptsächlich zum Auspumpen absaufender Bergwerke verwendet wurde, als Antriebsaggregat für Fabriken auf. In Manchester gab es 1786 nur einen einzigen Schornstein, der zu einer solchen Dampfmaschine gehört. Heute sind es schon an die zwanzig.

Der verstärkte Einsatz von Dampfmaschinen wird es ermöglichen, Fabriken, die jetzt entlang kraftspendender Flüsse angesiedelt sind, in den Städten zu konzentrieren. Wenn es gelänge, das in den Städten herumlungernde Lumpenproletariat für die Fabriksarbeit zu rekrutieren, wäre auch die Personalfrage gelöst. Außerdem ist mit einem weiteren Nachströmen von Landleuten in die Städte zu rechnen.

Das Manufaktur- und Fabrikssystem erweist sich vor allem dort als ideal, wo große Posten einheitlicher Qualität bestellt werden (zum Beispiel Uniformstoffe). Dutzende Heimhandwerker eines Verlegers würden nie eine so einheitliche Ware liefern können.

Auch bei komplizierten Produktionsvorgängen bietet sich statt des Handwerksbetriebs die Manufaktur an. So bei der Metallverarbeitung, Glasbläserei und Porzellanfabrikation. Seit Ehrenfried Graf von Tschirnhaus und Johann Friedrich Böttger zu Anfang des Jahrhunderts den Chinesen das Porzellan nacherfunden haben und 1708 die erste Manufaktur in Meißen errichtet wurde, hat sich die Porzellanherstellung rasch verbreitet: 1717 wurde die Wiener Manufaktur gegründet, 1744 folgte Petersburg, 1751 Berlin, 1756 Sèvres, 1760 Kopenhagen und 1761 Nymphenburg bei München. Der Bedarf an Porzellangeschirr, das ursprünglich von holländischen Kaufleuten aus China nach Europa geschaukelt wurde, stieg auch mit dem Konsum der neuen Getränke: Tee, Schokolade, Kaffee.

Seit die Kaffeeplantagen zu Anfang unseres Jahrhunderts vom Vorderen Orient auf die Westindischen Inseln verlegt wurden, wird der wachsende Bedarf ausreichend gedeckt. Von den

Pariser Arbeitsdienstlager geschlossen

Schon bald nach Ausbruch der Revolution vor zwei Jahren glaubte man in Paris den Stein der Weisen gegen die Arbeitslosigkeit gefunden zu haben: öffentliche Arbeitslager, in denen jeder, der keine Beschäftigung fand, eingeladen war, gegen einen Mindestlohn nach Belieben zu arbeiten (ateliers de charité). Die Löhne waren gering, aber auch die Beaufsichtigung war nicht so streng wie in der Privatwirtschaft, wo geizige Unternehmer auf ihr eigenes Geld sehen.

Das größte Lager dieses freiwilligen Arbeitsdienstes stand am Montmartre. 22.000 Männer arbeiteten dort für einen Minimalbetrag, von dem nie recht klar wurde, ob es eine Arbeitslosenunterstützung oder ein echter Lohn ist.

Als der Brotpreis Ende 1790 auf die Hälfte des Preises von 1789 gefallen war und die ärgste Not vorüber schien, versuchte die Nationalversammlung, die Arbeitslager, mit denen niemand recht glücklich war, zu schließen. Aber die Pariser Stadtverwaltung legte sich quer: obwohl man die Tageslöhne in den »ateliers« bereits unter die am freien Markt gezahlten Mindestlöhne gesenkt hatte, um die Arbeitswilligen wieder loszuwerden, drängten sich im Winter 1790/91 26.000 Männer in den Pariser »ateliers de charité«.

Für arbeitslose Frauen wurden zusätzlich öffentliche Webereien (ateliers de filature) errichtet. Aber auch diese erwiesen sich als teuer und wenig produktiv.

Erst heuer im Sommer, nachdem der Brotpreis weiter gesunken und die Konjunktur gebessert war, wurde das Experiment der produktiven Arbeitslosenfürsorge abgebrochen. Sämtliche »ateliers« wurden wieder geschlossen.

Westindischen Inseln kommt der Großteil des Zuckers, der zwar nicht gerade ein Volksnahrungsmittel ist, aber in kleinen Mengen immerhin schon Eingang in den Haushalt von Handwerkern und Kleinbauern gefunden hat.

Der Bedarf an Artikeln des gehobenen Konsums wächst ständig. Was bisher nur dem Adel vorbehalten war, kann sich nun auch der Bürger leisten. Während einst der Adel nur in Brokat, Samt und Seide ging und der Rest des Volkes in Leinen, ist Kleidung aus Baumwolle heute für Adel und Bürgertum standesgemäß.

Ein wesentlicher Teil der textilen Pracht stammt übrigens aus Irren-, Armen-, Waisen- und Zuchthäusern, die nach der Tätigkeit ihrer Insassinnen auch »Spinnhäuser« heißen – ihre handwerkliche Tätigkeit wurde ursprünglich als Resozialisierungsmaßnahme deklariert. Außerdem sollten die Insassen einen Beitrag zu ihrer Versorgung leisten. Tatsächlich sind viele dieser Häuser gewinnträchtige Manufakturen geworden, die – samt ihrer praktisch nur für Unterkunft und mäßige Verpflegung arbeitenden Belegschaft – an Unternehmer verpachtet werden.

Während die Textilerzeugung dem Handwerk solcherart allmählich entwunden wird, sitzen die Zunftmeister der Traditionsbranche noch recht fest im Sattel: Bäcker, Tischler, Schlosser oder Hutmacher haben ihre exklusiven Organisationsformen aus dem Mittelalter bis in unsere Tage gerettet. Sie achten eifersüchtig darauf, daß jeder Zunftgenosse ein angemessenes Einkommen hat und keine arbeitsparenden Neuheiten eingeführt werden.

Das Gewinnstreben verändert aber auch die Handwerksbetriebe traditio-

Lohnarbeiter in einer Stahlfabrik in England: *Beginnt hier die industrielle Revolution?*

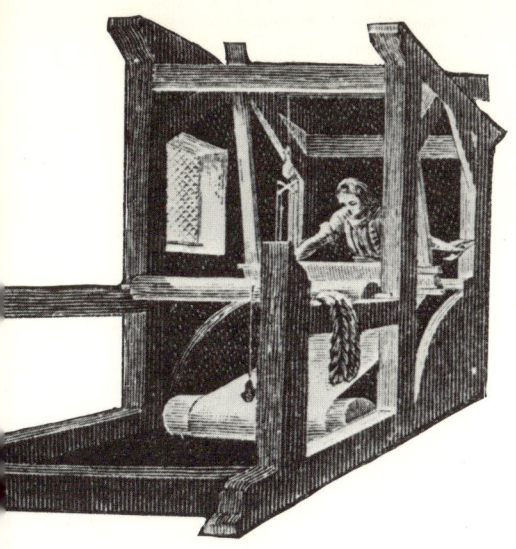

Weber in Irland: *nur noch Fabriksarbeiter?*

neller Art: der Chef überläßt den Produktionsbetrieb seinen Gesellen und widmet sich ganz dem Management seines Unternehmens und dem Marketing seiner Produkte.

Wenn dann immer mehr Kapital ins Spiel kommt und der Unternehmer den Hauptteil seines Einkommens nicht mehr auf Grund seiner handwerklichen oder organisatorischen Leistung (Unternehmerlohn), sondern dank seines Kapitaleinsatzes bezieht, ist die Metamorphose vom Handwerksmeister zum Kapitalisten vollzogen. Wirtschaftsforscher sind der Meinung, daß dieser Trend zur kapitalistischen Wirtschaft sich in den nächsten Jahrzehnten verstärken wird.

In England wurden die Zünfte auch von außen her angenagt. Mehrere Richter haben ihre zunftfeindlichen Urteile damit begründet, daß Gewerbemonopole die Grundfreiheiten der von der Zunft ausgeschlossenen Bürger verletzen.

In Deutschland, wo das Zunftwesen durch die ursprünglich große Selbständigkeit der Städte besonders streng und unübersichtlich war, macht sich ebenfalls eine Lockerung in Richtung Gewerbefreiheit bemerkbar. Liebgewonnene Traditionen der Handwerker, wie der »blaue Montag«, zahlreiche Feiertage, gemeinsame Freßorgien zu Lasten

Technologie

Während der technische Fortschritt in Kontinentaleuropa nur gemächlich einzieht (einer 1780 in Preußen aufgestellten ersten Dampfmaschine ist bis heute keine zweite gefolgt), schreitet er in England um so rasanter fort. Ergebnis: europäische Mechaniker können englische Maschinen, wenn sie auf das Festland gelangen, nicht reparieren, geschweige denn nachbauen. In Frankreich gibt es derzeit etwa 900 Spinnmaschinen der englischen Marke »Jenny« (vom Erfinder Hargreaves zu Ehren seiner Tochter so benannt), während in England 20.000 solcher Spinnmaschinen surren.

Spitzenreiter der industriellen Revolution in England sind die Eisenindustrie (wo immer bessere Methoden entwickelt werden, um das knappe Holz durch Steinkohle zu ersetzen) und die Textilindustrie. Seit der Verbesserung des manuellen Webstuhles zu Beginn dieses Jahrhunderts kamen die Spinnerinnen mit der Produktion von Garn nicht mehr nach.

Nachdem Kay 1760 den Schnellschützen für Webstühle erfunden hatte, der die Produktion eines Webers verdoppelte, wurde der Garnmangel noch drückender, auf einen Weber kamen acht bis zehn Spinnerinnen.

Daher die Suche nach Spinnmaschinen. Schon in den dreißiger Jahren bastelten Lewis Paul und John Wyatt einige Prototypen. Doch erst in den letzten 15 Jahren kamen wirklich leistungsfähige Spinnautomaten auf den englischen Markt, die nicht nur noch Garn, sondern auch bessere Qualitäten als die Spinnerinnen liefern. Angetrieben werden diese Maschinen von Menschen, Maultieren, Wasserrädern und gelegentlich von Dampfmaschinen.

Damit sind die Spinner den Webern in der Produktionskapazität wieder weit voraus. Kein Wunder, daß technisch interessierte Köpfe nach einer Produktivitätssteigerung für Weber Ausschau halten. So soll der englische Landpfarrer Edmund Cartwright am Prototyp eines mechanischen Webstuhles basteln, der, falls er serienreif werden sollte, zum Ruin der heutigen Handweber führen müßte. Insbesondere wenn er in Verbindung mit der von James Watt zum Einsatz in Fabriken verbesserten Dampfmaschine eingesetzt würde.

Die neue englische Landschaft: *Schornsteine und Rauchwolken am wirtschaftlichen Horizont*

der Zunftkasse und Schikanen bei der Meisterprüfung (um sich aufstrebende Konkurrenten vom Leib zu halten), gibt es allerdings weiterhin.

Mehr als durch Gesetze und Richtersprüche verlieren die Zünfte allerdings durch das Aufkommen von Verlegern und Manufakturen an Boden. Dort, wo der Handwerker Güter des täglichen Bedarfs direkt für den Kunden produziert, bestehen die alten Meisterbetriebe weiter. In anderen Fällen aber übernimmt ein geschickter Manager oder Verleger den Kontakt mit den Rohstofflieferanten und den Abnehmern der Waren. Und mancher Handwerksgeselle sieht die Zeit nahen, in der er aus der Werkstätte seines Meisters in eine Manufaktur oder Fabrik übersiedelt. Dort wird es allerdings wahrscheinlich keiner Gesellenprüfung mehr bedürfen, um arbeiten zu können.

Die Fabrikanten werden sich ihre Arbeiter aber lieber aus den Armenhäusern und der Gosse holen, was sie billiger kommen wird als »gelernte« Handwerker. In ganz Europa steigt die Zahl der Vagabunden und Bettler (es gibt keine großen Epidemien mehr), die weder in den zunftmäßig organisierten Handwerken (bis zu sieben Jahre offizielle Lehrzeit) noch in der Landwirtschaft Verwendung finden. Für ihre Beschäftigung wären Manufakturen wie geschaffen.

Welcher Art und Geisteshaltung dieses vor allem in den Städten angeschwemmte Lumpenproletariat ist, hat indes noch niemand genau erforscht. Die Mehrzahl der Theoretiker und Staatsmänner hält diese Bevölkerungsschicht jedoch für arbeitsscheu.

Die Hamburger Stadtväter jedenfalls wissen nicht, was sie mit dem »Lumpenpack« in der Stadt anfangen sollen. Sie veranstalten ein Preisausschreiben für die beste Idee zur Beschäftigung der »faulen und widerspenstigen Armen«.

Das scheint sich zur wirtschaftlichen Kernfrage unserer Zeit zu entwickeln: drohen Hungersnöte und Massenarmut – oder bringen die neuen Maschinen, die neuen Theorien und die neuen Kapitalisten der Menschheit einen bisher nie gekannten Wohlstand?

Streikverbot in Paris

Frankreichs Revolution, die den Bauern die Befreiung von der Grundherrschaft bringt und den Bürgern neue Entfaltungsmöglichkeiten bietet (unter anderem durch den günstigen Kauf beschlagnahmter Kirchengüter), hat die Arbeiter bisher links liegenlassen. Sie sind in der Nationalversammlung kaum vertreten, und durch das neu geregelte Wahlrecht, das Frankreichs Bürger in aktive und passive Volksgenossen teilt, wurde über die Hälfte der Arbeiter als nicht wahlberechtigt eingestuft.

In Paris leben mehr als 60.000 Arbeiter, die bei etwa 4.000 Arbeitgebern (patrons) in Dienst stehen.

Die Unruhen der Hungerjahre 1788/89 setzten sich auch im Vorjahr fort, und es kam zur Gründung neuer Gewerkschaften.

Heuer schien sich die Situation der Arbeiterklasse zu bessern: ein allgemeiner Konjunkturaufschwung erhöhte die Arbeits- und Verdienstchancen für alle. Und im Februar wurde der Pariser Stadtzoll (octroi) für Lebensmittel aufgehoben. Diese Maßnahme wurde zwar als die Einlösung einer »Schuld der Revolution an der Bevölkerung von Paris« erklärt, kam aber tatsächlich nur zustande, weil der Bau der neuen Zollmauern rund um Paris nicht die gewünschten Fortschritte machte und der Schmuggel blühte. Heuer gaben die Behörden schließlich auf, der Mauerbau wurde eingestellt, Zollhäuser und dazugehörige Grundstücke verkauft.

Aber sogar die Senkung der Lebensmittelpreise führte zu Arbeiterunruhen, weil die »patrons« versuchten, auf Grund der gesunkenen Lebenshaltungskosten die Löhne zu drücken. In einem Manifest vom 29. April erklärt die Pariser Stadtverwaltung jedoch im Sinne der Arbeiter, daß es ungerecht wäre, die Löhne zu kürzen, weil die Lebensmittelpreise durch Wegfall des Stadtzolles gesunken seien. Im übrigen sei aber auch der Wunsch nach Lohnerhöhungen unvernünftig. Und Gewerkschaften, die das Ziel hätten, einheitliche Bezahlung für alle Arbeiter einer Branche zu fordern, seien ungesetzlich.

Am 4. Mai wurden Streikposten verboten, da die Löhne »auf friedliche Art« ausgehandelt werden müssen.

Eine Woche später avancierte das Thema von der Gemeindeebene auf jene der Nationalversammlung: die Versammlungsfreiheit wurde auf die Behandlung von Themen der Kommunalverwaltung eingeschränkt; Kollektivverhandlungen jedweder Art wurden verboten.

Am 14. Juni folgte auf Antrag des Abgeordneten Isaac-René-Gui Le Chapelier das Verbot aller Berufsverbände, Streiks, Kollektivpetitionen und jeder Art von Arbeiterversammlungen.

Le Chapelier argumentierte, daß die Rede- und Versammlungsfreiheit wohl für Bürger, nicht aber für bestimmte Gruppen von Bürgern gelte, die sich gegenüber dem Rest der Bevölkerung abkapseln, um ihre egoistischen Ziele durchzusetzen. Arbeitslosigkeit und Not müßten vom Staat und nicht von einzelnen Gruppen bekämpft werden.

Le Chapeliers Gesetz wendet sich nicht nur gegen die Arbeiter, sondern ebenso gegen Unternehmerverbände und Klubs. Am stärksten getroffen dürften jedoch die Arbeiter sein. Das Problem des städtischen Proletariats scheint auch die revolutionären Wunderknaben von Paris zu überfordern.

Das Vermächtnis des Nationalökonomen Adam Smith

Der große englische Nationalökonom Professor Adam Smith ist vor wenigen Monaten in seiner englischen Heimat gestorben. Kurz vorher besuchte ein ZEIT-BILD-Reporter den Gelehrten und konnte folgendes Gespräch mit dem »Vater der Volkswirtschaft« führen:

ZB: Herr Professor Smith, worauf begründen Sie ihren Optimismus für die wirtschaftliche Zukunft der Welt?
SMITH: Das gewaltige Anwachsen der gewerblichen Produktion als Folge der Arbeitsteilung muß in einem gut regierten Staat zu allgemeinem Wohlstand führen.
ZB: Man wirft Ihnen eine allzu materialistische Einstellung hinsichtlich der Motive zur Arbeit vor.
SMITH: Bei primitiven Tätigkeiten besteht die Veranlassung zur Arbeit nur im Entgelt. Jemand, der kein Eigentum erwerben kann, kann auch kein anderes Interesse haben, als möglichst viel zu essen und sowenig wie möglich zu arbeiten.
ZB: Man behauptet, die volle Gewerbefreiheit würde die Handwerker der Aufsicht durch die Zunft entziehen.
SMITH: Die wirkliche und einzig wirksame Aufsicht über einen Handwerker übt nicht seine Zunft, sondern üben seine Kunden aus. Es ist die Angst vor dem Verlust ihres Auftrags, die seine Nachlässigkeit in Schranken hält.
ZB: Wenn sich der Staat ihren Vorschlägen gemäß ganz aus der Reglementierung der Wirtschaft heraushält, kann er seine Bürger auch nicht mehr zu entsprechender Sparsamkeit anhalten.
SMITH: Große Nationen werden niemals durch private, doch bisweilen durch öffentliche Verschwendung ruiniert. In den meisten Ländern werden alle oder nahezu alle öffentlichen Einnahmen dazu verwendet, um unproduktive Leute zu bezahlen. Es ist eine Frechheit und Anmaßung höchsten Grades, wenn Könige und Minister vorgeben, sie müßten für Sparsamkeit bei den Privatleuten sorgen und deshalb deren Ausgaben durch Luxussteuern und Einfuhrverbote einschränken, zumal sie selbst immer und ohne Ausnahme die größten Verschwender im Lande waren.
ZB: Und auch sonst halten Sie nichts von staatlicher Lenkung?
SMITH: Der einzelne kann aus seiner Kenntnis der örtlichen Verhältnisse heraus weit besser als der Gesetzgeber beurteilen, welcher Erwerbszweig im Lande für den Einsatz seines Kapitals geeignet ist und welcher einen Ertrag abwirft, der den höchsten Wertzuwachs verspricht.
ZB: Sie scheinen auf die Staatsverwaltung und die Beamten nicht gut zu sprechen zu sein?
SMITH: Die Gehälter der Beamten werden nicht wie die Einkünfte der Wirtschaft und freien Berufe vom freien Wettbewerb auf dem Markt bestimmt. Sie stehen daher auch nicht immer in einem angemessenen Verhältnis zur Leistung. Vermutlich ist der Lohn in den meisten Ländern höher als nötig.
ZB: Was halten Sie davon, daß der Staat die Wirtschaft durch Prämien und Subventionen in die von ihm gewünschte Richtung lenkt?
SMITH: Prämien können, wie übrigens auch alle anderen Mittel merkantilistischer Wirtschaftspolitik, lediglich die Wirkung haben, den Handel in eine Bahn zu lenken, die weit weniger vorteilhaft ist als jene, in die er fließen würde, wäre er sich selbst überlassen.
ZB: Welche Rolle schreiben Sie den Kapitalbesitzern zu?

Nationalökonom Professor Adam Smith: *hält mehr vom Individuum als von staatlicher Lenkung*

SMITH: Wenn jeder einzelne trachtet, sein Kapital zur Unterstützung der heimischen Erwerbstätigkeit einzusetzen, und sie dadurch so lenkt, daß ihr Ertrag den höchsten Wertzuwachs erwarten läßt, dann bemüht sich auch jeder einzelne ganz zwangsläufig, daß das Volkseinkommen im Jahr so groß wie möglich wird. Tatsächlich fördert er in der Regel nicht bewußt das Allgemeinwohl. Alle, die jemals vorgaben, ihre Geschäfte dienten dem Wohl der Allgemeinheit, haben meines Wissens niemals etwas Gutes getan. Die Erzielung eines eigenen Gewinnes ist das einzige Motiv, das den Besitzer eines Kapitals leitet.

ZB: Was halten Sie von multinationalen Unternehmen?

SMITH: Ein Kaufmann ist nicht zwangsläufig Bürger eines bestimmten Landes. Für ihn ist es völlig gleichgültig, von welchem Ort aus er seinen Handel treibt. Schon kleine Ärgernisse können ihn dazu bringen, sein Kapital und damit auch das von ihm finanzierte Gewerbe in ein anderes Land zu verlegen. Keinen Teil dieses Kapitals kann man dem Besitz eines einzelnen Landes zurechnen, ehe es nicht in Gebäuden oder zu dauerhaften Verbesserungen des Bodens investiert und über das Land verteilt ist.

ZB: Wie könnte man die von ihnen so propagierte Arbeitsteilung einfach erklären?

SMITH: Ein Familienvater, der weitsichtig handelt, wird niemals versuchen, selbst etwas herzustellen, was er anderswo billiger kaufen kann.

ZB: Was sind die Vorzüge des freien Wettbewerbes?

SMITH: Grundsätzlich kann man sagen, je freier und umfassender der Wettbewerb ist, um so mehr Vorteile hat die Öffentlichkeit von jedem Gewerbe oder von jeder Arbeitsteilung.

ZB: Was sehen Sie als das Ziel der Wirtschaft an?

SMITH: Der Verbrauch allein ist Ziel und Zweck einer jeden Produktion, daher sollte man die Interessen des Produzenten so weit schützen, als sie das Wohl des Konsumenten fördern.

ZB: Herr Professor, wir danken für dieses Gespräch. ■

Giuseppe Balsamo »Graf Cagliostro«: *fragwürdiger Freimaurer, Erzzauberer und Scharlatan*

RECHT

Der Magier und der Papst

Jeder, der der Verkündigung des päpstlichen Urteils beizuwohnen die Ehre hatte, wurde auf dem Wege zu dem Saal, in dem das heilige Inquisitionsgericht tagte, an die zehnmal kontrolliert und auf Waffen untersucht: es scheint, daß der Gerichtshof nicht ganz sicher ist, ob der Verurteilte nicht doch – durch wessen Hilfe auch immer – die Macht besitzen könne, teuflische Helfer ins Herz des Vatikans, ins Herz der heiligen Inquisition, einzuschleusen, um ihn, den Großkophta, den populärsten Magier, den Europa kennt, zu befreien.

Zu befreien freilich von einem fürchterlichen Schicksal. Denn seit dem Tage des heiligen Johannes des Jahres 1789, also seit dem 27. Dezember des Jahres, da in Frankreich die Revolution ausbrach, bis zum 7. April 1791 wurde der angeklagte Giuseppe Balsamo, alias Graf von Cagliostro, in der Engelsburg in scharfem Gewahrsam gehalten. Das bedeutet: ein Verlies, das unter dem Wasserspiegel des Tiber liegt. Das bedeutet: an Armen und Beinen mit eisernen Ketten gefesselt und außerdem mit einem eisernen Halsband an die feuchten Mauern gekettet.

In diesem mehr als 15 Monate dauernden Martyrium hat man Cagliostro an die 250mal verhört. Er hat, so wirft ihm die Anklage vor, die Majestät und Vollkommenheit Gottes angegriffen und sie bestritten, ebenso die Göttlichkeit Jesu Christi und sein Erlösungswerk, die Jungfräulichkeit Mariae, die Wirksamkeit der Sakramente, die Existenz der Hölle und des Fegefeuers sowie die Würde der kirchlichen Hierarchie.

Außerdem, so die Anklage, kennt man ihn als Hochstapler, Betrüger, Schurken, Zuhälter, Hurer, Scharlatan, Deisten und Kinderschänder. Er war auch in die Halsbandaffäre verwickelt.

Die Ankläger durchleuchteten zunächst das bunte, erfolgreiche, abenteuerliche Leben dieses Italieners, der – kurzbeinig und fettleibig, mit glanzlosem, dunklem schütterem Haar – auf den ersten Augenblick durchaus nicht jene Ausstrahlung besitzt, die seine märchenhafte Karriere verständlich machen könnte.

Freilich, wer einmal mit ihm ins Gespräch gekommen ist – und darunter waren die höchsten Würdenträger Europas, sogar die Zarin Katharina die Große –, der vermag sich den unerklärlichen Kraftströmen dieses Menschen nicht zu entziehen.

Nüchterne Beobachter in Rußland nennen ihn schlicht einen »Phantasten, der blind an seine eigenen Tricks glaubt«; und wenn er aus Blei Gold macht, dann erinnert er sich offenbar tatsächlich nicht daran, daß er das Gold selbst in den Schmelztiegel gegeben hat.

Unbegreiflich aber seine Erfolge als Heilkünstler; unbegreiflich für eine hartherzige Mitwelt auch seine unendliche Güte, Freigebigkeit, Menschenliebe und Fürsorge, die er den Armen und Gebrechlichen in überreichem Maß zukommen ließ.

Früher oder später mußte er freilich den Argwohn der Kirche erregen. Denn natürlich stand immer wieder die Frage im Vordergrund, wie das Verhältnis Cagliostros zur heiligen Religion und Kirche gewesen sei. Er bestritt nicht und wollte auch gar nicht bestreiten, daß er der Großmeister der von ihm neugegründeten freimaurerischen Richtung des »ägyptischen Ritus« gewesen sei und daß er dort, diesem Ritus entsprechend, den Namen »Großkophta« angenommen habe.

Also ein Zauberer, der sich mit anderen Zauberern zu höllischen Riten traf?

Der Angeklagte konnte nachweisen, daß zahlreiche Bischöfe, ja sogar zwei Kardinäle – darunter Louis-René Fürst von Rohan, Kardinal von Straßburg – seine Freunde waren und an Arbeiten der »Mutterloge des ägyptischen Ritus« teilgenommen haben. Aber die Richter der Inquisition interessieren sich nicht für diese Kardinäle: man wird mit ihnen später abrechnen.

Wie es in solch einer »ägyptischen« Geheimgesellschaft zugegangen sei, wollte es wissen. Cagliostro suchte unter den in seiner Wohnung beschlagnahmten Schriften ein Blatt heraus, das »die Ideale der Freimaurerei nach ägyptischem Ritus« enthält: »Gott anbeten, den Souverän achten, seinen Nächsten lieben; vollkommen werden durch eine wahre geistige Wiedergeburt der Seele und des Herzens, so daß alle Laster verbrennen und die Liebe zur Tugend sich läutere; seine Nächsten mit Hilfsbereitschaft zu lieben.« Und zusammenfassend die drei Haupttugenden des »Maurers nach ägyptischem Ritus«: Tugend, Weisheit, Einigkeit.

Aber der Angeklagte wurde verlacht: alles sei Schwindel. Man wisse von anderen Zeugen – sie wurden, der Inquisitionsprozeßordnung gemäß, weder genannt noch mit dem Angeklagten konfrontiert –, die an Logenarbeiten teilgenommen hätten, Bescheid.

Hier ihre Aussagen: Magie, Hexerei und Gaukelei finden ihren Höhepunkt während einer Logensitzung. Ein abtrünniger Logenbruder – es soll sich um den Marquis de Luchet aus Lyon handeln, munkelt man in Rom – schilderte, wie der Großkophta auf einer Wolke herannahe und sich die Hände

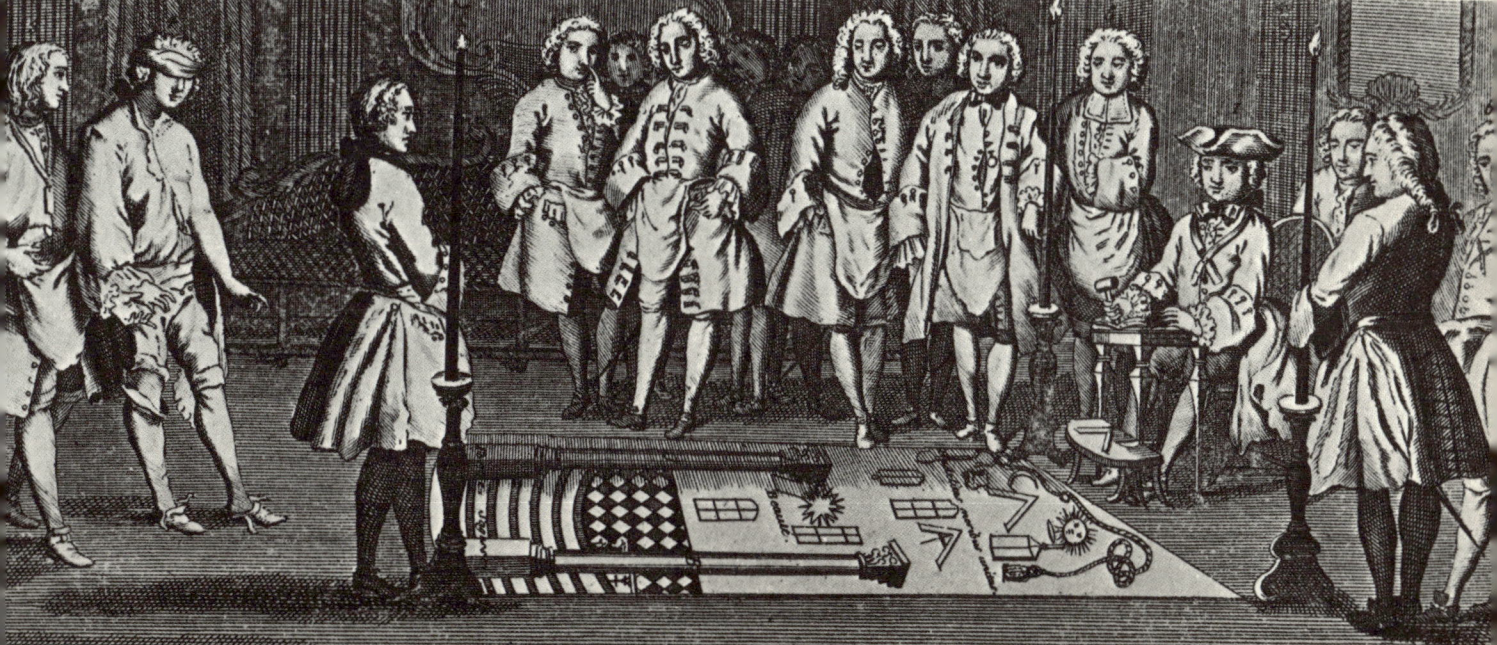

Aufnahme in eine Freimaurerloge: *Der Lehrling betritt den Tempel mit verbundenen Augen; der Stuhlmeister (mit Hammer), die Aufseher und der Bruder Türhüter empfangen das neue Mitglied der Bruderkette. Der »tapis«, der Teppich in der Mitte des Tempels, zeigt verschiedene Freimaurersymbole.*

küssen lasse, wobei er auf leuchtende, teuflische Zeichen, die seine Brust bedecken, weise. Dann, nachdem er mit seinem Degen einen Kreis beschrieben und das Wort »Elohim« ausgesprochen habe, werde er angebetet. Man bringe eine rote Flüssigkeit, »die kein Wein, sondern, horribile dictu, das Blut unschuldiger Kindlein ist«, zum Großkophta, der sie mit seinem teuflischen Segen und in Verspottung der allerheiligsten Eucharistie in das Blut Satans verwandelt, worauf dann alle anwesenden Hexer davon trinken.

Man erzählt sich, daß der Angeklagte aufschrie, sich zu Boden warf, sich die Haare raufte und unausgesetzt behauptete, dies sei die erbärmlichste Verleumdung, die er je gehört habe.

In der Tat haben an den in Frankreich durchgeführten »Arbeiten« seiner »ägyptischen Loge« die hervorragendsten Philosophen, Dichter und Künstler des Königreichs Frankreich teilgenommen: undenkbar für den Laien, daß sie allesamt solch abscheuliche Zeremonien auch nur geduldet haben könnten.

Indes geht es der heiligen Inquisition, ja dem Papst überhaupt, um viel mehr als um die Verurteilung eines Mannes, der unerklärliche Dinge getan und unbegreiflich großen Einfluß auf andere Menschen ausgeübt hat. Indem man Giuseppe Balsamo alias Cagliostro verurteilt und seine Lehren verdammt, will man die ganze Freimaurerei, die vor einem halben Jahrhundert von der katholischen Kirche verboten wurde und die dennoch so großen Einfluß auf den Gang der geistigen Entwicklung genommen hat, diffamieren und schwächen. Vor allem aber soll dargelegt werden: so wie dieser Cagliostro, so sind sie alle, die im Namen eines verschwommenen Gottes, den sie den »allmächtigen Baumeister aller Welten« nennen, handeln; die Menschen jeder Religion als »Bruder« bezeichnen, wenn er sich nur zu ihren gottlosen, lächerlichen und umstürzlerischen Tendenzen bekennt. Man stelle sich nur vor, daß Ketzer und Heiden einander brüderlich beistehen, um die mächtigsten Stellen im Staat und in der Kirche zu erlangen!

Cagliostro habe, so wurde denn auch ausdrücklich ausgeführt, zahlreiche bedeutende Personen umgaukelt, um sie in seinen Teufelsbund hineinzuziehen. Es könne kein Zweifel bestehen, so das heilige Inquisitionsgericht, daß Cagliostro auch den verwerflichen, abscheulichen Bund der »Illuminaten« in Bayern inspiriert und gefördert habe, diesen Geheimverband, der nur ein Ziel kenne: den Umsturz. Und wie die furchtbaren Ereignisse in Frankreich zeigten, diese Lehren seien keine Theorie, sondern könnten jederzeit in die Praxis umgesetzt werden. Frankreich sei das erste, unglückliche Opfer, das der Teufel auserwählt habe: gerade in Frankreich seien die Freimaurer mächtig, sei die »ägyptische Loge« gegründet worden.

Götzendienerei kennzeichne diesen Logenbetrieb: Anrufung der heiligen Namen Gottes, die heilige Dreizahl, die dem Menschen auferlegten Tugenden – alles werde verdreht und dem Dienst des Teufels nutzbar gemacht. Es sei dem göttlichen Weitblick zu danken, daß der Heilige Vater rechtzeitig die sogenannten »Menschenrechte« als den Anfang vom Untergang des Christentums und des Heiles der Welt verdammt und ihre Weiterverbreitung in Schriften als ketzerisch verboten habe.

An all diesen Verirrungen und an noch vielen anderen, die aufzuzählen nur ermüden würde, trage, so zog das Gericht schließlich den Schlußstrich, der Angeklagte die Hauptschuld! Die Monarchien vernichten, zertreten – das sei das wahre Ziel Cagliostros gewesen.

Die Engelsburg in Rom: *ein Gefängnis für lebendig Begrabene, ein Ort des Grauens, den nur Henker, Wachesoldaten und Strafgefangene betreten dürfen*

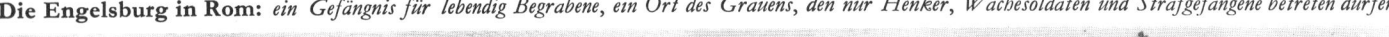

Der Ankläger wies auch darauf hin, daß die angebliche Gattin Cagliostros, Serafina, Gräfin Cagliostro, ein volles Geständnis abgelegt und bekannt habe: sie heiße in Wahrheit Lorenza Feliciani, sei als 16jähriges Mädchen von Herrn Giuseppe Balsamo verführt worden, ihm seither nur durch Gewalt zugehörig, habe zitternd und zagend all seine Gaukeleien und Zaubereien unterstützt, sich, stets Gott um Hilfe und Verzeihung anflehend, sogar auf seine gottlosen Geschäfte eingelassen und freimaurerische Frauenlogen ins Leben gerufen und ihnen präsidiert. Doch nun flehe sie Gott um Verzeihung an und sei zu jeder Buße bereit. Ihrem Verderber Balsamo aber wünsche sie einen gerechten Gerichtshof und die Gnade der Buße.

Ein Glück, daß der Angeklagte bei all diesen Verlesungen nicht anwesend war. Vielleicht hätten ihn der Widerruf und die Verleumdung seiner heißgeliebten Gattin Serafina mehr geschmerzt als die Ketten, die er zu tragen hat.

Endlich zerrte man ihn mit verbundenen Augen in den Saal. Er mußte niederknien und hörte dann die dröhnende Stimme des Vorsitzenden des heiligen Offiziums:

»Giuseppe Balsamo, verschiedener Verbrechen verdächtigt und überführt und der Strafe verfallen, die über nachweisliche Ketzer und Lehrmeister der abergläubischen Magie verhängt wird, ist verurteilt und jener Strafe verfallen, wie sie vorgesehen in den apostolischen Gesetzen gegen jene, die auf irgendeine Weise Freimaurergesellschaften unterstützen oder bilden..., doch auf Grund besonderer Gnade wird die Todesstrafe in lebenslängliche Haft umgewandelt, unter strengster Bewachung und ohne Aussicht auf Begnadigung. Das von ihm handgeschriebene Buch mit dem Titel ›Ägyptische Freimaurerei‹ wird feierlich verdammt, da es ein System enthält, das dem Aufruhr Tür und Tor öffnet und geeignet ist, die christliche Religion zu zerstören. Dieses Buch ist vom Henker öffentlich zu verbrennen, ebenso die gotteslästerlichen Instrumente, deren sich diese Sekte bediente: Winkelmaße, Totenköpfe, Leuchter und anderes.

Pius VI.: *gegen die gottlosen und umstürzlerischen Tendenzen der Freimaurer streng durchgegriffen*

Der Angeklagte nahm das Urteil schweigend entgegen, wurde von der Wache abgeführt, und seither wird er – ein lebend Begrabener – von einem Sonderkommando der Wache beaufsichtigt. Man fürchtet, wie offen zugegeben wird, daß der große Magier seine teuflischen Praktiken anwenden und entfliehen könnte.

Aber der Verurteilte bricht geistig zusammen. In diesen Tagen, da er bereits zwei Jahre in den Händen der Inquisition ist, hört man, er sei bereits vollkommen geistesgestört. Was die Inquisition zu der Mitteilung veranlaßt hat: das sei nicht wahr, Giuseppe Balsamo simuliere nur.

Die Wahrheit kennt man nicht. In die Engelsburg kommen nur Henker, Soldaten und Verurteilte. ■

Der Freiherr von Knigge und die Illuminaten

Adolf Freiherr von Knigge, derzeit hannoverscher Beamter, hat, schenkt man seinen ehemaligen Mitbrüdern im Illuminatenorden Glauben, mehr als irgendein anderer zur Verbreitung der Geheimgesellschaft beigetragen. Insbesondere in Norddeutschland hat er unermüdlich neue Illuminaten (»Erleuchtete«) geworben und – wie er selbst zugibt – »einige Hundert Minervalen dem Bund zugeführt«, wobei die Minervalen den untersten Grad in der Rangordnung der Illuminaten darstellen.

Mit Professor Adam Weishaupt, der gemeinsam mit ihm 1776 in Ingolstadt den Illuminatenbund gegründet hat, ist er offenbar nicht mehr eines Sinnes. Er hat sich von der Verteidigungsschrift Weishaupts, des bayrischen Oberhauptes der Illuminaten, distanziert und vertritt nun die Ansicht, das Volk müsse, wie in Frankreich, die Reformen durchführen, nicht aber ein elitärer Bund.

Adam Weishaupt, Professor in Ingolstadt und mehrfach mit dem vor sechs Jahren, am 16. August 1785, vom Kurfürsten Karl Theodor von Bayern verbotenen sogenannten Illuminatenorden in Verbindung gebracht, ist derzeit bemüht, der Welt die wahren Ziele des geheimnisvollen und von vielen als Anstifter zur Französischen Revolution angesehenen Bundes darzulegen.

Er versendet seit sechs Monaten eine Schrift, die er nach dem alten Mathematiker und Weisen »Pythagoras« genannt hat und in der er nur eines beweisen möchte: daß die Illuminaten gottesfürchtig, obrigkeitstreu und humanistisch gesinnt gewesen seien.

Es ist bekannt, daß die Illuminaten, von Herrn Professor Weishaupt in ihren Grundzügen erdacht, maximal an die 1.500 Mitglieder zählten. Ihre auf striktester Geheimhaltung fußende Vereinigung war so aufgebaut, daß die unteren Grade nur einen ihrer Oberen kannten, jeder dieser Oberen aber wieder nur einen Höheren und so fort, so daß niemand sagen konnte, wer denn Ziele und Arbeit der Illuminaten steuere.

Weishaupt wehrt sich vor allem dagegen, daß sein Gedankengebäude den Jesuiten nachgebildet sei, wenngleich nicht einmal er bestreiten kann, daß die Illuminaten das Gegengewicht zur jesuitisch beeinflußten Gesellschaft Bayerns werden sollten.

Tatsache ist, auch wenn Professor Weishaupt es nicht zugeben will, daß das Prinzip der Illuminaten darin bestand, möglichst viele zu Gehorsam erzogene Mitglieder an die einflußreichsten Stellen im Staat zu setzen und – wieder eine Parallele zu den Jesuiten – im besonderen die Schulen und Lehrkanzeln zu erobern, aber auch die unmittelbaren Diener der regierenden Fürsten zu Illuminaten zu machen.

Darin erschöpft sich aber schon die Ähnlichkeit mit den Jesuiten, denn der Illuminatenbund ist erfüllt vom Geist der rationalistischen Philosophie der französischen Aufklärer, und er will eine – geistig zu verstehende – »Republik edler Menschen« schaffen.

Die unterste Klasse des Geheimbundes nannte Weishaupt die »Minervalen«. Sie sollten in steter Arbeit an sich zu absolutem Gehorsam gegen die Oberen und zu striktester Geheimhaltung erzogen werden. Die nächste Klasse, die »Freimaurer«, hätten die Aufgabe gehabt, die derzeit bestehenden, nach Hunderten zählenden Freimaurerlogen Europas zu unterwandern und ihre führenden Positionen mit Illuminaten zu besetzen. Die letzte, oberste Klasse schließlich, die »Mysterjen«, sollte die eigentlichen Oberen, die »illuminates maiores«, vereinigen.

Alle 1.500 Mitglieder, wer immer sie auch waren, nahmen Ordensnamen aus der griechisch-römischen Geschichte und Mythologie an und benahmen sich im übrigen überaus geheimnisvoll-töricht, so daß man ihnen schon von weitem anmerkte, sie seien Geheimnisträger wer weiß welcher großen Sache ...

Es mußte früher oder später zum Zusammenstoß mit der Obrigkeit kommen, die sich aber in Deutschland höchst sanft verhielt und den Illuminaten nur befahl, sich aufzulösen.

Seither will freilich das Gerücht nicht verstummen, daß der Geheimbund weiterlebe und nach wie vor überall – vor allem in Frankreich – mitmische.

Adam Weishaupt indes muß wehmütig zugeben, daß sein Bund in keinem Augenblick solch einen Einfluß gehabt hatte.

WISSENSCHAFT

Die Sache mit dem Frosch

Dr. Luigi Galvani: *Muskel-Elektrizität läßt die toten Frösche hüpfen, als wäre die Lieblingsspeise der Bologneser noch springlebendig.*

»Eigentlich wurde ich ganz unbewußt zum Amateur auf physikalischem Gebiet. Als es anfing, war es nicht einmal Zeitvertreib oder wissenschaftliche Neugierde, sondern purer Zufall.« Der lebhafte Sechziger mit dem römischen Senatorenkopf unter der Perücke wirkt selbst wie elektrisch geladen: Professor Dr. Luigi Galvani, Anatomielehrer an der Universität seiner Heimatstadt Bologna, ist im höchsten Maße erstaunt. Für seine nun publizierte Abhandlung »De viribus electricitatis in motu musculari commentarius« (Exkurs über die elektrischen Kräfte bei der Muskelbewegung) erhoffte er sich ein Echo in Fachkreisen, war aber auf den gewaltigen Widerhall nicht vorbereitet. Des Professors Traktat macht allgemein Furore.

Den Anstoß gab ein Frosch.

In seiner Publikation zieht Galvani nach einem runden Jahrzehnt der Experimente das Resümee seiner ungewöhnlichen Entdeckung. Eines Tages sezierte er in seinem Labor ein Versuchstier. Eben den Frosch. »Für unsereinen Routine und für die Studenten, die dabei waren, erste Fingerübungen in Anatomie. Ohne weiter darauf zu achten, legte ich das Präparat auf den Tisch neben die Elektrisiermaschine und wandte mich einer anderen Verrichtung zu, da – hinter meinem Rücken ein lauter Ruf der Überraschung: ›Professore! Professore! Schauen Sie!‹«

Was war geschehen? Einer der Hörer hatte mit der Skalpellspitze den freigelegten Nerv berührt, und sofort zuckten die Beine des toten Tieres so heftig, als sei es buchstäblich springlebendig. »Wir versuchten es in dieser Lage mehrmals – immer wieder der gleiche Impuls.«

»Dio mio, tierische Elektrizität, ein

Phänomen! Ich konnte es mir nicht anders erklären, als daß eine bestimmte Substanz, nämlich eine Nervenflüssigkeit – ein Lebenssaft, wenn Sie wollen –, diese Bewegung bewirkte.«

Minuziös erläutert der Wissenschaftler seine Versuche und Forschungen. Die schmalgliedrigen Hände führen dabei in der Luft unsichtbare Instrumente. Ein ziselierender Goldschmied könnte nicht liebevoller zu Werk gehen. Unzählige Frösche strampelten nacheinander, mausetot, doch energisch, auf dem Experimentiertisch. »Hätten die Feinschmecker von Bologna gewußt, daß ich ihnen Dutzende Portionen feinster Froschschenkel wegschnappte für meine physikalischen ›Spielereien‹, man wäre sicher entrüstet gewesen.«

Es zeigte sich, daß die Beine auch zuckten, wenn Galvani die Tiere auf Kupferhaken an einen Metallzaun hängte. Sein System: er fertigte sich eine Art Bogen, dessen Enden aus verschiedenen Metallen bestehen – das eine aus Eisen, das andere aus Messing oder Silber. Legt man sie zugleich an einen Nerv und einen Muskel, dann zieht sich dieser konvulsivisch zusammen »Soweit ich es bis jetzt absehe, verbindet sich die äußere negative elektrische Ladung mit der inneren positiven, aus der Nervensubstanz stammenden.«

Weitere Experimente? »Natürlich. Es ging mir zunächst darum, meine Beobachtungen zu fixieren.«

Freut den Professor die Publicity um seine Entdeckung? Der Widerschein eines ironischen Lächelns erhellt die dunklen, wachen Augen. »Ja – aber ich weiß, die Physiker der Zunft werden bald meine Abhandlung ›sezieren‹, Wort für Wort. Leicht möglich, daß sie dann meinen eigenen empfindlichsten Nerv treffen. Bei lebendigem Leib!« ∎

MODE

Revolution auch in der Mode

Schock aller Schocks in dieser turbulenten Zeit: Im vorigen Jahr gab es, die Modewelt vermerkte es mit Schaudern, nicht einen einzigen Modebericht aus Paris. Jetzt ist sie wieder da, die neue Pariser Mode: jung, revolutionär, lässig und bequem. Und völlig neue Impulse gehen dieses Jahr von Kattun und Konfektion aus.

Den ersten Anstoß gab – er selbst und niemand sonst ahnte es damals – vor zwei Jahren M. Dreux de Brézé, Oberzeremonienmeister am Hofe zu Versailles. Als am 5. Mai 1789 die Generalstände zusammentraten, wies er dem dritten Stand einen schmucklosen Anzug aus schwarzem Tuch zu, um ihn nur ja recht deutlich von der seidenschimmernden Farbenpracht der Privilegierten zu unterscheiden und womöglich der Lächerlichkeit preiszugeben.

Die Bürger nahmen den Fehdehandschuh auf: Mirabeau hielt eine flammende Rede gegen die Infamie der Kleidervorschriften. Und einer der ersten Beschlüsse der Nationalversammlung, die doch eigentlich größere Probleme zu bewältigen hatte, sagte der Ungleichheit der Kleidung ein für allemal den Kampf an.

Den Adeligen, die so eifersüchtig auf ihre Vorrechte an Federn, Stickereien und roten Schuhabsätzen pochten, machten die Bürger überdies klar, daß sie auf derlei Lappalien keinen Wert legten. Dieser Popanz sei vielleicht Lakaien angemessen, nicht aber freien »citoyens«.

Was als Düpierung der revolutionären Bürger gedacht war, erwies sich als Beginn eines neuen Modezeitalters. Nicht länger mehr konkurrieren die Herren mit Pfauen und Papageien. Die Farben sind gedeckt; neben dem einheitlichen Schwarz sieht man heuer auch stumpfes Braun und dunkles Blau.

Neu: Röhrenhosen

Der Schnitt des Fracks hat sich nicht wesentlich verändert; er ist heuer allerdings hochgeknöpft statt offen.

Wichtigste Neuigkeit: Der Mann trägt keinen federgeschmückten Dreispitz auf der gepuderten Perücke, sondern einen schlichten runden Hut auf dem eigenen

Modeneuheit: *Jakobinermütze mit Röhrenhosen*

Haar. Ganz Fortschrittliche lassen es offen (und manchmal sogar ungekämmt) herabhängen, während Konservativere sich noch nicht vom Zopf – allerdings aus eigenem Haar und jedenfalls ungepudert – trennen können.

Völlig neu ist die Mode der von den

englischen Matrosenanzügen inspirierten Röhrenhosen, «pantalons« genannt, die den traditionellen »culottes« (Kniehosen) starke Konkurrenz machen. Vor allem jüngere Leute tragen sie und lassen sich ungerührt »sansculottes« nennen, wobei man noch nicht so recht weiß, ob es sich dabei um einen Schimpf- oder um einen Ehrennamen handelt.

Die lockeren Röhrenhosen reichen heuer bis zwei Handbreit unters Knie – was vor allem Männer mit allzu dünnen Beinen erfreut. Besitzer wohlgeformter Waden hingegen halten hartnäckiger an den »culottes« und den anschmiegsamen Strümpfen fest.

Bequeme Stiefel beginnen immer mehr den Halbschuh mit Schnallen zu verdrängen. Manche Herren gehen sogar so weit, dieses lässige Schuhwerk auch abends in Gesellschaft zu tragen. Vor allem in Preußen erfreut sich der Stiefel allergrößter Beliebtheit. In Berlin und Potsdam soll es auf dem spiegelnden Parkett eleganter Salons nur so knallen!

Busen bis zum Hals

Seit 1789 nachweislich der letzte Reifrock bei einer Schneiderin in Auftrag gegeben wurde, hat sich die Damenwelt endgültig von den voluminösen Hüftdrapierungen abgewandt. Heuer sind die Hüften unter schmal und gerade fallenden Faltenröcken verborgen.

Blickfang ist eindeutig der Busen: er wird höher und höher geschnürt, das Dekolleté noch dazu mit üppigen Halstüchern drapiert, so daß der Hals aufgebläht und stark verkürzt erscheint. Bei mancher Dame sieht das so aus, als hätte sie einen Kropf.

Im Zeichen der allgemeinen mehr oder weniger erzwungenen Sparsamkeit sind Samt und Seide stark in den Hintergrund getreten. Viele Kleider werden aus bedrucktem Kattun oder gemusterter Baumwolle genäht – und die Seidenindustrie geht dabei vor die Hunde!

Mode von der Stange

Nichts zu lachen haben auch die Schneider und Schneiderinnen – soweit sie nicht ohnehin mit ihren einstigen Auftraggebern geflüchtet sind.

Zwei ihrer Zunftkollegen erzeugen jetzt viel billigere Kleider im großen und ohne vorherige Anprobe: man kann sie buchstäblich von der Stange kaufen. M. Quentin hat im heurigen Jahr ein Geschäft für fertige Herrenmode eröffnet, Mme. Teillard beliefert die Damenwelt mit konfektionierter Kleidung. Beide Läden versenden und verteilen eifrig gedruckte Preislisten, um auch den größten Zweifler von der Preiswürdigkeit dieser neuartigen Art des Kleidermachens zu überzeugen. ■

ABENTEUER

Die Wiener gehen in die Luft

Die österreichische Hauptstadt im Ballontaumel: Jean-Pierre Blanchard hat auf seiner Vorführungstournee nun auch in Wien einen seiner bemannten Freiballonflüge durchgeführt.

Keine acht Jahre ist es her, daß die Brüder Montgolfier in dem kleinen französischen Ort Annonay zum erstenmal in der Geschichte eine »aerostatische Maschine« steigen ließen. Seither wimmelt es nur so von Luftballons, »Montgolfieren« genannt. Luftsegeln scheint in Mode zu kommen. Nur: Vorläufig segelt man nicht, wie man will, sondern wie der Wind es will. Das Problem, die mit heißer Luft gefüllten Kugeln zu lenken, ist noch nicht gelöst.

Daß eine Luftreise dennoch sowohl vergnüglich als auch einträglich sein kann, beweist Monsieur Blanchard, der seine Montgolfieren in allen Hauptstädten Europas gegen Entgelt vorführt. Gegenwärtig versetzt er Wien in einen Ballontaumel.

Wie aus Wien gemeldet wird, hat Blanchard am 6. Juli vom Platz des Feuerwerks im Prater aus einen erfolgreichen Aufstieg mit seiner Montgolfiere durchgeführt. Es war dies seine 38. Luftfahrt – und eine in dieser langen Reihe war, daran sei hier erinnert, die über den Kanal, von Dover nach Calais, die er mit dem Amerikaner Jeffries im Januar 1785 unternahm.

Um zwölf Uhr mittags, nachdem Blanchard und seine Helfer mittels eines Ofens eine Stunde lang Hitze unter dem sich blähenden Ballon entfacht hatten, löste man die Verankerungen. Der Ballon stieg unter dem Jubel der Zuschauer, unter ihnen die Kaiserlichen Hoheiten Erzherzog Franz und die jüngeren Erzherzöge, in die Höhe. 14 Minuten lang blieb die Kugel sichtbar, verschwand dann in östlicher Richtung in den Wolken und tauchte erst nach einer halben Stunde wieder auf, als sie eben niederging.

Blanchard landete gegen ein Uhr in der Nähe von Großenzersdorf, etwa vier Stunden vom Ort des Aufstiegs entfernt, wo die Bewohner ihn im Triumph einholten, seine Fahne, die er ihnen schenkte, in der Kirche ausstellten und ihn zu ihrem Bürger machten. Gegen Abend traf der Luftfahrer in Begleitung von Stadtrichter und Pfarrer von Großenzersdorf wieder in Wien ein. Sein Ballon ist nun im Prater zur Schau ausgestellt.

Weitere Ballonfahrten des Herrn Blanchard sind in Vorbereitung. Dabei wird er auch, wie er ankündigt, zwei Tiere aus seiner Gondel abwerfen, die, an einen Fallschirm gebunden, sanft und für das Publikum lange sichtbar zu Boden sinken werden.

Wien, 6. Juli 1791: *Monsieur Blanchard und sein Luftballon treffen unversehrt auf einer Wiese nächst Großenzersdorf vor der entzückten Bauernschaft ein*

Die Eifersucht des Georg Stuwer

Warum Blanchard erst jetzt in Wien seine Ballons steigen läßt, nachdem er in den vergangenen fünf Jahren in Frankreich, den Niederlanden, den deutschen Ländern und Polen seine Vorführungen gemacht hat, weiß man nicht genau. Aber man vermutet, daß Kaiser Joseph II. etwas dagegen hatte. Sein Nachfolger Leopold II. scheint nichts gegen Ballonfahrten einzuwenden zu haben.

Dafür aber Herr Johann Georg Stuwer, wohlbestallter Lustfeuerwerker – zumindest gegen die von Herrn Blanchard. Stuwer hat nämlich schon vor sieben Jahren, im Sommer 1784, Aufstiege »am gefesselten Ball« veranstaltet und hat jetzt das Gefühl, Blanchard stehle ihm die Show.

»Er ist jedenfalls nicht der erste Ballonfahrer in Wien«, sagt er. »Jetzt jubeln die Wiener ihm zu. Dabei haben wir schon im Jahre 84 eine bemannte Fahrt im Freiballon unternommen.« Was Herr Stuwer verschweigt: Die »bemannte Fahrt im Freiballon« war nicht geplant. Es sollte eine Auffahrt mit dem gefesselten Ballon werden. Doch dann riß das Seil ...

Was passierte an jenem 25. August 1784?

Caspar Stuwer, der Sohn des Feuerwerkers, war damals mit von der Partie: »Wir hatten am 6. Juli und am 7. August jeweils mit Erfolg unsere Montgolfiere steigen lassen. 15.000 Zuschauer waren beim erstenmal dabei und verfolgten, wie der Luftballen unter der Feuerung anschwoll und schließlich mit vieren von uns, Daniel Hakmillner, Architekt Michael Schmalz, Johann Hiller und meiner Wenigkeit, seinen Standort verließ. Durch Seile wurde er in die Mitte des Platzes gebracht und stieg dann so hoch, als es die Stricke zuließen.

Am 25. August jedoch ging ein starker Wind. Als die Montgolfiere hochstieg, trieb der Wind sie sofort ab und auf das Feuerwerksgerüst zu. Das Seil wurde sofort angehalten. Aber dem starken Wind und dem Auftrieb des riesigen, 3.000 Pfund schweren Ballons hielt es nicht stand. Plötzlich stiegen wir in Richtung Nord mit erstaunlicher Geschwindigkeit auf.

Die unten dachten, mein Vater habe mit Absicht das Seil durchschnitten, und jubelten. Man schoß drei Böller ab zum Zeichen dafür, daß wir die Feuerung einstellen sollten. Das taten wir, woraufhin wir sofort absanken und gegen den Tabordonauarm zutrieben. Jetzt erst merkten wir, daß kein Seil uns mehr an den Boden fesselte. Dabei trieben wir mit erschreckender Geschwindigkeit auf das Wasser zu. Der Hakmillner starrte wie gebannt nach unten. ›Wenn du weiter wie behext auf den Fluß schaust, wirst du gleich darin baden!‹ rief ich ihm zu und warf ein Bündel Stroh ins Feuer.

Jetzt bemühten wir uns alle vier fieberhaft um das Feuer. Zuerst tat der Ballon gar nichts, dann stieg er leicht, wir landeten am jenseitigen Ufer so, daß die Tafthülle des Ballons zur Hälfte im Wasser lag.

Drüben erschienen die ersten Zuschauer, die sofort losgerannt waren, als wir hinter den Bäumen verschwanden. Unter ihnen auch mein Vater, der alle Ängste um uns ausgestanden hatte.«

Wien erlebt also einen Ballonsommer. Das Interesse für die Luftseglerei ist entsprechend angeheizt. Herr Chrysostomos Drechsler, Tischlermeister am Rennweg Nr. 353, bietet Luftballons in allen Größen, gefüllt und ungefüllt, zu günstigen Preisen an. Und die Wiener kaufen. So hat jeder sein privates Luftvergnügen – und sei es nur das, einen kleinen Luftballon vom Garten hinter dem Haus aufsteigen zu lassen.

Jean-Pierre Blanchard hat seinen Nutzen davon. Für seine nächsten Aufstiege ist ihm der Zulauf sicher. Für die Eintrittskarte verlangt er 30 Kreuzer. Wer das Schauspiel von der ersten Galerie mit ansehen will, muß einen Dukaten bezahlen. Der Blick von der zweiten Galerie kostet einen Gulden. Der ausführliche Bericht seiner »mit höchster Bewilligung Seiner Kaiserlichen Majestät« unternommenen 38. Luftreise ist bei Buchhändler Besson in der Singerstraße Nr. 863 käuflich zu erwerben. ■

BIOGRAPHIE

Begegnung mit dem Feuergeist

Ein kleiner, zartgebauter Mann tritt aus dem einstöckigen Bürgerhaus, prüft vorsichtig schnuppernd Temperatur und etwaigen Wind und geht mit kurzen, fast hüpfenden Schritten auf die nahe gelegene Lindenallee zu. Er hält den Mund fest geschlossen, da er Erkältungen fürchtet und im Freien nur durch die Nase atmet. Wenn der Himmel bewölkt ist und Niederschlag droht, folgt ein alter Diener mit einem Schirm über dem Arm. Die Königsberger, die das Paar aus dem Haus treten sehen, stellen ihre Uhren: Professor Immanuel Kant findet täglich um halb vier Uhr nachmittags statt.

Das aufregendste geistige Ereignis des ausgehenden Jahrhunderts, die größte Revolution, die die Philosophie seit der Renaissance durchgemacht hat, stammt aus der Feder eines 67jährigen deutschen Kleinstadtprofessors, dessen Leben sich wie das regelmäßigste aller regelmäßigen Zeitwörter verhält. Keine Reise, kein Sommeraufenthalt unterbricht die Routine von Aufstehen, Frühstück,

Professor Kant: *Pünktlichkeit beim Spaziergang*

Schreiben, Vorlesung, Mittagessen und Spaziergang. Professor Kant lebt allein, nur von seinem Faktotum Lampe betreut. Er, der alles so genau durchdenkt, hat sich auch das Heiraten so gründlich überlegt, daß die eine Dame einen anderen nahm, die zweite aber sogar Königsberg verlassen mußte, bevor der Professor ihr das Ergebnis seiner Überlegungen mitteilen konnte.

Der Herr Professor ist sehr auf seine Gesundheit bedacht und hat sich eine Reihe von Maximen zurechtgelegt, darunter auch die, nie einen Arzt zu konsultieren. Sonst aber ist er ein Mann der Wissenschaft: seine Strümpfe werden von Bändern gehalten, die, an elastischen Federn befestigt, in kleinen Schachteln in den Hosentaschen des Philosophen enden.

Das also ist der Feuergeist, der der Welt seit zehn Jahren in kurzen Abständen »Die Kritik der reinen Vernunft«, »Die Kritik der praktischen Vernunft« und »Die Kritik der Urteilskraft« beschert hat, drei Werke, an denen sich eben diese Welt (oder deren philosophierender Teil) noch immer die Zähne ausbeißt.

Kants kritischer Blick in Richtung Vernunft verurteilt nicht – der Philosoph analysiert –, sondern er seziert das populäre Allheilmittel Vernunft, das uns die Enzyklopädisten und Revolutionäre verschrieben haben, und findet es nicht ganz so wunderbar, wie man glauben machen will.

Vor allem möchte Professor Kant die Vernunft nicht als Religionsersatz gelten lassen und versucht, den moralischen Gottesbeweis zu erbringen: da der Mensch ein Sittengesetz in sich fühlt, muß er notwendigerweise das Dasein eines moralischen Welturhebers, nämlich Gottes, annehmen.

Es ist ein weiter und beschwerlicher Weg, der von der heute so populären Göttin der Vernunft aus Paris zu dem einsamen Denker im fernen Königsberg führt, dessen kategorischer Imperativ Pflicht über Schönheit und Moral über Glücklichsein stellt – es scheint aber, daß ein Teil der denkenden Menschheit gewillt ist, Herrn Professor Kant auf seinem steilen Weg zu folgen. ■

79

PERSONALIA

Leopold II., 44, der seinem verstorbenen Bruder Joseph auf den Thron gefolgt ist, hat sich als Großherzog der Toskana einen guten Namen als reformfreudiger Herrscher gemacht. So hat er die Todesstrafe und die Folter abgeschafft; während der 20 Jahre seiner Regierung ist die Zahl der Strafgefangenen in der Toskana von 2.398 auf 64 gesunken. Ob der König aber selbst so felsenfest an den Erfolg seiner humanitären Politik glaubt, darf dahingestellt bleiben. Aus Kreisen, die dem Thron nahestehen, hört man, daß Leopold geseufzt hätte: »Die Gefängnisse sind leer, aber die Verbrecher laufen auf der Straße herum!«

Kaiser Leopold II.

Graf Mirabeau, 42, dessen Sympathien für König Ludwig XVI. ihm noch allerhand Schwierigkeiten bereiten könnten, soll dem König in einem ermutigenden Brief geschrieben haben: »Der König verfügt nur über einen Mann – und das ist seine Frau!«

Mme. Germaine de Staël, 25, geborene Necker, Tochter des Exfinanzministers, hat mit Hilfe der sie verehrenden Herren Lafayette und Barnave die Ernennung ihres augenblicklichen Liebhabers, des Prinzen Louis de Narbonne-Lara, zum Kriegsminister durchgesetzt. »Welch großes Glück für Mme. de Staël«, soll Königin Marie Antoinette geseufzt haben, »nun steht die ganze Armee zu ihrer Verfügung!«

Auf seiner Reise nach England machte **Joseph Haydn**, 59, in Bonn halt. Bei einem Frühstück, das die kurfürstliche Kapelle zu Ehren des Meisters veranstaltete, wurde ihm der 21jährige Komponist **Ludwig van Beethoven** vorgestellt. Der junge Mann brachte zwei Kantaten mit (auf den Tod Josephs II. und zur Krönung Leopolds), die »Papa Haydn« wohlwollend begutachtete. Es scheint, daß Beethoven nach Haydns Rückkehr aus England nach Wien kommen soll, um bei dem großen Meister zu studieren.

Die Zarin Katharina von Rußland, 62, hat noch leicht lachen. An ihre bedrängte »chère cousine« Marie Antoinette schrieb sie kürzlich: »Die Königin muß ihren Weg gehen, ohne auf das Geschrei ihrer Völker zu achten. So wie der Mond seine Bahn zieht, ohne sich vom Geheul der Hunde ablenken zu lassen.«

Zarin Katharina von Rußland

THEATER

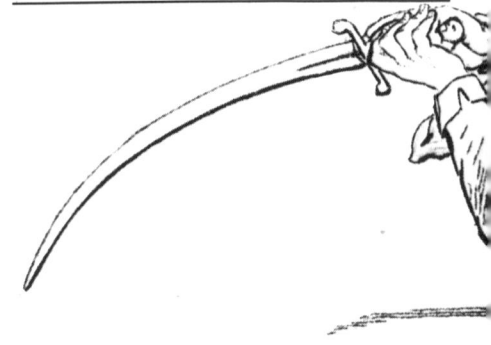

Wer war der König von Madagaskar?

Ein diplomatischer Krieg ersten Ranges könnte nach der Uraufführung des neuesten Bühnenstückes von August Friedrich Ferdinand von Kotzebue entbrennen. Mit dem Schauspiel »Die Verschwörung in Kamtschatka« lenkt der rasch zupackende Autor die Aufmerksamkeit auf einen Mann, der vor einigen Jahren auf der ostafrikanischen Insel Madagaskar gefallen ist. Dieser Mann, ein gewisser Moritz August Graf von Benjowski, hatte einige Zeit den Titel eines Königs von Madagaskar geführt.

Benjowski war polnischer Abstammung, Untertan des Königreiches Ungarn, Offizier des Erzherzogs von Österreich, zuletzt von einer englischen Kolonialgesellschaft besoldet. Er fiel im Kampf gegen französische Kolonialtruppen. In diplomatischen Kreisen glaubt man, durch König Moritz Benjowski könnten nun Polen, Ungarn, Österreicher und Engländer einen Rechtsanspruch auf die Insel Madagaskar ableiten.

Der von Kotzebue in seiner gewohnt wirksamen Art dramatisierte Vorfall hat

Die Abenteuer des Grafen Benjowski geschickt vermarktet: *August von Kotzebues aktuelles Theater befriedigt ein Publikum, das von den edlen Griechen und Römern genug hat.*

sich 1771 ereignet. Er zeigt den 30jährigen Benjowski als russischen Gefangenen vor seiner Reise nach Madagaskar.

Die Jahre davor hat der Graf meistens im Feld verbracht, zuerst als österreichischer Leutnant im Siebenjährigen Krieg, dann als Oberst und Generalquartiermeister der Polen. Er geriet in russische Gefangenschaft und wurde nach Asien gebracht: auf die Halbinsel Kamtschatka. Hier wurde er zum Freund des Gouverneurs und heiratete sogar dessen Tochter. Zwei Jahre später führte er aber einen Aufstand der Kriegsgefangenen an, ließ seinen Schwiegervater umbringen, seine Frau stehen, nahm nur die Kasse und einige Kanonen mit und erreichte auf einem Floß den Stillen Ozean.

Im Hafen von Tschekawinsk fand der Graf ein menschenleeres Kriegsschiff, das im Eis eingefroren war. Es gelang, das Schiff freizubekommen, der Graf segelte nach Formosa und weiter nach Macau, tauschte die schwere Galeere für zwei leichtere Schiffe ein und landete drei Jahre nach dem Aufstand in Madagaskar. 1776 wurde er von den Einheimischen zum König der Insel gewählt. Französische Truppen vertrieben ihn, so daß er heimkehren mußte. Als österreichischer Offizier kämpfte er dann gegen Preußen. Danach fuhr er nach England, gründete eine Gesellschaft zur Kolonisation Madagaskars, erreichte nochmals die Insel und fiel im Kampf gegen französische Truppen.

Daß Benjowski seine Abenteuer aufgezeichnet hatte, erfuhr das Publikum nach seinem Tod. Das ursprünglich in englischer Sprache verfaßte Tagebuch erschien gleich in zwei verschiedenen deutschen Übersetzungen, von denen Forsters Leipziger Fassung die genauere ist. Es spricht für das gute Gespür von Kotzebue, den dankbaren Stoff sogleich entdeckt und für die Bühne bearbeitet zu haben.

Wie man hört, wollen nach den Polen, den Ungarn, den Österreichern und den Engländern auch die Russen einen diplomatischen Schritt in Madagaskar erwägen. Denn, so meint ein hoher russischer Beamter: »Von allem abgesehen – Benjowski arbeitete ja mit unserem Geld.« ■

Indisches Theater für die Kolonialherren: *Ein Akt darf nicht länger als 24 Stunden dauern*

Graf Benjowski: *mit Kasse und Kanonen in die Welt – ein Leben wie ein Reißer von Kotzebue.*

»Verlust der Herrschaft« ist verboten

Seitdem Lord Cornwallis, 53, in der Nähe der indischen Ortschaft Bangalor das Theater besucht hat, ist unter den Offizieren Seiner Britischen Majestät das Theaterfieber ausgebrochen.

Bereits aus der Umgebung des abberufenen früheren Generalgouverneurs Mr. Warren Hastings, 59, war einiges über die erstaunlichen Darbietungen des indischen Theaters zu hören gewesen. Nach diesen ersten Berichten sind sämtliche Theater nach den Anweisungen einer legendären Figur namens Bharata errichtet worden, und zwar zweistöckig und in Gestalt einer Höhle. Da gegen Mr. Hastings gegenwärtig vor dem Oberhaus verhandelt wird, konnte von ihm kein Bericht eingeholt werden. Ihm nahestehende Beamte der Ostindischen Kompanie behaupten aber, daß in den genannten Theatern nicht nur Puppenspiele sowie Schattenspiele, sondern auch richtige Theaterstücke aufgeführt werden.

Lord Cornwallis, so heißt es in unterrichteten Kreisen, hatte sich dem Theater nach seinem Sieg über Tipu Sahib von Maisur zugewandt. Der besiegte indische Fürst, der von Seiner Lordschaft bei Seingapatam eingeschlossen worden ist, war selbst ein Freund und Förderer des Schauspiels gewesen. Nun wurde diese Rolle von Seiner Lordschaft übernommen.

Die Theater werden nach ihrer Größe eingeteilt. Die größten werden »Theater der Götter« genannt. Es folgen die »Theater der Fürsten«. Die kleinsten Kunstanstalten heißen »Theater der Untertanen«.

Der Lord hat sich mehrfach mit Anerkennung über das strenge und klare System gesellschaftlicher Trennungen geäußert, die in den indischen Theatern befolgt werden. Nach Meinung Seiner Lordschaft ist der strenge Kastengeist ein Zeichen dafür, daß die »aufrührerischen und verderblichen Ideen aus Frankreich« die indischen Länder noch nicht erreicht haben.

Die Kostüme machen die einzelnen Kasten erkenntlich: Rang, Volksstamm, Dienstgrad sind an der Farbe des Kostüms, an der Haartracht und der Bartform sofort ersichtlich. Die Schauspieler selbst gehören zu den verachteten Gruppen der Gesellschaft. Ihr Zeugnis hat keine Rechtsgültigkeit, und es wird ihnen meistens nicht gestattet, sich in einer Stadt für längere Zeit aufzuhalten.

Genau vorgeschrieben sind auch die Elemente, aus denen die Handlung zu bestehen hat. Ihre Zahl ist auf fünf beschränkt. Es gibt den »Keim«, aus dem die Handlung hervorgeht; den »Tropfen«, der die Entwicklung in Gang bringt; die »Fahne«, die etwa als Nebenhandlung bezeichnet werden könnte; die sogenannte »Episode« und schließlich das »Endziel«, wonach die Komödianten die Bühne einfach verlassen. Ein Vorhang ist nicht vorhanden.

Eine aufrührerische Wirkung wird dadurch ausgeschlossen, daß Tod und Totschlag, Kampf und Belagerung nicht gezeigt werden dürfen. Mit besonderer Genugtuung wird in der Umgebung von Lord Cornwallis vermerkt, daß das Thema »Verlust der Herrschaft« ebenfalls verboten ist.

Die einzelnen Typen sollen den Figuren des europäischen Theaters ähnlich sein. Es gibt folgende Gestalten: Held; Heldin; den Spaßmacher, »der den Sitz reibt«; den Lebemann; den »Schwager«, der die Intrige zu spinnen hat; den »Schimpfer«, der das Essen und Trinken über alles liebt, witzig redet, alle übertölpelt und etwa unserem Hanswurst entspricht.

Die verschiedenen Figuren sprechen selbstverständlich, je nach ihrer gesellschaftlichen Stellung, verschiedene Sprachen. So unterhalten sich hochgestellte Persönlichkeiten in Sanskrit, während sich die ärmsten Männer in Maghadi zu unterhalten haben. Allerdings verfällt – bei Gefahr – auch der Held in gewöhnliches Maghadi – genauso wie die Offiziere Seiner Britischen Majestät, wenn sie sich genötigt sehen, ihre Kampfeslust durch einen der traditionellen Flüche anzufeuern.

Nach den Vorschriften des indischen Theaters bestehen alle Stücke aus mehreren Akten, wobei man darauf zu achten hat, daß es niemals mehr als zehn Akte gibt und daß ein Akt nicht länger als 24 Stunden dauert.

»Drei Stücke dauern einen Monat«, heißt es im Hauptquartier von Bangalor. »Wenn Tipu keine Dummheiten begeht, werden wir uns das gesamte Repertoire ansehen. Damit haben wir während der nächsten Jahre genug zu tun.« ∎

Was Spaß macht, ist erlaubt

Wer ist das Modell der Leonore? Diese Frage beschäftigt seit einigen Wochen die Weimarer Gesellschaft. Die Leonore, deren Gestalt offenkundig die Züge einer der hiesigen Damen trägt, spielt in einem neuen Bühnenstück von Johann Wolfgang von Goethe, 42, eine wichtige Rolle. Die Lage wird noch verwirrter dadurch, daß im selben Stück auch noch eine zweite Leonore vorkommt. Beide sind hochgestellte Persönlichkeiten am Hof von Ferrara und begleiten das Schicksal des italienischen Dichters Torquato Tasso (1544–1595). Von diesem Wirrkopf und religiösen Fanatiker handelt das neue Stück.

Daß Tasso während seines Aufenthaltes in Ferrara die Schwester des Herzogs Alfonso II. verehrt hat, ist bekannt. Ebenso bekannt ist, daß diese Schwester, Leonore d'Este, den Dichter als Poeten hoch verehrte, seine Zuneigung aber nicht erwidern konnte. Dennoch schrieb Tasso für sie das Schäferspiel »Aminta«, in dem die Zeile zu lesen ist: »Was Spaß macht, ist erlaubt.« Es war aber offenbar doch nicht alles erlaubt, was Spaß macht. Tasso tobte. Er bekam Fieber, hatte Kopfschmerzen, litt an Verfolgungswahn. Später verfaßte er ein religiöses Epos: »Das befreite Jerusalem«.

In Weimarer Hofkreisen glaubt man zu wissen, warum Johann Wolfgang von Goethe ausgerechnet über diesen halbvergessenen italienischen Schwärmer ein Stück schrieb. Goethe, ein Bürgersohn aus Frankfurt, ist bereits in jungen Jahren von bestimmten Adelskreisen geschätzt worden. Der freundliche Umgang mit Aristokraten genügte aber nicht, den Standesunterschied zu beseitigen. Seine Karriere führte ihn weiter an den Hof von Weimar, wo ihn die Gesellschaft ebenfalls herzlich begrüßte, ohne ihm freilich alle Vorrechte eines Adeligen zuzugestehen, obwohl er 1782 geadelt wurde. Die Freundlichkeit des Prinzen Karl August scheint den Ehrgeiz des Frankfurter Autors ebensowenig befriedigt zu haben wie die stadtbekannte Verbindung mit der Frau des herzoglichen Oberstall-

Dichter Johann Wolfgang von Goethe: *Welche der beiden Leonoren steht seinem Herzen näher?*

meisters von Stein. Goethe wählte Tasso als Helden, um über sich selbst offen sprechen zu dürfen.

Dazu kommt seine überstürzte Reise nach Italien. In literarischen Kreisen weiß man, daß Goethe bereits vor dieser Reise ein Tasso-Stück begonnen hat. »Er hat diese ersten Skizzen vernichtet«, heißt es in denselben Kreisen. »Er hat in Italien das ganze Stück neu geschrieben.« Man verweist auf die neueste Fachliteratur. »Ohne die Nachforschungen des Abtes Pierantonio Serassi hätte das neue Stück niemals entstehen können.«

Es geht im Schauspiel um die Auseinandersetzung zwischen Tasso einerseits und der Hofgesellschaft andrerseits. Die markantesten Figuren aus Ferrara sind: der Fürst Alfonso, Prinzessin Leonore d'Este, ihre Freundin Leonore Sanvitale und der Staatssekretär Antonio. Das Stück hat wenig Handlung, bringt aber vor allem durch den tobenden Tasso viel edles Fühlen zum Ausdruck. Im engsten Kreis sprach der Autor in diesem Zusammenhang von einem »gesteigerten Werther«, womit er offenbar auf den beispiellosen Erfolg seines ersten Romans hinweisen wollte.

Ob sich ein ähnlicher Erfolg wieder einstellen wird, bleibt abzuwarten. Es hat sich bisher jedenfalls keine einzige Theatergruppe mit der Bitte gemeldet, »Torquato Tasso« aufführen zu wollen. Es könnte sein, daß das Stück zuerst gar nicht von Schauspielern, sondern von Amateuren aufgeführt werden wird – wie das in Weimar schon in ähnlichen Fällen geschehen ist. Anläßlich einer solchen intimen Vorstellung des Stückes »Iphigenie« vom selben Autor hat dieser selbst den Orestes und die von ihm verehrte Corona Schröter die Titelrolle gespielt.

Kenner der Weimarer Szene würden die Rollen wie folgt verteilen: Alfonso – Prinz Karl August, die beiden Leonoren – Frau von Stein und Herzogin Luise, Antonio – Freiherr von Fritsch. Damit würde allerdings das gesellschaftliche Geheimnis des Stückes gelüftet werden. Schrieb ja Torquato Tasso: »Was Spaß macht, ist erlaubt...« ∎

MUSIK

Requiem aeternam dona ei...

Mozart starb in tiefster Armut

»Zuviel für das, was ich geleistet habe, zuwenig für das, was ich leisten könnte«, schrieb Mozart im heurigen Fasching auf die Quittung für Tanzmusik zur Hofredoute. Dieser lapidare Satz erhellt schlagartig die verzweifelte Situation, den Absturz eines einstmals so gefeierten Genies. Tanzmusik auf Bestellung ist alles, was blieb; schäbiges Almosen eines hochmütigen Hofes für den Mann, den ein Joseph Haydn als den größten lebenden Komponisten bezeichnet.

Erst zehn Jahre ist es her, daß Mozart sich in Wien als freischaffender Komponist niederließ. Damals war er der verhätschelte Liebling der Wiener Gesellschaft, und jedes seiner ausverkauften Konzerte wurde zum Triumph, reiche Schüler strömten ihm zu.

Aber der epochale Erfolg erregte Neid, der Neid gebar Intrigen. Die Clique um den italienischen Komponisten Antonio Salieri war es vor allem, die das Gift der Verleumdung in die Ohren eines wetterwendischen Publikums zu träufeln begann.

Mozart bildete sich in seinen letzten Lebensmonaten ein, er werde vergiftet. Nun – Quecksilber oder das arsenhaltige Acqua Toffana (wie er selbst vermutete) war es nicht. Es war aber das unsichtbare Gift der üblen Nachrede, des süffisanten Lobes, der halben Andeutungen, das ihn letztlich dahinraffte.

Der »Figaro«? Eine böse politische Agitation! – »Don Giovanni«? Verherrlichung eines Wüstlings; chaotische, neutönerische Musik! – »Cosi fan tutte«? Ein lasziwes, oberflächliches Machwerk. – »La Clemenza di Tito«, die letzte Oper, anläßlich der Krönung Leopolds II. im vergangenen September in Prag uraufgeführt (das Kaiserpaar kam bezeichnenderweise eine Stunde zu spät), wird von Ihrer Majestät der Kaiserin schlicht als »deutsche Schweinerei« abqualifiziert.

Die reichen Schüler bleiben aus, die Konzerte sind miserabel besucht, Erfolge des »Figaro« und des »Giovanni« in Prag sind nicht viel mehr als ein Tropfen auf den heißen Stein. Eine

Wolfgang A. Mozart: *Tod in tiefer Armut*

Deutschlandtournee wird halbwegs ein künstlerischer Erfolg – und ein finanzielles Fiasko.

Wolfgang und Konstanze Mozart, aus besseren Tagen gewöhnt, auf großem Fuß zu leben, können sich mit der geänderten Lage nicht arrangieren. Konstanze wird überdies krank, braucht teure Kuren. Das wenige Geld zerrinnt dem Ehepaar zwischen den Fingern.

Mozart schreibt fieberhaft an neuen Werken: in diesem Jahr ein Klavierkonzert, den »Titus«, »Eine kleine Freimaurermusik« und »Die Zauberflöte«, die recht gut ankommt – doch zu spät.

Und Mozart schreibt Bettelbriefe – fleht da um 50 Gulden, dort um einen Hunderter; verspricht, alles bald zurückzuzahlen, denn irgendwann müssen sich die Verhältnisse doch bessern.

50 Gulden bietet ihm im Sommer dieses Jahres ein mysteriöser Herr in Grau, wenn er ihm nur rasch ein Requiem liefert und nicht nach dem Namen des Auftraggebers forscht. Mozart greift nach dem Strohhalm; hoffnungslos und depressiv, wie er ist, glaubt er, einem Todesboten begegnet zu sein: dieses Requiem werde sein eigenes werden.

Leider haben sich seine Ahnungen erfüllt. Die prosaischen Hintergründe des Requiemauftrages hat er nicht mehr erfahren: ein Graf Walsegg zu Stuppach war es, der durch seinen Diener das Requiem für seine im Februar verstorbene Frau bestellte. Er wollte das Werk als eigene Komposition ausgeben – darum die Geheimnistuerei.

Mozart hinterläßt nebst dem unvollendeten Requiem 13 Opern, 18 Messen, 45 Sinfonien, 36 Divertimenti und Serenaden, 68 Orchesterstücke, 7 Violinkonzerte, 25 Klavierkonzerte, 23 Klaviersonaten, 40 Violinsonaten, 12 Klaviertrios, -quartette und -quintette, 32 Streichquartette, 8 Streichquintette und viele kleinere Gelegenheitsarbeiten.

Mozart hinterläßt eine Witwe und zwei Söhne, Carl, sieben Jahre alt, und Wolfgang, vier Monate. Bargeld hinterläßt er nicht. Der Erlös aus dem Verkauf seiner Habseligkeiten: 592 Gulden, 2 Kreuzer. ∎

MAURERREDE AUF MOZARTS TOD.

VORGELESEN

BEY EINER

MEISTERAUFNAHME

IN DER

SEHR EHRW. ST. JOH. ☐

ZUR

GEKRÖNTEN HOFFNUNG

IM ORIENT VON WIEN

VOM

Bdr. H.....r

Nicht nur feierliche Nachrufe: Die Brüder der »Gekrönten Hoffnung« halfen auch mit Geld

Die letzten Stunden

Wolfgang Amadeus Mozart verschied am 5. Dezember 1791, fünf Minuten nach Mitternacht, 35 Jahre alt. Seine Witwe legte sich in hysterischer Verzweiflung zu dem Leichnam ins Bett und umarmte ihn. Sie war nicht imstande, Auskunft über Mozarts letzte Stunden zu geben. Aber Sophie Weber, ihre Schwester, die ebenfalls am Sterbebett weilte, erklärte sich bereit, mit ZEIT-BILD zu sprechen. Hier ihr Bericht:

»Meine Schwester ließ mich rufen. Sie war außer sich und hielt sich nur mit Mühe aufrecht. Ich trat an das Bett, und Mozart sagte: ›Ah, liebe Sophie, gut, daß du da bist. Du mußt über Nacht bleiben und mich sterben sehen.‹

Ich versuchte mit aller Kraft, ihm das auszureden, aber er beharrte: ›Ich spüre den Geschmack des Todes schon auf der Zunge.‹

Süßmayer, Mozarts Lieblingsschüler, saß am Bett. Das Requiem lag auf der Decke, und Mozart erklärte ihm, wie er es fertigstellen solle. Dabei versuchte er, die Pauken nachzuahmen. Es tönt mir noch immer in den Ohren.

Später kam der Arzt, Dr. Closset, und verordnete kalte Kompressen auf die fieberheiße Stirn. Durch den Schock fiel Mozart in Bewußtlosigkeit, aus der er nicht mehr erwachte.

Konstanze warf sich auf die Knie und flehte den Allmächtigen an, ihr zu helfen. Soviel ich sie bat, war sie nicht zu bewegen, sich von dem Leichnam zu trennen.«

Todeskeim schon in der Kindheit

Der frühe Tod Mozarts besiegt neuerdings auch die Mediziner

Er wurde weder von seinem Erzkonkurrenten, Antonio Salieri, noch von seinen Freimaurerfreunden vergiftet. Nicht Nervenfieber, Tuberkulose, Tabes dorsalis oder Nierenversagen führten zu seinem frühen Tod. All diese Gerüchte sind in das Reich der Phantasie zu verweisen. Mozart starb vielmehr an akutem Herzversagen infolge eines schweren rheumatischen Fiebers. Und der Todeskeim ruhte bereits seit dem siebten Lebensjahr in dem zarten Körper.

Bereits das Krankheitsbild spricht für die Diagnose: hohes Fieber, Schwellungen an Armen und Beinen, Gelenksschmerzen, die so heftig wurden, daß der Patient zuletzt praktisch bewegungsunfähig war.

Gattin Konstanze und Schwägerin Sophie Weber sagen aus, daß Mozart häufig erbrach, und untermauern damit die Vergiftungstheorie. Die behandelnden Ärzte, Dr. Thomas Franz Closset und Dr. Mathias von Sallaba, aber geben offen zu, daß sie dem Kranken wiederholt Brechmittel verabreichten, um ihn von bösen Säften zu befreien.

Daß sie ihn darüber hinaus mindestens zehnmal – zuletzt unmittelbar vor seinem Tod – zur Ader ließen, wobei der Patient insgesamt rund zwei Liter Blut verlor, dürfte entscheidend zum letalen Ausgang der Krankheit beigetragen haben.

Die im Totenschein vermerkte Todesursache »hitziges Fieselfieber« beleuchtet nur ein Symptom des Leidens. Mozart wurde bei allen früheren Attacken seiner Krankheit vom Ausschlag (Fiesel) befallen.

Akuter Gelenksrheumatismus ist eine typische Zweitkrankheit, die meist zwischen dem sechsten und dem 16. Lebensjahr im Gefolge von Angina, Bronchitis oder Zahngranulomen auftritt. Wie wir bei Durchsicht der tagebuchartigen Briefe von Mozarts Vater, Leopold, feststellen konnten, erkrankte der Siebenjährige auf einer Konzertreise in Linz an fiebriger Bronchitis.

Wenige Wochen später, in Wien, trat der erste Anfall von Gelenksrheumatismus auf. Vater Mozart beschreibt die Symptome ganz genau. Weitere schwere Schübe trafen den Knaben im Alter von acht und elf Jahren. Als Achtjähriger, in Paris, laborierte er auch an Angina, und seit seinem 18. Lebensjahr machten ihm die Zähne schwer zu schaffen.

Vermutlich hat der Komponist schon in früher Jugend eine latente Herzinsuffizienz erworben. Als gesichert kann gelten, daß er auch an einer Überfunktion der Schilddrüse litt: seine leicht hervorquellenden Augen und die von vielen beschriebene motorische Unruhe (er konnte keine Sekunde still sitzen) beweisen dies.

Mozart, in den letzten Monaten seines Lebens stark unterernährt und wegen seiner miserablen finanziellen Situation tief depressiv, war in diesem Herbst (der »klassischen« Zeit des Gelenksrheumatismus) besonders anfällig.

Das Wetter tat ein übriges: den seit 1750 geführten Aufzeichnungen der Sternwarte zufolge war der Monatsanfang des November kalt und windig (Tagestemperaturen um minus drei Grad). Zur Monatsmitte brach mit stürmischen Winden Föhn über die Stadt herein; das Thermometer kletterte auf über zehn Grad. Mozarts Krankheit begann am 20. November.

Die ungünstige Wetterlage hatte ein sprunghaftes Ansteigen aller latenten Entzündungskrankheiten zur Folge: die Zahl der Sterbefälle an »hitzigem Fieber«, »Entzündungsfieber«, »Gliedersucht« und »Faulfieber« lag in diesem Monat um 17 Prozent höher als im Jahr davor. Mozart ist also wohl eines von vielen Opfern – nur daß die anderen nicht so prominent und daher keine Objekte für Spekulationen irgendwelcher Art sind.

Krach um Stimmwunder David

Haydn hat seinen »Orpheus« für den neuen Startenor umsonst geschrieben

Dem quicken Impresario Johann Peter Salomon ist es zu Jahresanfang gelungen, zwei Sterne des internationalen Musikhimmels nach London zu bringen: den Komponisten Joseph Haydn und den Tenor Giacomo David.

Aber ehe David zum erstenmal auf englischem Boden seine berühmte Stimme ertönen lassen konnte, kam es zum ersten Krach zwischen rivalisierenden Musikmanagern. Ein zweiter Krach, diesmal im Königshaus, brachte die musikbegeisterten Londoner um das Vergnügen, David in der Rolle des Orpheus zu hören, die Haydn dem grandiosen Sänger auf den Leib geschrieben hat.

Dem heute 31jährigen David, einem jüdischen Kantorssohn aus Bergamo, eilte schon lange der Ruf voraus, ein Wundertenor zu sein. Sein Stimmumfang reicht vom ausgedehnten Falsett bis zum Baß, mit unnachahmlichen Pianotönen. Seine Stimme ist von größter Weichheit und Flexibilität, seine Musikalität unübertroffen.

Der Vater des jungen Mannes hatte seine Begabung frühzeitig erkannt und ihn dem berühmten Sänger und Komponisten Sala in Neapel zur Ausbildung anvertraut. David feierte bereits als 20jähriger Triumphe in Mailand und riß dann das Publikum in Turin, Venedig und Bologna zu Begeisterungsstürmen hin.

Obwohl David sehr an seiner Heimat hängt, konnte er dem Ruf nach London nicht widerstehen, wo ihm Salomon einen glänzenden Einstand im ersten Haydn-Konzert am 20. Februar zusagte. Gleichzeitig verpflichtete Gallini den begehrten Sänger an sein Opernhaus am Haymarket, wo er Anfang März in einer Oper von Paisiello debütieren sollte.

Die Einladungen zum Haydn-Konzert waren ausgeschickt, die 800 Karten verkauft, als Gallini Salomons Pläne durchkreuzte: er bestand darauf, daß der Startenor dem Londoner Publikum zum erstenmal im Opernhaus präsentiert werden müßte, und wußte dies auch durch einen geschickt formulierten Vertrag zu beweisen.

Salomon mußte buchstäblich im letzten Augenblick zurückstecken, das Konzert einen Tag vorher in gewundenen Zeitungsanzeigen absagen und auf den 11. März verschieben.

Aber auch zu dem späteren Termin wurde der Musikabend im Hanover-Square-Konzertsaal ein glanzvoller Erfolg für Haydn und David. Der »Morning-Chronicle«, ansonsten nicht eben freigiebig mit überschwenglichem Lob, schreibt am 12. März: »Signor David ließ all die Wunder seiner Stimme hören. Noch niemals vernahm man einen Tenor von solcher Fülle und Schönheit.«

Auch Haydn war von dem Sänger hingerissen: er komponierte für ihn nicht nur eine eigene Konzertarie, sondern konzipierte auch die männliche Hauptrolle seiner neuen Oper »L'anima del filosofo«, Untertitel: »Orfeo ed Euridice«.

Doch noch kann David-Orpheus sein Klagelied nicht von der Opernbühne schluchzen. Vorläufig findet keine Aufführung von »L'anima del filosofo« statt, obwohl es Haydns bedeutendstes Opernwerk sein soll; mit dem größten Orchester, das jemals in einer Oper eingesetzt wurde, mit Monsterszenen für Chor und Ballett.

Schuld daran ist die schwelende Rivalität zwischen dem Prince of Wales, der das Opernhaus am Haymarket unterstützt, und seinem königlichen Vater, Georg III., der das Konkurrenzunternehmen »Pantheon« aushält. Augenblicklich hat wieder einmal der König die Oberhand: er ließ die Haymarket-Oper kurzerhand schließen.

Es steht zu befürchten, daß sich nicht so bald Gelegenheit finden wird, das gewaltige und aufwendige Haydn-Werk zu realisieren. Und ob es dann einen David geben wird, der der schwierigen Rolle des Orpheus vollkommen gerecht wird, muß bezweifelt werden. ■

Giacomo David: *Der Streit in der königlichen Familie bringt die Londoner um ihr Vergnügen, Haydns letzte Oper »L'anima del filosofo«.*

KUNST

Der Präsident hat viel zu tun

1753 kostete ein Porträt fünf Guineas, 1755 schon zwölf, 1758 verlangte er 15 Guineas, 1759 bereits 20 Guineas, und 1764 bekam er 30 Guineas. Mit 40 Jahren malte er mehr als 100 Personen im Jahr – jeden dritten Tag ein Porträt.

Seit 1768 ist Sir Joshua Reynolds Präsident der Royal Academy und hat daher viele Verpflichtungen, die ihn vom täglichen Arbeiten an der Staffelei abhalten, auch wird er schließlich nicht jünger. Deshalb kostet ein Porträt von seiner Hand nun schon seit Jahren 45 Guineas, und der traumhafte Jahresverdienst von 6.000 Pfund bleibt erhalten.

Und doch: Den König hat er niemals gemalt, keine königliche Prinzessin,

Monsterschau in der Royal Academy: *König Georg III. (Mitte), rechts von ihm der Prince of Wales, ganz rechts Präsident Joshua Reynolds mit Hörrohr*

keinen Prinzen. Seine Rivalen Ramsay, Cotes und Gainsborough waren da erfolgreicher und hatten zeitweise überhaupt mehr Aufträge. Daß Joshua Reynolds, Sohn des einfachen Reverend Samuel Reynolds in Plympton, überhaupt geadelt wurde, hängt mit seiner Stellung als Akademiepräsident zusammen, die er anderen Künstlern zu verdanken hat, nicht etwa der Gunst des Königs.

Reynolds war und ist mit den andern Malern gut Freund und hat offenbar nie unter der Konkurrenz so vieler

Sir Joshua malt nur höchsten Adel: *die Herzogin von Devonshire mit ihrer Tochter Georgiana*

Porträtisten gelitten. Vor zwei Jahren hat er selbst Gainsborough einen großmächtigen Nachruf gewidmet. Ein Grund seines hohen Ansehens ist, daß er durch die Akademie sehr viel für seine Kollegen getan hat und auch weiter für ihr berufliches Ansehen tut, obwohl er die Präsidentschaft voriges Jahr zurückgelegt hat.

Reynolds tut alles, um die englische Malerei, die noch keine gefestigte Tradition hat, an die große kontinentale Malerei heranzuführen. Obwohl er selbst fast ausschließlich Porträts malt, tritt er in seinen Vorträgen für die Schüler der Royal Academy – 15 sind bisher schon gedruckt erschienen – für die neue Historienmalerei ein und empfiehlt den englischen Malern das Studium der großen italienischen Stilisten wie Raffael, Michelangelo und Caracci. Er selbst hält sich nicht an diese Forderungen. Mehr denn je scheinen die Serienporträts des fast Siebzigjährigen von Rembrandt und van Dyck inspiriert, von zwei Künstlern, die er in seinen Vorlesungen nicht zu den »fashionablen« Malern zu zählen pflegt.

Sir Joshua, der nicht gerade kontaktfreudig ist – er genießt den Ruf eines Snobs –, ist seinem eigenen Werk gegenüber erstaunlich bescheiden; zumindest zu Beginn seiner Karriere hielt er sich für einen mittelmäßig Begabten, der es nur durch das gründliche Studium der klassischen Vorbilder zu etwas bringen könnte. Davon scheint er nun für sich selbst abgegangen zu sein, aber der Drang zu lernen ist geblieben. Vor kurzem schrieb der alte Herr an einen Freund: »Jedes Jahr hoffe ich, wieder etwas besser zu malen.« ∎

BESTSELLER

Der Marktschreier und sein Hanswurst

Boswell schrieb 28 Jahre an Samuel Johnsons Lebensbeschreibung

»Herr«, sagte Samuel Johnson wütend, »Sie kennen nur zwei Gesprächsstoffe: sich selbst und mich. Und bei beiden geht mir die Galle über! Ist es wahr, daß Sie meine Biographie schreiben wollen? Wenn es stimmen sollte, daß Sie sich an mein Leben wagen, dann nehme ich Ihnen das Ihre!« – Damit stapfte der Schriftsteller und Moralphilosoph mit der Eleganz eines gekränkten Elefanten davon. Aber James Boswell, Sohn aus reichem schottischem Haus und Taugenichts von Beruf, gab nicht auf, und so liegen nun zwei Bände seiner Gespräche mit Erinnerungen an Samuel Johnson, »den Groß-Khan der englischen Literatur«, vor.

Es hat beiden gutgetan, daß Boswell sich nicht abweisen ließ. Trotz Johnsons großer literarischer Produktion, trotz der gewaltigen Arbeit an seinem englischen Wörterbuch, war er doch kein Schriftsteller, eher ein »Sprechsteller«, dessen ganzer Witz sich erst an einem begeisterten Publikum entzünden konnte. Boswells Aufzeichnungen zu missen hieße nur den halben Johnson kennen. Und James Boswell selbst wäre vielleicht nie der glänzende Jurist und Advokat geworden, hätte sich ihm Johnson nicht als Aufgabe gestellt, die ihn zu Arbeit und Disziplin zwang.

Der gemeinsame Nutzen an der Johnson-Biographie ist aber auch das einzige, das »der Marktschreier und sein Hanswurst«, wie der Schriftsteller Horace Walpole die beiden unehrerbietig nennt, gemeinsam haben.

Späte Heimkehr aus dem »Literary Club«: *Johnson und Boswell – der Meister und sein Biograph*

Johnsons Vater war ein kleiner Buchhändler, fromm, fleißig und untüchtig. Die Mutter war eine fröhliche, den praktischen Dingen des Lebens zugewandte Bäuerin.

Der um fast 30 Jahre jüngere Boswell ist ein Junge aus reichem Haus, mit einem erdrückend großartigen Vater: Alexander, achter Laird des schottischen Besitzes Auchinleck, war einer der höchsten Richter Schottlands, ein intelligenter Ehrenmann, ein Fels in der Brandung einer korrupten Zeit. Er hatte in allem recht, was er seinem Sohn vorschlug und vorhielt.

Johnson war schon als Kind erschreckend intelligent, las diagonal durch alle Bücher und erfaßte ihren Inhalt dennoch. Nach einem Jahr in Oxford ging ihm das Geld aus, er beendete seine Studien nie. Bald darauf heiratete er eine um 20 Jahre ältere, wohlhabende Witwe – und verteidigte seither die Vernunftehe, obwohl seine eigene von kurzer Dauer war, da seine Frau sich dem Trunk und dem Opium ergab. Johnson schlug sich in London schlecht und recht durch, schrieb für das »Gentleman's Magazine« und andere Blätter, bis er mit 46 Jahren den Entschluß faßte, ein Wörterbuch der englischen Sprache zu verfassen – nicht etwa mit zwei Dutzend Enzyklopädisten wie die Franzosen, nein, allein mit ein paar Sekretären und von sechs Verlagshäusern finanziert. Sieben Jahre später war das Mammutwerk beendet und Johnsons Ruhm gefestigt, obgleich er seine Arbeit in seinem eigenen Lexikon nicht sehr hoch einstuft: »Lexikograph: ein mit der Zusammenstellung alphabetischer Nachschlagewerke beschäftigter harmloser Packesel« . . .

Im »Literary Club« versammelte der berühmt gewordene Johnson alle seine amüsanten und gescheiten Zeitgenossen zu einer Tafelrunde: den Schauspieler David Garrick, den berühmten Maler Joshua Reynolds, den Politiker Edmund Burke; den Dichter und Autor von »Vikar von Wakefield«, Oliver Goldsmith; Edward Gibbon, der den »Zerfall und Untergang des Römischen Reiches« geschrieben hat; den Nationalökonomen Adam Smith und viele andere Leuchten unserer Zeit. Bewundernde Jünger in der Art des jungen Boswell wurden gnädig zugelassen, damit die Konversationsakrobaten auch eine entsprechende Zuhörerschaft hatten.

Boswell hatte mit 23 Jahren noch nichts erreicht. Er war ein öder Spaßmacher, einer von den neuen »practical jokers«, ein Taugenichts, der vom Geld seines Vaters lebte, aber nicht Jus studieren wollte und vage Ambitionen hatte, Dichter zu werden. Er stürzte sich in London in Schulden, war im Begriff, sich in üblen Weiberaffären zu verlieren, die ihm auch eine galante Krankheit eintrugen, als er in einer Sternstunde der englischen Literatur auf Samuel Johnson stieß.

Boswell hat das Ereignis in seinem Tagebuch festgehalten: »16. Mai 1763: Tee bei Davies in der Russelstraße. So gegen sieben kam der große Johnson, den ich schon seit langem kennenlernen wollte. Herr Davies stellte mich vor. Da ich Johnsons Abneigung gegen die Schotten kannte, flüsterte ich Davies zu, meine Herkunft nicht zu erwähnen, er aber sagte: ›Herr Boswell aus Schottland‹. – ›Herr Johnson‹, sagte ich, ›ich bin tatsächlich aus Schottland, aber ich kann nichts dafür!‹ – ›Herr‹, sagte Johnson, ›ich bin mir bewußt, daß eine ganze Reihe ihrer Landsleute nichts dafür kann!‹ – Herr Johnson sieht eher furchtbar aus: er ist ungeheuer groß und dick, hat entzündete Augen und geschwollene Drüsen. Er ist sehr nachlässig angezogen und spricht mit einer rauhen, ungebildeten Stimme. Trotzdem muß man ihn wegen seines großen Wissens respektieren. Ich werde alles notieren, was ich mir von seiner Konversation merken kann.«

Selten ist ein schnell gefaßter Entschluß so gründlich und so lange Zeit hindurch ausgeführt worden. 28 Jahre später steht Johnson in Boswells ungekünstelten Aufzeichnungen vor uns, wie er (gewaltig) leibt und (lauthals) lebt.

Das Verhältnis der beiden zueinander blieb all die Jahre distanziert. Jünger Boswell durchschaute den Meister bei aller Bewunderung: »Oft fing er ganz langsam und nachdenklich an: ›Also, wenn Sie mich fragen, ob das Kartenspiel gut oder böse ist . . .‹ – Da wußte ich immer, daß er sich erst überlegte, welche Meinung er vertreten sollte; es lag ihm ja an keiner der beiden, sondern nur daran, seine Geistesschärfe im Streitgespräch zu zeigen.«

Alles in allem war Johnson ein ideales Subjekt: er sprach viel und freiwillig über das Thema, das ihn am meisten interessierte – über Samuel Johnson. »Ich bin ein Mensch von Extremen«, gab er Boswell gegenüber zu Protokoll, »ich muß entweder sehr laut oder sehr still, sehr heiter oder sehr niedergeschlagen, sehr reizend oder sehr übellaunig sein. Aber alles in allem bin ich sanftmütig, gutgelaunt und wirklich übertrieben höflich!«

Diese Höflichkeit vergaß er nur, wenn es um seine Vorurteile ging. Er liebte die ganze Menschheit – ausgenommen die Iren, Schotten, Amerikaner, Katholiken, Methodisten und Liberalen. Die graphischen Künste langweilten ihn; Musik war ihm nur ein Geräusch, »wenngleich das am wenigsten unangenehme«. Die Unschuld vom Lande verachtete er ebenso wie die Schauspielerinnen, »deren Seidenstrümpfe und

Lexikograph Dr. Samuel Johnson: *lieber in Gesellschaft von Dummköpfen als ganz allein*

Treffpunkt »Literary Club« in London: *Die Leuchten des englischen Geisteslebens betreiben vor den andächtigen Zuhörern leichte Konversationsakrobatik*

weite Dekolletés meine amourösen Neigungen ganz unnötig fördern«. Sein größtes Vergnügen war das Essen, er zelebrierte seine Mahlzeiten und hielt sich für einen großen Gourmet, obwohl seine Tischmanieren nicht die besten waren und die Aufschläge seines Samtrockes immer wieder ein getreues Bild seiner Speisenfolge gaben.

Für ein Kind aus armem Hause, das erst spät zu bescheidenem Wohlstand gekommen war, hatte Johnson auch recht merkwürdige soziale Anschauungen. Als einmal in eleganter Gesellschaft über den in London getriebenen Luxus – vor allem bei raffiniertem Essen – geklagt wurde, erklärte Johnson, eine halbe Guinea für einen Teller junger Erbsen auszugeben sei schließlich eine soziale Tat. »Wie viele Gärtner müssen beschäftigt werden, damit mehrere konkurrierende Lieferanten solche Früherbsen auf den Markt bringen können? Ernsthafte Leute sagen dann: ›Warum hat man dieses auf Luxus verschwendete Geld nicht den Armen gegeben? Wie viele hätten davon satt werden können!‹ – Das ist aber ganz falsch. Dieses Geld hat man ja den fleißigen Armen gegeben, und es ist doch gewiß besser, die fleißigen als die faulen Armen zu unterstützen.«

Das Schreckgespenst in Johnsons Leben war die Einsamkeit. »Ich bin lieber in Gesellschaft von Dummköpfen und Schurken als in meiner eigenen«, gestand er dem getreuen Boswell. Und so starb er auch, umgeben von einem Hofstaat von Freunden, Ärzten und befreundeten Damen, und hatte noch ein letztes Bonmot für seinen Arzt, der sich höflich-optimistisch, wie es die Art der Ärzte ist, erkundigte, ob es Johnson etwas besser ginge: »Nein, mein Lieber – Sie ahnen gar nicht, mit welcher Beschleunigung ich dem Tod entgegengehe.«

Sieben Jahre nach seinem Tod hat ihn Boswell zu neuem, schnaufendem, schimpfendem und spöttelndem Leben erweckt. ■

Johann Gottfried Herder: Ideen zur Philosophie der Geschichte der Menschheit

Der einstige Schüler Kants, Johann Gottfried Herder, jetzt in Weimar Stadtprediger und Generalsuperintendent, hat den vierten Band seines großen Werkes, an dem er seit sieben Jahren arbeitet, vollendet. Und wie so oft hat sich der Schüler vom Lehrer losgesagt.

Für Herder ist Geschichte dem organischen Wachstum ähnlich, ein Bildungsprozeß, bei dem der Mensch in seiner leib-seelischen Eigenart, der »Humanität«, die Läuterung anstrebt, die geschichtlichen Ereignisse jedoch bestimmt und gelenkt werden von Klima, geographischer Lage und Zeitumständen.

Damit steht Herder im Gegensatz zu Kant, der die Meinung vertritt, daß das einzige Ziel der Geschichte die Verwirklichung des nach moralischen Gesetzen regierten Rechtsstaates sei.

Immanuel Kant hat in seiner gewohnt trockenen Art zu Herders »Ideen« geäußert, es möchte wohl, »was ihm [Herder] Philosophie der Geschichte der Menschheit heißt, etwas ganz anderes sein, als man gewöhnlich unter diesem Namen versteht«.

Johann Gottfried Herder: Ideen zur Philosophie der Geschichte der Menschheit. 1.–4. Teil, alle erschienen bei Johann Friedrich Hartkurch, Riga und Leipzig 1784–1791. ∎

Dichterphilosoph Johann Gottfried Herder: *Begründer einer neuen Geschichtsphilosophie?*

Die Götter der Griechen und Römer – reine Erfindung der künstlerischen Phantasie?

Bisher haben wir alle geglaubt, die Götterlehre der Griechen und Römer wäre Frühgeschichte in undeutlich überlieferter Form beziehungsweise die Darstellung unanschaulicher Begriffe wie Tod, Leben, Geburt, Schicksal und so weiter. Karl Philipp Moritz weiß es besser. Seit sein Buch »Götterlehre oder mythologische Dichtung der Alten« erschienen ist, können Damm und Ramler mit ihren bisher so gängigen Lehrbüchern der Mythologie einpacken.

Die mythologischen »Dichtungen« der Griechen und Römer sind nach Moritz Produkte der künstlerischen Phantasie und folgen als solche rein ästhetischen Gesichtspunkten. Daraus folgt, daß man sie samt und sonders aus dem Zusammenhang der wirklichen Dinge, also der geschichtlichen Ereignisse, herausheben muß. Wir haben uns also in Zukunft mit den mythologischen Romanen der Alten auseinanderzusetzen, nicht mit historischen Denkmälern.

Der Kreis um Goethe jubelt, August Wilhelm von Schlegel nennt das Werk »die erste geistvoll abgefaßte Götterlehre«: diese Darstellung der Götterwelt paßt in beider Bilder vom schönen Griechentum.

Untermauert wird der Text des Buches noch durch 65 Abbildungen von antiken Kunstwerken, Götter oder Szenen aus der Mythologie darstellend.

Worauf wir warten? Daß einer daherkommt und das Neue Testament als Produkt der künstlerischen Phantasie bezeichnet. Und seine Behauptung mit dem Hinweis auf die höchsten ästhetischen Ansprüchen genügende Pietà des Michelangelo untermauert.

Karl Philipp Moritz: Götterlehre oder mythologische Dichtung der Alten. Berlin 1791. ∎

WENDEPUNKTE

Ernennung:
Joseph Haydn, 59, Komponist, zum Ehrendoktor der Musik an der Universität Oxford. Während der dreitägigen Feierlichkeiten wurde des Meisters »Oxford-Symphonie« uraufgeführt. Haydn erschien im neuerworbenen schwarzen Talar und mit viereckigem Doktorhut mit Quasten.

Gestorben:
Joseph II., 49, römisch-deutscher Kaiser, am 20. Februar 1790. Mit 24 Jahren Kaiser und Mitregent seiner Mutter Maria Theresia in den habsburgischen Ländern, wurde Joseph zum »Revolutionär auf dem Kaiserthron«, aber auch »Joseph Celer«, der Eilfertige, der Reform über Reform türmte. »Ich habe nichts getan, als nur gewollt«, mußte er selbst während seiner letzten Krankheit bekennen und fügte seufzend hinzu: »Ich bin nur ein wenig gekränkt, durch so viel Lebensplage so wenig Glückliche und so viele Undankbare gemacht zu haben.«

Gestorben:
Wolfgang Amadeus Mozart, 35. Aus London schrieb Joseph Haydn an Wiener Freunde: »Ich war über seinen Tod eine geraume Zeit ganz außer mir und konnte es nicht glauben, daß die Vorsehung so schnell einen so unersetzlichen Mann in die andere Welt fordern sollte. Die Nachwelt bekommt nicht in hundert Jahren wieder ein solches Talent!«

Gestorben:
Jeanne Gräfin von La Motte, 35, geborene Jeanne de Saint-Rémy, Bauerntochter aus der Champagne, die dank einer vorgeblichen Abstammung aus dem Hause Valois am Rande des Hofes agierte. Sie war es, die den Kardinal Rohan in die berühmte »Halsbandaffäre« verwickelte, die den Ruf der in dieser schmutzigen Intrige völlig unschuldigen Königin aufs ärgste schädigte. (Um sich in den Besitz des teuersten Diamantenhalsbands Frankreichs zu setzen, überzeugte die la Motte den Kardinal, die Königin werde ihm zum Dank für das Halsband, das ein Kumpan der falschen Gräfin überbringen sollte, ihre Gunst erweisen.) Zu lebenslänglichem Kerker verurteilt, konnte sie mit Hilfe ihrer Freunde zwei Jahre später nach England fliehen, wo sie mit unglaublichen »Enthüllungen« über das angeblich skandalöse Liebesleben Marie Antoinettes hervortrat.

Gestorben:
Benjamin Franklin, 85, amerikanischer Politiker, Erfinder des Blitzableiters und erster Gesandter der Vereinigten Staaten in Paris, am 17. April 1790. Franklin hatte eine Karriere, wie wir sie immer mehr als »typisch amerikanisch« kennenlernen: mit 17 mittelloser Druckerlehrling in Philadelphia, 20 Jahre später ein wohlhabender Zeitungsherausgeber, prominenter Politiker und berühmter Autor eines im gesamten englischen Sprach-

Joseph II.: *kaum gestorben, schon von Löschenkohl bei der »Ankunft in Elysium« konterfeit und in Hunderten Exemplaren an seine Bewunderer verkauft*

gebiet beliebten Jahrbuchs, des »Poor Richard's Almanach«, dessen hausbackene Philosophie weiteste Leserkreise ansprach. Als Gesandter der revoltierenden Kolonien in Paris wurde er als »Paradedemokrat« und Naturmensch aus dem fernen Amerika in allen Salons herumgereicht und erreichte den kriegsentscheidenden Eintritt Frankreichs in den Unabhängigkeitskampf.

Gestorben:
Gabriel-Honoré Riqueti, Graf von Mirabeau, 42, nach dem Lotterleben eines adeligen Kavallerieleutnants und einigen literarischen Erfolgen ergriff Mirabeau mit der Einberufung der Generalstände die politische Laufbahn. Nach einem sehr persönlich geführten Wahlkampf wurde er Abgeordneter des dritten Standes und einer der führenden Männer der Nationalversammlung (Hauptaktivitäten: Immunität für die Abgeordneten, Ausarbeitung der Menschen- und Bürgerrechte, Zivilverfassung des Klerus). Sein Ziel war die Aussöhnung zwischen Nation und König in einer konstitutionellen Monarchie. Obwohl er unter ungeheurer Anteilnahme der Patrioten im Pantheon beigesetzt wurde, tauchen immer wieder Gerüchte auf, daß Mirabeaus Verbindung zum König vielleicht enger war, als seinen revolutionären Genossen lieb sein kann.

Gestorben:
John Wesley, 88, Begründer der Methodistenbewegung. Absolvent des feudalen Christ Church College in Oxford, wurde Wesley als Dozent am dortigen Lincoln College Mittelpunkt einer Gruppe junger Leute, die die Kollegen bald spöttisch »den Heiligen Klub« nannten. Herrenhuter und Pietisten sind die geistigen Väter von Wesleys Lehre, die er auf Predigtreisen in ganz England verbreitete. Zentralanliegen der »Methodisten« sind Buße und Vergebung der Sünden durch Liebe im Namen Christi, wobei Wesley über die bloße innere Frömmigkeit hinausging und ein aktives und verantwortungsvolles Leben innerhalb der Gemeinschaft verlangte.

Salven im Dom: *geräuschvoller Trauergottesdienst für den adeligen Revolutionär, Graf von Mirabeau*

Zeit Bild

Das historische Nachrichten-Magazin

1792

Ende des Königtums?

Inhalt

Brief des Herausgebers 98
FRANKREICH
ZB-Titel: Ende des Königstums? 99
Die große Köpfmaschine 107
ÖSTERREICH
Ein Fragment bleibt zurück 108
DEUTSCHLAND
Wieder einer von sechzehn 109
RUSSLAND
Beide Pfoten aus dem Schlamm 111
EMIGRANTEN
Immer Feste feiern 112
KRIEG IM WESTEN
»Die Komödie dauert nicht lange!« 113
PORTUGAL
Der Narrendoktor kommt aus England 115
WIRTSCHAFT
Neuer Dollar 116
Privatgeschäfte 116
MEDIZIN
Ketten zum alten Eisen 118
ERFINDUNGEN
Jetzt geht's auch ohne Brieftauben! 119
MODERNES LEBEN
Von »Unserer Lieben Frau« zur »Gerechten Lukretia« 120
RECHT
Zivile Ehe und Scheidungsflut 121
VERBRECHEN
Der Tod kam auf dem Maskenball 122
MODE
Cäsar mit der Jakobinermütze 125
BIOGRAPHIE
Seeräuber und Freiheitsheld zugleich 126
PERSONALIA 128
KUNST
Die Dame ist fünfzig 129
THEATER
Bankier an die Spitze der Burg? 131
»Zu amüsant für einen Giftmischer!« 133
BESTSELLER
». . . der ist noch über Goethe!« 135
Drei Reisen – erbaulich, komisch, heilsam 135
PRESSE
Zu haben bei Löschenkohl 136
Das Rauschen im Blätterwald 138
WENDEPUNKTE 139

Brief des Herausgebers

Die turbulenten Ereignisse, die sich 1792 abspielten, haben nicht nur die politische und gesellschaftliche Landschaft Frankreichs verändert, sondern – das kann man ohne Übertreibung schon jetzt sagen – eine neue Phase in den Beziehungen zwischen den europäischen Staaten, eine neue Epoche der europäischen Geschichte eingeleitet.

Seit dem 20. April, dem Tag, an dem auf Vorschlag Ludwigs XVI. die Nationalversammlung fast einmütig dem »König von Böhmen und Ungarn« den Krieg erklärte, sprechen in Europa die Waffen. Die Kriegserklärung kam nicht überraschend. Schon im Oktober des vergangenen Jahres hatte Jacques-Pierre Brissot, der Führer des Großbürgertums, in einigen Reden zum Angriff auf das dynastische Europa geblasen. »Der Krieg«, so hatte er erklärt, »ist notwendig, um die Freiheit zu festigen; er ist notwendig, um sie von den Lastern des Despotismus zu reinigen.« Und: »Der Krieg ist eine nationale Wohltat. Das einzige Unglück, das man fürchten muß, ist, keinen Krieg zu führen.«

Der Kriegsfreund Brissot stieß vorerst im Jakobinerklub und im Konvent auf den Widerstand Maximilien de Robespierres, der den Krieg prinzipiell befürwortete, jedoch den Einwand erhob, daß die Freiheit zuerst im Inneren erkämpft werden müsse, bevor man sie anderen Völkern bringen könne. Im übrigen würde eine kriegerische Auseinandersetzung mit dem Ausland lediglich dem König und dem Adel dienen.

In der Tat wollte der Hof den Krieg, von dem er sich durch die Intervention fremder Mächte eine Liquidierung der Revolution und eine Wiederherstellung des absoluten Regimes versprach.

Robespierre unterlag, Brissot und seine Anhänger, der König und die Hofclique und die französischen Emigranten bekamen ihren Krieg, der zunächst allerdings einen ganz anderen Verlauf nahm, als die »Brissotisten« sich vorgestellt hatten. Von schlechtausgebildeten Offizieren befehligt, mußte die unzulänglich ausgerüstete Armee Schlappe um Schlappe einstecken.

Aber die schicksalhafte Bedrohung von außen führte zu einer nationalrevolutionären Kraftanstrengung von ungeheuren, von niemandem für möglich gehaltenen Ausmaßen. Der Konvent erklärte »das Vaterland in Gefahr«, im ganzen Land strömten Freiwillige in Scharen zu den Fahnen. Getragen von den Wogen nationaler Begeisterung, geboten die Revolutionsarmeen dem Vormarsch der gegnerischen Heere Einhalt und erfochten, mit der »Marseillaise«, dem neuen Marsch- und Kampflied, auf den Lippen, Sieg um Sieg. Fazit: Belgien und das linke Rheinufer sind besetzt, Savoyen ist an Frankreich angeschlossen worden. Daß die preußisch-österreichische Armee so rasch zurückgeschlagen werden konnte, hatte sicherlich seinen Grund in der Halbherzigkeit und den veralteten Methoden der alliierten Kriegführung. Aber das war nicht das Entscheidende.

Das Entscheidende ist der neue Geist, der die französischen Truppen beseelt, ist die überschäumende nationale Begeisterung, von der Offiziere und Soldaten gleichermaßen ergriffen sind. Der Krieg hat Frankreich zur Nation zusammengeschweißt, er hat einen revolutionären Patriotismus geschaffen, der ungeheure Energien freisetzte und im Namen der Freiheit auch vor der Eroberung fremder Länder nicht haltmacht. Die Errungenschaften und Segnungen der Revolution sollen auch anderen Völkern zuteil werden. Man will die revolutionäre Ideologie bis in die fernsten Länder Europas tragen, man sieht Frankreich als das Mutterland der kommenden »Weltrepublik« an.

Dieser politisch-ideologische Messianismus Frankreichs, der das alte Prinzip des Gleichgewichts der Kräfte zwischen den europäischen Großmächten ablöst und unverhüllter Machtpolitik das Wort redet, ist – so scheint es wenigstens – eine neue historische Kraft, mit der Europa zu rechnen haben wird.

Der Krieg – und das ist gewissermaßen seine Kehrseite – hat im Wechselspiel von Niederlage und Sieg aber auch den revolutionären Prozeß in Frankreich vorangetrieben, er ist zum Katalysator innenpolitischer Ereignisse geworden.

Am 10. August wurde nach einem Sturm des Volkes auf die Tuilerien der König gefangengenommen und für abgesetzt erklärt. Damit wurde der Bruch mit der mehrhundertjährigen monarchischen Tradition Frankreichs vollzogen. Anfang September sind auf die Nachricht vom Fall Verduns hin in den Gefängnissen von Paris und den Provinzen mehr als 12.000 Häftlinge massakriert worden.

Ein Strom von Geistlichen, die den Eid auf die Verfassung verweigert haben, hat das Land verlassen.

Die bürgerliche Ehe und die Ehescheidung wurden erlaubt.

Am 21. September ist der Konvent, die neue Volksvertretung, zu seiner konstituierenden Sitzung zusammengetreten. Seine erste Maßnahme war tags darauf die Abschaffung des Königtums und die Ausrufung der Republik.

Ein neuer revolutionärer Kalender ist an die Stelle des alten getreten.

Im Konvent geben nicht mehr die Girondisten, sondern die radikal-demokratischen Jakobiner den Ton an.

Diese kleine Minderheit, die das Kleinbürgertum und die Pariser Arbeiterschaft repräsentiert, zwingt der Nation ihren politischen Willen auf. Ihren Initiativen und Maßnahmen hat Frankreich zwar die Wende des Krieges zu verdanken, aber ihr Radikalismus könnte das Land noch teuer zu stehen kommen. Im Prozeß gegen Ludwig XVI., der am 13. November begonnen hat, fordern die Jakobiner hartnäckig die Verurteilung des Königs. Robespierre und seine Anhänger geben sich nicht mit Halbheiten ab. Sie wollen die politische Vergangenheit Frankreichs mit Stumpf und Stiel ausrotten und eine neue Gesellschaftsordnung etablieren, wenn nötig mit Gewalt. Ob ihnen das gelingen wird, bleibt abzuwarten. ■

FRANKREICH

ZB-Titel:

Ende des Königtums?

Die neugeborene französische Republik hat den Königen Europas den Krieg erklärt und ist im Begriff, ihren eigenen Exkönig umzubringen. Was als Kampf um eine Verfassung begann, ist für Louis Capet ein Kampf auf Leben und Tod geworden, den er aller Wahrscheinlichkeit nach verlieren wird.

Dieses Jahr 1792 – seit 22. September das Jahr I der Revolution – hatte es in sich. Wenn wir heute, am 1. Quintidi des Monats Nivôse, was dem 26. Dezember alter Zeitrechnung entspricht, auf das Ende des Jahres 1791 zurückblicken, so meinen wir, eine friedliche, sanfte Landschaft voll gutgesinnter und gutwilliger Patrioten vor uns zu sehen, eine Szenerie, wie es sie im Jahr I der Revolution gewiß nicht mehr gibt.

Zum ersten einmal: Seit dem 1. Vendémaire, also seit dem 22. September, ist Frankreich eine Republik.

Zum zweiten: Es ist Krieg.

Zum dritten: Der König steht vor Gericht, ist de facto bereits abgeurteilt, und nur ein Wunder kann ihn retten.

Abgeordneter Maximilien Robespierre: *hält den König für einen Intriganten und Hochverräter*

Das Jahr hat indes, sehr zum Erstaunen der Emigranten, die in Koblenz herrlich in Freuden und Lastern leben, ungewöhnlich genug angefangen. König Ludwig, sonst geradezu apathisch, wenn es um außenpolitische Fragen ging, erschien im Januar in der Nationalversammlung, um den Abgeordneten mitzuteilen, daß er den deutschen Fürsten ein Ultimatum bis zum 15. Januar gestellt habe; bis dahin sei jedwede kriegerische Tätigkeit an den Grenzen zu Frankreich einzustellen.

Brausender Jubel dankte dem König. Man war bereit, ihm sein Veto gegen die Verurteilung eidverweigernder Priester zu verzeihen. Bald aber sollte sich zum erstenmal zeigen, daß der König auch konspirieren und langfristige Intrigen spinnen kann. Man muß die Gedanken Ludwigs XVI. kennen, um die Geschichte dieses Jahres I beziehungsweise 1792 ganz zu verstehen...

Der König und sein neuer, konservativer Kriegsminister, Graf Narbonne, hatten einen genialen Plan ausgearbeitet: an der Front, im Kampf gegen die Erzfeinde Frankreichs, sollte ein neues, königstreues Heer »im Donner der Kanonen und im Pulverdampf der Musketen« geschmiedet werden, ein Heer, das, von Narbonne nach Paris geführt, den König in seine alten Rechte einführen werde. Die Königin, der Graf Narbonne diesen Plan vortrug, war entzückt.

Der Plan hatte nur einen schwachen Punkt, und das war die Frage, ob sich nun, drei Jahre nach dem Beginn der Revolution, junge Soldaten noch zu Royalisten machen lassen würden.

Im übrigen zeigte es sich, daß wenigstens ein Politiker sich nicht von einem »guten König«, der Wachs zu sein schien in den Händen der Nationalversammlung, blenden ließ: Robespierre. Dieser Delegierte von Arras, dieses einflußreiche Mitglied des Jakobinerklubs, wies (vermutlich durch Spitzelberichte seines Landsmannes und Klubkollegen Fouché informiert) nach, daß der König nur an Verrat denke.

Die Regierung, der Kriegsminister Narbonne angehörte, mußte unter dem Verdacht, Hochverrat begangen zu haben, zurücktreten. Nun aber erhielt

Sitzung im Jakobinerklub: *Aus einem bürgerlich-liberalen Debattierverein ist eine straff organisierte Sekte von Revolutionären geworden, deren Anführer die geheime Regierung von Frankreich bilden.*

Ludwig XVI. zum erstenmal ein durch und durch republikanisches Kabinett aufgezwungen, dem man auch nicht im entferntesten mit Restaurationsplänen kommen konnte. Brissot wurde Regierungschef, der unruhige und unzuverlässige General Dumouriez Kriegsminister. Nicht ein einziger im neuen Kabinett mochte Ludwig, kein einziger war bereit, sich für den Monarchen einzusetzen. Sie drängten zu einer radikaleren Lösung, die, dem Geschmack der Zeit entsprechend, römische, antike Züge trug: es war das Ideal einer zeitlosen Republik, geleitet und verantwortet von einer Schar lupenreiner, idealistischer, uneigennütziger Republikaner, von Menschen, die es niemals gegeben hat und niemals geben wird.

Dumouriez enttäuschte seine Freunde bei den Jakobinern nicht, er arbeitete genau in ihrem Sinne eine unannehmbare Note an Österreich aus. Am 20. April erschien schließlich der König in der Versammlung. Jeder, auch der dümmste, mußte es Ludwig ansehen, wie sehr es ihm widersprach, was er nun, der Verfassung gemäß, tun mußte: »Ich habe«, sagte er mit zitternder Stimme, »alle Mittel, den Frieden zu erhalten, erschöpft. Jetzt«, – und hier begann er beinahe zu weinen – »Krokodilstränen«

schrieb Marat im »L'Ami du Peuple« –, »... jetzt habe ich, getreu der Verfassung, Krieg gegen den König von Böhmen und Ungarn zu beantragen.« Jubel dankte ihm für diese Leistung. Nur zwei Abgeordnete waren für den Frieden.

Selten ist eine Armee so ahnungslos und unvorbereitet in einen Krieg gestolpert wie diejenige des revolutionären Frankreich. Ihre ruhmredigen, beutegierigen, unzureichend ausgebildeten Soldaten liefen davon, sowie sie die ersten Kanonenkugeln pfeifen hörten. General Lafayette, der die Armee befehligte, war verzweifelt, weil die zurückflutenden Truppen, die sich verraten glaubten, alle ihre höheren Offiziere massakrierten, worin sie sich als echte Kinder der Revolution erwiesen.

Überall in Frankreich war man in diesem Frühling 1792 davon überzeugt, daß nur Verrat am Werke sein konnte, wenn die ruhmreichen Soldaten der Revolution so schmählich versagten.

Wie dem begegnen?

Danton, Marat und andere radikale Politiker wußten, wie: durch Schrecken. Jeder, der Defätismus zeigt, muß damit rechnen, erschossen oder aufgehängt zu werden. Jeder, der nicht bereit ist, die Revolution zu verteidigen, muß sterben: »Freiheit oder der Tod« wurde zur Parole der fortschreitenden Revolution.

»Zittert, Tyrannen! Es gibt noch Scaevolas!« schrien Plakate von den Wänden, hämmerten Flugschriften und Pamphlete Tag für Tag in die Gehirne der Franzosen. Quintus Mucius Scaevola – das war jener seltsame Römer, der, ohne eine Miene zu verziehen, seine Hand in der Glut eines Ofens verbrennen ließ, nur um Rom zu nützen. Er wurde das Ideal einer Generation von wachsamen, mißtrauischen, blutdürstigen Kämpfern, für die es nur ein Ziel gab: den Tod der Tyrannen.

Frankreich erklärte sich und der Welt mittlerweile das Kriegsziel: die ganze Menschheit wird aufgerufen, sich ihrer Tyrannen zu entledigen, und Frankreich wird ihnen dabei hilfreich zur Seite stehen. Dies wird nur möglich sein, wenn man vorher die Tyrannei in einem Meer von Blut ertränkt.

Um den König, der mit seiner Familie, 23 Köchen, 17 Jägermeistern und 69 Kammerdienern, Coiffeuren und Hundehältern in den Tuilerien residiert, kümmert sich kein Mensch.

Man holt ihn erst wieder hervor, als man einen Schuldigen braucht, weil die Lage im In- und Ausland schlecht für die Revolution steht. Man braucht einen Schuldigen, und das ist dieser unentschlossene und gutwillige König, der dafür herhalten muß.

Komplizierte Intrigen zwischen den konservativen Ministern, die der König vorzog, und den republikanisch gesinnten Politikern, den Jakobinern, vor allem dem Girondistenflügel der Republikaner, erfüllten das Frühjahr, während im Norden und Osten, an den Grenzen des Reiches, die Offiziere verzweifelt versuchten, die Stellungen mit ihren zerlumpten und hungernden Revolutionären zu halten.

In dieser Zeit allgemeiner Unsicherheit entsann sich Paris, daß in den Tuilerien »Monsieur und Madame Veto« lebten – und übrigens gar nicht schlecht. Zur Feier des dritten Jahrestages des »Schwures im Ballhaus«, da der dritte Stand zum erstenmal revolutionäres Pathos bewies, wollte man dem König »einen Besuch abstatten«.

Am 20. Juni, gegen halb zwölf Uhr mittags, brechen an die 10.000 Menschen auf, um in die Tuilerien einzudringen. Zunächst aber beschließen sie, um ihre ehrbare, patriotische Gesinnung darzulegen, der Nationalversammlung einen Besuch abzustatten. Zwei Stunden lang marschieren immer neue Gruppen in den Sitzungssaal, werden begrüßt und ziehen, zumeist unter dem Absingen des »Ça ira« wieder ab. Gegen vier Uhr aber sind sie soweit: sie können das »dicke Schwein« aufsuchen ...

Der König ist machtlos

Die Leibgarden aus der Schweiz verteidigen den König nicht. Er will es nicht: er glaubt an die Güte des Volkes. Innerhalb weniger Minuten ist er von Hunderten von Patrioten umringt, wird beschimpft und schließlich gezwungen, die rote Jakobinermütze, das Symbol der Revolution, aufzusetzen und ein Glas Wein auf das Wohl der Revolutionäre zu trinken. Nicht besser ergeht es Marie Antoinette, die von den ärmsten der Armen, den Frauen aus den Vorstädten, Schimpfworte und bittere Wahrheiten anhören muß. Gegen acht Uhr abends ist die Demonstration vorbei. Der König weiß, daß es nun auch das Volk ganz genau weiß: Er ist machtlos.

Es gelang uns, einen der vielen jungen Offiziere zu sprechen, die in Paris herumlungern. Von einem den Tuilerien nahen Café aus beobachtete er die Eindringlinge: »Ich kann nicht verstehen, daß man das Gesindel hineinließ«, sagte der junge korsische Leutnant anmaßend, »mit einem Kanonenschuß hätte ich vierhundert oder fünfhundert weggefegt. Die anderen wären gelaufen.«

Indes – der König denkt anders als dieser kleine Leutnant Napoleone Buonaparte. Ludwig saß wie die Maus in der Falle, und es bedurfte nur der weiteren Verschlechterung der Lage an den Fronten, um ihn endgültig zu erledigen.

Vergniaud, einer der großen Redner und Demagogen in der Nationalversammlung, eines der Häupter der Gironde, hielt eine grandiose Rede. Die Tatenlosigkeit der Revolutionsgeneräle, die Disziplinlosigkeit, die schlechte Verpflegung und Ausrüstung, ihre mangelhafte Ausbildung, die Feigheit ihrer Offiziere – all das, so sagte Vergniaud in seiner großen Rede, ist die Schuld des Königs: »Ich habe die Verfassung beschworen, gewiß«, legt Vergniaud dem König in den Mund, »aber habe ich irgendwann und irgendwo auch geschworen, ein schlagkräftiges Heer zu schaffen, gegen betrügerische Lieferanten vorzugehen, Deserteure zu verurteilen? Niemals. Ich bin immer der Verfassung treu, meine Herren...«, und so ging es stundenlang weiter. An allem, so schien es, war der König schuld.

Die Nationalversammlung beschloß nahezu einstimmig, eine Formel für die zukünftige Propaganda anzunehmen, die jedwede Maßnahme erlaubte: »Das Vaterland ist in Gefahr!«, eine Art »Alarmstufe drei«, bei deren Ausrufung nicht nur jeder waffenfähige Bürger zum Militär eingezogen werden konnte, sondern jeder Franzose alles, was sich für den Krieg als brauchbar erwies, abliefern mußte: Bronze, Silber, Kirchenglocken, Monstranzen – all dies wurde zu Geschützen umgegossen.

»Das Vaterland in Gefahr!« – das kam einem Belagerungszustand gleich, in dem auch nur der Zweifel am guten Ausgang der Sache Frankreichs schon Hochverrat bedeutete. Man tat im Sommer 1792 gut daran, die neue dreifarbige Kokarde zu tragen. Wer sie nicht anstecke, konnte als Volksverräter angeklagt werden, und weiß Gott, wie es dann weiterging.

»Vergeßt mir den König nicht!« rief Vergniaud in seiner großen Rede. »Er und noch mehr die Österreicherin spinnt Fäden zu unseren Feinden.«

Nun, man vergaß Ludwig nicht. Tag für Tag grölten und lärmten Patrioten vor den Tuilerien und begehrten Einlaß. Allmählich begannen sie konkrete Forderungen zu brüllen: Ludwig solle endlich ein revolutionäres Ministerium bestellen und seinen Finsterlingen den Laufpaß geben. Aber der König, der zum erstenmal und viel zu spät Festigkeit zeigte, lehnte ab. Er wolle kein girondistisches Ministerium, beharrte er. Man brüllte jeden, der ihn in der Nationalversammlung zu verteidigen wagte, nieder, sogar mit faulem Obst bewarf man die wenigen königstreuen Abgeordneten.

Da platzte, wie eine Bombe, am 4. August das unglückselige Manifest des Herzogs von Braunschweig. Aus Koblenz, Kapitale der französischen Emigranten, drohte der Herzog und preußische Oberbefehlshaber: Falls der königlichen Familie auch nur das geringste geschähe, werde man Paris dem Erdboden gleichmachen. Die Kundmachung atmete exemplarische Rache und konnte nur eines erreichen: die Revolutionäre, wie immer sie sich auch hassen mochten, in dieser Stunde der Gefahr zu einigen. Am Tag des heiligen Ludwig, am 15. August, wollte der Herzog von Braunschweig in Paris einmarschieren.

Gerade war das Manifest in Paris bekanntgeworden, da trafen in Paris die Marseiller Freiwilligen ein. Sie waren schon 28 Tage unterwegs, und sie brannten danach, das Vaterland, die Wiege und Heimat der Revolution, zu verteidigen. Ihr Gesang, bei der Rheinarmee entstanden, ist seither als »Marseillaise« die Hymne der Revolution geworden und hat das alte »Ça ira« fast völlig verdrängt.

Die Marseiller, nur eine Gruppe von etwa 20.000 »Föderierten«, die aus ganz Frankreich nach Paris strömten, um der Revolution zu dienen, stellten sich sofort unter die kraftvolle Persönlichkeit Dantons, der nun sowohl über sie wie über die 48 Sektionen der Pariser Kommune gebot. Am 3. August forderten 47 dieser 48 Sektionen die Absetzung des Königs: »Ludwig hat seine Interessen von denen der Nation getrennt, wir trennen die unseren von den seinen!« schrieben sie in ihrem Antrag, den Danton sofort der Versammlung weitergab. Aber dort zögerte man, die Verfassung zu brechen. Am 9. August wurde ein Antrag Condorcets auf Absetzung des Königs vertagt.

Mucius Scaevola: *Römische Helden sollen die französischen Bürger zum Tyrannenmord treiben*

Marat

Jean-Paul Marat, den der Konvent dieser Tage an eine der wichtigsten Stellen im Staat, an die Spitze des »Überwachungsausschusses«, berufen hat, gilt vielen im Ausland als der »Bluthund der Revolution«. Unermüdlich fordert er in seiner Zeitung »L'Ami du Peuple«, die zuweilen eine Auflage von 250.000 Stück erreicht (und nur von Héberts »Père Duchesne« mit einer halben Million Auflage übertroffen wird), den Tod der Feinde der Revolution, unermüdlich macht er dem Volk klar, daß es eine gute Tat ist, einen Tyrannen und die Verräter umzubringen.

Seine Leitartikel haben wie kaum irgend etwas dazu beigetragen, daß die Tuilerien gestürmt wurden; und wenn die Nation über die Greuel der Septembermorde zur Tagesordnung schritt, wenn sie die Erregung der Gemäßigten und ihre Forderung nach Sühne für die Schlächter nicht ganz begreift, dann ist Jean-Paul Marat gewiß jener Mann gewesen, der sie dazu erzogen hat, in jedem Mord an einem Volksfeind eine gute Tat zu sehen.

Und dieser Mann – man munkelt, daß er durch seine Krankheit bereits deutliche Züge von beginnendem Verfolgungswahn zeige – steht nun an der Spitze des »Überwachungsausschusses«, der die Sicherheit der Nation garantieren soll. Marats erste Arbeit war es, den Bürgern einzuhämmern, daß ein guter Patriot es sofort zu melden hat, wenn er irgendwo subversive, antirevolutionäre Gesinnung vorfindet: es ist keine Schande, zu denunzieren, sondern höchste revolutionäre Pflicht. Denn: »Wir haben nur eine Wahl – die Freiheit oder den Tod!«

»Wenn die Justiz versagt, hat das Volk die Pflicht, sich selbst zum Richter zu machen!« hat Danton gerufen. Und das Volk zögert nicht, diese Parole in die Tat umzusetzen.

Am 2. September stürmen einige Dutzend Patrioten die alte Abtei »des Feuillants«, in der politische Häftlinge auf ihr Urteil warten. Gleich einer wilden Horde stürzen sie sich auf die Ahnungslosen und erschlagen schon im ersten Ansturm 18 Häftlinge, meist eidverweigernde Priester.

Dann hat einer der Patrioten die Idee, einen »Gerichtshof« zu bilden. Einzeln ruft man nun die Häftlinge auf. Gefällt einer dem »Gericht«, aus welchen Gründen immer, ruft man »Es lebe die Nation!«, und der Glückliche ist frei. Heißt es aber »Man soll ihn laufenlassen!« oder »Nach La Force mit ihm«, also in ein anderes Gefängnis, so ist das das Stichwort für die vor der Tür des »Gerichtssaales« wartenden Mörder. Mit Beilen, Eisenstangen, Säbeln und Prügeln erschlagen sie die Gefangenen. Magistratsbeamte in blau-weiß-roten Schärpen sehen ihnen dabei zu, auch hat man mehrere Frauen gesehen, die stundenlang dabei aushielten.

Im Gefängnis La Force fand man unter Hunderten von Aristokraten auch die intime Freundin der Königin, die Prinzessin von Lamballe. Man zerfleischt sie und trägt ihre Eingeweide im Triumph zum Temple, um sie der Königin zu zeigen.

In der Salpêtrière (Frauenhospital) rettet ein Mädchen seinen alten Vater. Man fragt sie: »Würdest du Aristokratenblut trinken?« Sie bejaht und trinkt, daraufhin läßt man den alten Gouverneur Sombreuil laufen. Am späten Abend erscheint der Abgeordnete Billaud-Varenne bei den »Feuillants«. Achtlos steigt er über die Leichen und ruft pathetisch: »Volk, du tötest deine Feinde! Du tust nur deine Pflicht!«

Bis zum 11. September – so lange dauerte das Morden – wurden in Paris und in den Departements etwa 12.000 Menschen ohne Gerichtsverfahren erschlagen.

Die Pariser reißen die Statue Ludwigs XIV. vom Sockel: *Wenn sogar der Sonnenkönig fällt, wie lange wird sich der sechzehnte Ludwig noch halten können?*

Da rief Danton seine Stoßtruppen, die Föderierten und die Kommune, zum Kampf auf: der 10. August sollte die Entscheidung bringen...

In dieser sternenklaren, warmen Hochsommernacht spielt Danton das Spiel seines Lebens. Die Tuilerien, in denen der König wohnt, sind von Nationalgarden bewacht, auf dem Pont Neuf stehen Kanonen. Ihr Befehlshaber, Mandat, weigert sich, abzuziehen und den Anordnungen der revolutionären Kommandos Dantons zu gehorchen. Stolz verläßt er den Saal, in dem Danton residiert. Schon auf der Treppe wird er von den Marseillern massakriert. Nun gibt es kein Zurück mehr. Unaufhörlich läuten die Glocken von Paris zum Sturm.

Früh am Morgen des 10. August tritt Ludwig in den Tuileriengarten, um die Nationalgarde, die ihn schützen soll, anzufeuern. Aber wie stets vermag der unbeholfene, dicke Mann niemanden mitzureißen; schlimmer noch: ein Bataillon beschimpft ihn und verläßt seine Stellungen, geht heim. Erschreckt zieht sich der König zurück, und mit Recht sagt Marie Antoinette: »Dieser Versuch hat mehr verdorben als gewonnen.«

Immer bedrohlicher wird der Aufmarsch der Revolutionäre vor dem Schloß. Der Chef des Departements, Roederer, macht dem König klar, daß es nur noch eine Möglichkeit gibt, um der Lynchjustiz zu entgehen: sich in den Schutz der Nationalversammlung zu begeben. Bleich vor Zorn erwartet die Königin, wie sich ihr Gatte entscheidet, und sie bricht in Tränen aus, als er resignierend sagt: »Gut, gehen wir...«

Und dann geht die königliche Familie ihren letzten Gang, den sie in ihrem Leben in Freiheit tun wird; über den Tuilerienpark, unter den in diesem heißen Sommer schon vertrockneten Bäumen, hinüber in den Saal, in dem die Versammlung tagt. Die Sturmglocken, die noch immer läuten, begleiten diesen Todesmarsch des französischen Königtums.

Man weist der königlichen Familie die winzige Loge der Stenographen an, und dort sitzt nun Ludwig, dort wartet Marie Antoinette, und beide hören sie stundenlang mit, wie über ihr Schicksal geredet und debattiert wird.

Aber die Entscheidungen fallen außerhalb, vor den Tuilerien: dort harren die Schweizergarden aus, erst verteidigen sie sich, es gibt Dutzende Tote, dann, als sie den Befehl des Königs erhalten, nicht mehr zu schießen, werden sie massakriert, alle 700 Gardisten, ebenso die Adeligen, die in den Tuilerien zurückblieben. Und während im Schloß die eindringende Menge alles kurz und klein schlägt, während blutende Adelige und zitternde Lakaien in der Nationalversammlung als Zeugen aussagen, entscheidet sich Ludwigs Schicksal. Die Versammlung beschließt seine Absetzung. Als Gefangene werden der König und seine Familie in den Temple, ein uraltes Festungsgebäude, abgeführt. Nur einer versucht, etwas für den König zu tun: General Lafayette. Aber sein Versuch schlägt fehl, er flüchtet, wird von den Österreichern gefangen und eingesperrt.

Eine neue revolutionäre Regierung wird gebildet, ihr Justizminister heißt Danton. Die Nachrichten, die von den Fronten kommen, werden nun, da der König abgesetzt ist, nicht besser. Longwy und Verdun ergeben sich, freudig erregte Royalisten wagen es, die Fenster zu illuminieren, und werden dafür gelyncht, die Aufregung in Paris wächst.

Ein Zirkular, das, wer weiß von wo, auftaucht, gibt den Fingerzeig: »Großer Verrat Louis Capets« (des Königs also). »Aufdeckung eines Komplotts der Aristokraten, um mit den Verbrechern in den Gefängnissen in der Nacht vom 2. zum 3. September alle guten Bürger zu ermorden!«

Die Nationalversammlung ist unentschlossen; sie berät und berät, was zu geschehen habe. Die Patrioten aber, das »Volk« – was immer Danton darunter verstanden haben mag –, wollen nicht länger warten. Danton fordert mit seiner Löwenstimme die Abgeordneten auf, endlich eine Entscheidung zu fällen. Und er droht: »Wenn die Justiz versagt, hat das Volk die Pflicht, sich selbst zum Richter zu machen.«

Das ist deutlich genug gewesen. Das »Volk« stürmt überall in Frankreich, erst in Paris, dann in Orléans, in Lyon, in allen Städten, die Gefängnisse und metzelt zwischen dem 2. und 11. September an die 12.000 Menschen nieder. Die Gegner der Jakobiner in der Versammlung fordern die Bestrafung der »Septembermänner«, aber schon reißt sie der Wahlkampf mit sich fort. Die Wahlen in den neuen Nationalkonvent werden zum erstenmal in der Geschichte Frankreichs auf Grund eines allgemeinen Wahlrechts durchgeführt. Der Wahlkampf ist erbittert, er zwingt auch die gemäßigten Girondisten demagogisch zu argumentieren.

Während in Paris der Wahlkampf wahre Redekaskaden mit ungeheuerlichen Phrasen gebiert und auf die Gehirne der verwirrten Bürger niederprasseln läßt, siegen Frankreichs zerlumpte, hungernde und schlecht geführte Revolutionssoldaten über die Heere Preußens und des Kaisers. Ein neuer Ton in den Reden der Politiker taucht auf: der Ruhm des revolutionären Frankreich überstrahlt ganz Europa; es ist eine Ehre, Bürger dieses Staates, Franzose, zu sein.

Aber die neuen Volksvertreter können nicht ruhig verhandeln. Der Gegensatz zwischen den gemäßigten Jakobinern, die sich um die Abgeordneten aus der Gironde scharen – sie treten für einen föderalistisch regierten Staat ein –, und den radikalen Jakobinern, die im Augenblick, da das Vaterland in Gefahr ist, ein zentralistisches, von einer Partei und von einem Ort – Paris – aus regiertes Frankreich fordern, beginnt immer heftiger zu werden. Man wirft einander Tag für Tag vor, Verräter, Mörder, Agenten des Tyrannen zu sein, und niemand kann mehr sagen, wer eigentlich recht hat.

Danton

Er ist groß und überragt allein schon körperlich die meisten seiner Mitbürger. Georges Danton, 32 Jahre alt, herkulisch gebaut und mit einer Donnerstimme begabt, die auch den wüstesten Lärm durchdringt, hat sich schon 1789 in die Arme der Revolution geworfen. Der ehemalige Freischüler einer königlichen Erziehungsanstalt hat die Kränkungen, die ihm seine anmaßenden, adeligen Mitschüler zufügten, nicht vergessen können. Er machte sein Anwaltsexamen mit großem Erfolg. Aber er fand keine Anstellung:

»Die Advokatenbank war nur mit Geld zugänglich, und das hatte ich nicht; zum Militär konnte ich auch nicht, ich war ohne Ahnen und Gönner; und auch die Kirche bot mir keine Chance. Ich war ohne einen Heller und arbeitslos. Da brach die Revolution aus. Mit allen, die mein Los teilten, warf ich mich hinein.«

Und noch deutlicher: »Das alte Regime hat uns zur Revolution gezwungen, indem es uns ausbilden ließ, ohne unseren Talenten eine Laufbahn zu eröffnen.«

Danton hat, darüber gibt es keine Zweifel, Talent: er ist der populärste, der mitreißendste Redner der Revolution. Es fehlt ihm zwar der logische Aufbau und die altertümelnde, an den Philosophen geschulte, bilderreiche Rednergabe der Politiker der Gemäßigten, aber wenn er mit seiner lauten, weithintönenden Stimme spricht, dann geht ein unnennbarer Zauber, eine mitreißende Gewalt von ihm aus. Selbst seine Feinde müssen es zugeben: wenn irgendeiner, dann verdient es Danton, der »Tribun der Revolution« genannt zu werden.

Daß sein Leben weder asketisch, ja nicht einmal vorbildlich ist, schadet ihm nicht bei den Massen. Er wirft das Geld zum Fenster hinaus, liebt, säuft, frißt sich voll – und bleibt dennoch unerklärlicherweise der Abgott des Volkes. Daß er von der Königin Geld genommen hat, um den König vor dem Tod zu retten, weiß jeder; aber man weiß auch, daß er zwar das Geld einsteckte, aber am selben Tag wieder für den Tod des Tyrannen eintrat: lachend erzählen es sich die Bürger in den Cafés.

Er ist einer der Ihren, Franzose reinsten Wassers, mit allen Vorzügen und Fehlern dieser Nation, und deshalb lieben sie ihn so sehr. Er widerspricht in allem und jedem dem Ideal, das Robespierre zu errichten bestrebt ist: der asketische, frömmelnde, weltferne Hohepriester der Revolution; der Verkünder eines neuen, guten, untadeligen Menschen.

Robespierre fühlt genau, daß er niemals die blutvolle, lärmende, hemdsärmelige Begeisterung für sich erwecken kann, die Danton mühelos zufliegt. Robespierre aber ist nicht der Mann, der sich seine hochfliegenden, weltfremden Pläne von einem Tribunen stören läßt.

105

Fahrt in die Gefangenschaft: *Ludwig XVI. und seine Familie werden in den Temple gebracht*

Zunächst aber steht die Frage nach dem Schicksal des Königs im Vordergrund. »Wir schulden dem Tyrannen nichts als den Tod!« ruft Robespierre im Konvent aus, und begeisterter Jubel antwortet ihm. Die Besonneneren freilich stellen die Frage, ob man »Louis Capet«, wie man den König nach dem Stifter des kapetingischen Königshauses nun nennt, anklagen könne. Die Republikaner wollen seinen Tod: »Das Messer, das des Königs Hals durchschneidet, trennt uns endgültig von der unseligen Vergangenheit und wird für ewige Zeiten ein Blutsband zwischen den Patrioten Frankreichs schaffen!« erklärt Marat im »L'Ami du Peuple«.

Die Frage, ob man den König überhaupt anklagen kann, beantwortet Robespierre in einer großen Rede: »Schon die Tatsache, daß er König war, macht ihn schuldig. Die Nation hat die Pflicht, ihn allein deshalb zu verurteilen.«

Es dauert aber dennoch Wochen, ehe man sich, zu Ende des November, entschließt, die Anklage zu erheben. Am 11. Dezember überreicht man »Louis Capet« die Anklage, deren Hauptpunkt auf »Hochverrat« lautet: Ludwig habe mit dem Ausland, mit den Feinden der Revolution, konspiriert. Belastendes Briefmaterial hat sich in den Tuilerien gefunden. Und dann beginnt der kurze Prozeß.

Die Beratungen über die Schuldfrage und die Höhe und Art der Strafe selbst werden aber noch Wochen dauern. Vor Mitte Januar, will sagen: vor Ende Nivôse, ist wohl kaum mit dem Urteil zu rechnen.

Zweifel freilich gibt es nicht: Das Urteil wird auf »schuldig« lauten. ∎

»Louis Capet« vor dem Konvent: *König gewesen zu sein genügt schon für einen Schuldspruch*

Die große Köpfmaschine

In Paris tritt die »Guillotine« in Aktion

Läßt Dr. Guillotin sich mit fremden Federn schmücken? Der bekannte Arzt und Abgeordnete für Paris läßt es ohne Widerspruch zu, daß ihm die Erfindung jenes teuflischen Geräts zugeschrieben wird, das seit dem 10. August auf der Place de Grève ein blutiges Spektakel darbietet und im Volksmund die »heilige Guillotine« genannt wird.

Doch als Dr. Guillotin, von dem Wunsche beseelt, eine humanere Tötungsart als die bisher übliche zu instituieren, am 10. Oktober 1789 in der gesetzgebenden Versammlung einen Antrag einbrachte, der auf die Einführung der Enthauptung »als schwerste Strafe« abzielte, hätte er wissen müssen, daß das von ihm vorgeschlagene Instrument in dieser oder jener Form schon in der Antike bekannt war und auch nachher nicht in Vergessenheit geriet.

In seiner 1678 erschienenen Schrift »Academy of Armoury« berichtete Randle Holme: »Bei den Juden und Römern wurden zum Tode Verurteilte nicht, wie vielfach behauptet wird, durch das Schwert hingerichtet, sondern so, daß der Kopf des Unglücklichen auf einen Holzblock gelegt wurde. Der Scharfrichter hob ein Beil hoch und ließ es dann plötzlich fallen; das Gewicht des Beils reichte aus, um dem Missetäter mit einem Schlag den Kopf vom Rumpf zu trennen.«

Aus Holinsheds »Cronicles of England, Scotland and Ireland« erfahren wir, daß Murcod Ballagh am 1. April 1307 unweit der Stadt Merton von Sir David Caunton geköpft wurde. Die beigefügte Zeichnung zeigt ein Gerät, das sich nicht sonderlich von der heutigen Guillotine unterscheidet.

Auf einer der Außenwände des Nürnberger Rathauses, das um 1520 bemalt wurde, ist ein Mann zu sehen, der von einer Guillotine, wie wir das Instrument nennen, getötet wird. Zwei Kupferstiche der Deutschen Schule, beide 1553 datiert, der eine von Georg Pencz, der andere von Heinrich Aldegrever, zeigen die Exekution des Römers Titus Manlius durch ein Instrument, das nach dem gleichen Prinzip konstruiert ist.

In den Memoiren von Puységur findet sich ein Hinweis auf die Hinrichtung des Marschalls von Montmorenci in Toulouse Anno 1632; da heißt es wörtlich: »In dieser Provinz gebrauchen die Behörden eine Art Beil, das zwischen zwei Holzschienen auf und nieder gleitet. Sobald der Kopf auf dem Block zu liegen kommt, schneidet der Scharfrichter die Schnur durch, und die Klinge saust herab und trennt den Kopf vom Rumpf.«

Diese und viele andere Beispiele lassen deutlich erkennen, daß die Guillotine zumindest in Europa und im Nahen Osten seit Jahrhunderten in Gebrauch steht. Daß sie jetzt als etwas völlig Neues gerühmt wird, ist schwer verständlich - es sei denn, Dr. Guillotins Parteifreunde hätten hier ihre Hand im Spiel.

In Italien längst schon unter dem Namen »mannaia« bekannt, findet die Guillotine zum Beispiel auch in einer 1736 erschienenen anonymen (aber Père Labat zugeschriebenen) Schrift Erwähnung, die unter anderem einen Bericht über die Hinrichtung des Grafen Bozelli Anno 1702 in Mailand enthält:

»Auf dem Hauptplatz wurde ein großes Schafott errichtet und schwarz ausgeschlagen. In der Mitte stand ein Holzblock von geeigneter Höhe, um es dem Verbrecher zu gestatten, kniend den Kopf in eine Art Rahmen zu legen, der ein Fallbeil von ein Fuß Höhe und eineinhalb Fuß Breite umspannte. Das Fallbeil war mit 100 Pfund Blei beschwert und mit einem Strick an dem Rahmen befestigt. Nachdem der Verbrecher gebeichtet hatte, führten ihn Büßermönche, die zumeist angesehenen Familien entstammten, auf das Schafott und ließen ihn vor dem Richtblock niederknien. Einer der Mönche hielt ihm den Kopf unter das Fallbeil, der Priester las die bei solchen Gelegenheiten üblichen Gebete, und nun hatte der Scharfrichter nichts anderes zu tun, als den Strick zu zerschneiden. Mit solcher Gewalt sauste das Fallbeil in einer Schiene herab, daß es nicht nur den Kopf abschlug, den der arme Sünder noch in Händen hielt, sondern auch noch zwei Zoll tief in den Block eindrang.«

Nach längerer Beratung über Doktor Guillotins Antrag verabschiedete die Nationalversammlung am 25. März dieses Jahres ein Gesetz über die »Art der Hinrichtung, die in Zukunft anzuwenden ist«. Da heißt es: »Die Nationalversammlung verfügt, daß Abschnitt 1 Artikel 3 des Strafgesetzes in der angegebenen Weise und entsprechend der diesem Dekret beigefügten, vom Sekretär der Ärztekammer verfaßten Darstellung auszuführen ist. Sie bevollmächtigt daher die Exekutive, die nötigen Mittel zur Verfügung zu stellen, um diese Art der Exekution solcherart sicherzustellen, daß sie im gesamten Königreich in gleicher Form durchgeführt werden kann.«

Im Sinne seines Freundes Guillotin hatte der Sekretär der Ärztekammer, Dr. Louis, auf die Nachteile der bisher in Frankreich üblichen Form der Hinrichtung durch das Schwert hingewiesen. »Es bedarf somit«, war seine Meinung, »einer absolut sicheren und daher mechanischen Methode, wie die hier dargestellte. Der Körper des Verbrechers wird mit dem Gesicht nach unten zwischen die Pfosten gelegt, die oben durch einen Querbalken verbunden sind, von wo ein Hebel den Fall des Beils auf den Nacken auslöst. Der Rahmen des Instruments muß stark und schwer genug sein, um eine wirksame Funktion zu gewährleisten. Eine Maschine dieser Art ist leicht herzustellen, und die Enthauptung wird in einem Augenblick vollzogen. Versuche können mit Leichen und auch mit lebenden Schafen durchgeführt werden.«

Um ein Haar hätte Dr. Louis' Bericht ihm zu trauriger Berühmtheit verholfen, denn ursprünglich wollte man die Maschine »Louisette« oder »Louison« nennen, entschied sich aber dann für »Guillotine«. Der Zimmermann Guedon, ein Beamter der Justizverwaltung, wurde aufgefordert, einen Voranschlag zu erstellen, der jedoch zu hoch ausfiel, so daß ein Deutscher namens Schmitt den Auftrag erhielt. Guedon rechtfertigte den hohen Preis seiner Guillotine damit, daß er Schwierigkeiten hätte, Arbeiter zu finden. Die wenigen, die sich bereit erklärten, die Maschine zu bauen, wollten es nur um hohen Lohn und unter der Voraussetzung tun, daß ihr Name nicht publik gemacht würde. Schmitt hatte keine Skrupel dieser Art, und am 15. April erhielt Sanson, der Scharfrichter, die offizielle Mitteilung, daß die erste Maschine fertiggestellt war. Zwei Tage später wurden mit einer Anzahl Leichen im großen Krankenhaus von Bicêtre Versuche angestellt, die zufriedenstellend verliefen.

Als erster Verbrecher wurde Nicolas-Jacques Pelletier hingerichtet, der schon einige Monate auf die Vollstreckung des gegen ihn ergangenen Urteils gewartet hatte. Seitens der Behörden bestanden einige Zweifel, wie die Bevölkerung die neue Hinrichtungsmethode aufnehmen würde. Man ließ genügend Gendarmen auf der Place de Grève aufmarschieren, um die Menge in Schach zu halten, aber alles lief wie am Schnürchen, und Schmitt erhielt den Auftrag, die Guillotinen für alle Departements zu bauen. Obwohl die Neuheit des Geschehens viele Menschen angelockt hatte, war das Volk nicht zufrieden. Man sah nichts, es ging viel zu schnell, und die Leute kehrten enttäuscht heim.

Dennoch steht die Maschine seit dem 22. August ständig in Betrieb. Die Bevölkerung hat sich schon so weit daran gewöhnt, daß kleine Guillotinen als Kinderspielzeug in den Straßen von Paris verkauft werden. Man spricht davon, daß die Maschine im Januar nächsten Jahres auf die Place de la Révolution, die frühere Place Louis XV, übersiedeln soll, die der Rue du Temple und damit dem meistbenützten Gefängnis bekanntlich näher liegt.

Dem Vernehmen nach trägt Doktor Guillotin sich mit der Absicht, seinen Namen ändern zu lassen. ∎

ÖSTERREICH

Ein Fragment bleibt zurück

Seinen Ruf als Friedenskämpfer bestätigte er bis zuletzt: Ende Februar empfing Kaiser Leopold II. den neuen osmanischen Gesandten in der Wiener Hofburg zur Wiederaufnahme diplomatischer Beziehungen. Wenige Tage später war der Monarch tot.

Nach heftigem Unwohlsein, das sich trotz mehrerer Aderlässe rapid steigerte, kam plötzlich und völlig überraschend das Ende. Am Nachmittag des 1. März schreckte der Kaiser aus kurzem Schlaf auf. Seine Gemahlin war bei ihm. Zum Bett laufend, konnte sie nur noch den Sterbenden auffangen.

Die eigentliche Todesursache gibt verschiedene Rätsel auf, und schon kursieren Gerüchte, Leopold sei vergiftet worden. Sogar wilde Dreikreuzergeschichten werden in der Stadt kolportiert: der Herrscher, der sich seit je aus Passion mit chemischen Experimenten beschäftigte, habe Liebestränke gebraut, dabei müsse er sich in der Dosis der Ingredienzien vergriffen haben und sei so indirekt ein Opfer seiner Lüsternheit geworden.

Als Kaiser hatte der erst 45jährige nur ein kurzes Gastspiel auf der Bühne der Geschichte zu absolvieren, dessen letztes Schaugepränge die Königskrönung in Böhmen war. Seinen Regierungsstil, in der Toskana mehr als zwei Jahrzehnte lang entwickelt und bewährt, konnte er auf dem Thron des Reiches in der knapp bemessenen Frist kaum zur Entfaltung bringen. Was Leopold hier schuf, blieb Anlauf, Entwurf, Fragment. Dieser frühe Tod ist über die menschliche Tragik hinaus gerade jetzt ein staatspolitisches Unglück, weil damit ein Mann von der Spitze abtrat, der sich – abseits des Kräftespiels der Groß-

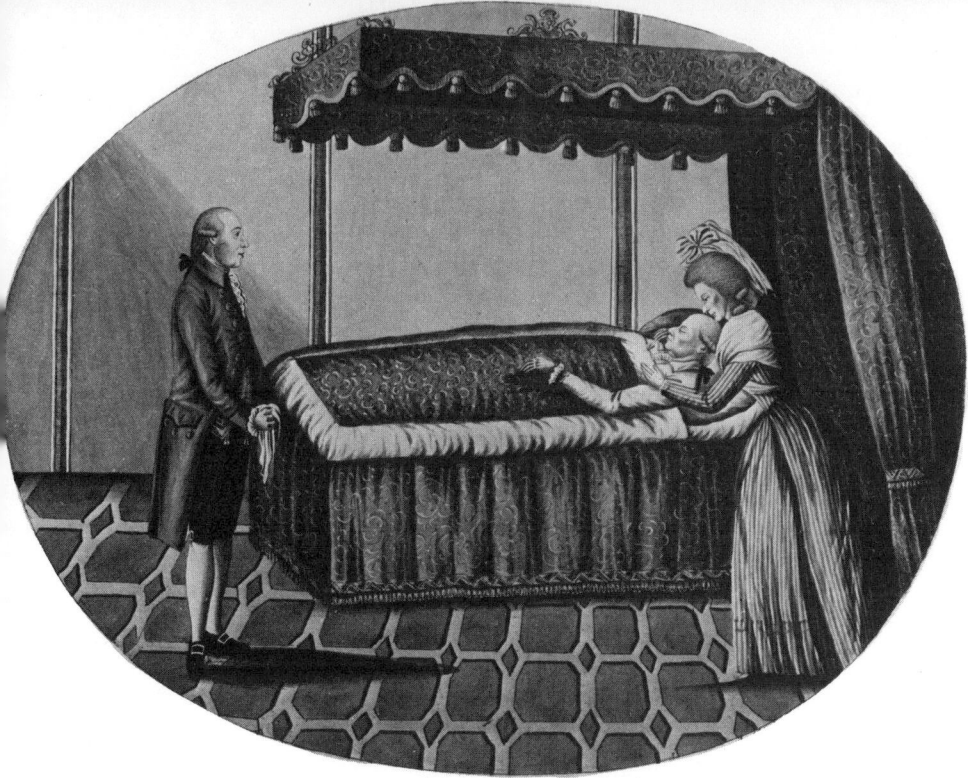

Leopold II. gestorben: *ein viel zu kurzes Gastspiel auf der Bühne der großen Weltpolitik*

DEUTSCHLAND

Wieder einer von sechzehn

mächte – zurecht den Ruf des aufgeklärtesten, reformfreudigsten Souveräns seiner Epoche erworben hatte.

Gewiß, der Sprung von Florenz nach Wien stellte Leopold, der bis dahin ein überschaubares Großherzogtum regierte, das er persönlich genau kannte, vor Anpassungsprobleme. Er war nun bei seinen Entscheidungen mit einem territorial vielschichtigen Gebilde konfrontiert, wo sich die Auswirkungen der Beschlüsse nicht so leicht und nachprüfbar darstellten. Wie so viele seiner Ahnen durchlitt auch er in diesen zwei Jahren das habsburgische Schicksal der inneren Zerrissenheit, des Zwiespalts zwischen der sachlich richtigen, eigenen Willensäußerung und den damit unvereinbaren Forderungen der Realität. Selbst für die gekrönte Majestät gilt der resignierende Ausspruch, es gehe dem Menschen eben so, »wie die anderen wollen«.

Die anderen: das sind die so oft widerstreitenden Machtfaktoren der Reichspolitik und die preußisch-hohenzollerischen Gegenspieler, mit denen der Kaiser durch die »Reichenbacher Konvention« einen Modus vivendi fand, um eine neuerlich drohende Auseinandersetzung zu vermeiden. Die gefährliche Situation in Frankreich muß den Kaiser, der wahrscheinlich schon länger leidend war, aus familiären wie aus staatspolitischen Gründen schlaflose Nächte gekostet haben. Eines steht fest: Von seinem Schwager Ludwig XVI. trennten den progressiven Kaiser Welten. Er, der mit seinen Geschwistern und Verwandten zumindest engen brieflichen Kontakt hielt, hatte zu dem Bourbonen keinerlei innere Beziehung, kannte ihn überhaupt nicht von Angesicht und ließ sich von Emissären aus Versailles, die ihn bestürmten einzugreifen, in kein Interventionsabenteuer locken.

Bezeichnend für seine Grundhaltung ist jener Satz, mit dem er – nicht lange vor seinem Tod – einem preußischen Diplomaten antwortete, der vor einer französischen Sturzflut warnte. Leopold sagte ruhig: »Alle Souveräne mögen aus diesen Vorgängen die Lehre ziehen, ihre Untertanen gerecht und menschenwürdig zu behandeln. Anders wird ein Monarch künftig nicht herrschen können.« ■

Er war der »Bua«, den »der Poldl kriagt hat«, wie die überglückliche Großmutter Maria Theresia damals vor 24 Jahren den Wienern die Geburt ihres allerersten Enkels ankündigte: Franz, Erbprinz von Toskana, Erzherzog von Österreich und jetzt designierter römischer Kaiser.

Eigentlich heißt er Franz Joseph, nach dem Ahn und dem Onkel, aber Doppelnamen sind ja bei Herrschern aus dem Hause Österreich nicht üblich. Franz spricht – wie die ganze erlauchte Verwandtschaft – so selbstverständlich den angestammten Volksdialekt der Residenzstadt, daß er für seine Untertanen ein typischer, wenn auch allerhöchster Urwiener ist.

Längst haben die Leute vergessen, daß er seine Kindheit in einer völlig anderen Umwelt verbrachte, an dem kleinen, aber sehr bedeutsamen Hof von Florenz. Und man mag eine Art genealogischer Zahlenmagie darin erblicken, daß sich der ungewöhnliche habsburgisch-lothringische Kindersegen der Großeltern in der nächsten Generation wiederholte: auch Franz ist einer von 16 Kindern. Als seine beiden jüngsten Brüder geboren wurden, war er bereits »Kaiserlehrling« bei Joseph II.

Der Oheim Joseph II., selbst ohne Leibeserben und einer Wiederverheiratung strikt abgeneigt, sah nämlich in dem Haufen Neffen die besten Garanten einer Hausmachtpolitik und verteilte schon die Halbwüchsigen im Geist nach einem klugen Konzept auf weltlichen und geistlichen Thronen und Führungsposten. Solche Bevormundung war allerdings nicht immer nach dem Sinn des Vaters Leopold und trübte zuweilen das gute Einvernehmen zwischen den Brüdern.

Im Jahr 1784 wurde Franz nach Österreich geholt, um hier unter den strengen Augen des Kaisers zur Thronfolge erzogen zu werden. Die wenig aufwendige Hofhaltung in Toskana hatte von Anfang an die ausgeprägte Vorliebe des jungen, hohen Herrn für einen gleichsam bürgerlichen Lebensstil ohne jeden »Pflanz« bestimmt. Das entsprach den persönlichen Tendenzen des Onkels, der ihn im übrigen scharf an die Kandare nahm und ihm keine der Verpflichtungen ersparte, die einen späteren Monarchen erwarten. So mußte er Joseph II. in den Türkenkrieg begleiten und erhielt in vorderster Linie wahrhaftig die Feuertaufe.

Zu diesem Ausbildungsprogramm gehörte auch eine frühe Eheschließung. Der Erzherzog vermählte sich mit Prinzessin Elisabeth von Württemberg, die er schon kannte, als sie noch ein hochgeborener Fratz war. Ein kurzes Glück. Nach zwei Jahren (1790) starb Elisabeth im Kindbett. Dem jungen Witwer blieb nicht viel Zeit, sie zu betrauern. Aus dynastischen Rücksichten freite er bald wieder: die zweite Verbindung, mit Maria Theresia von Neapel, gab Anlaß zu skeptischen Erörterungen, handelt es sich doch um eine Ehe zwischen engen Blutsverwandten. Braut und Bräutigam sind, wie man in Wien sagt, »Geschwisterkinder«.

Die ins Auge springenden Charakterzüge des neuen Monarchen, der nun gleich eine schwere Bewährungsprobe zu bestehen hat, sind bei etwas nüchterner, trockener Wesensart große Pflichttreue und Beharrlichkeit. Penibel erledigt er sein Aktenpensum, er ist an lange Schreibtischarbeit gewöhnt. Höhenflüge und kühne Entwürfe darf man von ihm wohl kaum erhoffen. Darum mehren sich die Stimmen, die meinen, das Reich werde in ihm vor allem seinen obersten Hofrat haben. ∎

Feuertaufe für einen jungen Fürsten: *Franz, damals Erbprinz von Toskana, heute römischer Kaiser, mit Onkel Joseph II. beim Kampf um Belgrad*

RUSSLAND

Beide Pfoten aus dem Schlamm

»Die eine Pfote haben wir aus dem Schlamm gezogen.« Mit diesem ihrer deftigen Wesensart entsprechenden Vergleich gab Zarin Katharina zu verstehen, wie froh sie war, als sie durch den Friedensschluß mit dem nördlichen Gegner Schweden zumindest den Rücken frei hatte. »Und wenn wir die zweite auch herausziehen können, dann singen wir halleluja!« ergänzte die Herrscherin hoffnungsvoll.

Solcher Grund zum Jubeln ist nun gegeben, wenn auch gedämpft, durch die Trauer um den Tod des Mannes, dem Rußland den Sieg über die Türken verdankt: Fürst Potjomkin starb im Herbst des vorigen Jahres, noch ehe man ihm Triumphpforten errichten konnte. Die Osmanen, die während der ersten Phase des Krieges vehement losschlugen und ihre vorhandenen Kräfte rasch verbrauchten, hatten in letzter Zeit einen schweren Stand, der immer unhaltbarer wurde. Zum Teil deshalb, weil der bewaffnete Konflikt sie in einer Übergangsphase traf. Militärisch ist die einstige, in Mitteleuropa gefürchtete Stoßkraft längst dahin. Konstantinopel sucht die Schwäche durch eine Heeresreform auszugleichen, aber im Stadium der Umstrukturierung ist eine Armee wenig einsatzfähig. Auch Allah scheint nicht auf seiten der schwächeren Bataillone zu stehen. Ein Manko, das selbst die massive Unterstützung kaum wettmacht, die Preußen und England im politischen Kräftespiel für die Hohe Pforte mobilisierten.

Zudem fiel in den Verlauf der Kämpfe ein Thronwechsel. Auf Sultan Abd Al Hamid I. folgte Selim III. Er setzt alles daran, um das große Reich zusammenzuhalten und zu erneuern, aber er regiert eben nicht mehr die Türken der heroi-

Fürst Grigori Potjomkin: *gestorben, ehe man ihm würdige Triumphpforten errichten konnte*

schen Vergangenheit, sondern Menschen einer problematischen, den Bestand der alten islamischen Großmacht erschütternden Gegenwart. Der Sprachgebrauch der Diplomatie wird um eine neue Metapher bereichert. Sie lautet: »Der kranke Mann am Bosporus«.

Mit der für Konstantinopel katastrophal endenden Schlacht bei Matschin im vorigen Sommer war eigentlich schon alles entschieden. Es kam zunächst zu einem auf acht Monate befristeten Waffenstillstand. Dann trafen sich die Gegner zu Friedensverhandlungen in der moldauischen Hauptstadt Jassy. Auf russischer Seite übernahm an Potjomkins Stelle Graf Besborodko die Leitung der Delegation. Die Abgesandten der Hohen Pforte erwiesen sich als zähe, unbequeme Gesprächspartner. Ein geschickter Schachzug des Grafen brachte die festgefahrenen Konferenzen wieder in Schwung. Klipp und klar sagte er, die Zarin sei nur an der Sicherheit der russischen Grenzen interessiert und sofern in diesem Punkt Einigung erzielt werde, verzichte sie – als Ausdruck ihres guten Willens – auf finanzielle Entschädigungen. Diese unerwartete Eröffnung Besborodkos schuf eine für den Abschluß günstige Basis.

Am 9. Januar unterzeichneten beide Parteien den Friedensvertrag. In dem Dokument werden vor allem die territorialen Fragen geregelt. Demnach bildet nun der Dnjestr auf dem südosteuropäischen Festland die Grenze.

Damit scheitert freilich der ehrgeizige Plan Petersburgs, im bisherigen türkischen Herrschafts- und Einflußgebiet auf dem Balkan Fuß zu fassen und den »kranken Mann« zu beerben. Der Grund für dieses Zurückstecken der Erfolgsmarken: die Gesamtsituation des Kontinents. Österreich, der Verbündete der Zarin, hat seinerseits beim Frieden von Sistow wesentlich schlechter abgeschnitten und kann Rußland nicht die erwünschte Rückendeckung bieten, wenn England und Preußen ihr machtpolitisches Gewicht in die Waagschale werfen sollten.

Überdies sind diese beiden Alliierten in der Balkanfrage scharfe Konkurrenten. An der geschwächten Position Österreichs gemessen, ist es Petersburg gelungen, seine Stellung auszubauen. Was bleibt? Ein Spannungsfeld, ein latenter Unruheherd im gelockerten Gefüge des osmanischen Imperiums. Künftig wird es dort zu entscheidenden Auseinandersetzungen kommen. ■

Jassy ist mein Sarg

Fürst Potjomkin gestorben — Abgang eines genialen Showmans

Der schwer angeschlagene Riese wollte sich nicht kasteien. Er vertilgte üppigste Gerichte und goß fast eimerweise Wein in den Schlund wie eh und je, obwohl sein ramponierter Organismus immer öfter streikte. Er schob es auf das Klima des Halborients, wo mit den Türken verhandelt werden sollte. »Jassy ist mein Sarg!« rief er. Er starb auf dem Weg nach Nikolajew unter einem Baum am Rand einer bessarabischen Landstraße am 15. Oktober vorigen Jahres.

Über das im 56. Jahr jäh endende Leben dieses großen Akteurs auf der Bühne unseres Jahrhunderts könnte man Bücher schreiben, eine Biographie, faszinierend, voller abenteuerlicher Situationen und Glücksfälle.

Die Potjomkin-Story im Zeitraffer: Der junge Kleinadelige dient bei der Garde. Während des Putsches gegen Zar Peter III. hält Katharina eine Truppenrevue ab. Grigori sieht, daß die Amazone zur Uniform wohl einen Degen trägt, aber ohne Portepee (Quaste). Sogleich reicht er ihr sein eigenes: ein dramaturgisches Requisit für einen spontanen, selbstinszenierten Regieeinfall. Katharina merkt sich die galante Geste und die prächtige Erscheinung. Konsequenz: eine Blitzkarriere. Bald sticht Potjomkin den langjährigen Favoriten der Zarin, Grigori Orlow, aus und tritt alle inoffiziell verbrieften Rechte als neuer Günstling an. Ernennungen zum Général en chef und zum Gouverneur festigen seine Position. Immer mehr Ordenssterne bedecken seine herkulische Brust. Er ist kein eitler, drohnenhafter Emporkömmling – im Gegenteil. Er sprüht vor Ideen, und seine Ratschläge sind logisch und vernünftig. Die dankbare Zarin will ihn auch zum Hocharistokraten machen, doch russische Gepflogenheiten verwehren es. Deshalb erwirkt sie für Potjomkin bei Joseph II. den Fürstentitel des Römischen Reiches.

Man munkelt von einer heimlichen Ehe. Nichts dergleichen. Dem Prinzen gelingt das bisher Unerhörte, vom Liebhaber zum Freund der Monarchin den glatten Übergang zu vollziehen, als es die Alternde nach neuen Romanzen gelüstet. Er selbst hat am eigenen Ruhm genug: Türkenbesieger, Siedlermarschall, Kolonisator, Städtegründer – er bringt der russischen Krone die Krim dar, das legendäre Taurien.

Kritiker nennen ihn einen Schwindler, suchen ihn zu entlarven. »Potjomkinsche Dörfer« werden als Inbegriff bloßer Vorspiegelung sprichwörtlich. Bedenkenlos in der Wahl der Mittel, immer aus dem vollen schöpfend, mischt seine bestechende, festliche Regiekunst Blendwerk und Reales zur Monstershow großer staatsmännischer Würfe.

Nun ist er selbst abgegangen. Ein Erzkomödiant dieser menschlichen Komödie, der in jener Welt erschien, in der er möglich war.

EMIGRANTEN

Immer Feste feiern

Die Häscher der Republik sind sie in Koblenz los. Ihren Erbadelstitel allerdings auch. Und natürlich ihre Güter, die sie in Frankreich zurücklassen mußten. Das macht den Emigranten kaum etwas aus.

Die meisten von ihnen haben ohnedies angesichts der Bürgerunruhen im eigenen Lande ihre Barvermögen über die Grenzen geschafft. Sogar die Geistlichkeit, die den neuen Herrschern in Paris den Eid verweigert hat, rekrutiert sich vornehmlich aus sehr wohlhabenden Abbés. So schätzen die Emigranten an Koblenz das milde Klima, die Sicherheit, die vorzüglichen Weine, die exzellente Küche und die Umgebung – nicht zu vergessen den Salon der Madame Balby.

Doch der Schein trügt. Trotz lächelnder Gesichter ballen viele »émigrés« die Faust im parfümierten Handschuh und schütteln sie drohend gegen die Revolutionstribunale. Unter Führung der königlichen Prinzen, der Grafen von Provence und Artois, schmieden sie an einer Fronde gegen die Umstürzler. Geheimkuriere halten Verbindung mit befreundeten Höfen, überbringen Botschaften und nicht selten Geld. Das Leben in der Fremde ist teuer geworden für die Emigranten. Viele von ihnen suchen deshalb ihr Glück in Amerika.

Diejenigen von ihnen, die in Europa geblieben sind, haben sich in London, dem belgischen Seebad Spa, in Aix-la-Chapelle (Aachen) und in Koblenz niedergelassen. Ob sie nun in England die Küche revolutionieren oder ihren angelsächsischen Verwandten auf der Tasche liegen, ob sie in Spa am Strand dominieren oder in Aix-la-Chapelle in komfortablen Zweispännern durch die Straßen kutschieren, alle halten sie Verbindung mit Koblenz. Hier ist die Emigrantenzentrale. Hier werden Pläne geschmiedet. Hier wird sogar ein Expeditionskorps ausgerüstet. Es soll unter der Führung des Prinzen Louis-Joseph de Bourbon den geplanten Feldzug der Preußen in die Champagne unterstützen.

Und schon haben die Pariser Revoluzzer mit Gegenmaßnahmen gedroht. Sollten die Emigranten als Krieger in ihr Heimatland einfallen, so wollen die Sieger von Paris alle Emigrantengüter einziehen und Proskribiertenlisten aufstellen. Graf Artois nannte dies kürzlich nichts weiter als einen Versuch, die zerrütteten französischen Staatsfinanzen mit gestohlenem Geld aufzupäppeln.

Sein und seines Bruders Hofstaat in Koblenz scheinen indes nicht von Geldsorgen geplagt. Die Grafen leisten sich kostspielige Reisen nach England, Österreich und Dänemark, geben prunkvolle Soireen, und ihre galanten Abenteuer sind in Koblenz Stadtgespräch.

Aber es werden auch traurige Flüchtlingsschicksale erzählt. Wie jenes der Comtesse de Saisseval. Bei Eiseskälte, mitten im Winter, überquerte diese Dame den Ärmelkanal in einer Barke, ganz allein mit ihren Kindern. In Dover angekommen, wo sie niemanden kannte, stapfte sie durch Tiefschnee von Tür zu Tür und bat, ihr jüngstes Kind auf dem Arm, um Asyl. Als sie endlich in London angekommen war, wollte ihr niemand Kredit geben. Es war schließlich ein anderer französischer Emigrant, der ihr zwei Pennies schenkte, damit sie Brot kaufen konnte. Bei solchen Geschichten erschaudern die Emigranten im Salon der Madame Balby.

In den verschwenderisch weichen Sesseln des großen Salons geht es darum, geistreiche Wortspiele mit Madame zu treiben. In Wirklichkeit kämpfen die Kavaliere um ihre Gunst. Vor wenigen Wochen meinte Graf Artois, die Konkurrenz abgehängt zu haben. Aber er vergaß seinen Bruder. Er soll erwogen haben, zum Säbel zu greifen. Indes, die Balby blieb gefaßt. Es gelang ihr, die beiden wieder zu versöhnen.

Trotz solcher Zwischenfälle vernachlässigen die Prinzen ihren Widerstand gegen die Revolutionäre nicht. Wenn es nach den Emigranten geht, dann frißt die Revolution ihre Kinder. Schon bald. ∎

KRIEG IM WESTEN

»Die Komödie dauert nicht lange!«

»Das zumindest ist Seiner Majestät selig erspart geblieben«, erklärt ein Wiener Hofwürdenträger. Er meint den verstorbenen Kaiser Leopold II., einen Erzzivilisten, der in Toskana das Militär sogar gänzlich aufgelöst hatte. Erspart blieb ihm, den Krieg gegen Frankreich erleben zu müssen, eine zwangsläufige Entwicklung, deren Resultate noch lange nicht abzusehen sind. Die neue Habsburgergeneration, die diese Auseinandersetzung durchzustehen hat, ist ihrem Wesen nach viel besser dafür gerüstet als der so unbedingt friedliche Vater: Kaiser Franz hat eine Schwäche für Soldaten, begreift die Notwendigkeit einer starken Armee als Machtinstrument, und sein Bruder, Erzherzog Karl, scheint trotz seiner großen Jugend entschiedenes Talent zur Truppenführung zu besitzen.

Die Koalition der alten Ordnungen – Österreich und Preußen – ist eine völlig natürliche Reaktion auf die Ereignisse, die vom Impulszentrum Paris aus die Welt erschüttern. Bei den Alliierten hält man sich an die alte Maxime »principiis obsta!« – »Wehre den Anfängen!«, indem man versucht, revolutionäre Bewegungen in den eigenen Ländern im Keim zu ersticken und einen Schutzwall gegen jakobinische Umtriebe zu errichten. Dennoch liegen die Verhältnisse im disziplinierten Hohenzollernstaat und unter dem österreichischen Doppeladler ganz anders als jenseits des Rheins: Brandenburger und Innerösterreicher sind keine hungrigen Proletarier aus Paris, und der Reichsadel ist keine Trianoner Hofgesellschaft, die über dem Abgrund eine Schäferidylle aufführt. Die Revolution wird frühzeitig bekämpft.

Die Vertreter der alten Ordnung haben einen weiteren, propagandistisch verwertbaren Vorteil: sie haben die Feindseligkeiten nicht eröffnet. Die Kriegserklärung ging von der Nationalversammlung in Paris aus. An die Spitze der verbündeten österreichisch-preußischen Heere trat Karl Wilhelm Ferdinand Herzog von Braunschweig.

Der Sturm auf die Tuilerien: *Pariser Revanche für die Drohung des Herzogs von Braunschweig*

Am 25. Juli erließ er im Koblenzer Hauptquartier ein Manifest, dessen Inhalt freilich allzusehr nach den Racherufen französischer Emigranten klang und in manchen Punkten brüsk ultimativ abgefaßt war.

Kurz gesagt: darin wird eine Intervention zur Wiederherstellung des Status quo ante angekündigt und an Armee und Bevölkerung appelliert, keinen Widerstand zu leisten, sondern vielmehr loyal zu Ludwig XVI. zu stehen. Jede Gegenwehr sei von den einmarschierenden Verbänden radikal zu brechen. Härteste Repressalien wurden für den Fall angedroht, daß dem Königspaar irgendein Leid geschehe. Dann würde »die Stadt Paris einer militärischen Exekution und der gänzlichen Zerstörung preisgegeben«.

Eine verfehlte Imponiergeste. Der Grimm der Pariser kehrte sich nicht gegen den fernen Widersacher, sondern entlud sich über die Häupter der wehrlosen Bourbonen.

Die Verbündeten handelten schnell. Einen Tag nach dem jakobinischen Gewaltakt, am 11. August, begannen die eigentlichen Operationen mit einem raschen, entschlossenen und verlustarmen Vorstoß. Das aus alten regulären Truppen und rasch zusammengetrommelten Einsatzformationen bestehende feindliche Heer befehligte Charles Dumouriez, ein Berufsoffizier, der die Kriegskunst noch in der Ära König Ludwigs erlernt hatte. Der Plan des Herzogs von Braunschweig ging dahin, möglichst schnell in Richtung Paris vorzurücken. Ein erster Name, der sich bei dieser Offensive einprägte: Verdun.

In der Champagne ergab sich ein Treffen. Bei den Höhen von Valmy prallten die Preußen und andere deutsche Kontingente auf einen französischen Riegel. Der Gegner hatte seine Batterien in Stellung gebracht und eröffnete das Geschützfeuer auf die in kompakter Schlachtordnung heranmarschierenden Regimenter. Bis in den Spätnachmittag dauerte die Kanonade, ein ungleicher Kampf, in dem Dumouriez seine Positionen behaupten konnte. Dabei zeigte sich, waffentechnisch erstaunlich, die Überlegenheit der französischen Artillerie, eine Tatsache, die militärische Beobachter damit erklären, daß diese Truppe im Kern von den revolutionären Umwälzungen am wenigsten berührt sei, da sie gut ausgebildete Berufssoldaten erfordere statt eilig bewaffneter und in die Linie geworfener »citoyens«.

Es kam zu Unterhandlungen. Dumouriez eröffnete den Gegnern, daß in Frankreich mittlerweile das Königtum abgeschafft sei und Preußen und Österreich im Fall einer Weiterführung des Kampfes nicht nur mit einer vom revolutionären Elan beseelten Massenbewegung, sondern vielmehr einer geschlossenen französischen »Nation« konfrontiert sein würden, die bereit sei, den Angriff auf ihren Heimatboden mit erbitterter Gegenwehr zu beantworten. Die Preußen bestanden auf der Unantastbarkeit der Königswürde. Doch um nicht einen verlustreichen und dabei wenig aussichtsvollen Waffengang zu wagen, setzten die alliierten preußischen und österreichischen Truppen – unter wachsenden Versorgungsschwierigkeiten und oft bei elendem Herbstwetter – ihren bei Valmy begonnenen Rückzug fort. König Friedrich Wilhelm II. drängte darauf, bei Verdun die Schlacht zu suchen, um dann die Winterquartiere an der Maas zu beziehen – ein Konzept, das a priori fehlging, weil es die im Moment strategisch unmögliche Einnahme Sedans erfordert hätte.

Im Oktober wendete sich vollends das Blatt: französische Verbände rissen das Gesetz des Handelns an sich, sie drangen in den österreichischen Niederlanden und am Rhein vor, Mainz fiel in ihre Hände.

Große Entscheidungen bahnen sich an. Beim Ausmarsch hatte ein preußischer Adjutant hoffnungsvoll geäußert: »Die Komödie dauert nicht lange. Wir versohlen diese Armee der Advokaten und sind im Herbst wieder zu Hause.«

Doch halten wir, so scheint's, nur beim Schluß des ersten Aktes, und die »Komödie« wandelt sich zum Drama. ∎

General Dumouriez: *Österreicher und Preußen haben es jetzt mit einer einigen Nation zu tun*

Erfolgsautor Goethe bei Valmy unter Feuer

So nahe bei der Champagne zu sein und kein einziges Glas der erlesenen Weine zu bekommen härmte den Lebensgenießer. Doktor Johann Wolfgang von Goethe, mit 43 Jahren schon Geheimrat und seit kurzem Leiter des Weimarer Hoftheaters, bewies nun, daß er nicht nur Deutschlands literarischer Spitzenreiter ist, sondern auch einen scharfen Ritt mitten durch die Zeitgeschichte keineswegs scheut. Als Begleiter seines Herrn, des Herzogs Karl August, nahm er am Feldzug in Frankreich teil und erlebte die folgenschwere Kanonade von Valmy direkt auf dem Schlachtfeld mit.

Seltsam widersprüchliche Gedanken bewegen ihn an jenem entscheidenden Tag. Herbstregen haben den Boden des Gefechtsgebietes aufgeweicht, Pferdehufe und Stückkugeln pflügen ihn noch weiter um. Im ersten Glied einer antrabenden sächsisch-weimarischen Eskadron entdeckt Goethe plötzlich in dem Standartenträger jenen »schönen Knaben«, dessen Mutter ihm selbst einst teuer war. Ein kurzes Erinnern, rasch von anderen Eindrücken verwischt. »Wir hielten auf der Chaussee von Châlons an einem Wegweiser, der nach Paris deutete.« – Symbol eines unerreichten Ziels. Für die Verbündeten wies diese Markierung ins Leere.

Ganz allein reitet der Zivilist immer tiefer in die Kampfzone, um an sich selbst festzustellen, wie einem Soldaten in Momenten existentieller Bedrohung zumute ist. Hier meldet sich der Dramatiker, der sich mit der Bühne des Schicksals konfrontiert sieht. Und das forschende Universalgenie. Wenn Goethe analysierend erklärt, der Ton der durch die Luft fliegenden schweren Geschosse sei zugleich »dem Brummen des Kreisels, dem Butteln des Wassers und dem Pfeifen eines Vogels« ähnlich, dann erkennen wir den passionierten Naturwissenschaftler, gewohnt, allen Phänomenen auf den Grund zu gehen.

Ganz deutlich nimmt er die französischen Batteriestellungen aus. Zum Glück für den unter Feuer Dahingaloppierenden versacken viele Treffer im Schlamm. Er findet, am stärksten wirke in der Schlacht der Lärm auf die Psyche ein, verbunden mit der sonderbaren Empfindung einer Hitze, die von außen den ganzen Körper durchdringt. So erlebt Goethe am eigenen Leib das oft zitierte »Kanonenfieber«.

Hinter die eigenen Linien zurückgekehrt, wird ihm erst klar, in welche Gefahren er sich freiwillig begab. »Töricht« schilt er sich nun. Im Lager der Verbündeten herrscht gedrückte Stimmung. Alle hatten mit dem leichten Sieg über die »Franzmänner« gerechnet. Jeder ermißt jetzt den Rückschlag. Der Beobachter aus Weimar sieht darin mehr: eine entscheidende Wende nach den dramaturgischen Gesetzen der Historie. Als man ihn fragt, erwidert er: »Von hier und heute geht eine neue Epoche der Weltgeschichte aus, und ihr könnt sagen, ihr seid dabeigewesen.«

Tags darauf sitzt er wieder im Sattel. Der Befehl lautet: Rückzug.

PORTUGAL

Der Narrendoktor kommt aus England

Die Stadt blieb finster und stumm. Der Intendant Pino Monique und sein Polizeikorps patrouillierten in den stillen Gassen, in denen die Truppe sonst, am Geburtstag der Königin, den Festtrubel und die Begeisterung der Lissaboner zu dämpfen hatte. An diesem 17. Dezember gab es keine Fackelzüge, weder Musik noch Tanz. Die 58jährige Königin Maria ist nun auch offiziell für geisteskrank erklärt worden, und nur ihr Sohn Johann (João), mit der Leitung der Staatsgeschäfte betraut, hofft noch auf ein Wunder.

Der Prinz und Thronfolger beschäftigt sich nur zögernd mit Regierungsangelegenheiten, weigert sich, den Regententitel anzunehmen, und unterschreibt unwillig und ausdrücklich im Namen der Mutter, was die Minister ihm vorlegen.

Daß die Königin in den letzten Jahren immer absonderlicher geworden war, wußte die ganze Stadt, aber die Hofkreise versuchten doch, das Ausmaß dieses geistigen Verfalls geheimzuhalten. Als Maria aber am 1. Februar, nach einer Theatervorstellung, auf offener Straße einen Tobsuchtsanfall erlitt, war die Sache nicht mehr zu vertuschen.

Über die Krankheit der Königin sind begreiflicherweise sehr viele Gerüchte im Umlauf: die fortschreitende Verwirrung soll von einem Unfall herrühren, den Maria I. von Portugal vor mehr als 30 Jahren bei der Heimkehr von ihrem Landsitz Queluz erlitten hat. Damals wurde sie aus dem schnell fahrenden Wagen geschleudert und trug eine schwere Kopfwunde davon. Man behauptet auch, daß das Unglück in ihrer engsten Familie sie zuerst schwermütig gemacht und zuletzt ganz verwirrt habe:

ihr Erstgeborener, Dom José, starb früh an den Pocken, wenige Wochen später auch sein schon 20jähriger Bruder Gabriel. Ein anderer Sohn und zwei Töchter starben im frühen Kindesalter. Seit 1786 ist Königin Maria verwitwet und trägt die gesamte Regierungsverantwortung allein.

Maria von Portugal: *geistig umnachtet*

Die portugiesische Botschaft in London bemüht sich in letzter Zeit, den englischen Arzt Dr. Willis nach Lissabon kommen zu lassen. Dr. Willis ist auf die Verwirrung königlicher Häupter spezialisiert: seit Jahren behandelt er mit anscheinend gutem Erfolg die Anfälle von Depression und geistiger Umnachtung, unter denen Englands Georg III. leidet. Aber der englische »Narrendoktor« ist teuer: das Honorar beträgt 10.000 Pfund, dazu kommen noch Reisespesen, außerordentliche Aufenthaltskosten und 1.000 Pfund monatlich für die Dauer seines Besuchs in Portugal. Die Ausgaben werden Privatschatulle und Staatskasse schwer treffen und Doña Marias mühsam erwirtschaftete Ersparnisse auffressen. Und das, obwohl außer ihrem beharrlichen Sohn niemand mehr so recht an eine Genesung der Königin glaubt. ■

WIRTSCHAFT

Neuer Dollar

In einem weiteren Versuch, die seit der Papiergeldinflation des Unabhängigkeitskrieges desolaten Währungsverhältnisse in Ordnung zu bringen, hat der amerikanische Kongreß in diesem Jahr die Einführung einer Zweimetallwährung beschlossen.

Es gibt jetzt Silberdollars und Golddollars. Der Silberdollar enthält 371,21 Grains, der Golddollar 24,7 Grains des betreffenden Edelmetalls. Dieses Verhältnis von ca. 1 : 15 entspricht etwa dem Wert von Gold und Silber auf dem freien Markt.

Der in aller Welt (bis nach China) als Zahlungsmittel akzeptierte spanische Silberdollar war schon von den Vätern der amerikanischen Unabhängigkeit in den »Konföderationsartikeln« zur Basiswährung erklärt worden. Im übrigen haben sich die einzelnen Staaten der USA als eifrige Papiergelddrucker betätigt (obwohl die Verfassung dieses Recht ausschließlich dem Bund zuspricht). Nun gibt es eigene von der Zentralregierung geprägte US-Dollars und sogar wahlweise in Gold und Silber.

Schon die Ankündigung der neuen Münze hat Spekulanten zum Rechenstift greifen lassen: der amerikanische Silberdollar, dessen offizieller Wert gleich jenem der spanischen Dollarmünze ist, enthält weniger Silber als sein spanisches Gegenstück. Vermutliches Ergebnis dieser Situation: nordamerikanische Silberdollars werden ins spanische Südamerika wandern und dort in spanische Münzen umgetauscht werden, die man dem nordamerikanischen Münzamt dank ihres hohen Silbergehaltes um mehr als einen Dollar als Rohstoff für die US-Dollars verkaufen kann. ■

Privatgeschäfte

Die Lehre von Adam Smith, wonach jedermann mit Fleiß nach der Besserung seiner materiellen Verhältnisse strebt (und dabei automatisch Nützliches für die Allgemeinheit leistet), bewahrheitet sich auf eine für die Überseehandelsgesellschaft überaus unangenehme Weise: die – meist unterbezahlten – Angestellten dieser Gesellschaften versuchen, sobald sie das Geschäft und seine Gewinnchancen kennengelernt haben, auf eigene Rechnung Handel zu treiben.

Ein Großteil der vielen kleinen Überseegesellschaften, die in den letzten 150 Jahren gegründet wurden, zahlten höchstens ein paar Jahre lang Dividenden, ehe sie vom »Schleichhandel« ihrer eigenen Leute ausgezehrt waren und eingingen. Auch die ganz großen, vermeintlich »unsinkbaren« Kompanien, wie die holländische und die englische ostindische Gesellschaft, leiden unter diesem Privathandel ihrer Leute, die mit allen Mitteln Geschäfte aufreißen, Eingeborene ausbeuten, betrügen und erpressen.

Der Weltreisende Labillardière, der in diesem Jahr die Molukken besucht hat, erzählt, daß der Niederländisch-Ostindischen Kompanie Jahr für Jahr etwa ein Fünftel der Muskatnüsse und Gewürznelken, auf die sie einen Monopolanspruch hätte, von eigenen Angestellten weggeschnappt wird.

Um ein legales Ventil für das Gewinnstreben der Kapitäne und Schiffsoffiziere zu schaffen, wurde bei der Englisch-Ostindischen Kompanie der »Privilegienhandel« eingeführt: die privilegierten Angestellten dürfen einen Teil der Fachträume ihrer Schiffe für eigene Geschäfte nutzen.

Der Dank der Angestellten besteht allerdings in verlängerten Reisezeiten,

Privilegierte Engländer in Indien: *Pennylose Kommis der Ostindischen Kompanie kehren nach wenigen Jahren als reiche »Nabobs« in die Heimat zurück*

weil jeder zweite Hafen zur Erledigung von Privatgeschäften angelaufen wird. Bisherige Versuche, den Privilegienhandel wieder abzustellen, sind gescheitert.

Auch die in Indien und Amerika stationierten Oberkaufleute, Gouverneure oder Residenten (Regierungsvertreter) verstehen ihr (Privat-)Geschäft. Nach zehn Jahren in Übersee kommen die einst pennylosen Kommis steinreich zurück und kaufen sich in England Landgüter, die jene des eingesessenen Adels in den Schatten stellen. (Ein schon klassisches Beispiel ist die Karriere Robert Clives, der 1743 als mittelloser Assistent der Ostindischen Kompanie nach Indien kam. Mit 34 Jahren hatte er die Vormacht Englands in Bengalen gesichert und ein Vermögen beisammen, das ihm eine Jahresrente von 40.000 Pfund abwarf, bis er 1774 in London Selbstmord beging. 50.000 Pfund hatte der Gute außerdem seinen Verwandten zukommen lassen.)

Die Überseegesellschaften leiden indes nicht nur unter den Ratten im eigenen Laderaum. Ihre quasi hoheitsrechtlichen Aufgaben bringen zwar Monopolprivilegien, zehren aber auch an den Gewinnen:

● Die Englisch-Ostindische Kompanie gab allein zwischen 1765 und 1771 neun Millionen Pfund für die zivile und militärische Verwaltung (Errichtung von Forts) in Bengalen aus.

● Die Holländisch-Ostindische Kompanie leistete sich in Indien einen Höchststand von 12.000 Soldaten. Außerdem wurden 100.000 Eingeborene ausgebildet. Die holländischen Handelsschiffe sind mit 30 bis 60 Kanonen ausgerüstet.

Wenn aber die Handelsschiffe zur einen Hälfte mit Kanonen (zur höheren Ehre der Nation) und zur anderen Hälfte mit Privatfracht (zur Erhöhung des Nebeneinkommens der Angestellten) beladen sind, bleibt für die Gesellschaft selbst nicht viel übrig. Der Zenit ihrer Macht und der Dividenden ist überschritten. ∎

MEDIZIN

Ketten zum alten Eisen

»Nackt, mit Lumpen bedeckt, der Brutalität wahrhafter Kerkermeister ausgeliefert, in engen, schmutzigen Löchern ohne Licht und Luft, angekettet...«, so beschreiben Augenzeugen die Zustände in europäischen Irrenhäusern.

Auch in Frankreich wurden bis vor kurzem nicht nur Tobsüchtige bei Anfällen gefesselt wie die ärgsten Schwerverbrecher. Der Mann, der den Geistesgestörten nun die Ketten abnahm und entscheidende Reformen zur Behandlung dieser Leiden einleitete, statt solche Unglücklichen nur zu isolieren und gleich Aussätzigen ihrem Schicksal zu überlassen, heißt Dr. Philippe Pinel, 47, seit kurzem Chefarzt des Männerasyls Bicêtre bei Paris.

Der aktive Südfranzose sollte eigentlich katholischer Pfarrer werden, hatte auch bereits die niederen Weihen empfangen, als er plötzlich auf Medizin umsattelte. Nun übt er so die christliche Nächstenliebe.

Dr. Pinels durch und durch humane Haltung und sein ganzes, vom Gedankengut der Aufklärung getragenes Wirken machten ihn zum Parteigänger der Französischen Revolution. Die neue Freiheit, die auf den Barrikaden verkündet wurde, schien ihm auch für sein eigenes Arbeitsgebiet verpflichtend: man mußte die schlechthin mittelalterliche Einstellung zu den Geisteskranken von Grund auf ändern, eine Abkehr von dem finsteren Aberglauben bewirken, daß sie Besessene seien und den Teufel im Leib hätten; die menschenunwürdige Unterbringung in den Anstalten mußte aufhören. Pinel, der Ethiker und Moralist, ebenso Pinel, der Mediziner, hoffte auf bessere Zeiten, auch für seine Patienten. Als die Guillotine begann, die Ideale unbarmherzig zu zerhacken, schwanden

Irrenhäuser in Europa: *Geistesgestörte wie Tiere und Schwerverbrecher in finsteren Kerkern*

seine Sympathien für die politische Entwicklung.

Die erste seiner Reformen: unter den mißtrauischen Blicken der Behörden ließ er einem Dutzend Insassen der Anstalt Bicêtre die Ketten abnehmen. Man hatte ihn gewarnt, die Verrückten würden sich sofort auf ihn stürzen. Nichts dergleichen geschah. Die Befreiten verhielten sich völlig gesittet. Daraufhin wagte Dr. Pinel den Versuch, alle Kranken der Fesseln zu entledigen. Viele kamen zum erstenmal seit ihrer Einlieferung wieder ans Tageslicht.

»Sehr wesentlich erscheint es mir, die Patienten nach ihren psychischen Leiden zu trennen«, erklärt der philanthropische Mediziner. »Als ich hier Chefarzt wurde, waren sie einfach zusammengesperrt, ohne Rücksicht auf den Grad ihrer Erkrankung, ein Verfahren, das sich gerade bei leichteren Fällen katastrophal auswirkt, weil dann schon die Umgebung den Krankheitsverlauf negativ beeinflußt. Wir sind eben dabei, einzelne Abteilungen zu schaffen.«

Ebenso will Dr. Pinel seinen »Schützlingen«, wie er die Kranken gerne nennt, größere Bewegungsfreiheit innerhalb der Anstalt gewähren – zugleich ein Vertrauensbeweis. Gegen Schwermut oder »Depressionen« verordnet er harmlose Ablenkungen, ja er wird sogar richtige Spielplätze anlegen. Völlig neu ist auch seine Idee, die Irren systematisch zu beschäftigen, ihren individuellen Neigungen entsprechend, vorzugsweise aber im Garten und auf Feldern, wo sie produktive Arbeit leisten können. Der Erlös soll der Klinik Bicêtre zugute kommen, zur Verbesserung ihrer Einrichtungen verwendet werden.

»Äußerst wichtig ist die Heranbildung geeigneter Ärzte und Wärter«, erklärt Dr. Pinel. Von ihnen fordert er Geduld, Einfühlungsvermögen und energisches Eingreifen nur dann, wenn es unbedingt nötig ist. Sadisten, verhinderte Galeereneinpeitscher und Drillsergeanten haben bei ihm keine Chance. Die Ketten sind endgültig zum alten Eisen geworden. Aus aufgeschlossenen Ärztekreisen hört man, der Modellfall Bicêtre werde bald auf der ganzen Welt Schule machen. ∎

ERFINDUNGEN

Jetzt geht's auch ohne Brieftauben!

Da kommt selbst die schnellste Brieftaube nicht mehr mit: für die Zurücklegung der 225 Kilometer langen Strecke Paris–Lille wird eine Kurznachricht künftig ganze zwei Minuten brauchen.

Der Lufttelegraf des französischen Ingenieurs Claude Chappe macht's möglich. Der Erfinder hat seine Apparatur am 22. März der französischen Nationalversammlung vorgeführt und gleichzeitig einen Plan für die Errichtung von Telegrafenlinien vorgelegt. Als erstes sieht er die telegrafische Verbindung Paris–Lille vor.

Der von Claude Chappe gebaute Apparat besteht aus drei beweglichen Balken an einem Mast, die durch Handkurbeln mit Hilfe von Schnüren und

Ingenieur Chappes merkwürdige Hieroglyphen: *nur zwei Minuten für die Strecke Paris–Lille*

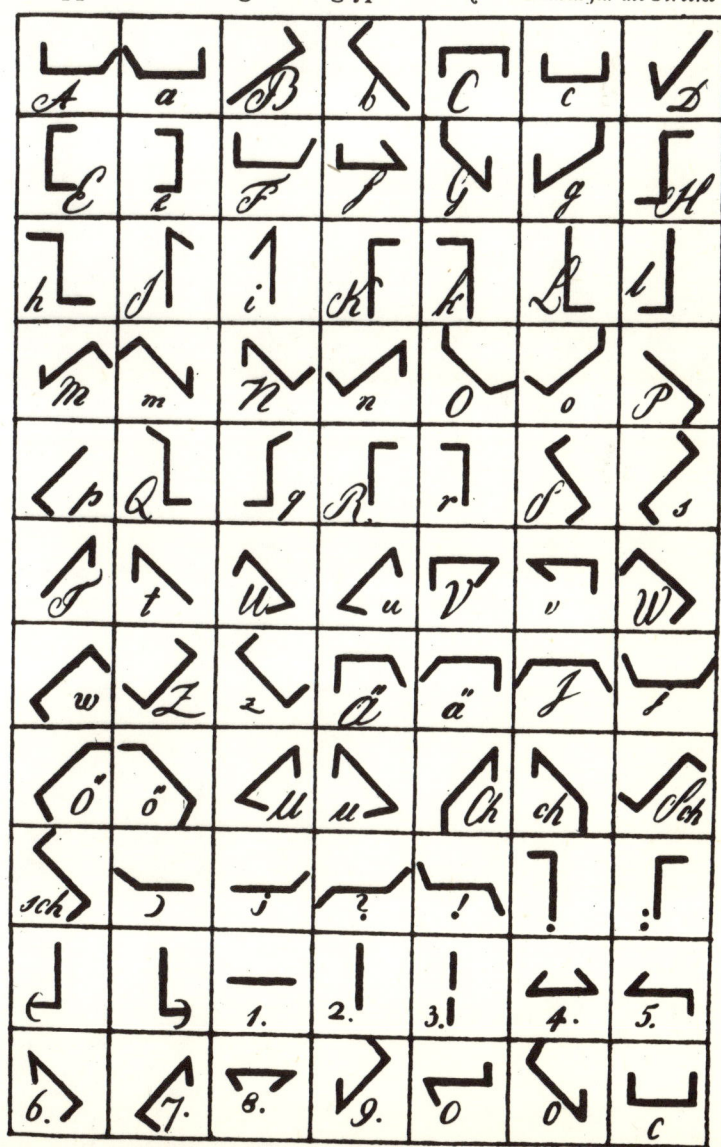

Gewichten in eine große Anzahl von Stellungen gebracht werden können. Jede Stellung bedeutet einen Buchstaben oder ein Wort, mehrere ergeben ganze Sätze. Chappe will seine Lufttelegrafen auf Türmen oder Anhöhen in Fernrohrsehweite voneinander entfernt aufstellen, das sind je nach Bodenbeschaffenheit acht bis zehn Kilometer. Er hat die Strecke Paris–Lille bereits genau studiert und 22 Punkte festgelegt, wo seine Balkenpoststationen stehen werden. Nach seiner Schätzung wird ein Zeichen die Strecke in zwei Minuten zurücklegen; ein ganzer, nicht zu langer Satz kann in etwa einer halben Stunde die 22 Stationen durchlaufen. Die schnellste Brieftaube braucht für den gleichen Weg dreieinhalb Stunden.

In der Praxis geht Chappes Lufttelegrafie so vor sich: jede Station beobachtet mit fix montierten Fernrohren die beiden Nachbarstationen und stellt die Balken nach den gesehenen Zeichen ein. Jedes Zeichen bleibt so lange stehen, bis es vom Nachbarn eingestellt worden ist. Telegrafieren kann man mit Chappes Balken insgesamt 196 Zeichen; das reicht für wichtige Kurzmitteilungen.

Wie nicht anders zu erwarten, zeigt die hohe Generalität bereits großes Interesse für die Neuheit. Bei der Kostspieligkeit der Errichtung und des Betriebs der Lufttelegrafieanlagen werden Chappes Apparate wohl nur der Übermittlung dringlichster Nachrichten im Staatsinteresse – also in erster Linie militärisch-strategischer – dienen. Der Divisionschef des französischen Kriegsministeriums, M. Miot, denkt sich das so, daß die das Instrument bedienenden Soldaten die Bedeutung der einzelnen Balkeneinstellungen nicht kennen und sie bloß an die nächste Station weiterzugeben haben. In das Zeichensystem sollen ausschließlich Stabsoffiziere eingeweiht sein.

Claude Chappe träumt bereits von einem ganz Europa bedeckenden Netz von Lufttelegrafenlinien. Ein neues Zeitalter der Nachrichtenübermittlung ist angebrochen, die Brieftauben haben ausgedient. Des Nachts allerdings funktioniert's nur mit Fackeln: so wie schon bei den alten Griechen und Römern. ∎

MODERNES LEBEN

Von »Unserer Lieben Frau« zur »Gerechten Lukretia«

Frankreichs Patrioten sind bemüht, die Spuren der feudalkatholischen Vergangenheit allenthalben auszulöschen. Jeder kleine Louis oder Henri heißt plötzlich nach dem Tyrannenmörder Brutus oder gar – nach dem römischen Helden – Mucius Scaevola. Und die kämpferischen und tugendhaften Jungfrauen der römischen Geschichte werden für die kleinen, rosigen Mädchen bemüht, die man früher Louisette oder Antoinette nannte.

Aber auch die Gemeinden wollen nicht mehr hinter den progressiven Familienvätern zurückstehen. Paris hat die Place Louis XV schon längst in »Place de la Révolution« umbenannt, die nahe Place Vendôme ist zur kriegerischen »Place des Piques« geworden. Während die Rue Saint-Honoré nur das

Vorbild der Nation: *Tyrannenmörder Brutus*

»heilig« aus ihrem Namen gestrichen hat, ist aus der Rue Notre-Dame des Champs die »Straße der Gerechten Lukretia« geworden. Überhaupt wird »Unsere Liebe Frau« überall ersetzt, meist durch »Vernunft« oder »Nation«; so heißt die Rue Notre-Dame des Victoires jetzt »Rue des Victoires Nationales«. Die neuen Heiligen und Märtyrer der Republik werden geehrt, die Place de la Sorbonne heißt jetzt nach Chalier, dem in Lyon umgebrachten Jakobiner, und der Bezirk Montmartre ist neuerdings Marat gewidmet und heißt »Montmarat«.

Daß Versailles nicht zu »Berceau de la Liberté« – Freiheitswiege – wurde, ist nur der Zivilcourage eines Gemeinderats zu verdanken, der sich vorläufig noch den Radikalen widersetzen konnte, aber sonst bemächtigen sich Freiheit und Gleichheit überall der althergebrachten Ortsnamen. Chateau-Thiery wird »Egalité sur Marne«, Villejuif heißt nach der neuen Toleranz »Commune Equitable«, und Dünkirchen wird zu »Dune-Libre«, zur »freien Düne«. Das kleine Städtchen Saint-Esprit wird schlicht zu »Jean-Jacques Rousseau«. Auch klassische Anklänge werden geschätzt. Saint-Maximin heißt plötzlich »Marathon«, und wer dort nicht hinlaufen will, kann nach »Brutus, der Großmütige«, dem ehemaligen Saint-Pierre-les-Moulins, fahren.

Es ist aber nicht nur die Liebedienerei der örtlichen Behörden, die solche Bocksprünge macht. Konvent und Wohlfahrtsausschuß selbst verteilen neue Namen, um rebellische Städte zu bestrafen: nach den Unruhen in Lyon heißt die Stadt auf höchsten Befehl »Ville Affranchie«, also »vom Joch der Gemäßigten und Royalisten befreite Stadt«; Barras, der in das aufständische Marseille entsandte Abgeordnete, befiehlt, die größte Hafen- und Handelsstadt Frankreichs von nun an »Ville-sans-Nom« – »die Namenlose« – zu nennen. Und Toulon, das sich den Engländern mit einer gewissen Erleichterung ergeben hat, soll nach dem Willen seines revolutionären Wiedereroberers, des Abgeordneten Fréron, »Ville Plate« heißen, da er die Stadt dem Erdboden gleichmachen möchte. ∎

RECHT

Zivile Ehe und Scheidungsflut

Camille Desmoulins, 32, Exadvokat, Berufsrevolutionär und Journalist, hat zum zweitenmal in seinem Leben eine historische Tat gesetzt: am 14. Juli 1789 feuerte er das Volk von Paris durch flammende Reden zum Sturm auf die Bastille an; am 24. September dieses Jahres trug er seinen Sohn Horaz in stummer Ergriffenheit zur feierlichen Registrierung ins Rathaus. Es war die erste republikanische »Taufe«, nachdem der Konvent vier Tage zuvor die Einführung der zivilen Standesregister angeordnet hatte.

Zugleich mit der staatlichen Erfassung von Geburt, Eheschließung und Tod beschloß der Konvent tiefgreifende Reformen im Ehe- und Familienrecht. Heirat und Scheidung werden erleichtert, uneheliche Kinder legalisiert und Frauen den Männern in vermögensrechtlicher Hinsicht gleichgestellt.

- Die Eheschließung ist nun ein freier Willensakt zwischen erwachsenen Menschen und nicht mehr länger ein Vertrag zwischen den Eltern.
- Die Ehefrau erhält gleichberechtigte Verfügungsgewalt über das Familienvermögen.
- Die Scheidung ist möglich im Falle von: schwerer Krankheit, Kriminalität, Grausamkeit, unmoralischem Verhalten, böswilligem Verlassen, fünfjähriger Trennung oder Emigration eines Ehepartners.

Im Überschwang des allgemeinen Freiheitsdranges führt die Ausräumung der Scheidungshindernisse zu einer wahren Scheidungsflut – besonders da die Gerichte nicht eben kleinlich in der Bewertung objektiver Trennungsgründe sind. Allein in den ersten Monaten nach Einführung der neuen Ehegesetze sind – groben Schätzungen zufolge – mindestens 6.000 Paare den ehelichen Fesseln entronnen.

Gegen wen sich die Einführung der zivilen Standeslisten in erster Linie richtet, geht deutlich aus einer Bemerkung hervor, die Desmoulins an den Rand des Geburtsregisters seines Sohnes schrieb: »Ich wollte mir den Vorwurf ersparen, den mir mein Sohn eines Tages machen könnte, ihn durch Eidesschwur an religiöse Ansichten gebunden zu haben, die möglicherweise nicht die seinen sein werden.«

Die Revolution, anfänglich durch zahlreiche junge Mitglieder vor allem des niedrigen Klerus begeistert unterstützt, hat die Kirche formell nie angegriffen: der Priester, der den Eid auf die Verfassung ablegte, blieb unangetastet und erhielt eine staatliche Bezahlung.

In dem Maße aber, da sich die Revolution von ihren humanitären Idealen löste, verlor sie nicht nur die Zustimmung breiter Volksschichten, sondern auch die Gefolgschaft vieler Priester.

Die bewaffneten Unruhen gegen die Zwangsrekrutierung, die sich im Frühsommer dieses Jahres von einzelnen Dörfern der stockkonservativen Vendée aus über viele Landschaften des westlichen Frankreich ausgedehnt haben, werden bezeichnenderweise überwiegend von Priestern geschürt und geführt.

Das Bestreben, der Kirche die Basis ihres Einflusses zu entziehen, hat daher konsequenterweise zur Einführung der zivilen Standesregister geführt – und noch einen Schritt weiter: an Stelle des christlichen wurde der republikanische Kalender gesetzt. Republikanische statt religiöser Feiertage, »Tempel der Vernunft« statt Kirchen, »Kult des höchsten Wesens« statt Gottesanbetung.

»Ihr hättet nichts getan, wenn es euch nicht gelänge, die Revolution zu ›entchristlichen‹«, donnerte Mirabeau vor drei Jahren in die Nationalversammlung. Jetzt haben sie es getan. ∎

Revolutionär Camille Desmoulins und Familie: *statt Taufe nur noch Registrierung im Rathaus*

VERBRECHEN

Der Tod kam auf dem Maskenball

Auch Reaktionäre bringen ihre Könige um

König Gustav III. von Schweden, dem selbst seine Feinde Genialität nicht abzusprechen vermochten, ist am 16. März von adeligen Verschwörern während eines Maskenballs ermordet worden. Die Hintergründe dieses Verbrechens sind restlos geklärt, der hauptverantwortliche Attentäter in Haft und die schwedische Monarchie fest in den Händen der Anhänger des ermordeten Monarchen.

Die Umstände, die zu der Tat führten, ihre Ausführung, aber auch die Aufklärung des Verbrechens hätten zu anderen Zeiten die Phantasie der Menschen monatelang beschäftigt. Heute aber, da die Ereignisse in Frankreich die Welt in Atem halten, hat das Verbrechen von Stockholm die Bürger nur den Kopf schütteln lassen: nicht nur Revolutionäre, auch Reaktionäre bringen ihre Könige ums Leben...

Der Mordfall selbst sucht seinesgleichen. Der Hergang, wie er von den Adjutanten des Königs, den Befehlshabern der Leibwache und den Fachleuten der Stockholmer Polizei geschildert wird, ist genau bekannt:

Während des Abendessens, das Gustav III. schon gegen zehn Uhr abends – wegen des Ballfestes im Opernhaus – einnahm, brachte ein kleiner Junge einen Korb mit frischem Brot. Unter den Brotschnitten, auf dem Grund des Körbchens, lag ein Zettel mit offensichtlich hastig hingeworfenen Bleistiftzeilen.

Der Adjutant des Königs beobachtete den Monarchen, sah ihn lesen, mehrmals den Kopf schütteln und danach lächeln. Dann beugte sich der König über die Tafel und gab das Papier dem diensthabenden Offizier, der erschreckt aufsprang.

In dem anonymen Briefchen stand in dürren kargen Worten, daß man heute abend während des Maskenballes den König umbringen werde. Es sei, so schloß der Brief, der Beschluß der adeligen Feinde des Königs.

»Nun?« fragte der König, noch immer lächelnd.

»Majestät werden selbstverständlich nicht auf den Maskenball gehen!« erwiderte der Offizier.

Aber der König sagte, indem er eine Stelle aus Voltaires »Cäsar« zitierte, er werde unbedingt das Maskenfest besuchen. »Man will den König nur ängstigen... Eine klug ausgedachte Sache, mir einen Abend zu verderben!« scherzte Gustav III.

Eine Stunde später saß er in einer Loge des Opernhauses, nur von seinem Freund, dem Grafen Essen, begleitet. Scherzend erzählte er dem Grafen von dem anonymen Brief und stieg dann die wenigen Stufen in den Saal hinab, die Maske vor dem Gesicht, ein kaum mittelgroßer, zierlicher Herr, den jedermann im Saale erkannte: der König...

Sofort umringte ihn eine große Schar von Masken; eine – man vermutet insgeheim, daß es Graf Horn gewesen sei – klopfte dem König mit den Worten »Gute Nacht, Maske!« auf die Schulter.

Das scheint das Signal für den Anschlag gewesen zu sein. Schüsse fielen, und im gleichen Augenblick schrien viele Stimmen: »Feuer! Feuer im Saal!«, wohl um eine Panik auszulösen.

Der König verlor keinen Augenblick das Bewußtsein und scheint der einzige gewesen zu sein, der kaltblütig blieb, wiewohl ihn drei Kugeln in den Rücken, und zwar über der linken Hüfte, getroffen hatten.

Er befahl, daß sich alle im Saale Anwesenden sofort demaskieren sollten und daß man jeden einzelnen von ihnen überprüfe. Gleichzeitig gab er Befehl, ganz Stockholm von der Außenwelt abzuriegeln. Dann ging er, aus der fürchterlichen Wunde blutend, dennoch ruhigen Schrittes in ein kleines Anrichtzimmer und – eine groteske Situation – beruhigte den wachhabenden General Armsfeldt, der außer sich war; ja der tödlich Verwundete ließ dem General sogar ein Glas Wasser bringen. Neugierige, Würdenträger und ausländische Diplomaten drängten sich in der Tür des kleinen Zimmers, aber der König beruhigte sie mit freundlichem Lächeln: er sei nur leicht verletzt, und die Attentäter werde man bald ausforschen.

Erst als ihn, eine halbe Stunde später, die Ärzte operierten, verlor er das Bewußtsein. Es gab übrigens keinen Zweifel, daß die Verletzungen tödlich waren. Die Chirurgen konnten zudem nur zwei der drei Geschosse herausoperieren, das dritte steckte in der Lunge und scheint schließlich den Tod Gustavs III. herbeigeführt zu haben.

Natürlich überprüfte der diensthabende Offizier die Liste der beim Maskenfest anwesenden Damen und Herren: sie gleicht einem Auszug aus Schwedens Adelsregister. Wer immer Rang und alten Namen im Königreich hat, war an diesem Abend beim Maskenball des Königs.

Nach zwei Stunden waren sie alle überprüft, der große Ballsaal leer; nur eine Blutlache zeigte noch den Platz an, auf dem der König stand, als ihn die Kugeln trafen.

Die Militärs, von der rasch herbeigeholten Stockholmer Polizei unterstützt, durchsuchten nun das ganze Gebäude; im Saale, hinter einer Sitzgruppe versteckt, fand man eine geladene Pistole, unweit davon aber auch jene Waffe, aus der der tödliche Schuß abgefeuert worden war. Die Waffen hatten keinerlei besonderes Merkmal, es waren Pistolen, wie sie heutzutage von Hunderten Männern, Offizieren und Edelleuten bei Reisen über Land getragen werden. Ihr Fund führte also nicht weiter auf der Suche nach dem Täter.

Noch während Polizei und Militär den Saal durchsuchten, wurde in der Garnison Stockholm Alarm gegeben. Die Truppen wurden an alle wichtigen Punkte der Stadt gesandt, alle Tore,

Ermordeter Gustav von Schweden: *drei Kugeln für den Monarchen, der Adelsprivilegien anrührte*

ebenso auch die Ufergelände wurden abgeriegelt.

Erst nach einigen Stunden wurde im Festsaal ein entscheidender Fund gemacht: ein kunstvoll graviertes Messer mit feinziseliertem Griff. Der Waffenschmied, ein bekannter Stockholmer Handwerker, ein Künstler seines Faches und Modelieferant der schwedischen Jungaristokratie, hatte den Griff mit seinem Monogramm verziert.

Eine Reiterpatrouille, angeführt von einem Gardeoffizier, suchte den Meister im Morgengrauen auf, hielt ihm die Waffe vor: ob er sie kenne?

Natürlich, erwiderte der Meister, er habe sie für den Leutnant Jacob Johan Anckarström angefertigt.

Um zehn Uhr vormittags wurde Anckarström im Hause eines Freundes festgenommen. Er gestand – »unbewegter Miene«, meldet dazu der Polizeibericht – das Attentat auf Gustav III., zeigte keinerlei Reue und nannte trotz stundenlanger Verhöre keinen Mitverschworenen.

Denn es war jedermann klar, daß Anckarström nur die ausführende Hand einer weitreichenden Verschwörung des Adels war, den der König in mehreren Anläufen um alle seine feudalen Rechte gebracht hat.

Die Gerüchte wollen nicht verstummen, daß die Grafen Horn und Ribbing, Freiherr Thure Bielke, General Pechlin, Oberstleutnant Liljehorn und sogar des Königs Adjutant Ehrensward zu den Verschworenen gehörten.

Über Anckarström wird bekannt, daß er wegen Ehrenhändeln im Gefängnis saß, vom König aber gnadenhalber entlassen wurde. Anckarström aber fühlte sich schuldlos, er wollte keine Gnade, sondern sein vermeintliches Recht: als ihn der König, spöttisch wohl, abwies und ihm bedeutete, er solle sich seiner unverdienten Freiheit erfreuen, schwor er Rache. Er fand seinen Weg zu den Verschwörern, die den König mehr haßten als irgend etwas auf der Welt.

Sie verabscheuten alles an ihm: daß der König, als Neffe Friedrichs des Großen von Preußen, deutschfreundlich und »aufklärerisch« gesinnt war. Daß er all das, was seine schwachen, in der Hand der großen Adelsgeschlechter machtlosen Vorfahren versäumt hatten, in wenigen Jahren nachzuholen verstand: die Errichtung eines zentralistischen, absolutistischen Königtums, dessen oberste Spitze der Herrscher war, weder dem Volk noch gar dem Adel verantwortlich, niemandem, nur sich selbst und Gott.

Daß der König die Wirtschaft umstellte, aus dem hinterwäldlerischen Agrarland einen auf den Ansichten der fremdländischen, aber modernen physiokratischen Schule fußenden Handwerker- und Industriestaat zu formen begann, daß er deshalb Bürgertum und aufgeweckte Bauern ausbildete und zu höheren Aufgaben heranzuziehen gedachte, zu Aufgaben, die bislang nur der Uradel ausüben durfte.

Und natürlich warf man ihm Verschwendung und Prunksucht vor: er baute die Schlösser um, schuf sich nach dem Vorbild anderer Monarchen Villen, umgab sich mit geistreichen und gebildeten Menschen aller Stände, förderte die Künste, gründete die Schwedische Akademie der Wissenschaften; außerdem stellte er das Rechtswesen auf eine neue Basis, indem er den rohen und ungebildeten Grundbesitzern das mittelalterliche Richterspielen entzog und geschulte Juristen einsetzte, denen er die Folter verbot.

Vor allem aber war es die Steuergleichheit, die er einführte und die den Adel zum erstenmal in der tausendjährigen Geschichte Schwedens zur Kasse bat.

Ein weiteres Attentat?

Es scheint, daß sich in Deutschland alles Umstürzlerische, alles Revolutionäre ins Lächerliche kehrt: während man in Frankreich mit einem Prozeß gegen Ludwig XVI. rechnet, während die adelige Reaktion den schwedischen König Gustav III. ermordet hat, wird in Deutschland ein angebliches »Attentat« auf den preußischen König Friedrich Wilhelm II. maßlos aufgebauscht, so, als sei der König mit geraumer Not dem Tode entgangen. Der Herrscher empfängt Dankadressen und sanktioniert Dankgottesdienste...

Indes ist der wirkliche Tatbestand eher lachhaft: Französische Emigranten aus Koblenz verhafteten am 21. August den Zahnarzt L'Eveque aus Lyon, der denunziert worden war, von Jakobinern den Auftrag zu haben, den König von Preußen zu vergiften, was – wie L'Eveque ausdrücklich voll Stolz betont – ihm als dem Leibzahnarzt von Allerhöchstdemselben unschwer möglich gewesen wäre.

Von dem Straßburger Bürgermeister Dietrich, einem Jakobiner, erhielt der Zahnarzt 25 Louisdor, eine gewiß nicht allzu hohe Summe für einen Königsmord, reiste nach Berlin und wartete auf eine günstige Gelegenheit.

In Berlin aber fand er alsbald so viele Patienten, und das Geschäft ging so gut, daß er beschloß, lieber Zahnarzt zu bleiben und der Politik aufzusagen.

Offensichtlich haben ihn die betrogenen Freunde von den Jakobinern an die französischen Emigranten verraten: denn von ihnen wurde er verhaftet.

Der »Fall L'Eveque« wird nun aber zu einer großen Kampagne für den »armen, dem Mord nur knapp entgangenen König« benützt, um die Stimmung in Preußen, nun, da es Krieg gibt, günstig zu beeinflussen.

König Friedrich Wilhelm: *Der erfolgreiche Zahnarzt ließ das Morden sein*

Das vergaßen sie ihm nicht, die Adeligen. Sie ließen sich wohl düpieren, als er, ein Jahr vor dem Attentat, den Reichstag einfach schließen ließ und die versammelten Adeligen nach Hause schickte. Seither aber saßen sie in den langen nordischen Winternächten beisammen und beschlossen seinen Tod.

Es besteht kein Zweifel, daß Anckarström nur einer der zumindest drei Männer war, die zur Ausübung der Tat – wie die Polizei vermutet – ausgelost worden sind. Hätte sein Schuß den König verfehlt, wäre der nächste Attentäter in Aktion getreten.

Der Tod des Königs hat vor allem in Frankreich, unter den Revolutionären, Begeisterung ausgelöst. Marat sprach vom »Ende des giftigsten Zwerges unter den Tyrannen Europas«; er spielte damit auf die Rolle an, die der klein gewachsene Monarch zu spielen begonnen hatte: der Führer eines Kreuzzugs der europäischen Herrscher gegen die Französische Revolution zu sein. Er könne dies, sagte Gustav III. knapp vor seinem Tode, mit gutem Gewissen tun. Denn in seinem Lande, im Preußen seines Onkels und im Österreich seines Freundes, des Kaisers Leopold II., sei mehr an Fortschritt zu verzeichnen als im revolutionären Frankreich.

Nun, der eigenwillige und begabte Herrscher wird seine Pläne nicht ausführen können. Man erzählt sich im Hauptquartier der verbündeten Monarchen, daß es viele gab, die durch Gustavs Tod geradezu erleichtert waren: der schwedische König habe dauernd zum Angriff und zum Handeln getrieben, sagen sie, was den bedächtigen Feldherren und Diplomaten lästig geworden sei...

Knapp zwei Wochen nach dem Attentat, am 29. März, ist der König seinen unheilbaren Wunden erlegen. Als Nachfolger wird sein natürlicher Sohn Gustav Adolf angesehen; doch ist, weil der Kronprinz erst 14 Jahre alt ist, ein Regentschaftsrat eingesetzt worden.

Jacob Johan Anckarström wurde, des Königsmordes geständig, am 27. April in Stockholm hingerichtet.

Er hat keinen seiner Mitverschworenen genannt. ∎

MODE

Cäsar mit der Jakobinermütze

Wie innig Mode und Weltanschauung miteinander verflochten sind, zeigt ein in Paris ausgebrochener Streit um die rote Jakobinermütze, der um ein Haar zum Bürgerkrieg geführt hätte.

Der »bonnet de la liberté« oder »bonnet rouge« ist in Form und Farbe den phrygischen Mützen nachempfunden, wie sie die Fischer am Mittelmeer tragen, und soll ein Freiheitssymbol darstellen. Böse Zungen können sich allerdings nicht verkneifen, darauf hinzuweisen, daß auch die Galeerensklaven lange Zeit diese Kopfbedeckung trugen.

Wie dem auch sei: im Zeichen der Égalité bestehen die Jakobiner darauf, daß jeder wahre Patriot sich mit der neuen Haube zu schmücken habe. Der Konterrevolutionär sei demnach bereits am Hut zu erkennen.

Nachdem zahlreiche friedliche Hutträger auf offener Straße von wütenden Mützenanhängern verprügelt worden waren, beeilte sich jedermann, sein Haupt mit dem »bonnet rouge« zu zieren.

Bei einer Aufführung von Voltaires »Cäsar« zeigte sich nicht nur das Auditorium unisono in der roten Mütze, sondern – Gipfel der Lächerlichkeit – auch jeder einzelne Schauspieler. Cäsar trug eine rote Mütze; in roten Mützen, eher Hanswursten als ehrwürdigen römischen Senatoren gleichend, schritten auch die Mörder zur blutigen Tat.

Nachdem die Exzesse vor allem jugendlicher Jakobinerrowdies gegen harmlose, huttragende Bürger immer bedrohlichere Formen angenommen hatten, tauchten plötzlich vereinzelt weiße und blaue Mützen auf.

Bürgermeister Pétion wies nicht ohne Besorgnis darauf hin, daß sich die Feinde der Konstitution unter dem Zeichen der andersfarbigen »bonnets« sammeln und einander erkennen könnten. Ein Bürgerkrieg würde die letzte, schreckliche Konsequenz dieser Mützenmanie sein.

Die Jakobiner beugten sich dieser Argumentation und pfiffen ihre »bonnets rouges« zurück. Seit kurzem kann jedermann in Paris wieder unbehelligt mit dem Hut auf dem Kopf spazierengehen.

Auch Herren tragen »Busen«

Keine Mode, sagt man, sei so töricht, daß sie nicht von den Frauen begeistert mitgemacht würde. Das stimmt – zumindest heuer – nicht ganz: auch die Männer folgen willig jeder Tollheit und übertreffen darin noch so manches Frauenzimmer.

Voriges Jahr zeigten sich die Frauen in gewaltigen Hals- und Busentüchern. Nicht faul, folgen die Männer nach: sie

Die rote Jakobinermütze: Ist sie neues Freiheitssymbol oder alter Hut der Galeerensklaven?

können es jetzt noch größer, noch besser, noch eindrucksvoller als die Frauen.

Der Herr von Welt trägt um den Hals zunächst einmal ein seidenes, mit Baumwolle ausgestopftes kleines Kissen. Darüber ein bis zum Kinn gebundenes Unterseidentuch. Nächste Lage: eine Musselinkrawatte und schließlich ein weiteres Schmuckseidentuch. Mit den dreiteiligen Gilets (heuer vornehmlich in den Farben Grün-Gelb-Perlmutt abgestimmt) präsentieren sich viele Herren ebenso hochbusig wie die Damen.

Auch die Schleppen der Damenkleider finden in der Herrenmode ihr Pendant. Die Redingotes (in direkter Linie vom bequemen »riding-coat« der Engländer abstammend) wurden in letzter Zeit immer breiter und länger. Sie reichen knapp bis zum Boden – gelegentlich sind sie so lang, daß sie am Boden schleifen.

In Hamburg kann man Herren beobachten, die ihre überlangen Frackschöße bei Regenwetter, wie Damen ihre Schleppen, mit zierlich gespitzten Fingern aufheben, um über die Pfützen zu hüpfen.

Die dazugehörigen Pantalons werden heuer wieder sehr eng getragen – äußerst betrüblich für jene Männer, die Mutter Natur mit Spindelbeinen ausgestattet hat. Doch es gibt schon Abhilfe: jeder bessere Schneider liefert auf Wunsch zusammen mit den Beinkleidern falsche Waden und Schenkel.

Auch in den Kniehosen, die sich noch immer neben den Pantalons behaupten, sieht der Herr wie in einen Handschuh gezwängt aus. »Adam war mit einem Feigenblatt bedeutend anständiger gekleidet«, bemerkt hiezu ein Modeberichterstatter. Der Papst hat diese »unanständige« Mode in seinem Staat kurzerhand verboten. Manche dieser Beinkleider sind so eng, daß sie von mehreren Helfern gehalten werden müssen, damit der Herr mit einem Satz hineinspringen kann.

Einer Indiskretion der Gräfin Potocka ist zu entnehmen, daß der zukünftige Zar Alexander I. von Rußland nur in äußerst seltenen Fällen bereit ist, sich bei offiziellen Gelegenheiten niederzusetzen. Er lebt in der ständigen Furcht, seine Hosennähte könnten platzen. ■

BIOGRAPHIE

Seeräuber und Freiheitsheld zugleich

John Paul Jones gestorben

John Paul Jones ist tot, noch nicht 45 Jahre alt. Es ist kaum zu glauben, wenn die wenigen, treuen Freunde, die dem großen Seehelden und Abenteurer geblieben sind, behaupten, Jones, der mehr Kanonenkugeln pfeifen gehört hat als irgendein General der Landtruppen, sei an gebrochenem Herzen gestorben.

Es paßt einfach nicht zu ihm. Sein ganzes Leben war ein Abenteuer, sein Partner die wilde unberechenbare See, sein Lebensraum die enge Kapitänskajüte und das Hauptdeck von Kriegsschiffen. Und dieser Mann soll zu Tode betrübt gewesen sein, weil ihn die Zarin Katharina die Große oder, genauer gesagt, weil ihn ihr Günstling Potjomkin ungnädig und mit der üblen Nachrede »unfähig« weggeschickt hatte?

Es widerspricht seinem Leben. Schon als Zwölfjähriger, Anno 1759, brannte er von seiner Heimat, einem kleinen Nest im Südwesten von Schottland, durch und ging zur See. Vielleicht wollte er wirklich nur seinen Bruder aufsuchen, der in Amerika, in Virginia, als Schneider lebte. Aber dann nahm ihn der Ozean gefangen. Ein Besessener, studierte er Navigation, Geographie und Mathematik und schon mit 19 Jahren wurde er Erster Maat auf der »Two Friends«. Es war kein feiner Job: die »Two Friends« brachte Negersklaven nach Virginia.

Die nächsten zehn Jahre sehen ihn in einem immerwährenden Strudel von Abenteuern, vornehmlich in Westindien, verwickelt: Mordverdacht, Meuterei, wieder Mordverdacht, abenteuerliche Flucht durch die Mangrovensümpfe Floridas, um schließlich eine Zeit zu finden, die seiner bedurfte: den Unabhängigkeitskrieg der Vereinigten Staaten von Nordamerika.

In North Carolina nahm unser Held den Namen »Jones« an – er hieß eigentlich John Paul –, und wurde ein Held der jungen amerikanischen Kriegsmarine.

Die junge »meuternde« Republik hatte keinen einzigen Seeoffizier von Rang: welch eine Chance für Jones! Am 7. Dezember 1775 wurde er Leutnant und bekam ein Kommando an Bord der »Providence«, mit der er mehr als 30 britische Schiffe erbeutete oder versenkte und den Engländern unermeßlichen Schaden zufügte.

Das erhoffte Kapitänspatent erhielt er jedoch nicht: der erste US-Kongreß meinte, er sei zu neu in Amerika, um ein Kriegsschiff zu befehlen. Aber man hatte eine andere Aufgabe für ihn. Er sollte mit dem kleinen Schoner »Ranger« nach Frankreich segeln, um mit der amerikanischen Delegation am verbündeten Hof von Versailles Verbindung aufzunehmen.

Was aber tat Jones? Mit der »Ranger« führte er Seekrieg an den Küsten und in den Häfen Englands und Schottlands. Die Briten nannten ihn einen »Korsaren« und schworen, ihn zu hängen.

Aber sie bekamen ihn nicht.

Er ging nach Paris und ließ sich als Seeheld feiern. Ein waghalsiges und tollkühnes Abenteuer, zu dem ihn die Pariser Regierung anheuerte, machte ihn mit einem Schlag in ganz Europa berühmt: mit fünf großen und zwei kleinen Schiffen – von Frankreich ausgerüstet, aber unter amerikanischer Flagge segelnd – fuhr Jones aus, um die britischen Häfen anzugreifen. Er umsegelte Schottland, drang von Norden her in die Buchten von Yorkshire ein und zerstörte am 23. September 1779 in der Nähe von Flamborough Head eine aus der Ostsee kommende Flotte von 41 Segeln.

Er selbst schreibt bescheiden: »... die Sprache ist nicht imstande, die Schrecken dieses erbitterten, blutigen Gefechtes zu schildern«.

Abenteurer John Paul Jones: *Ein privater Seekrieg gegen englische Häfen machte ihn berühmt, die Liebe vieler schöner Damen sichert dem Grab des Seehelden Blumenschmuck für alle Zeiten.*

Auf Texel, einer holländischen Insel, endet dieses Abenteuer von Jones. Dorthin konnte er sich, als sein Schiff sank, retten. Prompt fordert die Regierung Georgs III. die Auslieferung des »Piraten John Paul aus Schottland, eines Staatsverbrechers«. Frankreich sandte ihm ein Schiff, die »Alliance«, und obwohl der Hafen auf Texel von der britischen Flotte abgeriegelt wurde, entkam Jones und beunruhigte die britische Seefahrt an der Küste Spaniens. La Coruña wurde ihm zum Heimathafen, und erst 1780 kehrte er nach Paris zurück.

Er war auf dem Höhepunkt seines Ruhms: vaterländische und liberale Gesellschaften luden ihn ein und gaben Festbankette, er wurde Ehrenmitglied der berühmten Freimaurerloge »Zu den neun Schwestern«, und der große Bildhauer Houdon schuf seine Büste. Ludwig XVI. empfing ihn und schmückte ihn mit den höchsten Auszeichnungen Frankreichs. Die Frauen, die sich dem Seehelden an den Hals warfen, konnte Jones – so sagte er seinem Freund de Sartine – nicht zählen. Er liebte es, seinen Damen mehr oder weniger geglückte glühende Verse zu überreichen, aber auch ohne Poesie fielen sie ihm zu wie reife Früchte ...

Er kehrt nach Amerika zurück, nicht ohne auf der Reise, die gar nicht kriegerisch geplant war, einige britische Schiffe zu erbeuten, und wird nun vom Kongreß mit hohen Auszeichnungen bedacht. Einige Jahre lebt er danach in Portsmouth, in einem der Gründerstaaten der neuen Republik, in New Hampshire, und soll mitarbeiten am Aufbau einer US-Marine. Aber was ist das für eine Aufgabe für einen Seehelden und tollkühnen Draufgänger!

Sechs Jahre hielt er durch. Als ihn 1787 Geschäfte nach Dänemark rufen, fühlt er, wie sehr ihm die weite, freie Welt abgegangen ist; sein letzter Aufenthalt in den USA im Herbst 1787 läßt ihn schon an neue Abenteuer denken. Nach Paris gesandt, um die französische Flotte zu studieren, erreicht ihn ein Angebot der Zarin Katharina der Großen, die russische Schwarzmeerflotte gegen die Türken zu führen. Man verspricht ihm den Rang eines Admirals, und am 26. Mai 1788 steht er – endlich! – wieder auf der Brücke eines Kriegsschiffs, der »Wladimir«.

Auch die anderen Kapitäne des russischen Geschwaders sind Abenteurer gleich Jones. Sie kommen aus allen Teilen der Welt, und sie haben nur ein Ziel – so zumindest behauptet es Jones: gegen ihn in St. Petersburg, bei Katharina und Fürst Potjomkin, zu intrigieren. Er behauptete, als er ein Jahr später wieder in Paris eintraf, seine Erfolge und Siege hätten sich andere zugeschrieben, er selbst sei nur mit »Almosen« bedacht und geradezu als »unerwünscht« abgeschoben worden. Ein Anbot, das ihm Schweden machte – man rechnete dort mit einem Krieg gegen Rußland –, ließ Jones zunächst unbeantwortet.

Seinen wenigen Freunden erschien er müde und wie besessen von der Idee, überall in der Welt intrigierten Feinde gegen ihn. Seine eiserne Gesundheit schien untergraben, eine alte Malaria brach wieder durch, und am 18. Juli 1792 ist der große Seeheld in Paris gestorben.

Ein Brief von Staatssekretär Thomas Jefferson, der ihn zum Beauftragten der USA in Verhandlungen mit Algerien bevollmächtigt hätte, erreichte nur noch einen Toten.

Seine Freunde haben ihn in einem Bleisarg beisetzen lassen, weil – so argumentieren sie – »die Vereinigten Staaten sicherlich eines Tages ihren ersten kühnen Seehelden in ihr Land überführen werden wollen«.

Tagtäglich ist, wiewohl nun schon Wochen seit dem Tode von Jones vergangen sind, das Grab mit Blumen bedeckt, mit Blumen, die seine zahlreichen Freundinnen durch ihre Zofen hinlegen lassen: in ihren Herzen wenigstens bleibt John Paul Jones unvergessen. ∎

Graf Ferdinands Stammbuchvers *für den jungen Beethoven*

PERSONALIA

Der Graf **Ferdinand von Waldstein**, der den Komponisten **Ludwig van Beethoven,** 22, protegiert, hat dem jungen Mann einen hübschen Stammbuchvers auf seine Studienreise nach Wien mitgegeben: »Mozarts Genius trauert noch und beweint den Tod seines Zöglings. Bei dem unerschöpflichen Haydn fand er Zuflucht, aber keine Beschäftigung; durch ihn wünscht er noch einmal mit jemandem vereinigt zu werden. Durch ununterbrochenen Fleiß erhalten Sie: Mozarts Geist aus Haydns Händen.«

Mit einer Woche Verspätung hat der deutsche Philosoph **Immanuel Kant,** 68, im fernen Königsberg die am 22. September erfolgte Ausrufung der Republik in Frankreich erfahren. Der bürgerlich-pünktliche Kleinstadtprofessor hat das Herz eines wahren Revolutionärs: »Jetzt kann ich mit dem Propheten Simeon ausrufen: Herr, laß Deinen Diener in Frieden sterben, da ich diesen Tag erleben durfte!«

Zu Beginn des Feldzugs, als die schlecht ausgerüsteten und noch schlecht geführten Armeen der Revolution Niederlage auf Niederlage einstecken mußten, fanden **die vorrückenden Preußen** auf den Hausmauern in Mainz und in kleineren Städten die aufmunternde Inschrift »vaincre ou mourir« – siegen oder sterben. Die gutgelaunten Soldaten bessern einen einzigen Buchstaben aus, so daß es dann hieß: »vaincre ou courir« – siegen oder davonlaufen.

Zerlumpte Soldaten der Revolution: *in wenigen Monaten zur siegreichen Armee gemausert*

Im kleinen Kreis erzählt der **Abbé Chappe**, 29, gerne, wie er zur Erfindung des berühmten Telegraphen kam: »Ich war damals im Priesterseminar von Angers, meine beiden Brüder in einem nahen Collège. Wir langweilten uns, also erfand ich meine Signalstäbe, kletterte abends durch eine Luke aufs Dach und teilte meinen Brüdern die Tagesneuigkeiten mit: Sonntag ist der Ausgang gestrichen ... ich habe keine Marmelade mehr ... Mutter hat geschrieben ... und so weiter. Natürlich wurde ich eines Tages erwischt, aber der Präfekt war selbst an der Erfindung interessiert und ließ mich mit einer Verwarnung laufen.«

Der plötzliche Tod des **Kaisers Leopold**, 45, hat nicht nur seine Völker und seine eigene, große Familie hart getroffen; Leopolds langjährige Freundin, die römische Tänzerin **Livia Raimondi**, die der Kaiser bei seiner Übersiedlung aus der Toskana samt Sohn, Eltern und Brüdern nach Wien mitgenommen hat, bleibt nun schutzlos in der ihr fremden Großstadt. Hofkreise behaupten allerdings, daß die »gute spanische Luisa«, Leopolds Witwe, sich schon längst mit der Existenz Livias abgefunden habe – die Entente der beiden Damen ginge so weit, daß sie sogar miteinander Handarbeiten anfertigen. Es steht also zu hoffen, daß die legale und die Witwe zur linken Hand einander in ihrem Verlust beistehen werden.

Nachdem das Kriegsglück sich in der Kanonade von Valmy gründlich gewendet hatte, entsann sich der **Herr Geheimrat Goethe**, 43, wieder höherer Dinge als des Krieges. Mit dem Ruf »glückselig der, dem eine höhere Leidenschaft den Busen füllt!« stürzte er sich wieder auf seine Farbenlehre; die größte Freude bereitete ihm das Wiederauffinden seines schmerzlich vermißten physikalischen Lexikons, das die Köchin seines Herzogs in der Eile der Flucht in den großen Küchenwagen gesteckt und bis ins Spital nach Trier mitgeschleppt hatte. ∎

KUNST

Die Dame ist fünfzig

Angelika Kauffmann ist eine der Sehenswürdigkeiten von Rom

Unsere galanten Väter hätten es als taktlos bezeichnet, den 50. Geburtstag einer Dame zu feiern. Aber muß man nicht von Angelika sagen, daß sie den Zauber eines jungen Mädchens und die Sensibilität einer großen Künstlerin mit der Humanität des fünften Lebensjahrzehnts verbindet? Wäre sie, die »pittrice delle grazie« so bewunderungswürdig, wenn sie nicht ihre menschlichen und künstlerischen Vorzüge ein Leben lang erhalten hätte?

»Ihre Wohnung, die zauberisch sich von selbst zu öffnen scheint«, berichtet uns ein Besucher ihres Hauses in der Via Sistina (Nr. 72) auf dem Pincio, der kürzlich aus Rom zurückgekehrt ist, »ist ein Museumstempel mit Statuen, Büsten und herrlichen Bildern. Aber Angelikas eigene, zauberhafte Bilder sind doch das Schönste in ihrem Studio.«

Während Angelika sich tagsüber durch nichts in ihrer Tätigkeit unterbrechen läßt – gelegentlich duldet sie einen Freund (wie vor einigen Jahren Goethe, der seine Iphigenie neben der Staffelei vorlas) –, versammelt sie abends ihren großen Freundeskreis in dem kleinen Garten und genießt die geistvolle Unterhaltung, während sie selbstgepflücktes Obst verteilt. »Man kann nicht einfacher und nicht mannigfaltiger leben als ich jetzt«, schreibt Goethe 1787 an Karl August von Weimar.

Angelika ist die Repräsentantin jener Wiedergeburt der Antike, an der Herrn

Angelika Kauffmann: *Mittelpunkt eines Salons, Freundin Goethes und begehrte Porträtistin in Rom*

Angelika Kauffmann, Der Herbst: *milde Melancholie einer reifen, erfahrenen Frau, deren Weg von der kleinen Hütte im Bregenzer Wald bis zu den Palästen der Ewigen Stadt geführt hat.*

Winckelmann – sie hat ihn selbstverständlich porträtiert, wen nicht? – vor 25 Jahren so viel gelegen war. Noch immer wird sie von jeder Malergruppe Roms geachtet, weil sie einfach eine hochgebildete, erfahrene Frau ist.

Sie hat sich keiner Richtung angeschlossen, steht, konservativ im besten Sinne, über der Sache und bringt jedem menschliches und künstlerisches Interesse entgegen. Das mag ihrer einfachen Herkunft und Lehre bei ihrem Vater, dem schlichten Dorfmaler aus dem Bregenzer Wald, zu verdanken sein. Sie behielt etwas handwerklich Gerades, das jedem Sektieren abhold ist. Weder für den intoleranten »style grec« der Franzosen an der römischen Akademie noch für die Schwärmerei der Anbeter Giottos hat Angelika sich erwärmen können, aber sie hat diese Strömungen auch nicht blasiert abgewiesen. Nur eine Frau kann die Kultur eines Jahrhunderts auf so anmutige Weise vertreten.

Angelika und ihr Atelier gehören zum Sightseeing-Programm jedes vermögenden Reisenden aus dem Norden, deren Cicerone meistens der Hofrat Reiffenstein ist. Viele wollen von ihr porträtiert werden, vor allem die Engländer, zu denen die Künstlerin viele persönliche Beziehungen aus der Londoner Zeit hat. In England hat sie übrigens auch ihr Vermögen angelegt.

Das Porträtieren der Engländer, Deutschen, Russen und Schweden, von den Königen und Fürsten angefangen, ist einträglich. Auch Fürst Potjomkins Nichte ließ sich zweimal von Angelika malen. Und wer nicht porträtiert wird, fühlt sich wenigstens bemüßigt, das Atelier zu besuchen und im Tagebuch seiner »grand tour« – der Pflichtbildungstour unserer wohlhabenden jungen Leute – diesen Besuch ausführlich zu schildern (mit dessen Vorlesen er zu Hause seine Freunde langweilen wird).

Leider kommt die vielbeschäftigte Angelika bei diesem Atelierbetrieb gar nicht in Versuchung, sich an den prunkvollen Dekorationen der neuen Paläste zu beteiligen, sondern malt ein Porträt nach dem anderen. Sie wird es weiterhin tun. ∎

THEATER

Bankier an die Spitze der Burg?

Für das Burgtheater in Wien wird ein Pächter gesucht – diese Nachricht beunruhigt die führenden Mitglieder des Ensembles. Manche wollen sogar gehört haben, daß der Hof ernstlich daran denkt, das Theater zu schließen. Einer totalen Liquidation wäre freilich auch das Arbeiten unter einem Pächter vorzuziehen, heißt es in Schauspielerkreisen. Es fragt sich nur, ob die neue Direktion das gewohnte künstlerische Niveau wird halten können.

Nach 16 verdienstvollen Jahren sehen sich manche Komödianten über Nacht dem Nichts gegenüber. Der noch von Kaiser Joseph II. ernannte Direktor Franz Brockmann, der das Kunstinstitut auch während der kurzen Regierungszeit Leopolds II. zur allgemeinen Zufriedenheit geführt hat, will die Leitung einem Ausschuß übergeben. Damit wäre der Status quo der Gründerzeit des Theaters wiederhergestellt.

Bekanntlich wurde das Theater 1776 sogleich unter der Leitung der führenden Mitglieder gegründet, nachdem der Dramatiker Lessing sich während seines Wiener Aufenthaltes geweigert hatte, die Verantwortung allein zu übernehmen. Obwohl die damalige Monarchin, Maria Theresia, den bekannten Bühnenautor mehrere Male empfangen hatte, wollte Lessing nicht in Wien bleiben. Gerüchte wollen wissen, daß er die Zustände am damaligen Theater, unter Leitung des ungarischen Grafen Koháry, für mehr als desolat hielt. Auch hat sich Herr Lessing angeblich mit der Wiener Mundart nicht anfreunden können.

Über die Gründung des Theaters berichtet der Schauspieler Johann Heinrich Friedrich Müller:

Wir wurden zum Ersten Oberhofmeister beordert. Dieses Amt wurde damals vom Reichsfürsten Khevenhüller-Metsch bekleidet. Der Hofsekretär Mercier las uns in Gegenwart des Ministers vor, daß der Kaiser beschlossen hat, das Theater nächst der Burg zum Hof- und Nationaltheater zu erheben. Wir hatten von nun an die Pflicht, gute Originale und gelungene Übersetzungen aufzuführen. Man sagte uns, daß wir nicht auf die Zahl der Stücke, sondern auf die Qualität achten sollten.

Der Kaiser ließ uns wissen, daß ihm die Schwierigkeiten, eine Rolle auswendig zu lernen, bekannt waren. Deshalb ließ er uns fragen, wie oft wir wöchentlich spielen könnten. Als ältestes Mitglied des Ensembles antwortete Frau Friederike Weidner: »Ich glaube fest, jeder von uns wird diese Allerhöchste Huld mit alleruntertänigster Dankbarkeit erkennen. Wir wurden unter manchem bisherigen Pächter bitter gekränkt und spielten doch mit Ausnahme des Freitags alle Wochen sechsmal.« Nun fragte Frau Weidner etwas lauter: »Sollten wir jetzt, da uns unser allergnädigster

Das Burgtheater in Wien: *Bei kollektiver Führung und unter dem Schutz des allergnädigsten Monarchen wird ab sofort bis zu sechsmal die Woche gespielt*

Monarch in Seinen Schutz nimmt, weniger arbeiten?« – Daraufhin riefen wir alle: »Wir spielen sechsmal!«

Nach Müllers Bericht wurde die Leitung des neugegründeten Theaters von einer sogenannten »Versammlung« übernommen. Die älteren Mitglieder entschieden anläßlich ihrer wöchentlichen Sitzungen über Annahme und Aufführung der Stücke, über die Rollenbesetzung und über den Kontakt mit den Autoren. Über die Annahme der Stücke wurde mit Hilfe von weißen und schwarzen Bohnen in geheimer Wahl abgestimmt. Als Sekretär der »Versammlung« und zugleich als Verbindungsmann des Fürsten Khevenhüller-Metsch wurde ein »Wöchner« eingesetzt. Er war jeweils nur eine Woche lang im Amt und gab seine Pflichten und Rechte dann dem nächsten Kollegen weiter. Herr Müller läßt aber wenig Zweifel daran, daß neben der »Versammlung« und dem »Wöchner« als geheimer Theaterdirektor Kaiser Joseph II. für die energische Leitung sorgte.

Unter der Direktion Josephs II. konnte kein Starkult entstehen, obwohl das Ensemble über ausgezeichnete Kräfte verfügte. So ein »Zugpferd« war Johanna Sacco. »Ihr düsteres, schwärmerisches Auge, der schwelgende Flötenklang ihrer Stimme, ihr unsicher wankender Schritt« machten sie im Rollenfach der »leidenden Unschuld« unentbehrlich. Über den Hamlet-Darsteller Josef Lange meint ein Kritiker: Er hatte »Tränensäcke an den Augen, wie ich in meinem Leben keine so herabhängenden bei einem Menschen gesehen hatte«.

Der gleiche Kritiker schreibt: »Er besaß die Geschicklichkeit, sich in edlen malerischen Stellungen zu präsentieren, welche er durch Drapierung seiner Gewänder in Kostümrollen noch auffallender zu machen verstand.« Allerdings: »Seine Deklamation war immer pathetisch, aber sehr unrichtig!«

Für die Darstellung des Schuftes hatte bereits das seinerzeitige Ensemble einen Spezialisten: Johann Baptist Bergopzoom. Über ihn berichtet der Augenzeuge Karl Rispek: »Mordtat ist seine Stärke. Ich sah ihn den tollen Richard von England machen, und ich muß gestehen, in der Henkersarbeit tut es ihm keiner nach. Er setzt sich falsche Haare in die Frisur, die er sich in der Wut ausrauft und handvollweise auf den Boden wirft. Er weiß, welche Gewalt die Stimme haben kann. In der ›Emilia Galotti‹ macht er als Camillo Rota ohne Bewegung der Arme oder Faltung des Gesichts bloß mit fünf bis sechs Worten das ganze Parkett schauern.«

Obwohl das Ensemble gegenwärtig ebenfalls über Kräfte wie Frau Sacco oder Herrn Bergopzoom verfügt, macht sich beim Publikum eine gewisse Müdigkeit bemerkbar. Kenner der Wiener Verhältnisse verweisen darauf, daß der neue Kaiser für Theater nicht viel übrig haben soll. Neben der ablehnenden Haltung Franz' II. spielt angeblich auch die verstärkte Aktivität der Laienbühne eine gewisse Rolle. Ein Teil des Publikums spielt selbst Theater. Dazu Karl Graf von Zinzendorf:

»In der sogenannten ›Comédie de Société‹ spielte die Gräfin Louise Starhemberg im Stück ›Surprise de l'amour‹ mit großer Gewandtheit. Ihr Mann gab den Ritter bewunderungswürdig, die Fürstin Clary spielte die Lisette ausgezeichnet. Hingegen war Graf Dietrichstein als Graf nur mittelmäßig und Fürst Ligne, der Vater, recht unangenehm. Im ›Dépit amoureux‹ von Molière spielte Ligne Sohn ausgezeichnet. Später bot Dietrichstein ein recht bescheidenes Couplet, in dem er dem Parterre für seine Nachsicht dankte.«

Wollen uns die hohen Herrschaften um unser Brot bringen? – fragt man in Kreisen des Burgtheaters. Manche Schauspieler haben den Plan, Wien so bald als möglich zu verlassen und in Mannheim oder in Hamburg ein neues Engagement anzunehmen. Unter solchen Umständen kann auch die Direktion mit der Hilfe eines neuen Ausschusses keine endgültige Lösung bringen. Deshalb wird Direktor Brockmann allgemein bestürmt, vorläufig noch im Amt zu bleiben. Nach gewöhnlich gutunterrichteten Kreisen wird im Oberstkämmereramt bereits mit einem zukünftigen Pächter verhandelt: mit dem Finanzfachmann Peter Baron von Braun.

Bankier Braun, über seine Theaterpläne befragt: »Kein Kommentar.« ■

Beaumarchais: *Der französische Adel ist ganz versessen auf die Publikumsbeschimpfung.*

Beaumarchais' Komödien: *Liebe, Intrigen, Verwechslungen, aber auch politische Angriffe.*

»Zu amüsant für einen Giftmischer!«

Die britischen Behörden sind gegenwärtig mit der Überprüfung eines französischen Flüchtlings beschäftigt. Pierre Augustin Caron, 60, auch unter dem Namen Beaumarchais bekannt, will in England das Asylrecht erhalten. Französische Emigranten, die gezwungen waren, ihre Heimat angesichts der revolutionären Ereignisse zu verlassen, wenden sich mit Entschiedenheit gegen den Aufenthalt von M. Caron in England. Sie werfen ihm vor, mit seinem Bühnenstück »Der tolle Tag« oder »Die Hochzeit des Figaro« zum Ausbruch der Revolution entschieden beigetragen zu haben.

Der Verdacht, M. Caron könnte sein Asyl in England zur Vorbereitung verdächtiger Aktionen mißbrauchen, ist nicht ganz unbegründet. Bereits mit 17 Jahren ist der angebliche Baron von Beaumarchais aus seinem Elternhaus durchgebrannt, um sich als Marktschreier, Gelegenheitsdichter und Komödiant herumzutreiben. Später kehrte er zwar in die väterliche Uhrmacherwerkstatt zurück, benützte aber das erlernte Handwerk bloß dazu, in Kreise des königlichen Hofes vorzudringen. Er überreichte der Marquise von Pompadour eine Präzisionsuhr, wurde von König Ludwig XV. empfangen und durfte von da an die vier Prinzessinnen in Gesang und Harfenspiel unterrichten. Durch »Lumpchen, Dünnchen, Körnchen und Wägelchen«, wie die Prinzessinnen von ihrem Vater genannt wurden, konnte M. Caron seinen Einfluß weiter verstärken.

Durch Protektion einer Madame Franquet wurde M. Caron zum Intendanten der königlichen Küche ernannt. Danach starb der Ehemann der genannten Dame. Nun wurde sie von M. Caron zur Frau genommen, um zwei Jahre später ebenfalls dahinzuscheiden. Zu diesem Zeitpunkt war M. Caron bereits Generalsekretär der staatlichen Forstverwaltung. Auf die Frage angesprochen, ob denn die Ehegatten Franquet nicht eines natürlichen Todes gestorben seien, antwortete der bereits genannte Voltaire: »Unmöglich! Der Bursch scheint mir zu amüsant für einen Giftmischer!«

M. Caron führte jedoch ein höchst unstetes Leben. In Spanien bot er dem König seine Freundin zum Kauf an, in Paris verprügelte er während einer Theatervorstellung den Duc de Chaulnes und wurde verhaftet, in England arbeitete er als Geheimagent der Mme. Du Barry, in Wien erhielt er 1.000 Dukaten als Wiedergutmachung für erlittene Verleumdung, in Amerika beschäftigte er sich mit Sklavenhandel, in Paris begann er sodann die Werke von Voltaire drucken zu lassen. Während einer Geschäftsreise nach Madrid wandte sich M. Caron gegen den spanischen Journalisten José Clavijo y Fajardo, um die Ehre seiner Schwester zu beschützen. Es gelang ihm, den Publizisten verbannen zu lassen. Mit 32 schrieb M. Caron über diesen Vorfall ein Theaterstück (und ein Buch).

Die Episode wurde von einem deutschen Autor als Trauerspiel auf die Bühne gebracht. Als M. Caron anläßlich seines Aufenthaltes in Augsburg dieses Stück, »Clavigo« von Johann Wolfgang Goethe, zu sehen bekam, äußerte er sich kritisch: »Der Mann hat meine Geschichte mit Zutaten überladen. Sie verraten weniger Talent als Hohlköpfigkeit.«

M. Caron, der inzwischen auch als Waffenhändler hervorgetreten war und für die neue amerikanische Kriegsmarine Kanonen exportiert hatte, schrieb nun weitere Bücher und Stücke, teils um seine Gegner zu verspotten, teils um sich selbst zu amüsieren.

Der tolle Tag

In Erinnerung ist noch sein erstes erfolgreiches Stück, »Der Barbier von Sevilla« oder »Die nutzlose Vorsicht«, aus dem Jahr 1775. In einem zweiten Schauspiel brachte M. Caron die Figuren des ersten Stückes wieder auf die Bühne. Allerdings mußte er sieben Jahre hindurch für die Aufführung kämpfen.

Augenzeugen berichten über den Streit, der zwischen Ludwig XVI. und der Königin wegen dieses Stückes – »Der tolle Tag« oder »Die Hochzeit des Figaro« – ausgebrochen war. Obwohl sich das Stück entschieden gegen die Vorrechte des Adels richtet, waren viele Herren und besonders Damen des Hofes für die Aufführung. Der König ordnete daraufhin eine Vorlesung des Stückes an. Im fünften Akt sprang er auf und rief: »Das ist scheußlich! Abscheulich!« – Darauf die Königin: »Man wird also die Komödie nicht spielen?« – Der König: »Nein – ganz bestimmt nicht! Sie können sich darauf verlassen!«

Die Textstelle, bei der der König aufsprang, hat folgenden Wortlaut: »Weil Sie ein großer Herr sind, glauben Sie, auch ein großer Geist zu sein! Geburt, Reichtum, Stand und Rang machen Sie stolz! Was haben Sie schon geleistet, um alle diese Annehmlichkeiten zu verdienen? Sie haben sich die Mühe genommen, auf die Welt zu kommen! Das war die einzige Arbeit Ihres Lebens, dessen übrigen Teil Sie als ein ganz gewöhnlicher Mensch verpraßt und verprunkt haben! Ich hingegen habe meinen Weg allein und auf eigenen Füßen machen

müssen. Ich komme aus der dunklen Masse, und um mein Brot zu verdienen, das harte trockene Brot, hatte ich oft an einem einzigen Tag mehr Verstand und Witz anzuwenden als die Regierung des Königreichs von Spanien und Navarra in den letzten hundert Jahren. Und Sie, Herr Graf, wagen es, mit mir anzubinden? Sie – mit mir? Hahaha!«

Endlich, neun Jahre nach »Der Barbier von Sevilla« durfte auch dieses Stück aufgeführt werden. Der Tag der Uraufführung wurde tatsächlich zu einem »tollen Tag«. Zehn Stunden vor Beginn waren die Straßen verstopft. Der gesamte königliche Hof erschien. Der Andrang war so groß, daß drei Personen erstickten. Der Erfolg übertraf jede Erwartung, das Stück mußte mehr als hundertmal gezeigt werden.

M. Caron vergaß neben den allgemeinen Menschenrechten auch seine eigenen Rechte nicht. Er sicherte sich und seinen Kollegen einen Teil der Einkünfte, indem er 23 Autoren zu den »Generalstaaten der Bühnendichter« vereinte. Auch baute er sich ein Palais genau gegenüber der Bastille.

Drei Jahre nach der Premiere mußte sich M. Caron gegen die Angriffe des geistreichen Grafen Mirabeau wehren. Auch andere Gegner fanden sich. Obwohl er seine Verdienste bei der Herbeiführung der Revolution hervorhob, kam er nun nicht mehr auf seine Rechnung, auch die tendenziöse Oper »Tavare« gefiel nicht. Als sich M. Caron unlängst wieder dem Waffenhandel zuwandte, wurde er nach einer Reise nach Holland wegen angeblicher Unregelmäßigkeiten verhaftet. Er flüchtete vor den Behörden der Revolution nach London, wo er sich gegenwärtig aufhält.

Französische Emigrantenkreise in England behaupten, M. Caron befinde sich bei schwacher Gesundheit und könne nicht schlafen. Er kann angeblich eine Prophezeiung des Grafen Mirabeau nicht vergessen: »Erwarten Sie von der Zukunft nichts als den Vorzug, vergessen zu werden.« ∎

Der Barbier von Sevilla: *nur eine Vorstudie zu der revolutionären »Hochzeit des Figaro«.*

BESTSELLER

»...der ist noch über Goethe!«

Eine Dichterbegabung mit dem fatalen Pseudonym Jean Paul – Johann Paul Friedrich Richter, 30, Privatlehrer in Schwarzenbach bei Hof – hat seinen ersten Roman, »Die unsichtbare Loge«, an den Professor Karl Philipp Moritz von der Akademie in Berlin geschickt, und dieser hat nach der Lektüre über Autor und Manuskript befunden: »Das begreif' ich nicht, der ist noch über Goethe, das ist ganz was Neues.« Hierauf verhalf er Richter zu einem Verleger, und kürzlich ist der Roman erschienen.

Nach der Lektüre finden wir zwar den Vergleich mit Goethe übertrieben, unterschreiben aber, daß es sich bei Richter um etwas »ganz Neues« handelt. Das zeigt sich nicht einmal so sehr im Roman selbst, einem der jetzt so modernen »Entwicklungsromane«, in dem ein Pietist einen Knaben unter der Erdoberfläche erzieht, um ihm die Herrlichkeiten der bunten Welt als Erhöhung des Lebens einzuprägen – das Besondere liegt vielmehr in der dem Anhang »beigeleimten« – so der Autor – Idylle »Leben des vergnügten Schulmeisterlein Maria Wuz in Auenthal«.

Ein großer Humorist scheint in dem Mann zu stecken, einer, der sich von den lächerlichen Schrulligkeiten seines Helden ironisch zu distanzieren weiß, des frohgemuten Wuz, der sich die Bücher, für die er kein Geld hat, selbst schreibt und stets das Leben genießt: »Den ganzen Tag freute er sich auf oder über etwas. ›Vor dem Aufstehen‹, sagt er, ›freu' ich mich auf das Frühstück, den ganzen Vormittag aufs Mittagessen, zur Vesperzeit aufs Vesperbrot und abends aufs Nachtbrot.‹«

Der schreibende Privatlehrer ahnte sicherlich nicht, daß er mit der Wahl des Pseudonyms Jean Paul die Vornamen des Scheusals Marat verewigte. ∎

Drei Reisen — erbaulich, komisch, heilsam
Neuestes auf dem Sektor der populären Reiseliteratur

Der Europäer entdeckt Europa, entdeckt das Reisen. Nicht daß man früher nicht auch gereist wäre; aber heutzutage geht es mit den modernen Kutschen schneller und – vor allem – sicherer. Goethes »Auszüge aus einem Reisejournal« sind noch in vieler Munde, jetzt sind drei Reisebücher erschienen, romanhafter als die Aufzeichnungen Goethes, aber doch von ähnlicher Wirkung auf den Leser: er wird lebhaft mit den Reisenden mitempfinden, vor allem, wie sehr die Begegnung mit anderer Landschaft, anderen Menschen das Herz weit macht.

Vor allen Dingen erbaulich ist für den **Dänen Jens Immanuel Baggesen** in dem **Labyrinth oder Reise durch Deutschland, die Schweiz und Frankreich** die Reise von Kopenhagen quer durch Deutschland bis Basel. Denn auf dem Weg begegnet man literarischen Berühmtheiten wie Voß, Klopstock, Gerstenberg, dem Holsteiner Kreis u. a.

Mehr das Komische sieht der vielgereiste **Adolf Freiherr von Knigge** in der **Reise nach Braunschweig**, denn das widerfährt seinen vier Reisenden, einem redseligen Pfarrer, einem weltfremden Förster, einem rechenfreudigen Amtmann und dessen phlegmatischem Sohn, in reichem Maß.

In erster Linie heilsam ist für **Moritz August von Thümmel** die **Reise in die mittäglichen Provinzen von Frankreich**, eine Reise in den Süden, denn sein Held soll dabei von seiner Hypochondrie genesen. Ob es gelingt, weiß man nach den bisher erschienenen zwei Bänden noch nicht. Thümmel hat seinen Reiseroman, wie man hört, auf zehn Bände angelegt.

Drei Reisen, drei Reise- und Gemütsziele: doch allen dreien gemeinsam ist das Empfindsam-Ironische des Reiseerlebens, wie es uns die Engländer, allen voran Sterne, vorgeführt haben. ∎

Johann Heinrich Voß

Marseille: *Fontaine Beauvau*

PRESSE

Zu haben bei Löschenkohl im Gewölbe am Kohlmarkt

Der Wiener Gelegenheitsbild-Fabrikant macht glänzende Geschäfte

Er hat den letzten Lebenstag der »Kaiserin« Maria Theresia verewigt, er hat die Krönungen, Taten und Begräbnisse der Kaiser Joseph und Leopold gestochen und zeichnet unter dem Kaiser Franz munter weiter. Hieronymus Löschenkohl, 37, hat bisher mehr als 500 verschiedene Kupferstiche zum Verkauf angeboten. Sein Vermögen wird auf 20.000 Gulden geschätzt.

Die Schlacht bei Martineşti, *vom kaisertreuen Berichterstatter Löschenkohl gestochen: mutig-mild*

Leopold neigte sich über die nackten Füße einiger alter Männer. Ein Kammerherr reichte einen Krug, aus dem der Kaiser Wasser goß. Die Gläubigen folgten gebannt der Zeremonie der Fußwaschung, der sich alle Herrscher aus dem Haus Habsburg am Gründonnerstag unterziehen. Nur einer bewegte sich: Hieronymus Löschenkohl verewigte mit raschen Strichen die demütige Geste des Kaisers, um sie wenige Tage später einem interessierten Publikum, in Kupfer gestochen und mit stark deckenden Gouachefarben koloriert, in seinem Geschäft auf dem Wiener Kohlmarkt anzubieten.

Löschenkohl ist überall dabei – keine Tür bleibt ihm verschlossen, der Papst, Fürsten, Könige und Kaiser lassen sich von ihm zeichnen und gestatten ihm, die wahrheitsgetreuen Szenen im Kupferstich unter die Leute zu bringen. Löschenkohl ist wohlgesinnt und immer auf seiten des habsburgisch-katholischen Establishments; hohenorts weiß man die Publizität zu schätzen.

Der Kupferstecher selbst sieht seine Kunst durchaus nicht als politische Propaganda, sondern sub auspiciis aeternitatis: »Ich will eine Zeitgeschichte in Bildern zusammenstellen, die die wichtigsten Ereignisse, die Kostüme und Gebräuche unseres Jahrhunderts enthält.« Und falls jemand an der Bedeutung dieser Aufgabe zweifeln sollte, fügt Meister Löschenkohl hinzu: »Stellen Sie sich vor, wie interessant es wäre, hätten die alten Römer und Griechen eine ähnliche Sammlung von Illustrationen hinterlassen!«

Seit er seine Zeitgeschichte mit dem noch in Schattenrißmanier gehaltenen Stich »Theresiens letzter Tag« vor zwölf Jahren begonnen hat, ist ihm der Erfolg treu geblieben – so sehr, daß man in Wien sagt, der Türkenkrieg der Jahre 1788/89 sei Löschenkohl gerade recht gekommen, da er mit seinem unträglichen Geschäftsgeist den österreichischen Nationalgeschmack so gut trifft. Auf seinen 28 Kupferstichen aus dem Türkenkrieg tragen die Toten allesamt türkische Kleidung ...

Wie man sich ja überhaupt in Löschenkohls Welt wohl fühlen kann: Die Mitglieder des Hauses Habsburg blicken würdig und mild, die Damen sind puppenhaft schön. Revolutionäre Franzosen sehen blutrünstig und verderbt aus, ebenso kämpfende Türken, wobei ihre Befehlshaber schon ein wenig komisch dargestellt werden, um die Angst der österreichischen Christen zu mildern. Der von Herrn Löschenkohl so oft bemühte Zeitgeist erscheint in den Stichen in Form von üppigen Flügeldamen, die die Helden bekränzen oder deren Erfolge mit ungelenker Hand in das Buch der Geschichte eintragen.

Für alle Taten des Kaiserhauses sticht er ein »Denkmal«: als vor acht Jahren die Einfuhr ausländischer Erzeugnisse

Herrscher, tapfere Österreicher und tote Türken

Glückwunschkarten, Tapeten (»herrliche Miniaturgemälde auf weißem Atlas« – so der Annoncentext) und Gesellschaftsspiele (darunter das »Taktikspiel«, eine Abart des Schachs, das anstatt des gewürfelten Bretts einen Situationsplan besitzt, in dem Infanteristen, Kavallerie und Artillerie über Pontons und Schanzen schreiten; weiters das Spiel »Wie kann man um sein Vermögen kommen«, das mit 18 verschiedenen Bettlern gespielt wird).

Die letzte Erfindung des fruchtbaren Herrn Löschenkohl ist ein Druckapparat, mit dem man Wäsche »gegen Verwechslung, Entfremdung, Verpfändung und jeden Unterschleif« mit dem eigenen Monogramm versehen kann; sein neuestes Unternehmen: eine Knopffabrik.

Der letzte Schrei aus dieser Werkstätte war eine Garnitur Knöpfe in Miniaturmalerei unter Glas, die die Leiden des jungen Werther darstellte. Der unterste Knopf am Frack war der Pistolenszene gewidmet.

Nach wie vor bleibt aber Löschenkohls »Zeitgeschichte in Bildern« sein wirksamstes Unternehmen. Vor kurzem drängten sich die Wiener so sehr um einen der letzten Kupferstiche des Meisters, daß der Verkehr auf dem Kohlmarkt zum Erliegen kam. Ein Tischlerlehrling, der einen Sarg auf einem zweirädrigen Karren transportierte, sah sich und seine Ladung hoffnungslos in dem Gedränge eingeklemmt. »Platz da, oder die Totentruhe führt ein paar Lebendige nieder«, schrie der tüchtige Knabe laut in reinstem Wienerisch – und erst diese unmißverständliche Aufforderung brachte die zeitgeschichtlich interessierten Bürger dazu, sich von der Kontemplation des »Vaterländischen Denkmals zur Feier der patriotischen Beiträge des Kaisers Franz« zu trennen.

Zweifellos ist Löschenkohl ein Liebling der Wiener. Letzten Meldungen zufolge finden seine Kriegsblätter aber auch in der Türkei reißend Absatz – falls diese Nachricht nicht wieder eine bezahlte Einschaltung des tüchtigen Kupferstechers ist, der sich auf das Rühren der Reklametrommel mindestens ebensogut versteht wie auf das Führen des Gravierstichels. ■

in die kaiserlichen Erblande beschränkt oder ganz verboten wurde, feierte Löschenkohl diese viel kritisierten, merkantilistischen Gesetze mit einem Stich, »Denkmal der Dankbarkeit für die weise Einschränkung der ausländischen Luxuswaren«. Der wohlgesinnte Patriot hatte allen Grund, sich zu freuen: durch den Ausfall der französischen Galanteriewaren eröffneten sich dem tüchtigen Geschäftsmann Löschenkohl ungeahnte neue Möglichkeiten.

Trotz aller Hingabe an seine historische Aufgabe hat Herr Löschenkohl nämlich eine Reihe von mehr oder weniger artverwandten Erzeugungen begonnen, die allesamt florieren. Aus seinem Gewölbe auf dem Kohlmarkt kommen Kalender, Gelehrtenalmanache, Dosen mit Wiener Veduten, das »Wiener Modejournal« (ein glatter Raubdruck nach dem Pariser »Cabinet des Modes« – aber so genau nimmt man es in Wien nicht). Die Firma Löschenkohl erzeugt

Vielseitiger Geschäftsmann Löschenkohl: *nicht nur Zeitgeschichte – auch Kalender und Spiele*

Das Rauschen im Blätterwald

»Eine freie Zeitung ist ein Wachtposten, der ununterbrochen für das Volk wacht«, schrieb der spätere Konventsabgeordnete Brissot stolz in der ersten Nummer seiner Mitte April 1789 erschienenen Zeitung »Le Patriote Français«. Die Wache war von kurzer Dauer: schon nach dem Erscheinen der ersten Nummer verbot die königliche Zensur das Blatt.

Aber die Sturzflut war nicht mehr aufzuhalten: am 2. Mai 1789 gründet der Graf Mirabeau seine »États Généraux« (Die Generalstände), die am 5. Mai verboten wurden, worauf der geschickte Herausgeber am 10. Mai unter anderem Titel herauskam und in seinem neuen Blatt, den »Briefen des Grafen Mirabeau an seine Wähler«, eine so scharfe Attacke gegen die königliche Pressezensur ritt, daß die Wahlmännerversammlung des dritten Standes eine Protestresolution annahm. Die Regierung, die anderweitig größere Sorgen hatte, blies zum Rückzug, und aus den »Briefen« wurde Mirabeaus berühmter »Courrier de la Provence«, dessen Erfolg den Grafen Mirabeau noch um sechs Monate überlebte.

Nun gab es kein Halten mehr. Mit dem wachsenden politischen Interesse der Bevölkerung wuchs der Bedarf an Information. Jede politische Richtung hatte bald ihre Zeitungen: die Royalisten Antoine de Rivarols die spöttisch-satirische »Apostelgeschichte«, die sich immerhin trotz Emigration eines Großteils der Abonnenten und scharfer Angriffe der Patrioten bis zum Oktober des Vorjahres hielt (unvergessen Rivarols Apostrophierung der zwei Leuchten der Revolution: Mirabeau »die qualmende Fackel der Provence« und Robespierre »das Talglicht aus Arras«). Weiters gab es des Abbés Royou »Königsfreund«, der bis August 1791 erschien; schließlich den »Mercure de France«, das Blatt der konstitutionellen Aristokraten, das noch heute eine hohe Leserzahl hat – nicht zuletzt wegen seines ausgezeichneten literarischen Teils.

Die bürgerlich-liberale Presse besteht im wesentlichen aus dem »Journal de Paris«, einer noch vorrevolutionären Tageszeitung, der es gelungen ist, am 14. Juli 1789 den Sturm auf die Bastille zu verschweigen und unter Wetterbericht und Börsenkursen zu begraben; die »Gazette Nationale« und Mirabeaus »Courrier de la Provence« gehörten auch zu dieser Gruppe.

Die Girondisten besitzen als bedeutendstes Organ Brissots »Le Patriote Français«, den »Courrier des Departements« und die »Sentinelle« (Der Wachtposten), hinter dem die schöne und kluge Mme. Roland steht.

Jean-Paul Marat: *Volksfreund der Proletarier*

Die Dantonisten wieder konnten sich auf Camille Desmoulins' »Revolutions de France et de Brabant« stützen – bis Desmoulins nach dem Juli vorigen Jahres in politische Schwierigkeiten geriet und die Publikation einstellen mußte.

Die politisch bedeutendsten Blätter sind die radikalen, den Jakobinern nahestehenden »Revolutions de Paris«, Marats »L'Ami du Peuple« (Der Volksfreund) und Héberts »Père Duchesne« (Der Vater Duchesne).

»Volksfreund« Jean-Paul Marat gehört zu den umstrittensten Figuren unter Frankreichs Revolutionären. Der »brutale Zyniker«, die »blutige Bestie« seiner Feinde wird in den Augen seiner

Camille Desmoulins: *Seine »Revolutions de France et de Brabant« mußten eingestellt werden*

Jacques-Pierre Brissot: ein Blatt für Liberale

Anbeter zum reinen Humanitätsapostel. Jedenfalls macht Herr Marat, ehemaliger Arzt, früher in London, dann für die Dienerschaft des Grafen von Artois wieder nach Paris heimgekehrt, heute die erfolgreichste revolutionäre Zeitung; er bezeichnet den Konvent als »Baumeister, der ein Haus mit dem Dach anfängt«, verdächtigte als erster Mirabeau des Packelns mit dem König und nennt die Nationalgarde eine »Prätorianergarde der Bourgeoisie«. Marat tritt leidenschaftlich für ein allgemeines Wahlrecht ein und verteidigt die Rechte der kleinen Leute, die im Zuge dieser »bürgerlichen« Revolution unter die Räder der neuen Klasse geraten.

Ebenso aggressiv wie der »Volksfreund« reitet der »Père Duchesne« des Jacques-René Hébert auf der neuen, proletarischen Dialektwelle; kein Absatz ohne »beschissen« oder sonstige unfeine Ausdrücke – so etwas verkauft sich unter einfachen Leuten ebensogut wie unter Intellektuellen. Trotzdem hat Hébert nicht annähernd Marats politischen Verstand. Er redet dem Volk nach dem Maul, ist aber weit entfernt vom gleichmacherischen Sansculottismus eines Teils der Pariser Gemeindeverwaltung.

Wie viele dieser Blätter letzten Endes überleben werden, ist nicht abzusehen. Eines ist aber sicher: in Frankreich ist die spitze Feder gleichberechtigt an die Seite des Schwerts getreten. ■

WENDEPUNKTE

Namensänderung:
Herzog Philippe von Orléans, 45, hat die Kommune von Paris gebeten, seinen Namen auf »Philippe Égalité« ändern zu dürfen.

Ermordet:
Vom 2. bis 5. September: etwa 1.395 Insassen der Pariser Gefängnisse, von denen etwa drei Viertel gewöhnliche Kriminelle und nur ein Viertel »Konterrevolutionäre« und eidverweigernde Priester waren, durch Lynchjustiz und »Volkstribunale«.

Gestorben:
Leopold II., 45, Kaiser des Heiligen Römischen Reiches Deutscher Nation, am 1. März in der Hofburg zu Wien.

Gestorben:
Sir Joshua Reynolds, 69, englischer Porträtmaler (vor allem zauberhafter Damen der Gesellschaft) und Präsident der Royal Academy. Neben seiner sehr einträglichen Arbeit an den Konterfeis der englischen Aristokratie widmete sich Reynolds mit fanatischem Eifer der Erziehung junger englischer Maler und der Entwicklung der englischen Malerei.

Mit der neuen Maschine geköpft – guillotiniert:
Arnaud de la Porte, 55, Intendant der königlichen Zivilliste. Aus alter Beamtenfamilie, der gleichen Karriere bestimmt, war er schon mit 23 Jahren mit dem Bau zweier Flotten in den Häfen Calais und Boulogne betraut. Als Gouverneur von Brest machte er diesen Hafen zum Zentrum der französischen Hilfe im Freiheitskampf der amerikanischen Staaten. Als Generalintendant der Marine leitete de la Porte praktisch das Marineministerium, das er etwa zu dem Zeitpunkt hätte übernehmen sollen, als die Französische Revolution auch seine Karriere unterbrach. Er emigrierte nach Spanien, wo ihn ein Brief Ludwigs XVI. erreichte, der ihn zum Intendanten der königlichen Zivilliste machte. Aus sicherer Emigration kehrte de la Porte zurück, um dem einsam werdenden Monarchen die Treue zu halten. Sie ist ihm nun zum Verhängnis geworden. Am 13. August, dem Tag, an dem die königliche Familie in den Temple gebracht wurde, verhaftet, wurde de la Porte am 23. August verhört und am 24. August ohne Beweise von Verfehlungen, nur auf Grund seines Amtes, hingerichtet.

Sir Joshua Reynolds

Kaiser Leopold II.

Das historische Nachrichten-Magazin ZeitBild

1793

Die Gleichheit vor der Guillotine

Inhalt

BRIEF DES HERAUSGEBERS	142
POLEN	
Bediene sich, wer will!	143
VEREINIGTE STAATEN VON AMERIKA	
Der undankbare Washington	144
FRANKREICH	
ZB-Titel: Die Gleichheit vor der Guillotine	146
Der neue Kalender	158
DEUTSCHLAND	
Gedämpfte Begeisterung	158
KRIEG IM WESTEN	
Mit dem Rücken zur Wand	159
SPANIEN	
Spaniens Alleinherrscher ist der »schöne Manuel«	163
FREIMAURER	
Arbeit unter freiem Himmel	164
WIRTSCHAFT	
Preiskontrolle für Holzpantoffeln	165
Währung: Kirchengüter wurden zu Papier	166
MEDIZIN	
Der Tod von Philadelphia	168
GESELLSCHAFT	
Heldinnen und Hyänen	170
MODERNES LEBEN	
Seebäder in Deutschland?	171
MODE	
Aus englischer Umstandsmode wurde in Paris das Nackthemd	171
BIOGRAPHIE	
Der »göttliche Marquis« schon wieder im Gefängnis	173
PERSONALIA	174
KUNST	
»Ich träume von Sümeg«, sagt Maulpertsch	175
THEATER	
Empörung nach dem Tod Goldonis	177
MUSIK	
Junger Pianist begeistert Wien	178
BESTSELLER	
Das Schloß von Otranto ist keine Sommerfrische	179
Bestseller nur mehr zum Liebhaberpreis erhältlich	180
SPORT	
Hurling	180
WENDEPUNKTE	181

Brief des Herausgebers

Was viele Franzosen befürchtet, wovor sie gezittert und gebangt haben, ist eingetreten: die Jakobiner, eine kleine, verschwindende Minderheit von entschlossenen, radikaldemokratisch gesinnten Sozialrevolutionären, haben die Herrschaft im Lande nun völlig an sich gerissen. Sie verfügen über den gesamten staatlichen Machtapparat, den sie rücksichtslos und mit diktatorischer Omnipotenz zu gebrauchen wissen. Aus dem ehemals absolutistisch regierten königlichen Frankreich ist eine Republik geworden, in der eine politische Minderheit im Namen von Vernunft und Tugend, im Namen des souveränen Volkes, eine Terrorherrschaft ausübt.

Schon zu Beginn des Jahres errangen die Jakobiner bei der Abstimmung im Konvent im Prozeß gegen Ludwig XVI. einen Abstimmungssieg. Die Mehrheit entschied sich für die Hinrichtung des Königs. Das Urteil lautete auf Landesverrat und wurde am 21. Jänner vollstreckt. Es löste im monarchischen Europa eine Welle der Empörung aus. Unter der Führung Großbritanniens fanden sich Rußland, Preußen, Österreich, Spanien, Schweden, Holland, der Papst, die italienischen und deutschen Fürstentümer zu einer großen Koalition gegen das revolutionäre Frankreich zusammen. Wenn es auch, wie im Falle Großbritanniens, eher wirtschaftspolitische Gründe waren, die zur Wiederaufnahme des jahrhundertealten Konfliktes mit Frankreich führten, so muß man den übrigen Staaten für ihren Beitritt zur antifranzösischen Allianz doch moralisch-ideologische Motive zubilligen.

Wie 1792 ließ sich auch im heurigen Jahr die militärische Lage für Frankreich zunächst sehr schlecht an. Und die drohende Invasion hatte wieder innenpolitische Konsequenzen. Wegen der Lebensmittelversorgung kam es zu Unruhen und Ausschreitungen in Paris, in der Vendée erhoben sich die royalistisch gesinnten Bauern gegen die Werber des Konvents, die einige tausend Soldaten für den Feldzug gegen die alliierten Armeen rekrutieren wollten. Dem Aufstand auf dem Lande folgte ein paar Monate später jener in den Städten des Südwestens, mit Lyon an der Spitze.

Um der äußeren Gefahr zu begegnen, wurde Lazare Carnot die Aufgabe übertragen, das französische Heer neu zu organisieren. Mit der zwangsweisen Mobilisierung aller »Junggesellen und kinderlosen Witwer« im Alter zwischen 18 und 25, die im August zur allgemeinen militärischen Dienstpflicht, der »levée en masse«, erweitert wurde, hat Carnot das Kriegswesen auf eine völlig neue Grundlage gestellt.

Neben dieser militärischen Maßnahme beschloß der Konvent wirtschaftliche und politische Entscheidungen von großer Tragweite: den Zwangskurs der Assignaten, einen Höchstpreis für Getreide und Mehl, die Einsetzung eines Revolutionstribunales, ein Ausnahmegericht für politische Verbrechen, und schließlich die Ernennung eines Wohlfahrtsausschusses (Comité de Salut Public), der nun, am Ende des Jahres, die gesamte Regierungsgewalt in Händen hält.

Alle diese Notstandsmaßnahmen mußten von der jakobinischen Bergpartei gegen den Widerstand der gemäßigten Girondisten durchgesetzt werden. Das durch die Gironde repräsentierte und föderalistisch gesinnte Großbürgertum stachelte die Provinz gegen das jakobinische Paris auf und stemmte sich verzweifelt gegen die Radikalisierung der Revolution. Es war umsonst. Nach einem sorgfältig organisierten Aufstand der Kleinbürger und Handwerker von Paris, der Pariser Sansculotten, wurden die Girondisten am 2. Juni gestürzt, 29 ihrer Führer verhaftet und später dem Schafott überliefert.

Seit dem 17. September, dem Tag, an dem das »Gesetz gegen die Verdächtigen« beschlossen wurde, ist es dem jakobinischen Regime möglich, jedem Bürger, dem die Behörden die vorgeschriebenen »certificats de civisme« (politische Unbedenklichkeitsausweise) verweigern, für »suspekt« zu erklären, was praktisch einem Todesurteil gleichkommt. Marie Antoinette, Brissot und viele andere »Staatsfeinde« sind guillotiniert worden, in Marseille, Bordeaux, Lyon, Nantes und anderen Städten haben grausame Massenexekutionen und Ertränkungen stattgefunden.

Der Krieg hat die Wirtschaft total ruiniert. Um die galoppierende Inflation unter Kontrolle zu bringen, wurden Höchstpreise und -löhne, eine Produktionskontrolle, Requirierungen und die Gründung von staatlichen Unternehmen verfügt. Die letzten bäuerlichen Grundlasten wurden beseitigt, die beschlagnahmten Güter »verräterischer« Großgrundbesitzer parzelliert.

Die Diktatur der Jakobiner macht natürlich auch vor der Religion nicht halt. An ihre Stelle soll ein (atheistischer) Vaterlandskult treten.

Die so begrüßenswerte Einführung der allgemeinen Schulpflicht erfaßt die Staatsbürger nun zum frühestmöglichen Zeitpunkt. Alles dient jetzt den Zielen dieser »Republik der Tugend«, wie Robespierre die Jakobinerherrschaft nennt; Wissenschaft und Industrie, Mode und Propaganda, Schule und Kunst werden vor den Karren der Revolutionsregierung gespannt.

Robespierre und seine engsten Anhänger sind von der Notwendigkeit ihrer Maßnahmen überzeugt. Sie wollen eine egalitäre Demokratie im Sinne Rousseaus schaffen. Sie sind vom fanatischen Glauben beseelt, daß man Tugend, daß man das Glück der Menschen erzwingen kann. Sie glauben, das moralische Recht zu haben, ihre hochgesteckten Ziele mit Zwang und Gewalt durchzusetzen. Sie sind politische Utopisten, idealistische Träumer und fanatische Todesengel. Das macht sie so gefährlich, das läßt sie so lauter, so anziehend, so häßlich und abstoßend in einem erscheinen. ■

POLEN

Bediene sich, wer will!

Unter den heutigen Monarchen Europas spielt außer Ludwig XVI. wohl keiner eine so klägliche Rolle wie Stanislaus August Poniatowski, Schellenkönig eines Staates, der realpolitisch immer mehr zur Illusion, ja zur Farce wird: Polen, zum zweitenmal durch Teilung vermindert und in seinem Bestand gefährdet, über dessen Geschick die Nachbarn nach freiem autoritärem Ermessen entscheiden.

Vor 21 Jahren erlitt Polen die ersten Gebietsverluste: damals nahmen sich die Österreicher Galizien, der Zar das weißrussische Territorium östlich des Dnjepr und Friedrich II. das Land an der Ostsee bei Danzig – der Hohenzoller taufte seine Beute prompt »Westpreußen«.

Die neuerliche Annexion erweitert nun die Herrschaftssphären der Großmächte und reduziert Polen auf ein kärgliches Drittel seiner ursprünglichen Ausdehnung. Ein Wunder müßte geschehen, sollte dieser Rest nicht auch noch verkümmern und schließlich zerrieben werden. Glauben die Polen, östlichste Katholiken der Christenheit, an ein solches Wunder? Der Silberadler ihres Wappens ist ein Unglücksvogel, arg zerzaust von den »großen Tieren« aus den umliegenden Horsten.

Wie ist es möglich, daß ein Staat in Friedenszeiten zur Freibeute werden kann, von der sich Fremde einfach nach Belieben ein Stück abschneiden? König Stanislaus, ausgedingter Favorit Katharinas, versuchte durch seine aufwendige Hofhaltung von der Tatsache abzulenken, daß er selbst bloß an den Drähten der Russen tanzte, die sein Land zeitweise besetzt hielten. Die Zarin leistete sich diesen ehemaligen Liebhaber als gekröntes Haupt am Rand ihres Reiches, ähnlich wie man ein Maskottchen in einem Pavillon des Schloßparks hält.

Sire Poniatowski seinerseits begann mit Preußen zu liebäugeln. Und fand scheinbar Sympathien bei Friedrich Wilhelm II., der ihm den Rücken stärkte. Gleichzeitig wurde eine neue Verfassung angenommen, welche die Rechte der

Polen: *vor 21 Jahren zum ersten Mal zerstückelt – nun auf ein Drittel seiner ursprünglichen Ausdehnung geschrumpft. Verschwindet der polnische Silberadler eines Tages ganz von Europas Horizont?*

Krone mehrte und die Adelskaste der »Schlachta« in ihrer privilegierten Stellung festigte. Als Gegenbewegung bildete sich 1792 in Targowica eine Konföderation, die hilfeheischend die Arme ostwärts reckte. Petersburg setzte Militär in Marsch, und Stanislaus duckte sich, zumal Preußen, das eben im Krieg gegen das revolutionäre Frankreich bei Valmy eine böse Schlappe erlitten hatte, alle Solidarität vergaß und im Gegenteil bestrebt war, sich an Polen für die Mißerfolge im Westen schadlos zu halten.

Die zweite Teilung wurde in Geheimverhandlungen zwischen Rußland und Preußen beschlossen und durch einen Vertrag vom 23. Januar dieses Jahres bekräftigt. Als Motiv genügte die nötige Bekämpfung gefährlicher Umtriebe und erste Regungen jakobinischer Drachensaat.

Petersburg sicherte sich dabei zu seinem bisherigen Anteil polnischen Terrains noch die Distrikte Wilna und Minsk, Ostpodolien und Wolynien; Preußen heimste die Provinzen Posen, Danzig und einen Geländestreifen an der schlesischen Grenze ein. Österreich paßte diesmal. Rudimentpolen ist nach solchen Amputationen faktisch ein russisches Protektorat. »Immerwährende Allianz« lautet die hübsche diplomatische Formel dafür.

In England und Frankreich wurde zwar eifrig für die gefesselte Polonia Stimmung gemacht, doch über rhetorische Racheschwüre und flammende, gleichwohl unwirksame Proteste geht das Engagement nicht hinaus. ■

VEREINIGTE STAATEN VON AMERIKA

Der undankbare Washington

Für Frankreich war es ein Schlag ins Gesicht. Da hatte Paris jahrelang im fernen Amerika den Briten getrotzt, hatte Geld und Menschen eingesetzt, das Ansehen einer Weltmacht in die Schale geworfen. Und nun dies. George Washington, erster Präsident der jungen Überseenation, jetzt mit überwältigender Mehrheit wiedergewählt, denkt nicht im Traum daran, die Geschicke seines Landes mit denen irgendeiner europäischen Macht zu verknüpfen.

Für England könnte dies – zumindest nach außen – Grund zum Jubeln sein. Indes, in Wahrheit gibt es auch für die Briten nichts zu lachen. Washington hat kurz und bündig erklärt, was er unter Neutralität versteht. Und das ist bei ihm bedingungslos. So waren denn alle Anstrengungen der Vergangenheit umsonst.

Vor allem Frankreich ist durch diese brüske Abwendung von aller Bündnispolitik desavouiert. Nachdem 1777 bei Saratoga 5.800 Engländer vor den Armeen Washingtons kapituliert hatten, war es Frankreich, das sich vorbehaltlos auf die Seite Amerikas stellte. Am

Unabhängigkeitserklärung der Vereinigten Staaten am 4. Juli 1776: *Hat man den ersten Bundesgenossen nach kaum 20 Jahren schon vergessen?*

G. Washington: *Truppeninspektion in Maryland. Statt internationaler Bündnisse Neutralität, damit sich die Vereinigten Staaten konsolidieren können*

7. Oktober des gleichen Jahres erklärte Paris England offiziell den Krieg, und Benjamin Franklin schloß am 6. Februar 1778 einen Bündnis- und Handelsvertrag zwischen Frankreich und den amerikanischen Freistaaten. Ein Jahr später trat auch Spanien diesem Vertrag bei.

Dennoch dauerte es noch einmal vier Jahre, bis England seine endgültige Niederlage einsah. Im Frieden von Versailles wurde die Unabhängigkeit der Vereinigten Staaten von Amerika festgeschrieben.

Als in diesem Jahr die Stadt Washington gegründet wurde und damit gleichzeitig über Nacht zur Hauptstadt der Vereinigten Staaten sowie zum Amtssitz des Präsidenten avancierte, lüftete der erste Präsident den Schleier seiner politischen Zukunftspläne. George Washington, der ehemalige Tabakpflanzer aus Virginia, hat einzig das Wohl seines Landes im Auge.

Er weiß, daß Amerika an der Seite einer europäischen Nation zwangsläufig in das vielfältige Hickhack mit hineingezogen würde, das die europäischen Reiche seit Jahrhunderten aufsplittert. Daran kann ihm nicht gelegen sein. Die junge Nation jenseits des Atlantik hat gegenwärtig nichts nötiger als Ruhe. Auch hat der Unabhängigkeitskrieg die Staatsfinanzen heillos zerrüttet. Jetzt muß erst einmal Ordnung geschaffen werden.

Schon während seiner ersten Amtzeit hat sich Washington bemüht, diese Ziele zu erreichen. Unterstützt wurde er dabei maßgeblich von Jefferson und Hamilton. Doch derartiges braucht Zeit. Mehr Zeit, als nur eine Amtsperiode von vier Jahren. Zwar verlief während dieser vier Jahre alles bestens, und im Volke herrschte Ruhe und Zufriedenheit. Doch nun brodelt es wieder. Franzosenfreunde auf der einen, Unabhängigkeitsfanatiker auf der anderen Seite stehen sich gegenüber, beide Seiten ballen die Fäuste – bis jetzt noch in der Tasche.

Es ist vor allem ein alter Mitstreiter Washingtons, der gegen die erklärte Neutralität des Präsidenten meutert: Thomas Jefferson. Aus diesem Grunde ist Jefferson auch Ende dieses Jahres zurückgetreten. Zwar hatte Washington versucht, Jefferson zu beschwichtigen – er machte ihn vor drei Jahren zum Secretary of State, zum Außenminister –, aber dieser Versuch ist gescheitert. Zu sehr steht Jefferson auf der Seite Frankreichs, dessen Revolutionsregierung einen erbitterten außenpolitischen Kampf gegen England ausficht.

Gegenpol im Spiel der Kräfte ist Alexander Hamilton. Nach außen nimmt er zwar eine neutrale Haltung ein, in Wirklichkeit ist er jedoch franzosenfeindlich. Und der Finanzminister, der bislang Großartiges für sein Land leistete, hat zahlreiche Anhänger. Nur einer Vaterfigur wie Washington konnte es bislang gelingen, einen offenen Ausbruch der Konflikte zu verhindern. Wenngleich der Präsident sich immer mehr auf die Föderalisten stützt: was er tut, bleibt dennoch ein Drahtseilakt. Zu unsicher empfinden viele seiner Landsleute die Neutralität.

Auf den ersten Blick bringt sie auch alles andere als nur Vorteile. So können fremde Mächte im Wechselspiel der Bündnisse den Weltmarkt unter sich aufteilen, und gerade hier sieht Amerika seine Zukunft, muß es seine Zukunft sehen, wenn es zu wirtschaftlicher Macht gelangen will.

Das riesige Land, erst zu einem geringen Teil erschlossen, benötigt dringend Menschen und Märkte. Hier nun sieht George Washington die Vorteile seiner unbedingten Neutralität. Nur ein neutrales Land, so Washington, steht Einwanderern aus aller Welt offen, und nur ein solches Land kann allen Mächten ein Handelspartner sein. Wo anders als in Europa sind amerikanische Waren abzusetzen, die einen ungeheuren Seeweg hinter sich zu bringen haben, bevor sie ihre Kunden erreichen. Und noch etwas kommt hinzu: Washington will sein Land aus jeder Art des Kolonialismus heraushalten. Immer wieder weist er darauf hin, welch fatale Folgen eine kriegerische Auseinandersetzung um ferne Provinzen haben kann. Das Beispiel, das er seinem Volk dabei immer wieder vor Augen hält, ist einleuchtend: Amerika selbst.

■

FRANKREICH

ZB-Titel:
Die Gleichheit vor der Guillotine

In Frankreich sind heute alle Menschen gleich: der König und die Königin, der Hofadel und die hohe Geistlichkeit sterben auf derselben Guillotine wie die republikanischen Revolutionäre der Gironde-Fraktion. Manche Franzosen sind allerdings doch gleicher: die radikalen Jakobiner unter Robespierre und Danton müssen nicht sterben gehen...

Es ist, als hielte ganz Paris, ja ganz Frankreich den Atem an, als blicke die ganze Welt zu jenem Saal in den Tuilerien, in dem der Konvent über die Verurteilung von Louis Capet, vormals sogenannter »König« Frankreichs, zu entscheiden und abzustimmen hat. Die Regierung unterstreicht noch die Bedeutung dieser Tage und läßt an allen Punkten der Stadt Schwerbewaffnete aufziehen. Kanonen beherrschen die wichtigsten Plätze von Paris, der Sitzungssaal wird streng bewacht.

Durch die Straßen marschieren den ganzen Tag lärmende, die Marseillaise singende Demonstranten, reißen den Zeitungsjungen die neuesten Blätter aus der Hand und jubeln vor Begeisterung, wenn sie lesen, daß die namentliche Abstimmung im Konvent immer deutlicher für »Tod dem Tyrannen« auszugehen scheint.

In der Nacht, als das Votum seinem Ende entgegengeht, strömen Zehntausende Menschen zu den Tuilerien, aber nur wenige finden Einlaß, und auch sie sind von dem stillen, ruhigen Bild, das der Sitzungssaal bietet, enttäuscht: nur wenige Deputierte im Saal, einige schlafen auf ihrem Platz, andere unterhalten sich gedämpft mit Kollegen. Von Zeit zu Zeit ruft der Vorsitzende Namen und Departement eines Deputierten auf; dann schreitet der Abgeordnete ernst zur Rednertribüne, sagt laut, ob er für den Tod Louis Capets stimmt, und muß dann in kurzer Rede seinen Spruch begründen. Die Zuhörer klatschen Beifall, wenn einer für den Tod stimmt, und empören sich, wenn Gemäßigte auf Deportation oder Verbannung erkennen.

Aber als der Bürger Égalité, vormals Herzog von Orléans, für »Tod« stimmt und dieses sein Votum mit seiner »Pflicht, alle zu verurteilen, die die Souveränität des Volkes angetastet haben« begründet, erntet er überraschende, wüste Pfuirufe.

Am 18. Jänner gegen Mittag ist die Abstimmungsprozedur beendet. Hier das Ergebnis:

- Auf die Frage: »Ist Louis Capet der Verschwörung gegen die Freiheit der Nation und des Anschlags auf die Sicherheit des Staates schuldig?« antworteten 683 Deputierte mit »Ja«, 37 fügten ihrem Votum ein »...aber« hinzu. Für Freispruch war keine Stimme.
- Frage Nummer zwei: »Soll das Urteil, welches es auch sei, dem Volke zur Bestätigung vorgelegt werden?« ergab wieder ein klares »Nein« von 459 Stimmen. »Da wir die Vertreter des Volkes sind, wäre es undenkbar, anzunehmen, daß das Volk anders entscheiden sollte«, argumentierte Danton.
- Dritte Frage: »Wie soll das Urteil sein?« Unter atemloser Spannung verkündet der Präsident, Vergniaud, das Votum: Von den 721 Stimmen, die abgegeben worden waren, hatten sich 387 – also die Mehrheit – für den Tod ausgesprochen. 46 verlangten einen Ausschuß, um zu entscheiden, ob nicht eine Begnadigung angebracht sei, 286 stimmten auf Gefangenschaft oder Verbannung, zwei forderten die Galeerenstrafe.

Sofort ging die Abstimmung weiter: Ob der Tod sofort zu vollziehen sei. Mit 380 gegen 310 Stimmen entschied der Konvent, die Hinrichtung sei sofort durchzuführen.

Verteidiger Malesherbes überbrachte dem Verurteilten den Spruch, noch ehe der Sprecher des Konvents im Gefängnis erschien. Es heißt, daß der König die Nachricht gefaßt aufnahm. Gegen acht Uhr abends verabschiedete er sich von seiner Familie, wobei ihn Pater Edgeworth, ein Ausländer, tröstete.

Hinrichtung Ludwigs XVI.: *387 Volksvertreter stimmten für den Tod, 334 für mildere Bestrafung. Louis Capet büßt für die Sünden seiner Vorgänger*

Die Nacht schlief Ludwig, wie stets, ungestört und friedlich, man mußte ihn um fünf Uhr sogar wecken. Er erhielt die letzte Tröstung der Religion, und dann fuhr der Hinrichtungskarren los. Ein Spalier Schwerbewaffneter säumte den Weg, den eine vor Spannung atemlose Menschenmenge säumte. Als der Verurteilte das Schafott betrat und die unübersehbare Menschenmenge erblickte, rief er »Franzosen...«, aber der Kommandant gab ein Zeichen, und Trommelwirbel übertönte die letzten Worte des sechzehnten Ludwig, der – so heißt es in einem Nachruf des gemäßigten »Mercure de France« – für die Sünden seiner Väter büßte.

Die Wirkung der Hinrichtung eines Königs war genauso, wie es sich die Revolutionäre vorgestellt haben mögen: der Tod Ludwigs vereinte alle Politiker, ja das ganze französische Volk in einem Boot, das – so Robespierre – »auf gefährlicher Fahrt durch Strudel und über messerscharfe Klippen auf dem Weg zu einem wundervollen, stillen, herrlichen Gewässer ist, dem See der Brüderlichkeit und Menschenliebe.«

Nun, es scheint freilich, daß das Volk viel lieber Brot gehabt hätte. Wenn Marat schrieb: »Es könnte der Tag kommen, da es dem Volk zu dumm wird, die Völlereien der Reichen mit anzusehen, und da es selbst darangeht, die Bäckereien zu öffnen, um nach dem Rechten zu sehen«, da meinte er das buchstäblich. Der Wert des Geldes sinkt ja ins Bodenlose, und mit dem Verfall der Währung steigen die Preise. Es kommt zu wüsten Krawallen, man muß hungernde Frauen als »Verräterinnen« und »Konterrevolutionäre« deklarieren, sie hinrichten lassen, um solcherart die Ruhe wiederherzustellen.

Der Weg zum »stillen Gewässer der Menschenliebe« ist noch weit, um so mehr, als ganz Europa die Königsmörder von Paris anprangert. An allen Höfen wird Hoftrauer angeordnet, England schließt sich am 1. Februar der Koalition des Kaisers und Preußens an, Holland, Spanien, Neapel, Toskana, Portugal, Schweden, Dänemark – alle folgen sie dem Ruf: »Rächt den Tod des unglücklichen Königs! Vernichtet die wahnwitzigen Revolutionäre vom Erdboden!«

Nicht einmal in Frankreich selbst findet die Hinrichtung Louis Capets Zustimmung. In der Vendée, einer rückständigen, fast noch mittelalterlich strukturierten Landschaft südlich der Loire, rotteten sich Königstreue zusammen. Bauern, Adelige und eidverweigernde Priester bildeten kleine bewaffnete Einheiten, die den Trupps des Konvents auflauerten und sie mit der Parole »Keine Gnade für die Königsmörder!« niedermetzelten.

Toulon erhebt sich gegen Paris und ruft den Dauphin als Ludwig XVII. zum König aus, Lyon hißt das weiße Lilienbanner der Bourbonen.

Noch nie aber in der Geschichte der Revolution hätte Frankreich so sehr Einigkeit nötig wie nun, da die Feinde sich anschicken, von überall her auf das »Vaterland der Revolution« loszustürmen. Wieder tönt es aus jeder Zeitung, von jedem Redner: »Das Vaterland in Gefahr!«, und Schmierkolonnen des Konvents bepinseln jedes Pariser Haus mit der Parole »Freiheit – oder den Tod!«

Nur ein Wunder kann Frankreich vor der inneren und äußeren Reaktion retten. Im Mai 1793 regiert der Konvent de facto nur noch über die Hälfte (manche sagen: nur über ein Drittel) des Landes. Anarchie macht sich breit. Die Bauern liefern kein Korn ab, die Importeure werden von englischen Schiffen daran gehindert, Waren einzuführen, Spekulanten und Schleichhändler treiben die Preise in die Höhe und bereichern sich schamlos.

Verzweifelt der Konvent, verlieren die Revolutionäre den Kopf?

Der Aufstand in der Vendée: *Auch das konservative Frankreich kann noch kämpfen.*

Durchaus nicht. Saint-Just etwa, Weggefährte Robespierres, ein schöner, blonder Jüngling mit einem Engelsgesicht, 25 Jahre jung, weist den Revolutionären den Weg: »Man muß überall sein, alles wissen. Für jemanden, der sich der Revolution verschrieben hat, gibt es keinen Schlaf mehr.« Und Saint-Just lebt dem Volk dieses Leben vor, er bereist die Nordfront und die Rheinarmee, er läßt Generäle aufhängen und Feiglinge erschießen, er ersticht eigenhändig einen Lieferanten, der Stiefel mit Pappsohlen liefert, mit dem Säbel und berichtet von jedem verdächtigen Wort, das er hört, nach Paris. Hinrichtungen zu Hunderten begleiten sein Auftreten. Aber er hat Erfolg: »Die Soldaten und Offiziere fürchten den kalten Blick aus Saint-Justs Augen mehr als den Feind«, schreibt General Hoche, den Saint-Just wenig später ins Gefängnis schickt, weil er Weißenburg nicht genommen hat.

Saint-Justs eiskalte Maßnahmen (Danton vergleicht ihn mit einem unerbittlichen, durch nichts abzuhaltenden Winternordwind) wären nur Stückwerk geblieben, hätte die Revolution nicht zur rechten Zeit ein Organisationsgenie an den richtigen Platz bringen können: wir meinen Lazare Carnot.

Schon seine erste Entscheidung zeigt das Wirken eines ungewöhnlichen Mannes. Carnot, wiewohl Militärwissenschaftler, Mathematiker und Festungsingenieur, trifft haargenau das Richtige, als er die Parole vom »Vaterland in Gefahr« durch den folgenschweren Zusatz der »levée en masse« erweitert – die Massenaushebung von Truppen.

Saint-Just, von Lazare Carnot hingerissen, malt ein Bild dieser »levée en masse«, ein Bild, das in seiner Düsternis die Entschlossenheit der Revolutionäre begreifen läßt: »Die jungen Leute ziehen in den Kampf, die verheirateten Männer schmieden Waffen und tragen Lebensmittel herbei, die Frauen fertigen Zelte und Uniformen und dienen in den Lazaretten, die Kinder zupfen Leinen zu Verbandsmaterial, die edlen Greise lassen sich auf die öffentlichen Plätze tragen, um den Mut der Krieger anzuspornen und sie mit Haß gegen die

So lebte die Königsfamilie im Temple

Bescheidene Möblierung: *für Königsfamilie harte Sessel, aber Bücher.*

Die königliche Familie war seit dem 13. August 1792 im kleinen Turm des Temple, nicht im Wohnflügel, inhaftiert, in einem düsteren Bauwerk mit schmalen Fenstern, einem tiefen Burggraben und unersteigbar hohen Mauern. Der Vormieter, ein Monsieur Barthélemy, Archivar des Malteserordens, war drei Tage vor der Ankunft der königlichen Familie kurzerhand exmittiert worden.

Der König wurde im zweiten, Marie Antoinette im dritten und Ludwigs Schwester im ersten Stockwerk untergebracht. Bis zum dritten Stockwerk hinauf waren es 126 Stufen. Den im Temple Eingeschlossenen standen anfangs noch 19 Bedienstete zur Verfügung: zehn Mann Küchenpersonal, eine Hofdame, fünf Kammerfrauen und drei Kammerdiener. Die Kosten für Lebensmittel kamen auf 250 Livres in der Woche – die Hoflieferanten hatten ihre Preise nicht ermäßigt.

Die königliche Familie durfte täglich eine Stunde spazierengehen. Ludwig zeigte sich apathisch, griff oft nach einem Buch, legte es aber bald wieder weg. Er las täglich den »Moniteur«, übersetzte Horaz und lehrte seinen Sohn einige Verse aus klassischen Trauerspielen. Manchmal ging er in den Garten hinunter, wurde aber fast immer durch die Grobheiten und Beschimpfungen der Nachbarn vertrieben. Marie Antoinette und Madame Élisabeth betätigten sich gegenseitig als Kammerzofen, frisierten einander und reinigten selbst ihre Zimmer und das Geschirr. Hin und wieder sah man die Kinder beim Ballspielen. Madame Élisabeth lehrte ihre Nichte Rechnen und Zeichnen. Nach dem Essen wurde Piquet gespielt, und Marie Antoinette las Erzählungen von den Schicksalen unglücklicher Grafen oder Prinzessinnen vor. Man gab einander Rätsel auf und legte Karten.

Um die Familie des Königs ganz von der Außenwelt abzuschneiden, wurden Ende September die Fenster zu einer Art Kellerlöcher verkleinert, so daß das Licht nur schief ins Innere des Turms fallen konnte. Am 7. Oktober wurden dem König alle Schreibmaterialien weggenommen; gleichzeitig teilte eine Abordnung des Pariser Stadtrats der Familie mit, daß sie von jetzt an voneinander getrennt leben müßte und nur mehr gemeinsam speisen dürfte. Sie mußte allerdings versprechen, sich weder Zeichen zu geben noch verdächtige Gespräche zu führen.

Der König nahm zusehends ab. In den ersten Novembertagen war er so mager wie vor zwanzig Jahren. Die Bewachung des Temple bestand jetzt aus 400 Nationalgardisten, von denen vierzig innerhalb des Temple ihren Dienst versahen. Sie waren mit Piken bewaffnet. Ludwig ließ sich Bücher bringen, um die Langeweile zu vertreiben. In den Garten ging er nur mehr selten; um hinunterzukommen, mußten drei Türen, darunter eine eiserne, geöffnet werden.

Die Bedienten wurden zusehends unverschämter: Mit der Begründung, es sei ein Bußtag (Quatember), weigerte sich der König am 21. Dezember, das Frühstück einzunehmen. Der Kammerdiener Cléry, ein Demokrat und seinem Herrn nicht eben zugetan, sagte darauf: »Die Kirche schreibt vor, daß man bis zum 21. Lebensjahr fasten muß – ich bin älter und daher nicht daran gebunden. Da der König nicht frühstückt, werde ich es für ihn tun.« Und das tat er auch, vor den Augen des Königs.

Später bat Ludwig um ein Rasiermesser. Der Kommissar Dorat-Cubiers bedauerte, diesem Wunsch nicht entsprechen zu können; es läge ein Beschluß des Gemeinderats vor, dem König solche Instrumente vorzuenthalten. Gleichzeitig aber machte er sich erbötig, einen Barbier kommen zu lassen; Ludwig lehnte ab. Nach längerer Beratung beschloß man am 26. Dezember, dem König ein Rasiermesser zu überlassen – und den Damen eine Nagelschere, um die sie gebeten hatten. Es wäre möglich, daß der greise Philosoph Malesherbes, einer der drei Verteidiger des Königs, zu diesem Meinungsumschwung beigetragen hat, da er nach einem Besuch beim König meinte, Ludwig sei ein frommer Katholik und wisse daher, daß er sich nicht umbringen dürfe.

Gegen Jahresende wurde die Königin ruhiger. Oft spielte sie mit Madame Élisabeth Klavier und sang dazu. »Ich weiß nicht, ob ich so sehr unglücklich bin«, soll sie einmal gesagt haben. »Ich habe ja meine Kinder bei mir.« Gleich nach dem Aufstehen las sie mit ihrer Tochter gemeinsam, dann gingen sie bis zur Essenszeit im Zimmer spazieren. Mit den Bewachern redete sie wenig oder gar nichts, und wenn, blieben die Männer einsilbig und behielten ihre Kopfbedeckung auf.

ZEIT-BILD sprach mit einem der Kommissare über die letzten Tage des Königs: »Louis Capet war in Literatur, in den Werken der alten Dichter, in Geschichte, Geographie und Mathematik sehr bewandert – aber manchmal wurde er vorsichtig und versuchte, sein Wissen zu verstecken. Sein Gedächtnis war ausgezeichnet. Er wußte über alle Bürger Bescheid, die sich während der Revolution einen Namen gemacht hatten. Ich hatte nie den Eindruck, als sei er unter dem Pantoffel seiner Frau oder seiner Schwester gestanden – er war eher brüsk und kurz angebunden mit den beiden Frauen. Seine Tochter hat er lieber gehabt als seinen Sohn. Bei der endgültigen Trennung umarmte er die Kinder besonders zärtlich, aber von seiner Frau hat er sich mit keinem Wort verabschiedet. In den letzten Tagen war er sehr still und nachdenklich.«

Könige und mit Liebe zur Einheit der Republik zu erfüllen: »Solch ein Heldenvolk sind wir geworden, Franzosen! Tod den Tyrannen!«

Carnot aber tut mehr, als Werbeparolen zu entwerfen. Mit den von ihm ausgearbeiteten Plänen entwickelt er für die Revolutionsgenerale eine ganz neue, wilde Taktik: In Massen, scheinbar ungeordnet, stürmt die Infanterie gegen die nach dem alten Reglement in Karrees und anderen Formen heranmarschierende Söldnertruppe des Feindes. Carnot weiß: Seine Soldaten müssen nicht in starrer Form marschieren wie die armen, gepreßten Kreaturen der Preußen und Österreicher, die man nur in Formation bei der Fahne halten kann. Seine Soldaten sind Revolutionäre, sie kämpfen für eine neue Zeit.

Durch ein Verfahren, das er und Saint-Just ausarbeiteten und das sie »Amalgamieren« nennen, bringen sie innerhalb weniger Monate den Stand des Heeres auf mehr als 500.000 Mann, ausreichend, um zwölf Armeen gegen die Feinde im In- und Ausland heranzuführen. Zwei Bataillone Neueingerückter werden mit einem Bataillon Altgedienter zu einem Regiment vereinigt, »amalgamiert«; blutjunge Offiziere, sofern sie nur eine Spur von Begabung zeigen, werden ohne Rücksicht auf Ranglisten und Ancienität befördert. Es gibt eine ganze Reihe von Generälen, die noch nicht einmal dreißig sind und von ihren zwanzigjährigen Soldaten vergöttert werden.

Es ist eine Armee, in der militärische Genies wie die Pilze nach dem Sommerregen emporwachsen, eine Armee, die nichts so sehr haßt als die »alten Tyrannen«. Daß der Befehlshaber der in Belgien und Holland eingedrungenen Franzosen, der ehemalige Kriegsminister und Girondist Dumouriez, Verrat übte und zu den Österreichern überlief, konnte den Konvent nur in einem bestätigen: es gibt überall Verräter, selbst der Bruder, der Vater, der Sohn können Konterrevolutionäre sein, die man sogleich Marats »Überwachungsausschuß« anzeigen muß.

Das Gesetz über die Einführung der Revolutionstribunale war nur die logische Folge dieser Sorge, von Verrätern umgeben zu sein.

Seit dem 27. September kann jeder, dessen Gesinnung verdächtig ist, verhaftet werden; Hausdurchsuchungen sind gestattet, um die Beweise für die Niedertracht des Verräters sicherzustellen. Die Frage, wer verdächtig ist, kann nur schwer beantwortet werden. Marat formuliert sie eiskalt: »Jeder, der nicht bereit ist, für die Revolution zu sterben.« Das aber sind Millionen.

Überall werden Revolutionstribunale errichtet. Die Meinung, die sich der Richter in wenigen Minuten über den Angeklagten bildet, genügt für einen Schuldspruch.

Am 23. Brumaire (13. November) des Jahres II etwa spielte sich ein Tag vor dem Revolutionstribunal folgendermaßen ab: Vor dem Richter Tartan und

Saint-Just: *schöner Todesengel der Revolution*

Der »Volksfreund« ist tot

Marat, der »Freund des Volkes«, Marat, der Abgott der revolutionären Vorstädte von Paris, Marat, der von einem Reich der Freude und des Friedens für alle träumte, von einem Reiche freilich, das nur durch ein Meer von Feindesblut erreicht werden kann, Jean Paul Marat ist ermordet worden. Man muß Paris an jenem Spätnachmittag des 13. Juli 1793 erlebt haben, als die Zeitungsjungen, die drucknassen Blätter in der Hand, die Straßen entlangrasen und ihr »Marat ermordet, der Freund des Volkes von einer Aristokratin erstochen!« herausbrüllen.

Innerhalb weniger Minuten schon strömen Hunderte, ja Tausende in die Straßen, sitzen in den Cafés und diskutieren das Unfaßliche. Ein Bürger, der sagt, nun endlich könne er wieder frei atmen, da dieser Bluthund Marat tot sei, wird von rasenden Weibern mit Scheren, Gabeln und Hutnadeln zerfleischt. Wutgebrüll tönt überall dort, wo Straßenredner den Tod der Aristokraten fordern, der Volksverräter, der Mörder und Tyrannen.

Gegen zehn Uhr abends erscheint eine neue Extraausgabe der Zeitungen. Sie vermag bereits den Hergang der Tat zu schildern und berichtet Einzelheiten über die Mörderin. Jeder Glückliche, der solch eine Extraausgabe besitzt, wird gezwungen, sie wieder, und immer wieder, laut vorzulesen; die Mienen der Zuhörer verraten nun freilich nicht mehr, ob nicht einige unter ihnen sind, denen der Tod Marats eine Chance zu geben scheint, die Schreckenstage zu überleben.

Die Mörderin heißt Charlotte

de Corday d'Armont, stammt aus alter Adelsfamilie, die seit Jahrhunderten in Caen in der Normandie ansässig ist. Sie ist, und das klingt auch aus den nüchternen und parteiischen Polizeiberichten durch, ein äußerst ungewöhnliches Mädchen.

Sie wird beschrieben als »24 Jahre alt, hochgewachsen, vollbusig, von ebenmäßiger Gestalt, blondem Haar und klaren, hellen Augen«, und sie gibt ohne jede Spur von Reue ihre Tat zu. Ja noch mehr: sie sagt, sie sei glücklich, daß sie einem »Untier« den Garaus gemacht habe.

Lange, so erzählte sie der Polizei, schwankte sie, wen von den Abgeordneten der Jakobiner sie ermorden solle. Sie hasse sie allesamt, halte sie für das Unglück Frankreichs und hoffe nur, daß der Tyrannenmord und ihr Tod die Jugend Frankreichs aufrütteln werde, die regierende Verbrecherclique zu beseitigen. Nein, sie bereue nichts, sagt die Corday: Sie hat ihren Plutarch gelesen und zitiert alle jene Stellen, in denen er von der Verdienstlichkeit des Tyrannenmordes schreibt.

Marat war für sie das Scheußlichste vom Scheußlichen, ein Ungeheuer, das keine Berechtigung zum Leben hatte. Sie zitiert aus einer der letzten Nummern seiner Zeitung, des »L'Ami du peuple«: »Der Besitzlose hat das Recht, sich zu nehmen, was er braucht. Wer ihn daran hindert, den kann man töten, steinigen, aufspießen, enthaupten, verbrennen, aufhängen... das gilt auch für unsere Minister: jeder, der zweimal vierundzwanzig Stunden im Amt ist, muß schon als verdächtig gelten. Nur wenn das Volk den Schrecken aufrechterhält, wenn es die Tyrannen und ihre Knechte rücksichtslos vernichtet, wird eine bessere Welt entstehen.«

Charlotte Corday: »Er schrieb unaufhörlich vom Morden, Spießen, Köpfen und Aufhängen. Er verdient es nicht, Mensch genannt zu werden. Ich bin froh, daß ich ihn erstochen habe.«

Es war ganz einfach, den Mord zu verüben. Charlotte verschaffte sich einen Brief an den Abgeordneten Duperret, der ihr sagte, Marat sei krank und komme nicht in den Konvent.

Dazu Charlotte Corday: »Das tat mir leid, ich hätte ihn gerne im Konvent, vor aller Augen, erstochen.«

So muß sie Marat daheim aufsuchen. Seine Haushälterin Cathérine Evrard weist sie ab, den Wortwechsel hört Marat, der in der Badewanne sitzt, um sich einer Kur zu unterziehen. »Die Bürgerin soll hereinkommen!« ruft er hinaus, »man soll nicht sagen, daß ich mich vom Volk fernhalte.«

In ein Hemd gehüllt, sitzt Marat in der Wanne, um den Kopf ein großes Tuch. Charlotte erzählt ihm, daß sich in ihrer Heimatstadt Caen mehrere Flüchtlinge, Feinde des Volkes, verborgen halten. »Sagen Sie mir ihre Namen, in acht Tagen sind sie nicht mehr!« sagt er und richtet Papier und Bleistift, die vor ihm auf einem Pult liegen.

Da sticht Charlotte zu. Marat ist sofort tot. Sie traf ihn kaltblütig ins Herz, an jene Stelle, die ihr ihr alter Hausarzt gezeigt hat.

Vier Tage später macht man ihr den Prozeß: »Ich tötete einen Verbrecher, um Hunderttausende zu retten, ein wildes Tier, um meinem Vaterland zu nützen. Vor der Revolution war ich Republikanerin, nie fehlte es mir an Energie.«

Sie ersucht, daß man sie im Gefängnis malen möge. Die Revolution schickt ihren größten Künstler, Jacques-Louis David, der sie porträtiert (obwohl er gleichzeitig an einem Märtyrerbild Marats arbeitet): Sein Malerauge ist von der schönen Charlotte hingerissen.

Ein junger deutscher Revolutionär aus Mainz, Adam Lux, der nach Paris gekommen ist, um die Revolution an Ort und Stelle zu erleben, fordert in einem Maueranschlag, man möge Charlotte eine Bildsäule setzen und darunter schreiben: »Größer als Brutus«. Er habe, sagte Lux, nur einen Wunsch: seinen Kopf auf ebendasselbe Schafott zu legen, auf dem die Corday ihr Leben beendete.

Die Revolution hat ihm diesen Wunsch erfüllt.

Ch. Cordays letzte Stunde: »*Ich tötete den Verbrecher, um Hunderttausende zu retten!*«

dem Ankläger Fouquier-Tinville erscheint als erster ein Monsieur Champigny.

Kurzer Blick in die Akten. »Seid Ihr nicht ein Exadeliger?« – »Ja.« – »Das genügt. Der nächste!«

Er erscheint. »Guidreville, seid Ihr nicht ein Priester?« – »Ja, aber ich habe die Verfassung beschworen.« – »Habe ich nicht gefragt. Der nächste!«

Man führt ihn vor. »Vely, wart Ihr nicht königlicher Baumeister?« – »Ja, aber schon 1788 in Ungnade.«

Der nächste: »Goudrecourt, sitzt nicht Euer Schwiegervater als ehemaliger Steuerpächter und Blutsauger im Luxembourg?« – »Ja, aber...« – »Ihr habt nicht das Wort!«

»Durfort, wart Ihr nicht Leibgardist?« – »Das schon, aber ich bin 1787 freiwillig ausgeschieden, weil...« – »Schon gut.«

Das Urteil hieß in jedem Fall: Tod. Und es gibt gegen den Spruch der Revolutionstribunale keine Berufung. Schon am nächsten Tag führt man die Opfer auf Karren durch die Straßen zur Guillotine, deren hölzernes Gestell zum Symbol dieses Sommers des Jahres II geworden ist.

Wer sich heute der Place de la Révolution nähert, sieht schon von weitem die Guillotine: als feingezeichnete Silhouette hebt sie sich gegen den hellen Himmel ab. Schon einige Male mußte man ihren Standort wechseln, weil das vergossene Blut der Opfer den Untergrund, in den die Pfähle des Gerüstes geschlagen worden sind, aufgeweicht hat. Das Gerüst begann dann beim Fallen des Beils zu schwanken. Man hat die Maschine auf die Place de Grève transferiert und, als dort ähnliche Schwierigkeiten auftraten, zur Entlastung noch andere Hinrichtungsstätten eingerichtet. Zuweilen gab es vier Schafotte.

Das aber wurde aus Gründen der – abschreckenden – Propaganda von den Männern im Wohlfahrtsausschuß wieder aufgegeben.

Derzeit ist es ihre größte Aufgabe, einige »chasseurs« zu härtester Arbeit anzustacheln. Die Männer haben nur eine Beschäftigung: sie müssen die nach

Das Fest vom 10. August

Selten hat sich die Revolution in so schöner Einmütigkeit gefühlt wie an jenem sonnigen und freundlichen 10. August, dem ersten Jahrestag des Sturms auf die Tuilerien. Der Tag war dazu ausersehen, den Parisern die Neuordnung der Welt durch die Revolution darzustellen.

Der berühmte Revolutionskünstler Jacques-Louis David gestaltete den Festzug, der vom Platze, wo früher die Bastille stand, seinen Anfang nahm, und zwar so früh, daß »sein Beginn mit dem Aufgang des Tagesgestirns symbolisch zusammenfalle«. Auf dem Platz lagen Trümmer der einstigen Zwingburg umher, mit Inschriften, die angeblich von Gefangenen eingeritzt worden waren. Da las man: »Ich sterbe hier seit 44 Jahren« oder »Tugendhafte Gesinnung brachte mich in die Bastille« oder »O meine armen Kinder!«

Knapp daneben hatte David eine riesige Bildsäule der Natur errichten lassen, die aus ihren gewaltigen Brüsten, ein Sinnbild unerschöpflicher Fruchtbarkeit, Wasserstrahlen in ein Becken goß. Nach antiker Sitte vollzog der Konventsabgeordnete Hérault de Séchelles ein »Trankopfer«, und nun erst ordnete sich der Festzug, in deren Mittelpunkt eine »Bundeslade« mit den Menschenrechten getragen wurde. Schmied und Weber, Kanonengießer und Richter gingen einträchtig nebeneinander, gefolgt von dem »zum Triumphwagen gewordenen Pflug«; danach kam eine Lafette, auf der die »Damen der Markthallen« saßen, die 1789 Marie Antoinette zur Rückkehr nach Paris gezwungen hatten.

Auf dem Revolutionsplatz, vormals Place Louis XV, stand die Statue der Freiheit, vor ihr ein Scheiterhaufen, auf den man die verhaßten Symbole des Königtums gelegt hatte. Während das Feuer diese »abscheulichen Erinnerungen« verzehrte, ließ man 3.000 Vögel aller Art frei. Jeder von ihnen trug ein Zettelchen mit dreifarbiger Schnur um den Hals und der Aufschrift: »Wir sind frei. Folgt unserem Beispiel.«

Danach wurde das ganze Volk vom Konvent mit Fleisch, Brot und Wein bewirtet.

Friedlich klang der schöne Tag aus...

Fest der Revolution: *Erinnerung an christliche Feiern und römisch-antiken Schwulst*

Die Revolution braucht Soldaten: *in wenigen Monaten das Heer auf 500.000 Mann »amalgamiert« – zwölf Armeen gegen alle äußeren und inneren Feinde*

Dutzenden zählenden verwilderten Hunde jagen, die vom Blutsumpf rund um die Guillotine angezogen werden. Die zuweilen bösartigen Tiere werden verjagt, erschlagen und erschossen. Aber sie kehren immer wieder, genauso, wie sich immer neue Blutströme auf den durchweichten Boden rund um das Schafott ergießen.

Man beseitigt das Problem der unverbesserlichen Priester, die lieber sterben als den Eid auf die Verfassung leisten wollen, und schickt sie zu Hunderten auf die Guillotine. Zu Hunderten folgen ihnen die Spekulanten, die betrügerischen Heereslieferanten, Wucherer und Bankiers, die mit der Währung spekulieren.

Freilich – man erzählt sich, daß die Mitglieder des Revolutionstribunals Unsummen erhalten, um einen Angeklagten freizulassen: und deshalb steigen die Wucherer und Spekulanten noch am besten aus.

Marat schickt seine Anhängerschaft zu den Verhandlungen. Hungernde, verzweifelte Frauen und Kinder, und ihre Not, die sie herausbrüllen, lehrt die Richter schneller handeln.

Man verurteilt auch die Du Barry, die geldgierige und unersättliche Mätresse König Ludwigs XV. Sie kann es nicht glauben, wiewohl sie zweifellos mehr zur Revolution beigetragen hat als Ludwig XVI. Auf der Fahrt zur Guillotine ruft sie unaufhörlich um Hilfe, sie kratzt und beißt die Henker, ehe auch sie, ein böses, altes Weib, den Tod findet.

Und schließlich, als die Not dieses Jahres am höchsten ist, beschließt der Konvent, auch die »Österreicherin«, die »Wölfin«, »Madame Veto«, die einstens so stolze, anmaßende und übermütige Tochter Maria Theresias, anzuklagen. Als »Witwe Capet« wird ihr am 2. August die Anklageschrift übergeben, man trennt sie von ihren Kindern und hält sie nun bis zum Prozeßbeginn in Einzelhaft. Hauptpunkt der Anklage ist die Behauptung, sie habe am 10. August 1792 eine Verschwörung gegen die Regierung geplant. Daneben aber gibt es noch an die zwei Dutzend anderer Anklagepunkte, die bis zu schweren, persönlichen Diffamierungen gehen.

Man beschuldigt die Girondisten der »Verschwörung gegen die Einheit und Unteilbarkeit der Republik sowie gegen die Freiheit und Sicherheit des Volkes«. Einunddreißig Abgeordnete, die Blüte der liberalen, revolutionären Intelligenz des Landes, werden verhaftet. Aber nur zwanzig von ihnen erschienen vor dem Revolutionstribunal, die übrigen sind geflüchtet und versuchen, die girondistisch gesinnten Städte gegen Paris und den Konvent aufzuhetzen.

Vergniaud ist der beste Redner unter den Angeklagten, er treibt den Vorsitzenden Herman so sehr in die Enge, daß dieser, nachdem er Danton und Robespierre um Weisung gebeten hat, am fünften Tag kurzerhand den Prozeß beendet: Die Geschworenen hätten, sagte er zum Entsetzen der Beschuldigten, wie er, Herman, sich überzeugen konnte, bereits ein ganz eindeutiges Bild von der Schuld der Angeklagten. Es sei nicht notwendig, weiter zu verhandeln. Man führt die einstens so Wortgewaltigen ab; sie sind sprachlos geblieben.

Schon am 31. Oktober verkündet man ihnen das Urteil: den Tod. Sie haben es bis zuletzt nicht für möglich gehalten und brüllen auf vor Entsetzen und Wut. Einer – der Abgeordnete Valazé – stößt sich einen Dolch ins Herz. Dann aber, als sie sich mit dem nahen Tod konfrontiert sehen, ermahnt sie Vergniaud, sich der alten Römer – die sie so oft und so falsch zitierten – würdig zu erweisen. Lachend und scherzend besteigen sie die Hinrichtungskarren, mit der »Marseillaise« auf den Lippen gehen sie in den Tod.

Nun sind die Radikalen ganz unter sich. Und sie wissen, wie man Aufrührer bändigt: Lyon etwa, die zweitgrößte Stadt Frankreichs, die Stadt der Seidenweber und Spitzenklöppler, hat es gewagt, den Konventsvertreter Chalier, einen verworrenen Radikalen, hinrichten zu lassen. Seine letzten Worte: »Mein Kopf wird euch noch teuer zu stehen kommen!« bewahrheiten sich schauerlich. Der Konvent läßt Lyon erobern. Die Truppen warten auf Befehle aus Paris. Sie kommen rasch: »Die Stadt

Trianon: Melkeimer aus Sèvresporzellan

»Es ist möglich, daß das kleine Trianon riesige Summen gekostet hat und wahrscheinlich mehr, als ich wünschte. Man wurde mehr und mehr in diese Ausgaben hineingezogen«, erklärte Marie Antoinette mit entwaffnender Naivität vor dem Revolutionstribunal, als die Rede auf ihre maßlose Verschwendungssucht kam.

Tatsächlich hat sie sich nie darum gekümmert, welchen Preis die Erfüllung ihrer rasch wechselnden Launen forderte. Allein ihre Garderobe verschlang Millionen (pro Saison zwölf Staatskleider, zwölf Phantasieroben, zwölf Zeremonienkleider und mindestens 100 Privatroben). Und darunter litt schließlich auch noch ihr politisches Ansehen: Niemals wäre sie in den Verdacht geraten, in die plump eingefädelte Halsbandaffäre verwickelt zu sein, hätte nicht jedermann um ihre geradezu pathologische Liebe zum Luxus gewußt.

Ganz hemmungslos allerdings warf sie das Geld zum Fenster hinaus, wenn es sich um ihr Lustschlößchen Trianon handelte, das vormalige Liebesnest Ludwigs XV. und der Du Barry am Rande des Schloßparkes von Versailles. Die von den führenden Architekten, Malern, Dekorateuren, Kunsthandwerkern, Gartengestaltern und einem Heer von Arbeitern binnen weniger Monate verwirklichte königliche Marotte verschlang rund zwei Millionen Livres – die laufenden horrenden Erhaltungskosten nicht mitgerechnet.

Das winzige Schlößchen, das knapp acht Räume umfaßt, wurde ein Traum in Weiß und Gold, mit schimmernder Seide tapeziert und den kostbarsten Teppichen belegt, geziert von Watteau-Bildern und Clodion-Plastiken.

Das meiste Geld verschlang der wenige Quadratkilometer große, auf neumodische Weise »natürliche« Park: Bäume aus Afrika und Indien, Tulpen aus Holland, Magnolien aus Italien; ein munter plätscherndes Bächlein (das Wasser in 2.000 Fuß langen Rohren eigens aus Merly herbeigeleitet), von zierlichen Brücken überspannt; ein Schwanenteich mit künstlicher Insel; Wiesen, mit seltenen Blumen bepflanzt; ein Wäldchen und darin eine als Ruine getarnte Liebeslaube.

Da ein griechisches Tempelchen (voll sündteurer Bouchardon-Plastiken), dort eine holländische Windmühle – und nicht zu vergessen das Privattheater, in dem die Majestät persönlich auftrat und ein illustres Publikum amüsierte.

Gipfelpunkt dieser pervertiert naiven Spielwelt: acht echte Bauernhöfe mit echten Bauern und Bäuerinnen, Schäfern und Melkern, Jägern und Schnittern, Kühen, Hühnern und schneeweißen Schäfchen, kostbare Seidenbänder um den Hals.

Das Äußere der funkelnagelneuen, strohgedeckten Bauernhäuser und Ställe von sorgfältig authentischer Schäbigkeit: Mauerrisse nach genauem Architektenplan mit der Hacke geschlagen, Zäune und Kamine künstlich geschwärzt.

Im Innern aber gab es jede erdenkliche Raffinesse modernen Wohnkomforts. Und die Ställe blankgeputzt wie das blinkende Parkett von Versailles, wenn es Marie Antoinette gefiel, sich der entspannenden Freude des Melkens hinzugeben. Natürlich schäumte die von königlicher Hand gewonnene Milch nicht in gewöhnliche Melkkübel, sondern in eigens entworfene und angefertigte Gefäße aus allerfeinstem Sèvresporzellan.

ist aus der Liste der Städte zu streichen, auf den Trümmern der Stadt soll ein Denkmal mit der Inschrift errichtet werden: ›Lyon führte Krieg gegen die Freiheit, Lyon ist nicht mehr!‹«

Der Befehl wurde von Robespierres Freund Couthon nicht wortwörtlich ausgeführt, er läßt nur ein paar Häuser auf dem Hauptplatz einreißen. Der Konvent ruft ihn zurück und entsendet an seiner Stelle Collot d'Herbois und Fouché, die alsbald mit Exekutionen beginnen.

Zuvor verhöhnt Fouché die Religion in einer Weise, wie sie noch nie dagewesen ist: ein Esel wird mit einer Bischofsmütze bekleidet, an den Schwanz des Tiers bindet man eine Bibel, man läßt ihn aus einem Kelch trinken, und nach einer Festrede Fouchés werden Bibel und Hostien verbrannt; auf den Altar aber stellt man die Büste des hingerichteten Jakobiners Chalier. Am nächsten Morgen lassen Collot d'Herbois und Fouché ihre Opfer in Siebzigerreihen

Revolutionstribunal: *Für ein Todesurteil genügt es, ehemaliger königlicher Beamter zu sein*

antreten und mit Kanonen über den Haufen schießen. 1.600 Lyoner Bürger werden solcherart hingerichtet.

Wenig später besiegen die Truppen des Konvents nach wechselvollem, blutigem, greuelvollem Bürgerkrieg auch die Royalisten der Vendée und verwüsten nun »mit Feuer und Schwert«, so heißt es ausdrücklich im Befehl, das ganze Land.

Nantes, die große Stadt, die zeitweilig mit ihnen sympathisierte, wird der Bestrafung durch den Deputierten Carrier überantwortet. Man teilt Danton mit, Carrier sei ein pathologischer Sadist. Aber Danton sagt nur gleichmütig: »Um so besser wird er sein Amt ausüben.«

Und in der Tat: Carrier versteht seinen Henkerberuf. Er erfindet die »Noyaden«, Ersäufungen, oder, wie Carrier scherzt, die »vertikale Deportation«: man bringt die Verurteilten in einen Kahn in die Mitte der Loire und versenkt ihn dort. Später »erspart er dem Konvent die Kähne« und wirft die Verurteilten gefesselt in den Fluß. An die 3.000 Bürger sind so umgekommen.

Auch Toulon, das seine Tore sogar den Engländern geöffnet hat, konnte zurückerobert werden, nicht zuletzt dank der wohlüberlegten Beschießung durch den Artilleriehauptmann Buonaparte, den seine Soldaten, weil er so jung und mädchenhaft aussieht, die »Jungfrau« nennen. Aber er erweist sich als Held. Noch mehr: er vermag aus seinen Sansculotten Helden zu formen. Am 14. Dezember 1793 fällt Toulon, und Buonaparte ist zum General eingegeben.

Zu Ende des Jahres errangen auch die Truppen der Republik wieder Siege. Lazare Carnot hämmert seinen Offizieren tagtäglich ein, daß es für die Befehle der Nation kein »unmöglich« gebe – und sie verwirklichen sie tatsächlich.

Das neue Großbürgertum blickt mit wachsendem Widerwillen auf die immer weiter wuchernde Revolution. Gut, man hat die Privilegien der Stände beseitigt, man hat die Republik, die Freiheit und die Gleichheit errungen. Aber doch nur zu dem einzigen Zweck, um nun selbst in aller Ruhe die Früchte der Revolution zu genießen. Fleißig arbeiten wie die Bienen – nicht zufällig ist jetzt die goldgestickte Biene in so vielen kostbaren Brokaten zu finden –, aber auch leben und leben lassen.

Und nicht immer dieses aufdringliche, lästige weltanschauliche Geschrei: man weiß ohnedies schon, was diese Jakobiner wollen. Sie sind lästig und stören das Geschäft.

Hat man etwa deshalb seine besten Köpfe in den Konvent entsandt? Diese Anwälte, Notare, Physiker, Kaufleute aus bestem Haus? Es kann doch kein Zufall sein, daß unter den ursprünglichen 705 Abgeordneten nicht weniger als 621 aus dem Großbürgertum von Paris und den Provinzen kamen. Aber vorläufig erkennen die Jakobiner noch nicht, daß man nie und nirgends permanente Revolution spielen kann.

Paris ergibt sich in dieser Situation einem wahren Taumel von Festlichkeiten und Gelagen: nur wer nicht weiß, ob er morgen noch lebt, weiß, wie schön das Leben sein kann... ∎

Marie Antoinette *auf der Fahrt zum Schafott*

Alle Macht in wenigen Händen

Der Wohlfahrtsausschuß auf dem Weg zur Diktatur

Der Konvent hat zwei Ausschüsse konstituieren lassen, die sich aber bald als überaus langsame und schwerfällige Verwaltungsmaschinerie erwiesen haben. So gründete man im April dieses Jahres einen Superausschuß mit Sondervollmachten, den »Wohlfahrtsausschuß«, den »Comité de Salut Public«, der die eigentliche Revolutionsregierung bildet.

Wer in diesem Kabinett sitzt, gehört zu den mächtigsten Männern Frankreichs. Natürlich haben die radikalen Mitglieder des Jakobinerklubs alles unternommen, um den Ausschuß mit ihren Leuten zu besetzen. Vor allem Robespierre.

Unauffällig, wie es seine Art ist, baute Robespierre sich sein Reich auf:
- im Jakobinerklub, wo er eine auf ihn eingeschworene Gemeinde besitzt;
- in der Pariser Kommune, dem revolutionären Kernstück Frankreichs, deren 48 Sektionen zunächst Dantons »Hausmacht« bildeten;
- und schließlich im Wohlfahrtsausschuß, dem neuesten Machtinstrument der Revolution.

Was Robespierre letztlich aber anstrebt, widerspricht den Grundsätzen, die der Revolution zugrunde lagen: er will die gesetzgebende mit der ausführenden Gewalt in einer Hand vereinigen. Mit anderen Worten: Der Wohlfahrtsausschuß, der heute dem Konvent die Gesetze zur Verabschiedung vorlegen muß, soll auch mit ihrer Durchführung aufs engste verbunden werden – fällt aber die Gewaltentrennung, ist der Diktatur der Weg geebnet.

Die Gefahr ist klar erkennbar – aber Konvent und Patrioten, müde der schwerfälligen Regierungen, wollen die fatale Entwicklung nicht sehen.

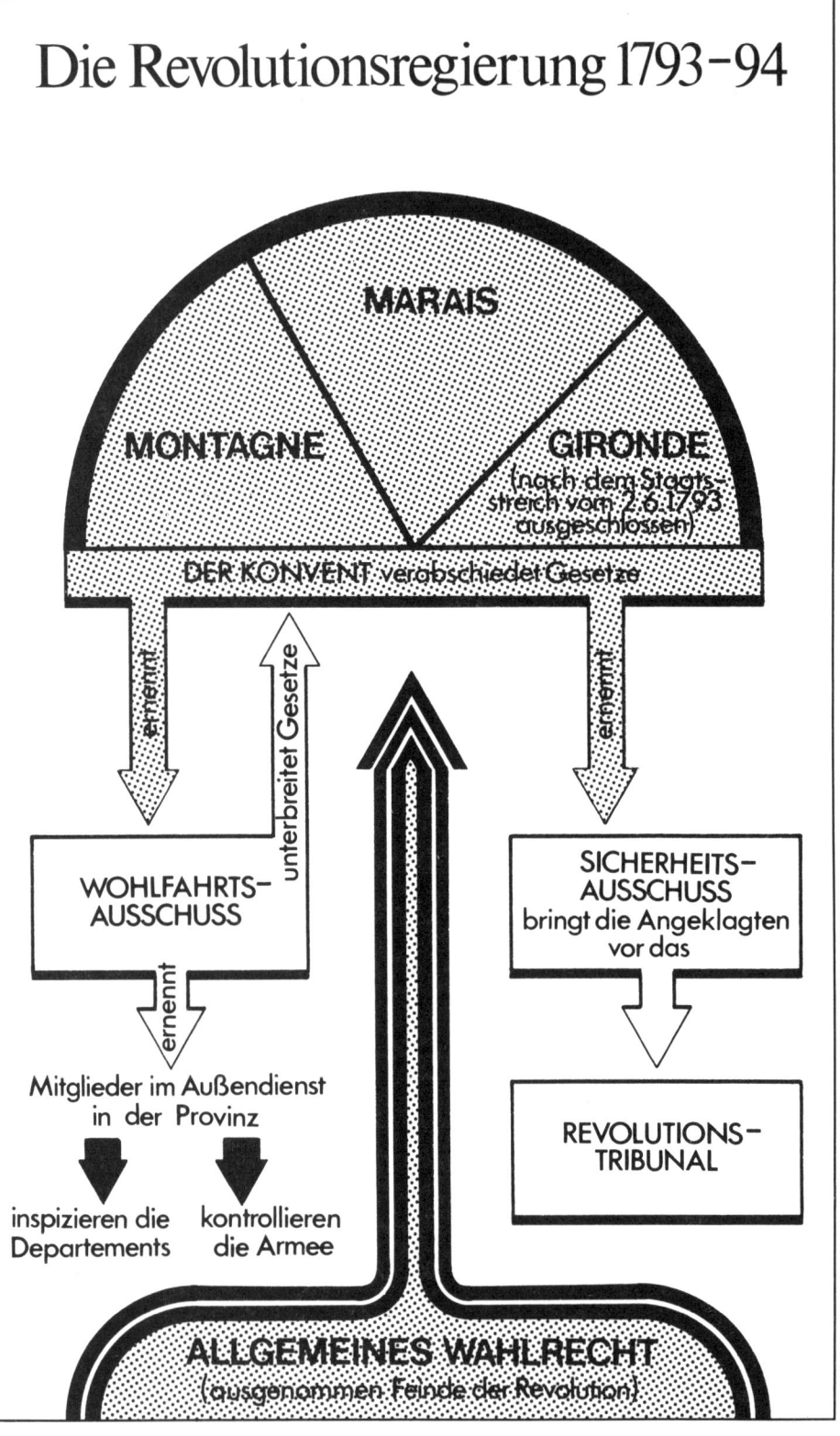

Der Wohlfahrtsausschuß oder die »Regierung der Advokaten«

Der Wohlfahrtsausschuß übt seine Macht um so ungestörter aus, als der Konvent sich in Fraktionskämpfen aufreibt.

1. Die **Gironde**: eine gemäßigte Linke bürgerlicher Provenienz, republikanisch, antiklerikal, aber erklärter Gegner der revolutionären Pariser Kommune. Die beiden Salons der Damen Roland und Condorcet sind die Zentren dieser gemäßigten Gruppe, die als lose Verbindung intellektueller Persönlichkeiten keine Chance gegen die geschlossene Front der »proletarischen« Bergpartei hat und nach dem 2. Juni dieses Jahres fast geschlossen auf die Guillotine geschickt wurde.

2. Die **Montagne** (Bergpartei): eine durchschlagskräftige, revolutionäre Partei, deren Ziele kollektive Diktatur, die Ausschaltung jeder Opposition und die »Wiedergeburt« des Landes unter dem Gesetz der »allgemeinen Wohlfahrt« sind. Danton, Desmoulins und Fabre d'Églantine sind die eine Führungsgarnitur, Robespierre, sein Bruder »Bonbon«, Saint-Just und Couthon die andere, dauerhaftere.

Zwischen beiden Gruppen das amorphe, unsichere Zentrum, die »schweigende Mehrheit«:

3. Der **Marais** (der Sumpf): eine echte Mehrheit, die den Entscheidungen ausweicht, die zu überleben versucht. Sieyès, Cambacérès, Boissy-d'Anglas, Bürger, die wissen, daß Schweigen Gold ist.

Barère de Vieuzac, Bertrand, 38, ein Gascogner, Sohn eines hohen Justizbeamten im südfranzösischen Städtchen Tarbes. Jusstudium, mit zwanzig Advokat, Abgeordneter zum Konvent, eine Art »Premierminister« innerhalb des »Kabinetts« des Wohlfahrtsausschusses.

Billaud-Varenne, Jean-Louis, 37, aus der stockkonservativen Vendée, Sohn eines Advokaten in La Rochelle. Jusstudium, Advokatenprüfung, Konventsabgeordneter, 1792 stellvertretender Justizminister, geistiger Vater der Revolutionsregierung.

Carnot, Lazare, 40, achtes von 18 Kindern eines Notars in Nolay (Côte d'Or). Hauptmann der Pioniertruppe, Mathematiker und Techniker, Militärspezialist des Wohlfahrtsausschusses.

Collot d'Herbois, Jean-Marie, 43, Sohn eines Goldschmieds, einziger Pariser im Wohlfahrtsausschuß. Schauspieler, erst auf kleinsten Provinzbühnen, dann Prinzipal und Autor seiner eigenen Truppe. Führt im Wohlfahrtsausschuß die Korrespondenz mit den reisenden Mitgliedern und Kontrollbeamten.

Couthon, Georges, 38, Sohn eines Notars in Orcet (Puy-de-Dôme). Jusstudium. Schon früh an den Beinen gelähmt, bewegt er sich nur im Rollstuhl oder wird von einem Gendarmen auf die Rednertribüne getragen, Verfassungsspezialist.

Lindet, Robert, 47, Sohn eines Provinzkaufmannes. Jusstudium, Advokat, später Bürgermeister seines Heimatortes Bernay in der Normandie, Mitbegründer des Revolutionstribunals, Strafrechtsspezialist im Wohlfahrtsausschuß.

Prieur-Duvernois, Claude-Antoine (»von der Côte-d'Or«), 30, Offizierssohn. Pionieroffizier und Kollege Carnots, der ihn in den Ausschuß holt; militärwissenschaftliche Arbeiten schon vor der Revolution, Mitglied der Nationalversammlung und des Konvents, Inspektionsreisen in die Häfen, Rüstungsspezialist.

Robespierre, Maximilien de, 35, Sohn eines Advokaten aus Arras, Nordfrankreich. Früh verwaist, wächst er mit seinem jüngeren Bruder »Bonbon« beim Großvater auf. Jusstudium in Paris unter ärmlichsten Verhältnissen. Wohnt auch während der Zeit seiner größten Macht in einem Kabinett bei Tischler Duplay in der Rue Honoré.

Saint-Just, Louis-Antoine-Léon, 26, Sohn eines Kavallerieoffiziers, aus kleinem Militäradel. Von der früh verwitweten Mutter verwöhnt, lebt er von ihrem Geld in Paris, unregelmäßige Studien, beginnt seine politische Laufbahn in den Kaffeehäusern des Palais-Royal. Konventsabgeordneter, mit Robespierre Ideologe des Wohlfahrtsausschusses, »der schöne Todesengel der Revolution«.

Der neue Kalender

Jean Minoult, 12, aus Rennes versteht die Zeit nicht mehr. Und keiner seiner Altersgenossen und die wenigsten Erwachsenen können ihm erklären, warum die neue Zeitrechnung a) ausgerechnet im September, b) mit dem zweiten statt mit dem ersten Jahr begonnen hat – und erst seit dem 24. November in Kraft ist.

Das Ganze begann am 21. September 1792, als der Nationalkonvent, zu seiner ersten Sitzung zusammengetreten, einstimmig die Abschaffung des Königtums – und die Einführung einer neuen, republikanischen Zeitrechnung – beschloß. Das am darauffolgenden Tag veröffentlichte offizielle Dokument trug das Datum: 22. September 1792, im ersten Jahr der Republik.

Aber vom guten Willen bis zur Tat, bis zur Ausarbeitung des neuen Kalenders in allen seinen teilweise abstrusen Einzelheiten – dem jedoch ein logisches Konzept nicht abzusprechen ist –, dauerte es noch eine gute Weile, nämlich bis zum 24. November 1793, im zweiten Jahr der Republik, als der Nationalkonvent in einem Dekret über »die Ära, den Beginn und die Organisation des Jahres sowie über die Namen der Tage und Monate« der entsprechenden Gesetzesvorlage zustimmte.

Und so ist der neue republikanische Kalender organisiert:
- Jahresbeginn: am Tag des Herbstanfanges
- Einteilung des Jahres in zwölf Monate: Vendémaire, Brumaire, Frimaire (Herbst), Nivôse, Pluviôse, Ventôse (Winter), Germinal, Floréal, Prairial (Frühjahr), Messidor, Thermidor und Fructidor (Sommer) zu je drei Wochen (Décades)
- Einteilung der Woche in zehn Tage: Primedi, Duodi, Tridi, Quartidi, Quintidi, Sextidi, Septidi, Octidi, Nonidi und Décadi

Nach Adam Riese (1492–1559) sind das aber erst 360 Tage, und darum hat jedes Jahr nach dem Fructidor auch noch fünf Extratage, die »Sansculottides«, und weil es immer noch nicht ganz reicht, um »das Jahr den Himmelsbewegungen anzupassen«, schließt jede Franciade – so heißt die Periode von vier Jahren, denn vier Jahre hat die Revolution gebraucht, um Frankreich ein republikanisches Regime zu geben – mit einem weiteren Tag, dem Jour de la Révolution, ab. Das vierte und letzte Jahr einer solchen Periode trägt den Namen Sextile.

Aber damit sind die Leiden des jungen Jean Minoult noch nicht erschöpft. Beim Konvent gibt es keine halben Sachen. Nicht nur das Jahr, sondern auch der Tag muß sich (für offizielle Anlässe tritt diese Bestimmung allerdings erst am 1. Vendémaire des Jahres III in Kraft) eine revolutionäre Umgestaltung gefallen lassen. Schluß mit den vertrauten 24 Stunden; es gibt nur mehr zehn »Tagteile« zu je 100 Dezimalminuten zu je 100 Dezimalsekunden – und so weiter, bis zum »kleinsten meßbaren Teil der Zeit«.

Jean Minoult und seine Freunde sind nicht zu beneiden – auch wenn der neue Kalender, wie es heißt, der vernünftigste ist, der je erfunden wurde.

DEUTSCHLAND

Gedämpfte Begeisterung

Das Verhalten eines der am meisten gefeierten deutschen Dichter, des Schöpfers des »Messias«, Friedrich Gottlieb Klopstocks, ist charakteristisch für die gewandelte Einstellung zu den Vorgängen in Frankreich.

Klopstock, begeisterter Menschenfreund und Freimaurer, hat 1789, als Frankreich die Menschenrechte an die Spitze seiner Verfassung setzte, als es all das verwirklichte, wovon man in anderen Staaten, die Vereinigten Staaten von Amerika ausgenommen, träumen mochte, voll Bewunderung geschrieben:

»Ich bedaure es zutiefst, daß es Frankreich und nicht mein Vaterland ist, das den Anfang gemacht hat, anstelle eines menschenunwürdigen Schwertrechtes endlich das Vernunftrecht einzusetzen.«

Aber heute, vier Jahre später, widerruft der enttäuschte Dichterfürst Klopstock seine Begeisterung von einst. In einer ergreifenden Ode, »Mein Irrtum«, sagt er sich öffentlich von den Hoffnungen los, die er 1789 hatte; er scheint in eine wesenlose Misanthropie zu versinken.

Nicht anders geht es dem deutschen Nationalheros Friedrich von Schiller, der auf Antrag des Deputierten Danton – unter dem verballhornten Namen »Monsieur Gillé« – zum Ehrenbürger der französischen Republik ernannt wurde, nur weil das Motto zu seinen »Räubern« schlicht »In Tyrannos« lautete.

Auch Schiller zeigte sich bestürzt, ja, er konnte nur mühevoll von seinen Freunden abgebracht werden, einen Brief an den Konvent von Paris zu senden, in dem er gegen die Schlächtereien des September zu protestieren beabsichtigte.

Und so geht es dem Philosophen Fichte, dem Dichter Jean Paul und vielen Bürgern in ganz Deutschland.

Es kann freilich kein Zweifel bestehen, daß die Bauern und Bürger in den kleinen, wirtschaftlich zurückgebliebenen Städten und Dörfern des Landes anders denken als die Dichter und Denker Deutschlands: je näher der französischen Grenze sie leben, um so eher neigen sie dazu, die Befreiung der Völker auch bei sich daheim in die Tat umzusetzen.

Anlaß zum Unmut, ja zur Verzweiflung, gibt es genug: noch sind die Untertanenverkäufe des Herrschers von Hessen unvergessen, noch prassen die Fürsten und Bischöfe in ihren zahlreichen, nach Versailler Vorbild errichteten Hofhaltungen mit dem Geld, das sie ihren rechtlosen Untertanen abpressen, noch »lebt jeder herrschaftliche Jagdhund besser und würdiger als ein deutscher Untertan«, schreibt Georg Forster, der in Mainz einen Jakobinerklub gegründet hat.

Forster ist nicht irgendwer: als Gelehrter, Naturforscher und Reiseschriftsteller hat er sich einen Namen gemacht, sein Wort gilt in der kurfürstlichen Metropole am Rhein. Er hat es freilich leicht, seine Landsleute von der Niedertracht, Sittenlosigkeit und Leere der einstmals in Frankreich herrschenden Adelsclique zu überzeugen. In Koblenz, unweit von Mainz, residiert der Klüngel der Emigranten, führt sein Leben so weiter wie daheim in Versailles, wirft das Geld zum Fenster hinaus, mißachtet und verletzt die Würde der Menschen und erwartet Hilfe von den anderen, ohne bereit zu sein, Opfer zu bringen. Kein Tag, an dem Forster und sein Freund Adam Lux nicht ungeheure Übergriffe der Emigranten melden und propagandistisch ausschlachten können.

Überall am Rhein bilden Bauern und Bürger geheime Zirkel, die nur darauf warten, dem Treiben ihrer eigenen, kleinen, elenden Blutsauger ein Ende zu bereiten.

Äbte und Äbtissinnen in kleinen, entlegenen, dem süßen Nichtstun und Beten ergebenen Klöstern flüchteten bereits, die Bischöfe und Fürsten beiderseits des Rhein zittern um ihre Herrschaft, und obwohl noch kein einziger echter Aufstand losbrach, könnte er tagtäglich erwartet werden: denn die Bauern und Kleinbürger fürchten nicht den Terror, wie er aus Paris berichtet wird. Sie haben ja nichts zu fürchten und so gut wie nichts zu verlieren.

Den reichen Bürgern freilich, die anfangs gleich Klopstock die Revolution begrüßten, wird angst und bang. Man kann doch nicht, sagen sie, die heilige Religion schänden oder gar den von Gott eingesetzten Herrscher absetzen. Darin werden sie von ihren Pfarrern und Pastoren bestärkt: unvorstellbar, was geschieht, wenn die seit Jahrtausenden überlieferte Ordnung zusammenbricht; man sieht es ja, wie Frankreich, das große, schöne, reiche Frankreich, in Sitte, Mode, Sprache, Zivilisation und Kultur ein Vorbild der Welt, in Mord, Blut, Terror und Hunger versinkt.

Man verbietet allenthalben die Schriften der Franzosen, nachdem man noch vor zwei Jahren die »Menschenrechte« in einer Auflage von etwa 250.000 auf dem deutschen Markt absetzen konnte. Beamte, die irgendwann einmal sagten, die Grundideen der Revolution seien richtig, werden überall in Deutschland abgesetzt.

Noch einen Schritt weiter gehen die Spanier und die Neapolitaner: jeder, der die – geheim – verbreiteten Schriften der Revolution besitzt, kommt vor das Inquisitionsgericht.

Und selbst aus Rußland, dessen Bauern gewiß nicht ansteckungsgefährdet sind, weil sie allesamt nicht lesen und schreiben können, kommt die Nachricht, daß die Zarin Katharina das Bild ihres alten Freundes Voltaire aus ihrem Arbeitskabinett entfernen ließ, weil – so sagte sie – man sehe, wohin freigeistige Ideen führen: zu Mord, Aufstand und Massaker.

Das hindert Europa freilich nicht, mit der gespannten Aufmerksamkeit einer Maus, die vor einer Schlange sitzt, nach Paris zu starren: Was wird geschehen? Wohin rast diese Revolution, dieser Aufstand der Geister, wie ihn Europa noch niemals erlebt hat? ■

KRIEG IM WESTEN

Mit dem Rücken zur Wand

Der Krieg gegen die Französische Revolution ist noch lange nicht gewonnen. Die Franzosen haben auf anfängliche Niederlagen mit einem Massenaufgebot begeisterter Patrioten reagiert, mit einer neuen Volksarmee, wie sie Europa noch nicht gesehen hat.

»Monseigneur« ist in diesem Fall kein Priester, sondern so nennen wallonisch ergänzte Regimenter der kaiserlichen Armee jenen kleingewachsenen, grazilen, jünglingshaft wirkenden Prinzen, der im Leutnantsalter bereits Generalmajor ist und eine erstaunliche Reife als Taktiker und Stratege beweist: Erzherzog Karl, der 22jährige Bruder des Monarchen. Schon zu Beginn des Frühjahrsfeldzuges unter dem Oberbefehl des Reichsfeldmarschalls Josias Prinz von Coburg-Saalfeld führte der junge Habsburger erfolgreich die Vorhutgefechte gegen »diese Franzosen, die sich für unüberwindlich halten«, wie er den Latour-Dragonern anfeuernd zurief, und warf den Gegner mit bravourösen Attacken zurück.

Die Republik hatte für den neuerlichen Waffengang vier Großverbände ins Feld gestellt: die Nordarmee, die Maasarmee, die Ardennenarmee und die Moselarmee, bestehend aus »Korsettstangen« regulärer Truppen, die noch dem Heer des Königreichs entstammen, vermischt und aufgefüllt mit wüsten Haufen rasch in Marsch gesetzter Freiwilliger, die wohl Disziplin halten, aber keinerlei militärischen Drill kennen, wie er in anderen europäischen Heeren üblich ist.

Wichtigster Zielpunkt der Planungen im Lager der Verbündeten: die Rück-

Erzherzog Karl: *mit 22 schon Generalmajor und exzellenter Taktiker und Stratege, will »die Franzosen schlagen, die sich für unüberwindlich halten«*

eroberung der im vorigen Jahr an den Feind verlorenen österreichischen Niederlande. Zwei Schlachten markierten diesen Vormarsch, die Treffen von Aldenhoven und Neerwinden, beide von der Koalition siegreich geschlagen. Selbst Veteranen, die mit Tod und Teufel auf du und du sind, staunten über die Kühnheit des Erzherzogs Karl, der auf seinem Schimmel immer wieder ins Handgemenge sprengte. Seit diesen heißen Tagen trägt er an der Brust seines weißen Generalrocks das Großkreuz des Maria-Theresien-Ordens, aber einen Schimmel darf er laut Befehl des Prinzen von Coburg-Saalfeld im Gefecht nicht mehr reiten, um kein Ziel zu bieten.

Energisches Nachstoßen wäre die einzig richtige Konsequenz gewesen, um die errungenen Siege auszunützen. Für den französischen Oberkommandierenden, General Dumouriez, ging es nun darum, Zeit zu gewinnen. Er erklärte sich zu den Verhandlungen über eine freiwillige Räumung der österreichischen Niederlande bereit, und die unschlüssige Haltung im alliierten Hauptquartier begünstigte diesen Schachzug. Den Abzug der Franzosen mußten die verbündeten Mächte zumindest indirekt mit dem Verzicht auf ein dem Gegner äußerst gefährliches Heerführertalent honorieren: Erzherzog Karl ging als neuer Generalstatthalter in das befreite Brüssel. Er übernahm damit den Posten, den sein Onkel, der sehr kunstsinnige Herzog Albert Kasimir von Sachsen-Teschen, innehatte, und trat ihn im Geist soldatischer Pflichterfüllung an. Aber Karls Herz ist noch immer bei der Armee.

Nicht leicht durchschaubar bleibt die Rolle, die General Dumouriez spielte, gewiß einer der fähigsten Köpfe unter der Trikolore. Ein Angebot, das er den Verbündeten unterbreitete, lief praktisch auf einen Militärputsch gegen den Nationalkonvent hinaus. Sein Plan: im zerrütteten Frankreich endlich Ordnung zu machen. Der vieldeutige Begriff des »Wohls der Nation« hätte ihm dabei, wie er hoffte, die erforderliche moralische Deckung gegeben, um nicht das Odium des Verräters auf sich zu laden. Er wollte nach Paris marschieren, wenn die Alliierten an den französischen Grenzen Kordonstellungen bezögen und nicht eingriffen.

Niemand kann bestreiten, daß Frankreich gerade jetzt einen starken Mann brauchen würde, der anarchische Tendenzen eindämmt, dem Terrorregime ein Ende setzt, die neuen Tyrannen von der Bildfläche fegt, die Schicksale des zerrissenen, blutgetränkten Landes in andere Bahnen lenkt und eine Normalisierung der Zustände herbeiführt. Dumouriez – das zeigte sich nur zu bald – ist nicht dieser Retter aus der Not. Plötzlich stand er allein zwischen den Fronten. Er hatte die Anziehungskraft seiner Persönlichkeit, seine Fähigkeit, die Truppen bei einer solchen Aktion mitzureißen, gewaltig überschätzt. Das Abenteuer endete daher kläglich. Gehetzt verschwand Dumouriez in eine Emigration, in der auch keine Freunde auf ihn warteten.

Die Verbündeten zogen die Konsequenzen aus der veränderten Situation.

Sie berannten die Festungen Condé und Valenciennes, die ihnen im Juli in die Hände fielen. Mainz wurde zurückerobert. Starke Kontingente von Briten, Hannoveranern und Holländern unter dem Herzog von York stießen zu den Österreichern und den Reichstruppen, im Süden schlugen die Piemontesen los, das spanische Heer stand Gewehr bei Fuß an den Pyrenäen.

Von allen Seiten angegriffen, richtete sich die isolierte französische Republik, die selbst keinen einzigen sie entlastenden Verbündeten besaß und allfällige Sympathisanten wie die Niederländer während der Besatzungszeit vergrämt hatte, darauf ein, mit dem Rücken zur Wand zu kämpfen, und proklamierte den totalen Kriegseinsatz.

Einen hervorragenden Organisator hat sie in Lazare Carnot, ehemaliger Pionieroffizier und Mitglied des Wohlfahrtsausschusses. Theoretiker und Praktiker zugleich, ist er der Schöpfer des Gedankens, die gesamte Volkskraft zu mobilisieren. Er war es, der die »levée en masse« aus dem Boden stampfte, das generelle Aufgebot, bei dem jeder wehrfähige Bürger zum Waffendienst herangezogen werden kann und jeder einzelne dieser Bürgersoldaten genau weiß, wofür er sein Leben in die Schanze schlägt, nämlich für das bedrohte Vaterland. Solche patriotische Kampfmoral macht Anfangsschwierigkeiten wie mangelnde Ausbildung oder ungenügende Fertigkeit in der Handhabung der Waffen weitgehend wett, und gerade die militärischen Amateure sind drauf und dran, mit neuen Taktiken eines elastischeren Truppeneinsatzes ihrem Gegner eine andere Kampfesweise aufzuzwingen, an die sich die Verbündeten, die strengen Regeln überlieferter Kriegskunst gewöhnt, erst mühsam anpassen müssen.

Enorme Energien werden angekurbelt, die gesamte Wirtschaft des Staates arbeitet ausschließlich für den Bedarf des Heeres auf Hochtouren, keine Hilfsquellen bleiben ungenützt, ganz Frankreich ist eine einzige Waffenschmiede, auch die Propagandamaschinerie läuft ohne Unterlaß. Pausenlos wird der Bevölkerung eingehämmert, daß es nun um Sein oder Nichtsein gehe, niemand darf beiseite stehen. Wer zum Einrücken zu alt oder untauglich ist, muß zumindest in feuchten Kellern Salpeter von den Wänden kratzen – für die Pulvererzeugung –, und die Armeeverwaltung greift sogar in die Kleiderschränke der Zivilisten: der Besitz von sechs Hemden verpflichtet dazu, eines davon für einen unbekannten Soldaten abzuliefern, der den zerschlissenen Uniformrock auf dem bloßen Leib trägt.

So gesehen, bekommt die Masse einen ganz anderen Stellenwert als bisher. Ein neues Wort macht sich im Sprachgebrauch geltend, ein böses, das Individuum abstrahierendes Vokabel, es lautet: »Menschenmaterial«. Darin kündigt sich eine Vernichtungstechnik an, deren Entwicklung unabsehbar ist und die hohe Mannschaftsverluste a priori einkalkuliert.

Wie verhängnisvoll kleine, zufällige Funktionsstörungen den gut eingespielten Apparat einer Kriegsmacht alten Stils hemmen können, zeigte sich im Oktober während der Schlacht von Wattigny. Dort hatten die Verbündeten den Sieg schon in der Tasche, die Franzosen waren bereits auf dem Rückzug, und nur durch einen Übermittlungsfehler bei den Meldungen gewann Prinz Coburg ein falsches Bild der entscheidenden Erfolge des linken Flügels. Er

Ein seltener Rang: Reichsfeldmarschall

Der Oberbefehlshaber auf dem westlichen Kriegsschauplatz, Josias Prinz von Coburg-Saalfeld, bekleidet den Rang eines »Reichsfeldmarschalls«, der nach der Reichskriegsverfassung von 1681 dem Kommandierenden General der für einen Feldzug aufgebotenen Reichstruppen in der Mindeststärke von 40.000 Mann zuerkannt wird. Bisher gab es nur zwei Reichsfeldmarschälle: Ludwig Wilhelm Markgraf von Baden-Baden, berühmt als »Türkenlouis«, und Prinz Eugen.

161

nahm seine Verbände zurück. Ein Mißverständnis, das alles wendete. Beim Gegner klappte die Nachrichtenverbindung besser, General Jourdan ließ sofort kehrtmachen und behauptete erst in letzter Minute das Feld gegen »die Satelliten der alliierten Tyrannen«, wie er an den Nationalkonvent schrieb. Dadurch ging der strategisch wichtige Punkt Maubeuge verloren, ein Rückschlag, dem kurz vor Weihnachten noch ein weiterer folgte, als die Österreicher, deren Führung wieder einmal uneinig und deshalb in ihrer Aktionsfreiheit behindert, eine Chance verspielten und über den Rhein abgedrängt wurden.

So endete dieses Kriegsjahr 1793 zwiespältig. Der Koalition fehlt ein überragendes, alle inneren Widerstände bezwingendes, die Machtmittel seinem Konzept souverän einordnendes Feldherrngenie. Immer mehr Beobachter meinen, »Monseigneur« wäre solch ein Generalissimus der Zukunft, Prinz Eugen und Carnot in einer Person, ein großer soldatischer Geist, der alte Erfahrungen und neue Erkenntnisse verbindet.

Den Gedanken der »levée en masse« in Form eines Wehrbürgertums zum Schutz österreichischer Lande hat Erzherzog Karl bereits aufgegriffen. Vorläufig freilich nur als Projekt... ∎

Volkslied – Dichter unbekannt

In der kleinen Garnison von Hüningen am Oberrhein fand ZEIT-BILD den Hauptmann der Pioniere, Rouget (»de Lisle« — ein Titel, den er sich selbst zugelegt hat). Während sein Werk, das »Lied der Marseiller«, von allen Regimentern gesungen wird, entwirft der Hauptmann Rouget Vorwerke und Verschanzungen. Heute ist er ein verbitterter Mann, der kein Geld, nur ein wenig Ruhm haben möchte für seine »sieben Strophen, die soviel wert sind wie vierzehn Armeen«, wie ein General unlängst meinte.

ZB: Hauptmann Rouget, wie sind Sie eigentlich der Schöpfer der Marseillaise geworden?
ROUGET: Bitte, lassen wir das. Ich weiß gar nicht, wie Sie mich überhaupt hier gefunden haben...
ZB: Wir haben Nachforschungen angestellt – ein so großartiges Lied entsteht nicht wie ein Volkslied, fast von allein. Also, wie war das damals in Straßburg?
ROUGET: Damals – das war am 25. April des Vorjahres. Gegen Abend haben Stafetten aus Paris die Nachricht von der Kriegserklärung an Österreich und Preußen gebracht. Ganz Straßburg war auf den Beinen, und der Bürgermeister, der Baron Dietrich, war überall. In allen Kaffeehäusern und Klubs sind die Leute beisammengesessen, manche haben Reden gehalten, Sie wissen ja, wie das ist, in so einer Situation.
ZB: Ja, die Stimmung kann man sich denken. Aber wie ist es dann zu Ihrem Lied gekommen?
ROUGET: Am Abend hat der Baron Dietrich ein Abschiedsessen für die Offiziere gegeben. Ich war auch dabei, ich war fast wie ein Freund der Familie, ich habe viel bei den Dietrichs verkehrt, während wir in Straßburg gelegen sind. Auf einmal sagt der Bürgermeister zu mir: »Rouget, Sie sind doch so ein Gelegenheitsdichter, könnten Sie uns nicht etwas machen, was die Stimmung des heutigen Tages einfängt, etwas Zündendes, mit einer einfachen Melodie, die eine Militärmusik spielen kann?« Ich habe es ihm versprochen. Später, beim Schlafengehen, sind mir noch einmal alle Rufe, alle Wortfetzen des Tages eingefallen – ich habe auch daran gedacht, wie wir fortziehen werden, und fast ohne zu überlegen habe ich die sieben Strophen hingeschrieben, und gleich zu Anfang auch die Melodie dazu, es ist alles ganz schnell gegangen und mühelos. Am nächsten Morgen habe ich das Lied gleich zum Bürgermeister Dietrich gebracht: der hat sich ans Klavier gesetzt, und ich habe ihm das Lied vorgesungen. Dann hat die Frau Bürgermeister Abschriften gemacht – sie hat Musik studiert – und hat gleich die Begleitung dazu geschrieben. Am selben Abend hat es der Herr Bürgermeister seinen Gästen im Salon vorgetragen. Es hat ihnen sehr gut gefallen, alle waren sehr höflich zu mir, aber das war alles. Beim Abmarsch der Truppe, vier Tage später, hat es die Regimentsmusik gespielt, und das war das letzte, was ich von meinem Lied gehört habe.
ZB: Und wie ist das Lied zu seinem Namen gekommen?
ROUGET: Da fragen Sie mich zu viel. Angeblich hat ein Medizinstudent aus Montpellier eine Abschrift gehabt und sie beim Abschiedsabend des Marseiller Freiwilligenregiments, irgendwann im Juni, herumgezeigt. Die Marseiller haben das Lied dann während des gesamten Marsches nach Paris gesungen und dann auch in der Hauptstadt selbst, und dann war es nicht mehr aufzuhalten.
ZB: Hauptmann Rouget – man kann Sie doch nicht so übergehen! Den Dank der Regierung haben Sie doch wenigstens verdient.
ROUGET: Ich bitte Sie... das Lied ist zu groß geworden für mich. Keiner würde mehr glauben, daß ich der Autor bin; ich habe weder vorher noch nachher je wieder etwas wirklich Gutes geschrieben.
ZB: Herr Hauptmann, wir danken für dieses Gespräch. Wir sind überzeugt, daß man sich eines Tages an Sie erinnern wird.

SPANIEN

Spaniens Alleinherrscher ist der »schöne Manuel«

Königsfavorit avancierte in sieben Jahren vom Soldaten zum Staatschef

Nach Monaten eines eher lahmen Krieges haben die Erzfeinde Spanien und England, brüderlich vereint gegen den gemeinsamen Erzfeind Frankreich, einen entscheidenden Sieg errungen und Toulon besetzt. Madrid widerhallt vom Siegesjubel. Und die Stellung des königlichen Favoriten, Manuel de Godoy, mit 25 Jahren jüngster Premierminister der Welt, ist gefestigter denn je.

Godoy verdankt seine erstaunliche Karriere, die ihn in nur sieben Jahren vom einfachen Gardesoldaten zum mächtigsten Mann Spaniens machte, der häßlichsten Frau Spaniens: Königin Maria Luise, geborene Prinzessin von Parma.

Die hohe Dame hatte bereits eine stattliche Liste von Liebhabern hinter sich gebracht, als 1784 der siebzehnjährige Sohn verarmter Landedelleute nach Madrid kam, um in die königliche Garde einzutreten: ein strahlend schöner Jüngling mit feurigen Augen, einer blendenden Figur und vollendeten Manieren. Auch verstand er es trefflich, die Laute zu schlagen...

In der Gunst der Königin trat Manuel sozusagen ein Familienerbe an: sein Vorgänger war Luis, leiblicher Bruder des »schönen Manuel«, gewesen. Manuel gelang, was keiner der ungezählten Galane vor ihm zustande gebracht hatte: Maria Luise verliebte sich Hals über Kopf in ihn.

Dieser Liebe entsprossen nicht nur drei Kinder – die der Ehegatte als die seinen anerkannte –, es entsprossen ihr auch Reichtümer und Ehrungen.

Als die Affäre begann, war Manuel so arm, daß er zu Bett bleiben mußte, wenn sein einziges Hemd gewaschen wurde. Wenig später verfügte er über Haus und Dienerschaft, Kunstwerke und Garderobe; und er fuhr sechsspännig zum Dienst. Maria Luise – damals noch Kronprinzessin – kümmerte sich persönlich um die Einrichtung seines Palais.

Dem materiellen Segen folgte der gesellschaftliche Aufstieg, als Maria Luises Ehemann, Carlos IV., 1788 den Thron bestieg: zwei Tage nach der Krönung war der »schöne Manuel« bereits Leutnant – nichts und niemand konnte seine Karriere mehr stoppen.

Die Königin nahm die Regierungsgeschäfte in die Hand. Sie hatte kaum Mühe, sie ihrem Mann zu entreißen. Carlos, ein gutmütiger und schwerfälliger Patron, ist mehr an Jagd und gutem Essen, an religiösen Exerzitien und dem Uhrmacherhandwerk interessiert als an der hohen Politik. Nicht zu vergessen seine Vorliebe für die Gesellschaft hübscher junger Männer. Es ist in Madrid daher die Frage, wer Godoy mehr protegiert – der König oder die Königin?

Carlos mußte es einstmals schweigend hinunterschlucken, als ihn sein Vater einen »blinden Esel« höhnte, weil er von den Eskapaden seiner Gemahlin keine Notiz nahm. Als aber vor zwei Jahren Premierminister Floridablanca seinen Herrn vor dem Treiben seiner Gattin und ihres Liebhabers warnte, wurde der altgediente Minister abgesetzt und entging knapp der Verbannung. Demonstrativ trug Carlos den wenige Tage später geborenen Francisco als seinen Sohn zur Taufe, beförderte dessen Erzeuger, Manuel de Godoy, zum Generalleutnant und dekorierte ihn mit einem hohen Orden.

Bis voriges Jahr war offiziell Graf Aranda Regierungschef – tatsächlich herrschten aber längst Maria Luise und Godoy. Das politische Geschick Spaniens – bedrängt vom aufstrebenden England, bedroht vom möglichen Übergreifen der Französischen Revolution, attackiert von Seeräuberbanden aus Afrika – berührte die beiden wenig. Ihnen

Maria Luise: *beherrscht vom »schönen Manuel«*

ging es vielmehr darum, alle Schlüsselstellungen mit ihren Günstlingen sowie Godoys Verwandten zu besetzen und die Staatskasse zu plündern, um Godoys Reichtum bis ins unermeßliche zu vermehren.

Als vor Jahresfrist Aranda seinen Posten räumen mußte, war der Weg endgültig frei für Godoy: der König schenkte ihm das riesige Staatsgut Alcudia, ernannte ihn zum Herzog von Alcudia und verlieh ihm das Goldene Vlies. So präsentierte sich der »schöne Manuel« – ganze 24 Jahre alt – als einzig möglicher Kandidat für das Amt des Außen- und Premierministers.

Nun genießt er auch königliche Würden und Privilegien. Dienstfertige Genealogen haben nachgewiesen, daß Godoy (wie angeblich schon der Name sagt!) direkt von Gotenkönigen abstammt und auch mit den Stuarts verwandt ist.

Seine erste Amtshandlung endete mit einem Fiasko: vom König gedrängt, unternahm er halbherzige Versuche, den Vetter seines Souveräns, den Bourbonen Ludwig XVI. von Frankreich, zu erretten,

163

wobei er sich eines seinem Charakter entsprechenden Mittels bediente: Bestechung französischer Revolutionäre. Die Antwort aus Paris kam ziemlich prompt: Ludwig XVI. wurde hingerichtet, Frankreich erklärte Spanien den Krieg.

Niemand wußte besser als Godoy, daß sein Land, immer am Rande des Staatsbankrotts, mit einer völlig desolaten 20.000-Mann-Armee nicht imstande sein würde, einen erfolgreichen Krieg zu führen. Seine einzige »Kriegsvorbereitung« bestand darin, über Nacht 24 Generalleutnante, 40 Brigadegeneräle und 32 Feldmarschälle zu ernennen und ein Bündnis mit England anzustreben.

Daß die spanischen Truppen dennoch im Mai dieses Jahres gegen Frankreich losschlugen, geht weniger auf Godoys Initiative als auf die patriotische Begeisterung seiner Landsleute zurück.

Tausende junge Spanier eilten freiwillig zu den Fahnen, selbst die Pyrenäenschmuggler stellten eine eigene Kompanie auf. Klöster und Schlösser öffneten freiwillig ihre Schatzkammern, öffentliche Sammlungen erbrachten 73 Millionen Real an Bargeld.

Ein besonderer Glücksumstand: die französische Regierung hatte im Revolutions- und Kriegstrubel vergessen, ihre Handelsflotte vom Krieg mit Spanien zu unterrichten. Ahnungslos steuerten reichbeladene Schiffe spanische Häfen an und wurden beschlagnahmt.

Die ersten spanisch-französischen Zusammenstöße hatten eher operettenhaften Charakter. Einmal »vergaßen« die Spanier, das in einem Scharmützel eroberte Gelände zu besetzen, so daß es die Franzosen tags darauf mitsamt den dort abgestellten Kanonen wieder in Besitz nehmen konnten; ein anderes Mal beschossen die Franzosen die eigenen Truppen und erlitten schwere Verluste.

Hatten Godoys Feinde gehofft, die spärlichen Kriegserfolge könnten dem verhaßten Günstling früher oder später das Genick brechen, so wurden sie durch die kürzlich erfolgte Einnahme von Toulon bitter enttäuscht. Der Stern des wahren Herrschers über Spanien ist offenbar noch lange nicht im Sinken. ■

FREIMAURER

Arbeit unter freiem Himmel

Die Revolution hat die französischen Freimaurer in tiefe Verwirrung gestürzt

Philippe Égalité: *kein Dank der Revolution*

Hat König Ludwig XVI. noch auf dem Schafott die Hände zum freimaurerischen Notzeichen erhoben, das alle Brüder zu sofortiger Hilfeleistung verpflichtet? Es hat dem König nichts genützt. Die »Brüder« Danton, Carnot und Desmoulins haben das Zeichen übersehen, vom Herzog von Orléans, dem »Bürger Égalité«, ganz zu schweigen, der als Großmeister aller französischen Freimaurer im Konvent für den Tod des Königs gestimmt hat.

Philippe Égalité hat am 6. November dieses Jahres dasselbe Schicksal erlitten, wie sein königlicher Vetter Ludwig.

Sein Ende als Freimaurer kam etwas früher: Am 5. Jänner schrieb der Herzog von Orléans an den Sekretär der Großloge von Frankreich, er glaube nicht, daß in einer Republik eine mysteriöse und geheime Gesellschaft geduldet werden könne. Er wolle also weder mit der Großloge noch mit irgendwelchen freimaurerischen Logen mehr etwas zu tun haben.

In einer feierlichen Großlogenarbeit, im Schein der flackernden Kerzen, die die geheimnisvollen Zeichen auf dem Tapis, dem Teppich in der Mitte des Tempels, aufleuchten ließen, soll der Großsekretär die versammelten Brüder von dem Schritt des ehemaligen Großmeisters unterrichtet und das Großmeisterschwert zerbrochen haben.

Aber der »Verrat« des Herzogs zeigt nur die Verwirrung und Unsicherheit auf, die die Brüder in Paris und der Provinz ergriffen haben. Viele erkennen, daß sie zwei Herren nicht dienen können: Freimaurer und Revolution gehen nur ein kleines Stück Weges miteinander. Andere Brüder, Gegner, weil Verfolgte der Revolution, fühlen sich von einer Vereinigung abgestoßen, die der Revolution zumindest Starthilfe geleistet hat.

Heute, da die Arbeit in den Logen praktisch aufgehört hat, kann man die Stellung der Freimaurer zur Revolution schon wieder unvoreingenommen beurteilen.

Haben die französischen Freimaurer tatsächlich in den Jahren 1788 und 1789 ihre Tempel verlassen, um in der größten »Arbeit unter freiem Himmel« die Französische Revolution zu inszenieren? Die Brüder selbst haben die Verantwortung immer abgelehnt und der Philosophen und damit dem »Zeitgeist« die Schuld gegeben. »Man kann doch nicht ernsthaft glauben, daß die Revolution, ein ganz spontaner Ausbruch des lange schwelenden Volkszorns, in Wahrheit eine in den Freimaurerlogen ausgeheckte Verschwörung gewesen ist!« — so ein Bruder der Loge »Zu den Neun Schwestern«.

Ganz so unschuldig kommen die Brüder allerdings nicht in den Verdacht, aktiv am Ausbruch der Revolution beteiligt gewesen zu sein: In der Versammlung der Generalstände waren etwa 90 Freimaurer unter den Abgeordneten des liberalen Flügels de

Adels zu finden, darunter die »Brüder« La Rochefoucauld, Lafayette und der Graf Mirabeau. Ebenfalls Freimaurer waren alle 47 Adeligen, die sich am 25. Juni den »Kommunen«, bestehend aus drittem Stand und progressiven Priestern, anschlossen und damit den königlichen Befehl zur Auflösung der Versammlung mißachteten.

Unter den Deputierten der Geistlichkeit waren die Freimaurer etwas dünner gesät, immerhin ist Abbé Sieyès, berühmt für seine Essays »Was ist der dritte Stand?«, Mitglied der Pariser Loge »Zu den Neun Schwestern«.

Freimaurer machten schließlich gut zwei Drittel des Tiers-état aus; manchmal wurde sogar die Zahl 477 von 600 Abgeordneten genannt, aber bei der den Freimaurern gebotenen Geheimhaltung sind solche Angaben schwer zu überprüfen. Sicher ist, daß der Club Breton, die Vereinigung der bretonischen Abgeordneten, der sich dann zum allmächtigen Jakobinerklub entwickelt hat, noch in den ersten Jahren nach der Erstürmung der Bastille ohne weiteres eine Logenarbeit hätte abhalten können, ohne profane Lauscher fürchten zu müssen. Ebenso typisch für die Entwicklung der Freimaurerei während der Revolution ist allerdings die Tatsache, daß Maximilien Robespierre – entgegen anderslautenden Gerüchten – niemals Mitglied einer Loge in seiner Heimatstadt Arras war (hingegen war sein Großvater bei einer rosenkreuzerischen Vereinigung).

Wenn also heute kein ernsthafter Beobachter der politischen Szene mehr glaubt, die Französische Revolution sei eine weltweite Verschwörung der Freimaurer, kann man doch behaupten, daß sie ganz wesentlich an ihrer Vorbereitung beteiligt waren. Als der König die Generalstände – zum ersten Mal seit 1614 – einberief, besaß der dritte Stand ja weder Erfahrung noch Übung im Abhalten von Versammlungen und im Redigieren von Aufrufen oder gemeinschaftlichen Beschlüssen. Richter, Advokaten und hohe Beamte hatten Teilerfahrungen, aber die einzigen, die seit Jahren Versammlungen nach strengen Regeln abhielten, gemeinsame geistige Grundlagen erarbeiteten und sich überhaupt ganz allgemein in Menschenführung übten, waren die Freimaurer.

Die schwarze Maske des maurerischen Geheimnisses verbirgt also durchaus nicht das blutrünstige Gesicht eines apokalyptischen Ungeheuers, das die bisherigen Grundlagen der menschlichen Gesellschaft zerstören wollte; der »Grand Orient de France«, die französische Großloge, war aber auch nicht die harmlose Spielweise für gelangweilte Aristokraten vom Typ des Herzogs von Orléans oder das Kaffeekränzchen der den Damen der Hofgesellschaft vorbehaltenen »Adoptionslogen«.

Wahrscheinlich wird in einer späteren, unparteiischen Analyse die Rolle der Freimaurer in der Verbreitung der aufklärerischen Philosophie zu sehen sein, im Aufbereiten des geistigen Grundes für die Revolution, der den politischen Aktionen den weltanschaulichen Halt gab. Weiter ist die Rolle der »Brüder« nicht gegangen. ∎

Großmeisterschwert: *feierlich zerbrochen*

WIRTSCHAFT

Preiskontrolle für Holzpantoffeln

Brotkarten in Paris – Amtliche Höchstlöhne – Blühender Schwarzmarkt

Dutzende republikanische Beamte sortieren derzeit in Paris Spezialberichte aus allen 750 Distrikten des Landes. Daraus entnehmen sie mit nostalgischer Wehmut – und mit knurrendem Magen –, was man vor drei Jahren für Brot und andere Waren gezahlt hat.

Dieses Zahlenmaterial ist die Basis für einen amtlichen Höchstpreiskatalog: aus den Meldungen der Distrikte wird zunächst ein Durchschnittserzeugerpreis (Basis 1790) errechnet. Dazu kommen fünf Prozent Groß- und zehn Prozent Kleinhandelsspanne sowie eine Transportkostenpauschale. Das Ergebnis dieses bürokratischen Großeinsatzes sollen amtliche Verbraucherpreise für ganz Frankreich sein.

Diese skurrile Preisermittlungsmethode ist der vorläufig letzte Versuch, die Lebensmittelversorgung und das Preisniveau in Frankreich wieder unter Kontrolle zu bringen.

In den Jahren 1790 und 1791 hatten Frankreichreisende den Eindruck, daß die Versorgungskrise, die den Ausbruch der Revolution mit verursacht hatte, endgültig überwunden sei.

Seit die Machthaber in Paris ihre Revolte aber zum Exportartikel erklärt haben und mit aller Welt Krieg führen, läßt die Versorgung an der Heimatfront zu wünschen übrig. Außerdem gab es wegen der Trockenheit auch noch eine miserable Getreideernte.

Schon am 18. April wurde – noch unter den Girondisten (dem gemäßigten Flügel der Republikaner) – das erste Maximumgesetz beschlossen: amtliche

Höchstpreise für Grundnahrungsmittel. Am 4. Mai wurde auch der Mehlpreis amtlich geregelt. Als Basis galt der Durchschnittspreis zwischen Januar und Mai. Dieser Preis sollte jeden Monat um zehn Prozent gesenkt werden. Auf Verschwendung und Hortung steht die Todesstrafe.

Mit dem zweiten Maximumgesetz vom 29. September unterwarfen die Jakobiner bereits 40 Produkte der Preisregelung. Darunter Kleider, Salz, Wein und »sabots« (Holzpantoffeln); meist galt der um ein Drittel erhöhte Preis von 1790 als amtlicher Höchstpreis.

Um die Lohn-Preis-Spirale auf der Lohnseite zu blockieren, den offiziellen Lebensstandard aber dennoch zu erhöhen, wurden die Löhne ebenfalls auf der Basis von 1790, jedoch mit einem 50prozentigen Zuschlag, eingefroren. Wer zum amtlichen Höchstlohn nicht arbeiten will, wird eingesperrt.

Trotz aller Strafandrohung blüht allerdings der Schleichhandel, und trotz der Ermahnung des »Unbestechlichen«, Robespierres, gelten selbst die Herren Volksvertreter als begierige Kunden des schwarzen Marktes. Auch die Proklamation eines »bürgerlichen Fastens« und die demonstrative Anpflanzung von Gemüse im Jardin de Luxembourg vermögen die Versorgungskrise nicht zu mildern. Robespierre soll mit dem Gedanken spielen, »brüderliche Soupers« einzuführen, zu denen jeder Bürger sein Freßpaket mitbringt (und dabei gleich deklariert, wie bescheiden und diszipliniert er von den Rationen lebt).

Die von den Franzosen lange Zeit verachtete Kartoffel wird – so man sie bekommt – heute mit Heißhunger gegessen. Das Angebot der Metzgereien hat Hundefutterqualität: Rindsköpfe, Magen, Schlund, Knochen. Und auch mit Brotkarten stellen sich Pariser Hausfrauen oft vergeblich um das immer schwärzere und klebrigere Brot an.

Die Preisfixierung nach der Marktsituation von 1790 bringt es mit sich, daß die Höchstpreise von Distrikt zu Distrikt schwanken. In jenen Bezirken, in denen 1790 die Versorgung relativ knapp und die Preise daher hoch waren, gelten heute die »höchsten Höchstpreise«. Aus Distrikten, wo die Waren billiger sind, strömen die Lebensmittel daher des Nachts in jene Bezirke, in denen man höhere Preise erzielen kann, ohne damit gleich Kopf und Kragen zu riskieren. Deshalb wird jetzt versucht, Einheitspreise für ganz Frankreich zu errechnen. Vor März kommenden Jahres dürften die Preisüberwachungsbeamten in Paris mit ihrem Rechenwerk allerdings kaum fertig werden. ∎

So sieht die französische Kriegswirtschaft aus

Mai: Höchstpreise für Getreide festgesetzt.

26. Juni: Börse geschlossen.

27. Juni: Todesstrafe auf Hamstern.

28. August: Aktiengesellschaften abgeschafft.

8. September: Banken und Kontore der Wechselmakler geschlossen.

29. September: Höchstpreise für alle Bedarfsartikel festgesetzt (durchschnittlich ein Drittel höher als die Preise von 1790), Maximallöhne eingeführt (durchschnittlich 50 Prozent über den Löhnen von 1790).

September: Le Chapeliers Streikverbot bleibt in Kraft.

Oktober: Brotkarten in Paris eingeführt.

November: Beschlagnahme von Gold und Wertsachen gegen Entschädigung in Assignaten zum Nominalwert.

Dezember: Die Assignaten sind nur noch 48 Prozent vom amtlichen Kurs wert.

Währung: Kirchengüter wurden zu Papier

Finanzierung der Revolution – Die Assignatenpresse läuft – Inflation durch militärische Erfolge gedämpft

Die Erfolge der französischen Volksarmee in Belgien und im Elsaß lassen den Kaufwert der Assignaten, des Papiergeldes der Revolution, zumindest vorübergehend wieder steigen. Mit den militärischen Siegen wächst das Vertrauen (und die Hoffnung auf reiche Beute).

Von Ende 1792 bis zum heurigen Sommer war der Wert der Assignaten (nach den Siegen der Preußen und Hessen bei Frankfurt) auf 22 Prozent des aufgedruckten Nominalwertes gefallen. Zum Jahresende war er auf immerhin 48 Prozent gestiegen. Allerdings ist anzunehmen, daß der großzügige Druck neuer Assignaten durch die Jakobiner die Inflation weiter anheizen wird.

Dabei war der Grundgedanke, wie er 1789 von Honoré Gabriel Graf Mirabeau, einem der fähigsten Köpfe der Nationalversammlung, auf Anraten des Genfers Clavière entwickelt wurde, durchaus seriös: Die enormen Staatsschulden (950 Millionen Livres im November 1789) sollten statt mit Geld mit verzinslichen Kassenscheinen beglichen werden, die durch Kirchengüter hypothekarisch sichergestellt waren.

Im Juni 1789 hatte der Klerus die Unvorsichtigkeit begangen, seine Güter (geschätzter Wert zwei Milliarden Livres) als Sicherstellung für die Staatsschuld anzubieten. Nach Beginn der Revolution kam man auf dieses großzügige Angebot zurück: am 2. November beschloß die Nationalversammlung, daß »die Güter der Kirche Eigentum der Nation sind«. Zunächst wurden Grund-

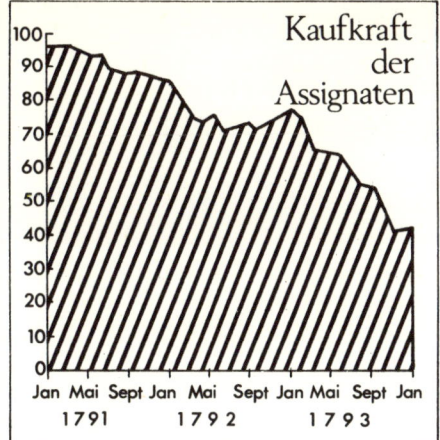
Kaufkraft der Assignaten

stücke im Wert von 300 Millionen Livres konfisziert.

An der Jahreswende 1789/90 war das System ausgeklügelt: der Staat würde seine Schulden mit Assignaten begleichen. Diese mit fünf Prozent verzinslichen Schuldverschreibungen sollten später, wenn die organisatorischen Vorbereitungen des Landverkaufes abgeschlossen seien, als Zahlungsmittel für den Verkauf der Kirchengüter akzeptiert und anschließend (spätestens 1795) verbrannt werden.

Die ersten Assignaten waren also theoretisch eine Anweisung auf ein Stück der konfiszierten Kirchengüter und in der Praxis ein Mittelding zwischen Banknote (als Zahlungsmittel verwendbar) und Wertpapier (verzinslich).

Überall in der Welt wird derzeit mit Papiergeld experimentiert. In Frankreich mußte man damit besonders behutsam umgehen, da die Franzosen seit dem mißglückten Papiergeldversuch von John Law, der Anfang unseres Jahrhunderts mit einer Riesenpleite endete, allergisch auf Banknotenmanipulation sind.

Die Assignaten schienen zunächst seriös, da sie tatsächlich gegen ein Stück Land eingetauscht werden konnten. Allerdings war es gar nicht einfach, das Kirchengut zu verkaufen, da die Bevölkerung, insbesondere auf dem flachen Land, Angst davor hatte, den Zorn des Himmels – oder zumindest den des Bischofs – auf sich zu lenken, wenn sie indirekt zu Komplizen der Enteigner in Paris würde.

Um die beschlagnahmten Grundstücke von dem verkaufsbehindernden Weihrauchgeruch zu befreien, wurden sie zunächst den Gemeinden übertragen und erst von diesen – nunmehr als harmloser »Gemeindegrund« – an Bürger, Bauern und zahlungskräftige Pächter verkauft. (Den Gemeinden blieb eine Säkularisierungsprovision von sechs Prozent.)

Die Detailbestimmungen für den Ausverkauf an beschlagnahmten Grundstücken wurden alle paar Wochen geändert, aber der so billig erworbene Kirchengrund wurde im allgemeinen auch zu Spottpreisen abgegeben, wobei der Regierung in Paris nicht so sehr die Vermögensbildung in der Hand des kleinen Mannes als die rasche Geldbeschaffung am Herzen lag.

Selbst Marie Antoinette, der man keine allzu tiefe Einsicht in wirtschaftliche Zusammenhänge nachsagt, erkannte die Chance und empfahl ihrem schwedischen Freund Graf von Fersen, zuzugreifen und durch den Kauf von Regierungsgrundstücken Umverteilungsgewinnler zu werden.

Im März 1790 wurden die restlichen Kirchengüter konfisziert und dafür am 10. August neue Assignaten ausgegeben. Es war höchste Zeit, denn schon am 15. Juni war die erste 400-Millionen-Tranche restlos verbraucht gewesen.

Als Finanzminister Necker am 10. September zurücktrat, warnte er eindringlich vor der unkontrollierten Ausgabe neuer Assignaten. Aber er sprach in den Wind: schon wenige Wochen später wurde die wunderbare Geldvermehrung durch den Druck von Assignaten im Nominalwert von 800 Millionen Livres fortgesetzt. Auf ihre Deckung durch Grundstücke wurde nicht mehr besonders geachtet. Die neuen Assignaten waren auch nicht mehr verzinslich und damit praktisch zu Papiergeld geworden, das gleichberechtigt neben den Banknoten der halbstaatlichen Diskontkasse zirkulierte.

Als Graf Mirabeau vor zwei Jahren (im April 1791) starb, war ihm der Einfluß auf die Staatsfinanzen und die von ihm initiierten Assignaten längst entglitten. Die Revolutionspolitiker neigen dazu, unter dem Jubel des Volkes alte Steuern abzuschaffen und neue Einkünfte durch den Druck von Assignaten vorzutäuschen.

Heute ist das Metallgeld aus dem Verkehr verschwunden. An seiner Stelle wird Assignatenkleingeld bis hinunter zum Nominalwert von zehn Sous in Umlauf gesetzt. Schon vorher hatten einzelne Banken Privatkleingeld, »billets de confiance«, drucken lassen, die von der Bank auf Wunsch gegen Assignaten umgetauscht wurden.

Indessen werden die Regierungspapierchen selbst nicht mehr mit ihrem Nominalwert, sondern zu schwankenden Tageskursen bewertet. Anfang Juni 1791 waren Assignaten im Nominale von 1,2 Milliarden im Umlauf. Als am 19. Juni beschlossen wurde, weitere 600 Millionen zu drucken, sank der Assignatenkurs um zehn Prozent (Käufer, die mit Assignaten zahlen wollten, mußten um zehn Prozent mehr zahlen als am Tag zuvor).

Ein Jahr später, im Juli des Vorjahres, wurde der Umlauf auf zwei Milliarden erhöht und gleichzeitig beschlossen, auch die Staatsforste als Sicherstellung aufzubieten.

Im August konnte das Trio Robespierre – Marat – Danton auf neue Sicherstellungen für neue Banknoten zurückgreifen: die enteigneten Güter von Krone und Adel wurden auf sechs Milliarden geschätzt.

Am 1. September befahl die Nationalversammlung den Druck von Assignaten im Wert von 300 Millionen und am 30. September von weiteren 400 Millionen. Die Höchstgrenze des Umlaufes wurde im Oktober des Vorjahres auf 2,4 Milliarden erhöht, und heuer im Februar wurde die Grenze überhaupt aufgehoben.

Als Ergebnis sinkt der Assignatenkurs trotz Annahmezwangs und drakonischer Strafen weiter.

Die derzeitige Kurserholung dank der militärischen Erfolge Frankreichs dürfte nur ein kurzes Zwischenspiel bleiben: die Papiergeldinflation ist kaum zu stoppen. ∎

MEDIZIN

Der Tod von Philadelphia

Seit dem »Schwarzen Tod« des Mittelalters hat es keine derartige Seuchenkatastrophe mehr gegeben: die Hauptstadt der Vereinigten Staaten von Amerika wird von einer Gelbfieberepidemie heimgesucht, die bisher rund 5.000 Tote gefordert hat. Das Leben der Stadt, die Regierung der amerikanischen Föderation sind lahmgelegt. Nicht die vielgerühmten Ärzte, nur ein früher Wintereinbruch kann das Fieber zum Erlöschen bringen.

Die Zugvögel kamen zwei Wochen früher als sonst nach Philadelphia zurück, aber der Mai war regnerisch, und die Flüsse traten aus den Ufern und bildeten Sümpfe, wo sonst trockenes Land war. Der Juni war heiß, der Juli noch heißer, und die sommerliche Trockenheit wurde zur Dürre.

Am Montag, den 19. August wurde Dr. Benjamin Rush in die Water Street gerufen, in eine dichtbewohnte Armeleutestraße, in der dieser Arzt der oberen Fünftausend nur selten zu tun hatte. Die Patientin, eine Mrs. LeMaigre, 33, litt an Fieber, heftigen Kopf- und Magenschmerzen und erbrach schwarze Galle. Die Augen waren blutunterlaufen, das Gesicht gelb. Dr. Rush und seine beiden Kollegen, Dr. Hodge und Dr. Faulke, die Dr. Rush zur Konsultation gebeten hatten, mußten hilflos zusehen, wie Catherine LeMaigre starb: mühevoll, unter starken Schmerzen und ohne daß man ihr irgendeine Erleichterung verschaffen konnte. »Damals erkannte ich, daß etwas Furchtbares auf unsere Stadt zukam«, erklärte Dr. Rush. »Das normale Herbstfieber trat häufiger und mit besonderer Bösartigkeit auf.«

Am 20. August starben fünf weitere Menschen in der nächsten Umgebung der Water Street, und Dr. Hodge verlor seine vierjährige Tochter; Dr. Rush zögerte nicht mehr, die furchtbare Erkrankung als das zu bezeichnen, was sie offensichtlich war: eine Gelbfieberepidemie. Obwohl die städtischen Behörden zunächst versuchten, diese Diagnose als verfrüht hinzustellen, waren spätestens die 17 Toten vom 24. August ein Beweis für Benjamin Rushs Theorie.

Die Trockenheit hielt unvermindert an. Die Abfälle einer ganzen Stadt wurden weder vom Regen noch von den Flüssen und Bächen weggespült. Philadelphia war in Wolken üblen Dunstes gehüllt, in denen Fliegen und Moskitos herumschwirrten. Die Zahl der Erkrankungen wuchs täglich. Panik ergriff die Stadt, und von den rund 55.000 Einwohnern flüchteten etwa 20.000 in die nahen Dörfer und Kleinstädte. Präsident Washington verließ die Hauptstadt und zog sich – wie übrigens in jedem Herbst – in sein Haus in Vermont zurück; Finanzminister Alexander Hamilton und General Henry Knox entdeckten ihre Liebe zur gesunden Landluft, und Vizepräsident John Adams kehrte von einer Dienstreise nicht mehr in die Hauptstadt zurück. Ärzte verließen ihre Kranken, Priester ihre Gemeinden.

Rechtsanwalt William Lewis, der schon am 27. August mit seiner Familie aus Philadelphia abgereist war, schrieb vom sicheren Lande an Dr. Rush: »Eine große Stadt, in der alle Türen und Fensterläden verschlossen sind, in der keine Menschen auf den Straßen sind außer ein paar Matrosen, ein paar Neger aus Santo Domingo, ein paar Bürger, die man gar nicht kennt und die nur mit Schwämmen vor den Nasen an einem vorbeilaufen, und dann die Leichenzüge, die man ständig kreuzt – nein, ich bin noch nie so gerne aus Philadelphia weggefahren wie diesmal...«

Dr. Benjamin Rush: *Gelbfieberepidemie zwar richtig diagnostiziert, aber kein Heilmittel gefunden*

Begräbnisse in Philadelphia: *vom alten Pomp nichts mehr geblieben, auch die Totenglocke wird nicht mehr geläutet, um die Lebenden nicht zu ängstigen*

Die Versorgung der Stadt wurde prekär, die Preise für Waren und Dienstleistungen stiegen in kürzester Zeit ebenso sprunghaft wie die Zahl der Toten.

Die Ärzte, die geblieben sind – und es sind neben Dr. Rush viele der besten und berühmtesten –, verstricken sich bedauerlicherweise immer tiefer in einen akademischen Streit über Ursachen und Bekämpfung der Seuche, der noch heute nicht entschieden ist. Während eine Gruppe die Ansicht vertritt, Gelbfieber sei

- eine importierte Seuche und könne nur durch Kontrollen in allen Häfen, durch Quarantäne und Zuzugsbeschränkungen verhindert werden,

glaubt ein anderer Teil der Ärzteschaft, Gelbfieber entstehe

- durch Schmutz und unhygienische Verhältnisse in der direkten Umgebung der Erkrankten und müsse daher durch verstärkten Einsatz der städtischen Müllabfuhr sowie durch ein ausreichendes Kanalsystem für die Abwässer der Stadt unter Kontrolle gebracht werden.

Leider sind beide Fraktionen gleich hilflos in der Bekämpfung der Krankheit selbst. Der einzige Punkt, in dem die Äskulapjünger übereinstimmen, ist die Ansteckungsgefahr: Gelbfieber, meinen sie, sei durch Berührung des Kranken oder durch Kontakt mit seinen Kleidern und seinem Bettzeug sowie durch die Luft der Krankenzimmer übertragbar, und raten daher zu Essigfriktionen, Tabakkauen, zu teergetränkten Tüchern und dem Abschießen von Musketen, um durch den Pulverdampf die ansteckende Luft zu reinigen. Auch sollen aus demselben Grund an den Straßenecken große Feuer angezündet werden – eine Maßnahme, die bei der Trockenheit des Sommers nur zu Brandkatastrophen führen kann.

Nach Ausbruch der Krankheit wenden Dr. Rush und seine Schüler eine wahre Roßkur an: der Patient bekommt ein Abführmittel aus Quecksilber und Chlor und wird mehrmals kräftig zur Ader gelassen. Die Gegner Dr. Rushs halten diese Methode für absolut tödlich und verschreiben milde Abführmittel, Limonaden und stärkende Weine. Dr. Kuhn legte seine Patienten in einen Zuber und übergoß sie mit kühlem Wasser – bis er selbst am Fieber erkrankte und nach seiner Genesung Stadt und Patienten verließ. Wahrscheinlich war Dr. Robert Johnson der ehrlichste von allen, als er Dr. Rush verzweifelt mitteilte, er habe überhaupt noch keinen Patienten retten können. Zwei Wochen später war er selbst tot.

Bis zum 31. August starben fast 400 Menschen. Das Pennsylvania Hospital, das einzige Spital der Stadt, besaß keine Infektionsabteilung und weigerte sich, Fieberkranke aufzunehmen. Da Hausbesitzer und Angehörige in ihrer Panik begannen, die Kranken aus dem Haus zu jagen, starb man nun auf der Straße, und der Gestank der verwesenden Leichen mischte sich mit dem üblen Dunst der Abfälle.

In dieser verzweifelten Lage griff Bürgermeister Matthew Clarkson, letzter in der Stadt verbliebener Vertreter der Obrigkeit, mit großer Entschlossenheit durch. Da viele Stadträte, Beamte und städtische Angestellte geflüchtet oder gestorben waren, mußte er sich eine Gruppe von Helfern schaffen, mit der er, gegebenenfalls auch ohne gesetzliche Grundlage, das Nötigste veranlassen und durchführen konnte.

Das freiwillige Komitee, das sich auf Clarksons Aufruf meldete, läßt die großen und berühmten Namen der städtischen Aristokratie vermissen. Aber das Dutzend mittelständischer Handwerker und Kaufleute und die beiden Negerführer aus der »Afrikanischen Gesellschaft«, die das Komitee bilden, das heute die Stadt regiert, bieten ein einmaliges Beispiel demokratischer Zusammenarbeit, in der das Allgemeinwohl alles, persönlicher Ehrgeiz nichts bedeutet. Auch die eigene Sicherheit schlagen diese Menschen nicht sehr hoch an: im Oktober starben vier von den zwölf Mitgliedern des Komitees – der Quäkerprediger Daniel Offley, der Musiker und Chorleiter Andrew Adgate, der Unteroffizier Jonathan Dickinson und der Schulmeister Joseph Inskeep, einfache, radikale Bürger, die früher nie in den Kreisen der föderalistischen Aristokratie verkehrt hatten.

In den Tagen nach seiner Konstituierung beschlagnahmte das Komitee eine große Villa außerhalb der Stadt und machte sie zum Seuchenspital. Mitglieder des Komitees haften persönlich für Bankkredite, mit denen neue, städtische Dienste eingerichtet werden: eine verbesserte Müllabfuhr, ein Wagenpark für Ärzte, eine der Nachfrage angemessene Leichenbestattung mit hochbezahltem Personal, ein Waisenhaus für die in den Straßen herumirrenden Kinder, deren Eltern der Seuche zum Opfer gefallen sind, ein Unterstützungsfonds für die Ärmsten, die den wirtschaftlichen Verfall der Stadt am schwersten zu spüren bekommen.

Höhepunkt noch nicht überschritten

Das Leben in Philadelphia reduziert sich auf die Bekämpfung des Todes. Der Bürgermeister und sein Komitee, die hoffnungslos überforderten Ärzte und Priester und die Leichenbestatter sind die einzigen Bewohner, die sich in den Straßen bewegen. Alles andere bleibt zu Hause, und wartet auf die ersten Anzeichen der Krankheit.

Entgegen allen Erwartungen hat der kühle Oktober keine Erleichterung, sondern den Höhepunkt der Epidemie gebracht. Die Todesrate liegt zwischen 100 und 110 Opfern pro Tag. Man hat längst aufgehört, bei Begräbnissen die Glocken zu läuten, »da das ständige Gebimmel die Kranken noch mehr deprimiert«.

Ob der Kongreß, wie vorgesehen, im November in Philadelphia zusammentreten kann, ist höchst fraglich. Daß Präsident Washington von seinem Landsitz in Vermont aus bereits nach Ersatzorten sucht und seine Verfassungsrechtler fragt, ob die Föderation unbedingt von Philadelphia aus regiert werden müsse, erbittert die Bürger der Stadt, die täglich dem Tod ausgesetzt sind.

Die letzte Hoffnung bleibt ein Wetterumschwung, der starken Frost bringt. ■

GESELLSCHAFT

Heldinnen und Hyänen

Zu den Ungereimtheiten, die im Gefolge der Französischen Revolution auftauchen, zählt das widersprüchliche Verhalten vieler Frauen: während die einen sich als zynische Hyänen am Rande des Schafottes breitmachen, entfalten andere einen Heroismus, der dem einer Jeanne d'Arc durchaus ebenbürtig ist.

Hervorstechendster Unterschied zwischen Hyänen und Heldinnen: die einen stehen im grellen Licht der Öffentlichkeit, ihr kraß übersteigertes Verhalten ist Tagesgespräch; die anderen wirken im verborgenen und werden von den Berichterstattern kaum erwähnt.

Wer kennt sie nicht, die kreischenden hysterischen Weiber, die in Freudentänze ausbrechen, wenn der Moment des »Karpfensprungs« gekommen ist, wenn wieder einmal einer »in den Sack niest«. Die Zeit zwischen den Hinrichtungen vertreiben sie sich mit Stricken, was ihnen den Spitznamen »tricoteuses« eingetragen hat. Seltener wird für die perversen Frauenzimmer der Name »sansculottes« (Hosenlose) gebraucht.

Welche verborgenen Urinstinkte in diesen Frauen offenbar werden, konnte bis jetzt noch nicht schlüssig ergründet werden. Vermutlich wird es für immer ein Rätsel bleiben.

Eindeutig sind jedoch die Motive der anderen, der Heldinnen: sie handeln aus grenzenloser Liebe, die oft genug in totaler Selbstzerstörung endet.

Aus Liebe verschaffte sich Rose Bouillon Soldatenkleider und schmuggelte sich mit gefälschten Papieren in die Armee. Sie begleitete ihren Mann sechs Monate durch die Kriegswirren an den französischen Grenzen, ertrug alle Entbehrungen und Strapazen mit ihm. Als er, von drei Kugeln durchbohrt, an ihrer Seite fiel, kämpfte sie bis zum Ende der Schlacht weiter. Dann erst reichte sie ihren Abschied ein – der ihr prompt verweigert wurde. Erst als sie sich als Frau zu erkennen gab und erklärte, sich jetzt um ihre drei unmündigen Kinder kümmern zu müssen, wurde sie entlassen und erhielt eine Ehrenpension.

Frauen, die mit ihrem Mann in den Krieg ziehen, haben eine realistische Chance, das Leben zu behalten. Andere, die im Chaos der Revolution an der Seite ihrer Gefährten ausharren, haben diese Chance nicht.

Mme. Mouchy zum Beispiel ging aus Liebe offenen Auges ins Verderben. Als ihr Mann verhaftet wurde, folgte sie ihm ins Gefängnis. Man machte sie darauf aufmerksam, daß nur ihr Mann festgenommen sei. »Da er verhaftet wurde, bin ich es auch«, sagte sie. Sie wich auch nicht von seiner Seite, als er dem Revolutionstribunal vorgeführt wurde. Und sie bestand schließlich darauf, gemeinsam mit ihm das Schafott zu besteigen. Der Henker hatte andere Sorgen, als sich über eine offenbar total verrückte Frauensperson den Kopf zu zerbrechen, und tat ihr den Gefallen. Sie wurde unmittelbar nach ihrem Mann hingerichtet.

Heldin aus Liebe

Besonders tragisch aber ist der Fall der jungen, bildschönen Mme. Lavergne, mit einem mehr als 40 Jahre älteren Mann verheiratet, den sie abgöttisch liebte.

Als man ihren Mann auf einer Bahre vor das Tribunal geschleppt und verurteilt hatte, bat sie um »die gleiche Gnade«. Was sie erntete, war beißender Spott und obszöner Hohn, der in der Quintessenz gipfelte, sie möge doch froh sein, den »Alten« auf so billige Weise loszuwerden.

Madame wurde weiß vor Wut und Empörung. Dann richtete sie sich zu voller Höhe auf und schrie wie am Spieß: »Es lebe der König!« Sie schrie so lange, bis sie erreichte, was sie wollte: das Todesurteil. Madame Lavergne wurde mit ihrem Mann im selben Karren zur Guillotine gebracht und hielt seine Hand, bis man ihn von ihrer Seite riß. ∎

MODERNES LEBEN

Seebäder in Deutschland?

Die Deutschen haben etwas gegen das kühle, salzige Naß. Nord- und Ostsee bieten sich auf vielen hundert Kilometern Küste zum Bade an, doch das Angebot bleibt ohne Nachfrage – kein Deutscher steigt in die Fluten, mit dem Hinweis, es fehle an geeigneten öffentlichen Badeplätzen.

Anders die Engländer: sie haben ihre Körper längst mit dem Meerwasser Freundschaft schließen lassen. Wovon sich Professor Georg Christoph Lichtenberg, Professor für Mathematik und Naturwissenschaften in Göttingen, anläßlich eines von der hannoverschen Regierung ermöglichten Studienaufenthaltes in England überzeugen konnte. In Deal, an der Straße von Calais nahe Margate, hat er beobachtet, wie die Leute in der See baden, und es selbst versucht. »Der Arzt muß bestimmen, wie lange man diesem Vergnügen – denn dieses ist es in sehr hohem Grade – nachhängen darf«, meint Lichtenberg. Seinem Gefühl nach sollte man beim ersten Bad, um den eigenen Körper kennenzulernen, nur einmal untertauchen. Später lasse es sich leicht auf zwei- oder dreimal ausdehnen.

Auf die Frage, wo man in Deutschland Seebäder errichten könnte, empfahl Professor Lichtenberg die Küste bei Cuxhafen und Ritzebüttel, wo zudem das Schauspiel von Ebbe und Flut besonders reizvoll zu beobachten wäre.

Und wie badet man in Deal?

Der Professor berichtet: »Man besteigt einen zweirädrigen Karren, der ein Bretterhäuschen trägt, das zu beiden Seiten mit Bänken versehen ist. Dieses Häuschen hat zwei Türen, eine gegen das Pferd und den davorsitzenden Fuhrmann, die andere nach hinten.

An der hinteren Seite ist eine Art Zelt befestigt, das herabgelassen werden kann. Außerdem gibt es dort eine schwebende, aber sehr feste Treppe, die den Boden nicht ganz berührt. Über dieser Treppe ist ein freihängendes Seil befestigt, das bis an die Erde reicht und den Personen zur Unterstützung dient, die, ohne schwimmen zu können, untertauchen wollen oder sich fürchten.

In dieses Häuschen steigt man nun, und während der Fuhrmann zum Meer fährt, kleidet man sich um. An Ort und Stelle, das richtige Wassermaß am Pferde nehmend, läßt der Fuhrmann das Zelt nieder. Wenn also der Badegast die hintere Tür öffnet, so findet er ein sehr schönes, dichtes leinenes Zelt, dessen Boden die See ist, in welche die Treppe führt. Man faßt mit beiden Händen das Seil und steigt hinab. Wer untertauchen will, hält den Strick fest und fällt auf ein Knie...«

Daß das Salzwasser heilende und erfrischende Wirkung hat, spüre man selbst nach dem ersten Bad, sagt Lichtenberg. Es liege nun an den Ärzten, die Errichtung von öffentlichen Seebädern an Deutschlands Küsten zu betreiben. ∎

MODE

Aus englischer Umstandsmode wurde in Paris das Nackthemd

Die Herzogin von York, ungekrönte Modekönigin des Inselreiches, erwartete heuer ihr erstes Baby – und die englische Damenwelt hatte nichts Eiligeres zu tun, als ihr nachzueifern. Nicht etwa, daß deswegen die Geburtenziffern sprunghaft angestiegen wären; so weit gingen die Engländerinnen in ihrer Kopierwut nicht: sie ahmten nur die Silhouette der Herzogin nach und kreierten damit eine neue Mode, die dann, pariserisch modifiziert, ihren Siegeszug um die Welt antrat.

Die Herzogin von York hüllte sich, um ihren Zustand möglichst lang zu kaschieren, in ein hemdartiges Gebilde, hochgeschlossen und mit langen Ärmeln. Es schmiegte sich eng über den Busen und fiel darunter, unter Übergehung der Taille, lose zu Boden.

Das »Hemd« wurde prompt nachgemacht – samt allem, was sich darunter verbarg, und zwar in Form von kleinen Pölsterchen, »pads« genannt.

Hemd und Pölsterchen übersprangen sofort den Kanal und gingen als »chemise« und »ventre postiche« (falscher Bauch) in die französische Mode ein. Die falschen Bäuche erwiesen sich aber als hinderlich, man ließ sie daher einfach weg. In einem Aufwaschen entledigten sich die schicken Pariserinnen zunächst ihrer Korsetts und Unterröcke.

Und schließlich fiel zuletzt auch das Unterhemd: fast nackt, lediglich von fleischfarbenem Trikot mehr betont als verborgen, schimmert nun der Körper durch die zarten Kleider aus Voile, Batist und Musselin.

Madame mag bei Nacht vielleicht kein Nachthemd anziehen – am Tag trägt sie gewiß ein Nackthemd.

Mit dem koketten Hinweis auf die Vorbilder griechischer Statuen befeuchten manche Frauen die Gewänder, so daß sie wie eine zweite Haut auf dem Körper liegen. Tatsächlich war noch nie eine Mode ferner von statuesker Unnahbarkeit – dies ist vielmehr seit Adam und Eva die sinnlichste Art, sich zu kleiden.

Es versteht sich fast von selbst, daß, dem Zug des neuen Nacktzeitalters folgend, Dekolleté, Hals und Arme völlig frei bleiben. Man spricht daher auch nicht mehr davon, daß eine Dame besonders gut angezogen, sondern daß sie mit der neuen Mode aufs attraktivste ausgezogen ist.

Die frivole Mode macht in ganz Europa Furore – mit gewissen Modifikationen. So erfand in Berlin die Schauspielerin Unzelmann soeben eine neue Kragenform, die, einem Ritterkragen nicht unähnlich, das freizügige Dekolleté effektvoll umrahmt. Nackt mit Ausrufungszeichen gewissermaßen.

Nur in England, dem eigentlichen Ursprungsland der »chemises«, kann man sich mit dem Pariser Rückimport nicht anfreunden. Als kürzlich die Vedette des Drury-Lane-Theaters, Mrs. Jordans, mehr ent- als bekleidet auftrat, wurden aus dem Publikum unzählige Taschentücher auf die Bühne geworfen, mit der unmißverständlichen Aufforderung, Mrs. Jordans möge damit ihre unanständigen Blößen verdecken.

Ein völlig neues Accessoire der »chemises« findet allerdings auch in England ungeteilte Zustimmung: da in den hautnahen Kleidern keine Taschen mehr eingearbeitet werden können, trägt man jetzt Taschen – in der Hand! Sie heißen »ridicules« und nehmen all den liebenswürdigen Kleinkram auf, ohne den eine Dame nun einmal nicht auskommen kann. ■

Chemisemode: *von England aus den Siegeszug um die Welt angetreten – das neue »Nackthemd«*

BIOGRAPHIE

Der »göttliche Marquis« schon wieder im Gefängnis

Das Königtum hat ihn eingesperrt, die Revolution tut ein Gleiches. Der Marquis Donatien Alphonse François de Sade paßt in kein Schema, zu keiner Weltanschauung. Die moralisch verderbte feudale Gesellschaft warf dem perfekten Outsider extreme sexuelle Ausschweifungen vor, die Revolution, auf das Glück der Menschen bedacht, beschuldigt ihn des »Moderantismus«, eines dieser neuen Ismen, die Revolutionen zur Verunglimpfung ihrer Gegner in Umlauf setzen.

Wird er unter der Guillotine enden? Es wäre nicht sein erstes Todesurteil. Die zwei Skandale, die ihn noch unter den letzten beiden Louis hinter Gitter gebracht haben, betrafen seine abwegigen Vergnügungen. Einmal soll er eine Prostituierte, Rose Keller, ausgepeitscht und mit Messerstichen verletzt haben; eine andere »Caprice« endete noch schlimmer: in einem Bordell in Marseille verteilte der Marquis angeblich anregende Bonbons aus einer Mixtur von Spanischen Fliegen, wobei zwei der Gunstgewerblerinnen an einer Überdosis der seltsamen Näscherei starben.

Zum Tod verurteilt, entzog sich de Sade dem Arm der Gerechtigkeit durch eine Flucht nach Italien. Bei seiner Rückkehr war die Sache so weit applaniert, daß man ihn nur ins Gefängnis steckte.

Auch das war noch eine erstaunlich harte Strafe in einer Zeit, in der »man es sich richten konnte« und in der der Libertinismus unter den jungen Herren des Adels höchste Blüten trieb. Die Vergnügungen des Herzogs von Orléans, immerhin einige Zeit Großmeister der französischen Freimaurer und dem Thron sehr nahe, waren jahrelang das Stadtgespräch von Paris, ohne daß man nach dem Büttel geschrien hätte.

Nun sind es ja weniger die Taten des Marquis als seine literarischen Fantasien, die so wütende Reaktionen hervorrufen: seine bisher erschienenen Romane (meist im Gefängnis geschrieben), »Die 120 Tage von Sodom«, »Justine oder das Unglück der Tugend« und »Aline und Valcourt« sind von der ersten bis zur letzten Seite voll mit verstümmelten Leichen, geschändeten Jungfrauen (die dann meistens auch noch umgebracht werden) und von heißen Umarmungen in Fluten von Wein.

Daß der fanatische Atheist de Sade viele dieser Scheußlichkeiten auch noch in Klöstern und unter Mönchen spielen läßt, stört in unserer Zeit nur wenige.

Marquis de Sade: *abwegiger Verballustmörder, aber kein Handlanger der Schreckensherrschaft*

Warum der Marquis aber schon der königlichen Feudalgesellschaft so unträgbar erschien, ist evident: Söhne aus großem Haus, ohne Möglichkeit einer Beschäftigung oder irgendwelche geistige Interessen, durften ihre Laster haben, doch ein Rest von Diskretion war geboten. Einen Marquis de Sade aber, der aus seinem Erotismus den Sinn und Ausdruck seines ganzen Lebens zu machen versuchte, konnte diese verderbte Gesellschaft nicht dulden: er hielt ihr den Spiegel vor, er warb um Verständnis für eine Art der Lust, die diese Gesellschaft verstehen konnte, aber nicht verstehen wollte.

Die Revolution hat auch ihn nach elfjähriger Gefangenschaft befreit. Am Karfreitag 1790 war der Marquis ein freier Mann – freier denn je zuvor: seine Frau hatte ihn verlassen, seine Kinder waren erwachsen und wollten nichts mit dem Vater zu tun haben. De Sade verschrieb sich der Revolution, trat in die fünfte Pariser Sektion »Piques« ein (die Sektionen sind die revolutionären Bezirksorganisationen, durch die die Pariser Kommune regiert) und wurde schließlich Präsident seiner Sektion. Aber wieder war der Marquis ein Zerrissener, der sich nicht fügte: er fühlte republikanisch, forderte sogar einen totalen Sozialismus mit Abschaffung des Privateigentums, wollte aber sein Schloß und seine Güter behalten. Er haßte die Aristokratie, die ihn ausgestoßen und verfolgt hatte, bewahrte aber das hochfahrende Temperament des Aristokraten, das seine revolutionären Mitkämpfer abstoßen mußte.

Was ihn und die Revolution nun endgültig schied, war die Einstellung zum Auslöschen menschlichen Lebens: sowie der Konvent begann, politische Gegner der Guillotine auszuliefern, wendete sich de Sade mit Grausen. Es hieße den Verballustmörder de Sade total mißverstehen, hätte man erwartet, daß er irgendwo in der Provinz den Posten eines Volkskommissars annähme, um dort zu mißhandeln und zu töten. In seiner abwegigen Vorstellungswelt war Mißhandlung und Mord ein – seltener – Schritt auf dem Weg zu größter persönlicher Entfaltung, ein Weg, sich und andere in einer außergewöhnlichen Lage zu erkennen. Massenmord, vom Staat sanktioniert und von der Verfassung gedeckt, mußte ihm ekelhaft und unmenschlich scheinen.

Und so sabotierte de Sade die konstitutionellen Mordbeschlüsse, solange er konnte. Nun hat man ihn wegen seines Moderantismus aus dem Weg geräumt, und niemand kann sagen, wie lange er wieder hinter Gittern bleiben wird oder ob die Guillotine einen Schlußstrich unter die schwarze Poesie seiner erotischen Visionen setzen wird. ■

PERSONALIA

Der französische **General Custine,** 53, ist mit seinen Sansculotten in Frankfurt eingezogen – der Besuch wird die Reichsstadt zwei Millionen Franken in »Kriegskontributionen« kosten, aber auch eine der feurigen Ansprachen des Generals mußten die Frankfurter über sich ergehen lassen. »Sie haben vor wenigen Jahren eine Kaiserkrönung gesehen – Sie werden keine mehr sehen!« hat der Revolutionär Custine gesagt. Die Frankfurter Bürger wollen ihm gerne glauben – die Krönungen haben die Stadt immer noch mehr gekostet, als durch den Anstieg des Fremdenverkehrs hereingekommen ist.

Saint-Just, 26, ein Mitglied des allmächtigen Wohlfahrtsausschusses und beauftragt, Armeen und Grenzstädte auf Vordermann zu bringen, hat in Straßburg folgenden Ukas erlassen: »Die Bürgerinnen von Straßburg werden ersucht, die deutsche Kleidertracht aufzugeben, da ihre Herzen doch französisch sind.« Vorsichtigerweise wurde der Aufruf auch in deutscher Sprache verbreitet.

Louis-Antoine-Léon Saint-Just

Anscheinend soll jetzt in Frankreich nur noch revolutioniert und gar nicht mehr regiert werden. In seiner letzten Rede vor dem Konvent verlangte derselbe **Saint-Just** eine drastische Verringerung der Aufgaben von Legislative und Exekutive. »Die ganze Weisheit der Regierung«, hämmerte er den Abgeordneten ein, »sollte darin bestehen, die Partei zu vernichten, die sich der Revolution entgegenstellt!«

Abgeordneter Javogue, 38, der in Feurs die Aristokraten von piemontesischen Kriegsgefangenen erschießen läßt, wobei er, zwischen zwei hochbusigen Göttinnen der Vernunft thronend, zusieht, ist auch mit der Bekämpfung der alten Vorurteile beschäftigt. Von Zeit zu Zeit zeigt er sich den Bürgern von Feurs nackt, »um die alte, republikanische Schlichtheit wiederaufleben zu lassen«.

Robespierre, 35, der Unbestechliche, ist sogar im intimsten Jakobinerkreis außerstande, die jetzt so modernen Bruderküsse auszutauschen. Muß er es dennoch tun – so Intimfeind Danton –, »mit dem Gesicht einer Katze, die Essig getrunken hat«.

Die berühmten Köche der großen Adelsfamilien haben bald nach dem Sturm auf die Bastille die Zeichen der Zeit verstanden, ihre Herrschaften verlassen und öffentliche Restaurants in den besseren Gegenden von Paris aufgemacht. **Leblanc** in der Rue de la Harpe ist auf Bayonner Schinken spezialisiert, bei **Beauvilliers** im Palais-Royal ist die Speisekarte so dick wie ein kleines Buch, aber **Véry**, der berühmte Véry, sitzt gerade wieder einmal. Die Zeiten sind hart, und das Leben eines großen Chefs, der alle Spezialitäten für die verwöhnten Gaumen der führenden Revolutionäre auftreiben muß, ist gefährlich. Täglich bewegt sich so ein Spitzenkoch am Rande der Legalität wie am Rande der Guillotine. Aber Vérys treue Kunden, die wissen, daß sein »Hecht in Fenchel« und sein »Huhn in Halbtrauer« (mit schwarzen Trüffeln gespickt) in Paris nicht ihresgleichen haben, werden ihm schon wieder heraushelfen. Denn die Herren vom Konvent und die Herren Heereslieferanten werden sich kaum um Brot anstellen. ∎

KUNST

»Ich träume von Sümeg«, sagt Maulpertsch

Prag, die Goldene Stadt, liegt im feinen Flimmern des späten Nachmittages. Graubraun ragen die Kirchtürme über das Häusermeer. Vom Hügel aus, wo das Kloster Strahov steht, kann man zur alten kaiserlichen Residenz hinüberblicken und weiter auf die schattigen Auwälder des Flusses. Hier, in diesem Kloster, arbeitet gegenwärtig einer der wichtigsten Freskomaler unserer Zeit an einem neuen Werk: Franz Anton Maulpertsch.

Die Lichtverhältnisse zwingen den Meister zu dieser Stunde, das Brettergerüst zu verlassen. Mit einem Tuch wischt er sich noch die Farbe von den Fingern, während er durch das Tor hinaustritt und auf uns zukommt.

Er steht jetzt im 66. Lebensjahr, hat aber sein jugendliches Aussehen bewahrt. Schlanker Wuchs; das Bäuchlein unter der Weste allerdings bereits ein wenig vorgewölbt. Das längliche feingefügte Gesicht sorgfältig rasiert. Starke Backenknochen, rundliche, wache Augen. Die Perücke läßt die gutgeformte hohe Stirn frei.

Seit mehr als zehn Jahren ist der Meister mit Katharina Schmutzer verheiratet. In zweiter Ehe. Seine erste Frau ist kinderlos gestorben. Nun hat er zwei Söhne. Sein Schwiegervater ist der berühmte Kupferstecher und der Direktor der Wiener Akademie: Jakob Schmutzer. Der Meister kann zufrieden sein.

»Ja, ich bin zufrieden«, sagt Maulpertsch und geht weiter auf einen Mauervorsprung zu. Hier lassen wir uns nieder. Seine Augen müssen sich nach der Arbeit am Fresko wieder an die Weite und an das goldene Licht der Abenddämmerung gewöhnen. »Ich hab' dem Bronnenmayer keine Schande gemacht«, murmelt er.

Bronnenmayer war sein erster Meister, Freund und Kollege seines Vaters, der ebenfalls Maler war.

Federzeichnung des Malers Franz Anton Maulpertsch: *Christus heilt einen Gelähmten*

175

Während er sich mit dem beinahe noch sauberen Tuch, vielleicht aus Gewohnheit, immer noch über die Finger streift, spricht er von seiner Jugend. Mit sechzehn hatte er in Wien gelernt, mit zweiundzwanzig begann er, selbständig zu arbeiten. Seither verwendet er neben seinem Namenszug oft auch den Maulbeerstrauch: als Erkennungszeichen seiner Werke. Als Signatur.

Er erwähnt, daß er Paul Troger vieles zu verdanken hat.

»So um die dreißig hab' ich dann begriffen, was ein Fresko ist.«

Von dieser Zeit an hält er seine Arbeiten für nennenswert. Die Piaristenkirche in Wien, Schloß Ebenfurth, dann die Kirchen in Heiligenkreuz-Guttenbrunn, Kremsier, Schwechat, Schloß Halbturn.

Halbturn: das war bereits ein Auftrag des Kaiserhauses.

»Hildebrandt hat das Schloß hingestellt wie aus Licht und Schatten gebaut. Ich hab' ihm dann lauter fliegende Frauen hineingepinselt und einen alten Tod mit einer Sense, aber mit Flügeln. Der stellt die Zeit dar. Aber die fliegenden Frauen kriegt er nie!«

Dresden, wieder Ortschaften in Ungarn, nachher Innsbruck. Er hatte große Aufträge bekommen, schöne Aufgaben und ordentliche Honorare. Beim Fresko hatte ihn vor allem die Frische interessiert, die Schnelligkeit des Vorganges. Fresko ist unkorrigierbar. Frischer Kalk vereint sich mit frischer Farbe. Deshalb sind Fresken so lange sichtbar. Ja, Secco verblaßt... Und die schönste Arbeit seines Lebens?

Die Kirche in Sümeg. In dieser winzig kleinen ungarischen Stadt in der Nähe des Plattensees hatte der Pfarrer nicht genügend Geld, um die Kirche mit Ornamenten, mit Plastik, mit Gipsverzierungen zu schmücken. Also mußte Maulpertsch das alles hinmalen: die Säulen und die Erker, die Statuetten und die Gipsgirlanden. Er malte sogar den Gutsherrn und seine ganze Gesellschaft an die Wand. Keine Form, kein Farbfleck, die nicht Werk des Meisters wären.

»Ich träume von Sümeg«, sagt Maulpertsch.

Ob er jemals zurückkehren würde?

Er schüttelt den Kopf. Die Fresken, die er gemalt hat, will er nicht wiedersehen. Die künstlerische Aufgabe ist erledigt, und neue Aufträge warten.

Die Abenddämmerung ist bereits stark bemerkbar. Prag scheint in feinem graublauem Nebel zu versinken. Nur am Dach des Klosters Strahov über unseren Köpfen zittert noch ein Fleckchen Licht. ∎

Maulpertsch: in Schloß Halbturn fliegende Frauen hingemalt, die dem Sensenmann entfliehen

THEATER

Empörung nach dem Tod Goldonis

Warum wurde Goldonis Pension gestrichen? Diese Frage beschäftigt literarische Kreise in Paris, nachdem das Ableben des Bühnenautors bekannt geworden war. Carlo Goldoni starb im 86. Lebensjahr. Er lebte seit der Verhaftung von Ludwig XVI. in tiefstem Elend. Obwohl nun auch der Revolution nahestehende Autoren, wie etwa André Chénier, 31, eine Petition verfaßt haben, um wenigstens der Witwe des verstorbenen Schriftstellers einen Ehrensold zu sichern, wird Goldonis Schicksal allgemein bedauert. Das Revolutionstribunal hat aus purem Unwissen einen Gleichgesinnten gestraft – heißt es unter den Literaten.

Die letzten dreißig Jahre seines Lebens hatte der gebürtige Venezianer in der französischen Hauptstadt verbracht. Er arbeitete für das hiesige italienische Theater, verfaßte aber auch zwei Stücke in französischer Sprache. Nach dem Ablaufen seines Vertrages als Hausautor der italienischen Komödie wurde Goldoni von König Ludwig XV. gebeten, den Sprachunterricht seiner Töchter zu übernehmen. Mit den 3.600 Livres im Jahr, die Goldoni für diese Arbeit erhielt, war er einigermaßen versorgt und konnte seine schriftstellerische Arbeit fortsetzen.

In literarischen Kreisen wird darauf hingewiesen, daß Goldoni nicht auf Einladung des Hofes nach Paris gekommen war, daß er seine Heimatstadt viel mehr verließ, weil er auf diese Weise den venezianischen Dichterstreit zu überwinden dachte. Der um dreizehn Jahre jüngere Bühnenautor Graf Carlo Gozzi hatte Goldoni nicht nur angegriffen, sondern dessen realistische Richtung mit allen Mitteln bekämpft. Goldoni wehrte sich zwar, konnte aber den Erfolg der Gegenpartei nicht verhindern.

Beide Schriftsteller sind in ihrer Art beachtenswert – so heißt es weiter in den genannten Kreisen –, aber während Gozzi eine Rückkehr zur Commedia dell'arte propagiert, will Goldoni die Komödie im Sinne des Realismus weiterentwickeln. Gozzi schreibt Märchen. Goldoni schreibt Szenen für das Volk – über das Leben des Volkes. Man erinnert in diesem Zusammenhang besonders an folgende Stücke: »Der Diener zweier Herren«, »Mirandolina« und »Die Rauferei von Chioggia«. Über »Mirandolina« äußerte sich Voltaire: »Sie ist mir lieber als alle Stücke des Aristophanes zusammen!«

»Hat man beim Revolutionstribunal vergessen, daß der Bürger Goldoni ein Freund von Diderot und von Rousseau gewesen ist?« fragt ein bekannter Literat, der jedoch aus verständlichen Gründen nicht genannt werden möchte. »Oder will man neuerdings auch Diderot übertriebene Anhänglichkeit zum Herrscherhaus unterschieben?« ∎

Carlo Goldoni: *Pension gestrichen – das Revolutionstribunal kannte den progressiven Dichter nicht*

MUSIK

Junger Pianist begeistert das musikalische Wien

Steckt auch ein Komponist im Klavierspieler Beethoven?

Mozart sagte von dem damals Siebzehnjährigen: »Die Welt wird noch einmal von ihm reden.« Haydn attestiert dem heute Dreiundzwanzigjährigen: »Er wird mit der Zeit einer der größten Tonkünstler, und ich werde stolz sein, mich seinen Meister nennen zu können.« Der mit so viel Vorschußlorbeer bedachte junge Mann – sein Name ist Ludwig van Beethoven – macht derzeit in Wien allerdings nur als sensationell begabter Nachwuchspianist von sich reden. Ob er sich tatsächlich zu einem Komponisten von internationalem Rang entwickelt, wird wohl erst die Zukunft weisen.

Beethoven entstammt einer Bonner Musikerfamilie. Der Großvater war kurfürstlicher Kapellmeister, der Vater Tenor im Dienste des Kurfürsten; auch der Enkel wirkte bereits im Alter von 13 Jahren im Orchester und gab dann später der vornehmen Welt Klavierstunden. Pikanterie am Rande: Ludwig mußte als Kind zum verhaßten Musikunterricht buchstäblich geprügelt werden.

Schon einmal, und zwar 1787, schickte der Kurfürst den begabten Jungen nach Wien, wo er bei Mozart Unterricht nehmen sollte. Beim Vorspielen variierte er ein vom Meister vorgegebenes Thema so gekonnt, daß Mozart ihm eine glänzende Zukunft prophezeite. Familiärer Schwierigkeiten wegen – die Mutter starb, der Vater trank – mußte Ludwig aber schon bald nach Bonn zurückkehren.

Haydn hat das junge Talent im Sommer vorigen Jahres anläßlich eines Besuches in Bad Godesberg wiederentdeckt, wo ihm Beethoven eine selbstkomponierte Kantate vorlegte. Der weltberühmte Komponist war von dem kleinen Provinzmusikanten so angetan, daß er ihn im Winter als seinen Schüler nach Wien kommen ließ.

Dank guter Verbindungen und Haydns Einfluß ist es Beethoven rasch gelungen, Eintritt in die tonangebende Wiener Gesellschaft zu erlangen: es ist derzeit à la mode, Haydns Meisterschüler bei musikalischen Soireen vorspielen zu lassen.

Dies ist einerseits verwunderlich: der bieder gekleidete, vierschrötige junge Mann mit dem pockennarbigen, dunklen Gesicht (Spitzname »der Mohr«) ist kein geschmeidiger Salonlöwe. Manchmal ist er mürrisch, läßt sich selten etwas sagen – auch nicht von seinen adeligen Gönnern, die er wie seinesgleichen behandelt –, und nur gelegentlich versprüht er einen gewissen spröden Charme, dem vor allem die Damen zugänglich sind.

Andererseits kann Beethovens durchschlagender Erfolg den wahren Musikkenner – und davon gibt es gerade in der Wiener Aristokratie sehr viele – nicht erstaunen: der junge Mann ist ein Genie, das dem Klavier völlig neue Töne entlockt. Seine komplizierten, einfallsreichen und schwierigen Improvisationen sind das Tagesgespräch von Wien. Vielleicht wird er tatsächlich einmal der Klavierliteratur bemerkenswerte Impulse geben. Das Zeug dazu hat er ohne Zweifel.

Von seinen Kompositionen bekam man bislang noch nichts öffentlich zu hören. Haydn allerdings hat schon einige Arbeiten Beethovens gesehen (darunter ein Quintett, ein Oboenkonzert sowie Klaviervariationen). Er zeigt sich dermaßen von seinem – übrigens fast völlig mittellosen – Schüler beeindruckt, daß er ihm nicht nur gratis Unterricht erteilt, sondern zum Teil auch für seinen bescheidenen Lebensunterhalt aufkommt; er bürgte für ihn und streckte ihm kürzlich 500 Gulden Bargeld vor. ∎

»Papa Haydn«: *Lehrer für junge Talente*

Stürmischer Beethoven: *Wien erobert*

BESTSELLER

Das Schloß von Otranto ist keine Sommerfrische

Gespenster und Geister beherrschen die englische Literaturszene

Wer kennt das »Schloß von Otranto«? Wenn die überwiegende Mehrzahl der Befragten beteuert, es nicht zu kennen, so ist unsere Annahme bestätigt, nämlich daß die überwiegende Mehrzahl der Befragten das großartige Romanwerk gelesen hat. Wenn auch heimlich.

Seit dreißig Jahren ist dieses »Schloß« sozusagen geistiger Besitz aller belesenen Engländer, und das Schicksal Theodores, des wahren Erben von Otranto, und seiner liebsten Matilda, Tochter des falschen Erben von Otranto, hat die Herzen der Leser und vor allem der Leserinnen in tiefe Rührung versetzt.

Neben den vielerlei Rätseln, die im Roman schließlich ihre Lösung finden, hat sich nun auch ein anderes, den Roman als solchen betreffendes gelöst. Das Schloß von Otranto hat seinen Autor gefunden. Er ist kein Geringerer als Horace Walpole, Earl of Orford, Sohn des bekannten Staatsmannes Sir Robert Walpole. Jetzt gesteht Walpole, der 1764 verschämt lediglich als »Auffinder und Übersetzer des wahrscheinlich aus dem zwölften Jahrhundert stammenden Manuskripts« auftrat, es selbst geschrieben zu haben. Offenbar hat der ungeheure Erfolg ihn davon überzeugt, er brauche sich seiner Autorenschaft nicht zu schämen.

Und wie sieht dieses so erfolgreiche Romanrezept aus?

Man nehme ein altes Schloß (Otranto), den Schloßherrn, der es unberechtigterweise ist (Manfred), dessen Gattin (Hippolita), Sohn (Conrad) und Tochter (Matilda), einen Blutsverwandten des Ahnherrn von Otranto, der seine Anwartschaft auf Otranto anmeldet (Frederic), dessen Tochter (Isabella), den wahren Erben in direkter Erbfolge (Theodore) und ein Gespenst (des ermordeten Ahnherrn).

Der Böse ist Manfred. Zuerst will er seinen Sohn Conrad mit Isabelle verheiraten. Doch Conrad kommt auf geheimnisvolle Weise zu Tode. Ein Helm hat ihn erschlagen. Und siehe, das bronzene Standbild des Ahnherrn hat keinen Helm mehr! Nun will Manfred selbst Isabella ehelichen. Daß er sich vorher von Hippolita scheiden lassen muß, scheint ihm dabei ein nebensächliches Problem zu sein. Isabella denkt darüber anders und flüchtet durch einen unterirdischen Gang in die Klosterkirche zu Pater Jerome. Zur Flucht verholfen hat ihr Theodore, von dem niemand weiß, wer er ist. Theodore wiederum verliebt sich in Matilda. Mit der aber hat Manfred die Eheschließung mit Frederic vor. Denn doppelt hält besser! Als Manfred vor dem Altar der Kirche Theodore und Matilda im Gespräch überrascht, ersticht er Matilda – denn er hat sie für die »ihm bestimmte« Isabella gehalten. Nun erscheint das Gespenst und verkündet, Theodore sei der rechte Erbe. Pater Jerome kann das bestätigen, denn er hat schließlich den Jungen gezeugt – mit der Tochter des ermordeten Ahnherrn.

Entsetzliches Unglück: *In Schloß Otranto tötet fliegender Helm unrechtmäßigen Erben*

Das alles ist sehr schön und auch sehr glaubwürdig erzählt – soweit man natürlich daran glaubt, daß es Gespenster gibt. Eine kleine Textprobe wird das überzeugend illustrieren.

Szene: Isabella mit Theodore vor der Falltür zum unterirdischen Gang. Jeden Augenblick kann Verfolger Manfred auftauchen, die Zeit ist schon knapp...

»Hebt die Falltür«, sagte die Prinzessin. Der Fremde gehorchte. »Hier müssen wir hinab«, sagte Isabella. »Folgt mir. So dunkel und schaurig es aussieht, wir können den Weg nicht verfehlen, er führt direkt zur Kirche des heiligen Niklas... Aber vielleicht«, fügte sie bescheiden hinzu, »habt Ihr keinen Grund, das Schloß zu verlassen, noch habe ich weiteren Anlaß, Eure Dienste in Anspruch zu nehmen. In wenigen Minuten bin ich vor Manfreds Zorn in Sicherheit. Laßt mich nur wissen, wer Ihr seid, dem ich diese Hilfe verdanke.« – »Ich will Euch nicht eher verlassen«, sagte der Fremde, »als ich Euch in Sicherheit gebracht habe. Doch sollt Ihr, Prinzessin, mich nicht für edler halten, als ich es bin – wenn mir jetzt auch die Sorge um Euch am nächsten ist...«

Ja, in alten Zeiten war eine Flucht vergleichsweise zu heute noch eine gemütliche Sache.

Die Freude an altem Gemäuer dürfen seit dem Erscheinen der deutschen Übersetzung des »Schlosses von Otranto« in diesem Jahr nun auch alle Deutschen mit den Engländern teilen. Daß Walpole sie hat, beweist das neugotische Schloß, das er sich nach seinen Anweisungen hat bauen lassen. Daß andere sie haben, beweisen die vielen Schloßgeschichten – »gothic novels«, wie die Engländer sie nennen –, die im Gefolge des »Schlosses von Otranto« erschienen sind.

In Clara Reeves »Altem Baron« wimmelt es nur so von Gespenstern, William Beckford bemüht sogar einen geisterhaften Kalifen namens Vathek, und Mrs. Radcliffe beweint im »Udolpho« das Schicksal einer verlassenen Waise im verwunschenen Schloß. Man könnte das Gruseln lernen. ■

Bestseller — nur mehr zum Liebhaberpreis erhältlich

Ein Buch war innerhalb kürzester Zeit vergriffen: das in Wien erschienene »Taschenbuch für Grabennymphen auf das Jahr 1787«. Mittlerweile dürfte das vergriffene das abgegriffenste aller Bücher sein. In Kreisen von Herren wandert es möglichst unauffällig von Hand zu Hand und ist seit seinem Erscheinen, zum bescheidenen Ladenpreis von 40 Kreuzern, in die Kategorie der teuren Rarität aufgerückt. Glückliche, die in seinen Besitz gelangt sind, und solche, die es selbst um viel Geld nicht auftreiben konnten, nennen es sarkastisch »Dukatenbüchlein«.

Die im Titel apostrophierten »Grabennymphen« sind die Damen des ältesten Gewerbes, die in Wien vorzugsweise auf dem Graben ihrer Tätigkeit nachgehen. Herausgeber Philipp Wucherer, der hauptsächlich von Broschüren mit »schlüpfrigem« Inhalt lebt — was seinem Ansehen in der protestantischen Kirchengemeinde kaum schadet, denn er ist auch Herausgeber eines Kirchenbuches! –, hat wieder seinen Schnitt gemacht.

Wucherer weiß, daß die »große« Marktlücke, die Maria Theresias Keuschheitskommission und Bücherzensur hinterlassen haben, noch immer besteht, und ist emsig bemüht, mit seinen Erzeugnissen die hungrigen Mäuler zu stopfen. Und der literarische Nachholbedarf eines bestimmten Leserkreises, der sich vor Kaiser Josephs Zensurmilderung 1781 seine Ware aus Paris einschmuggeln lassen mußte, scheint noch immer derart groß zu sein, daß er es gar nicht gemerkt hat, daß der anonym bleiben wollende Autor des Grabennymphen-Büchleins es gar nicht so schlüpfrig-ernst meint, sondern sich über Nymphen und deren Kundschaft lustig macht.

Dabei hätten schon die ersten Zeilen der Einleitung die Leser eines »Besseren« belehren müssen: »Teuerste Grabennymphen! Wir haben Kalender für Damen, Kammerjungfern und Stubenmädchen; Kalender für Handwerker, Künstler, Bauern, für den Adel und den Bürger; Kalender für Gelehrte, Phantasten und gar für die Geistlichkeit; nur für euch, ihr mitleidigen Schwestern der Venus, ist in diesem Stücke nicht gesorgt worden...« Und ähnlich beißend-satirisch geht es weiter. In einer Art Monatsspiegel erfahren die Grabennymphen alles über Jagdzeit, Jagdorte und »das beste Wild«.

Nach diesen saisonalen Hinweisen folgen nützliche Ratschläge für die »gute Geschäftsführung«. Bei einer solchen kann die tüchtige Grabennymphe sechs Gulden am Tag, also etwa 2.200 Gulden im Jahr verdienen, was ungefähr dem Einkommen eines Hofrats entspricht. Eine »kleine Physiognomik« des Kunden, etwas über die »bequemsten Wohnungen« der Grabennymphen, »Klugheitsregeln« und ein Verzeichnis der »vorzüglichsten Kirchtäge« runden den Ratgeber ab.

Und um Nymphen mit Charakter oder Anfängerinnen etwaige Berufskomplexe zu nehmen, führt der Autor auch noch ihre Verdienste an. Sind sie nicht um die Aufrechterhaltung des Polizeiwesens bemüht? Niemand kennt besser das dunkle Gelichter als sie, niemand kann besser spionieren.

Und welche Verdienste haben sie nicht um die Mode? Hat eine Dame einen neuen Hut, von dem sie glaubt, sie besitze dieses Modell allein, schon sieht sie es am nächsten Tag auf dem Kopf einer Grabennymphe. Damit bleibt der Modeerfindungsgeist in steter Bewegung.

Nicht zuletzt geben die Grabennymphen auch der halben medizinischen Fakultät zu leben. Die meisten Gliederkrankheiten, Abzehrungen, Augenschwächen und sogenannten »scorburischen Übel« haben sie einst unseren Vätern verehrt, von denen sie sich zum Trost der Ärzte von Generation zu Generation fortpflanzen. Und von den Ärzten leben die Apotheker, von denen die Kaufleute, von denen wieder unzählige andere Mitbürger, kurz: ihr Grabennymphen seid die Seele des Staates!

■

SPORT

Hurling oder die Zähmung eines Spiels

Noble Spaziergänger trauten ihren Augen kaum: hatte doch tatsächlich eine Horde irischer Studenten die Flanierwiesen hinter dem Britischen Museum in London mit Linien aus gestreuten Sägespänen in Rechtecke unterteilt, an den Schmalseiten Stangen als sogenannte Goals eingeschlagen und vergnügte sich jetzt mit lautem Geschrei – wenngleich unter Aufsicht eines Schiedsrichters – damit, einen kleinen Lederball mit krummen Stöcken ins Goal zu bugsieren.

Der Erfindungsgeist der Scholaren von der grünen Insel war soeben dabei, einen uralten Sport durch Aufpfropfen ausländischer Erkenntnisse zu veredeln. Es handelt sich hier um das Spiel Hurling, das schon die Römer mit einem Ball (harpastum) spielten. Das Wort kommt von »harpagare«, was soviel wie »mit Gewalt wegnehmen« heißt. Gewalt und körperliche Kraft braucht man auch in der britischen Version des klassischen Vergnügens.

Ursprünglich gab es in der Mutterprovinz Cornwall sowohl das »hurling to the country« wie das »hurling to the goal«. Während die erste Art bald in Vergessenheit geriet, da zu jedem Spiel zwei gut drei Meilen voneinander entfernte Herrensitze benötigt wurden, erwies sich die zweite Art als wesentlich lebensfähiger, weil sie auf jeder x-beliebigen Wiese gespielt werden kann.

Eines der letzten »hurlings to the country«, eine wahre Überlandpartie des Raufballs, wurde noch zu Beginn unseres Jahrhunderts im westlichen Cornwall ausgetragen: zwei miteinander verfeindete Gentlemen hatten zu einer Partie gefordert, die aber mangels Ausdauer beziehungsweise wegen Verletzungen im Lager beider Parteien nicht zu Ende geführt werden konnte. Und das kam so: ein silberner Ball wurde genau auf halbem Weg zwischen beider Herren Anwesen in die Luft geworfen – und die Gefolgschaft stürzte sich darauf. Schon bei dieser Rauferei entstanden zahlreiche Knochenbrüche. Endlich hatte sich eine Partei des Balls bemächtigt und hetzte davon, über Hecken und Zäune, durch Bäche und Furten, einander den Ball achtsam zuwerfend, falls der Ballführende gerade attackiert wurde. Plötzlich stürzte der eine Gentleman, schon das Ziel – das gegnerische Anwesen – vor Augen, in einer breiten Furt. Die Verfolger bedrängten ihn, an die 30 Leute tummelten sich im Wasser, und der Ball verschwand und ward nicht mehr gesehen. Das nahmen die beiden Herren als Wink des Schicksals und versöhnten sich.

Beim »hurling to the goal« versammeln sich die beiden Mannschaften (je 15 Spieler) auf dem etwa 80 mal 120 Meter großen Spielfeld, der Kampfrichter wirft den Lederball ein, und die Kämpfer versuchen, sich des etwa halbpfündigen Balles zu bemächtigen. Diese Art des Spiels zeigt schon eine gewisse Linie, es wird nicht wahllos gekämpft, sondern jeder Spieler sucht sich seinen Gegner, immer darauf bedacht, ihn so zu decken, daß er gar nicht an den Ball kommt. Das führt dazu, daß viele der Spieler niedergeprügelt auf dem Boden liegen, während der ballführende Spieler unter lautem Jubelgeschrei den Ball ins Goal wirft – seine Teamkameraden haben ihm vorher schon den Weg freigeboxt!

Allerdings ist die Leistung des Ballführers nicht zu unterschätzen: kaum ist er am Ball, stürzt sich sein Gegenspieler auf ihn, wirft ihn zu Boden, die anderen kommen und leisten Hilfe, man schlägt ihm die Faust gegen die Brust (was »butting« heißt) und sucht ihn auf jede Weise am Weiterlaufen zu hindern.

Zurück zu den irischen Studenten: sie spielten sich überaus geschickt den Ball mit einem Stock zu, der am unteren Ende gebogen war – die Franzosen hatten dies schon früher praktiziert, sie nannten diese Art des Raufballspiels »la crosse«, ein Spiel, das nicht mehr so roh wirkt wie Hurling. Es wird wohl gerempelt, doch die Täuschungen – das »Fälschen«, das gewandte Spieler mit dem Schläger ausführen, damit der Gegner ins Leere stößt – erinnern eher an einen fröhlichen Tanz als an harten körperlichen Einsatz.

Das Publikum auf der Flanierwiese nahm lebhaft Partei – keiner rief nach dem Auge des Gesetzes, um die widmungswidrige Verwendung einer Grünfläche zu ahnden. Das spricht dafür, daß das alte Hurling im neuen französischen Gewand eine große Zukunft haben könnte. ■

WENDEPUNKTE

FREIHEIT, WELCHE VERBRECHEN WERDEN IN DEINEM NAMEN VERÜBT
(Manon Roland auf dem Schafott)

Guillotiniert:
Capet, Louis
39, Exkönig von Frankreich
Capet, Marie Antoinette (Witwe Capet)
38, geb. Erzherzogin von Österreich, Exkönigin von Frankreich
Égalité, Philippe
40, Erzherzog von Orléans, Vetter des Exkönigs

21 führende Abgeordnete der Gironde-Fraktion,
darunter
Brissot, Jacques-Pierre
39, Führer der Girondisten und Mitglied des Sicherheitsausschusses
Vergniaud, Pierre-Victurnien
40, Hauptredner der Gironde
Barnave, Antoine-Pierre-Joseph-Marie
32, Abgeordneter
Roland, Mme. Manon
39, Frau des Innenministers und führende Girondistin
Dietrich, Friedrich
45, Baron, Exbürgermeister von Straßburg
Lebrun, Jacques
39, Exaußenminister
Chatelet, Florent
Herzog,
ehemaliger Kommandant des Regiments der »gardes françaises«
Du Barry, Marie-Jeanne
50, Gräfin, Mätresse Ludwigs XV.

Die Generäle Lescuyer, Custine, Brunot, Houchard und **Lamarlière**

Durch Selbstmord geendet:
Roland, Jean-Marie
59, Exinnenminister, einen Tag nach der Hinrichtung seiner Frau

Manon Roland: *Geist und Seele der Gironde starben an dem Tag, an dem sie das Schafott bestieg*

Zeit Bild

Das historische Nachrichten-Magazin

1794

Revolution in der Revolution

Inhalt

BRIEF DES HERAUSGEBERS	184
FRANKREICH	
Robespierre hingerichtet	185
Wo ist der Dauphin?	191
KRIEG IM WESTEN	
Vorwärts, wir gehen zurück!	192
ARABIEN	
Großarabien entsteht mit Allahs Hilfe	194
RUSSLAND	
Wie die Verbannung schmeckt	196
UNGARN	
Martinovics: Agent oder Rebell?	197
ENGLAND	
Monsterprozeß gegen den »Kaiser von Indien« knapp vor Ende	198
WIRTSCHAFT	
Negeraufstand in Haiti	202
China: Britischer Handelsbotschafter abgeblitzt	205
WISSENSCHAFT	
Chemie: gewogen und gemessen	209
GESELLSCHAFT	
ZB-Titel: Revolution in der Revolution	210
Die gefährlichen Liebschaften	216
Der Spielteufel regiert in Europa	218
RECHT	
Erfinderparadies Amerika	219
MODERNES LEBEN	
Eine Hauptstadt vom Reißbrett	220
MODE	
Mantel ist passé – man trägt Schal	222
Die Entdeckung des Kindes	222
BIOGRAPHIE	
Goethe und Schiller – Freundschaft oder Waffenstillstand	222
PERSONALIA	224
KUNST	
Francisco Goya malt wieder	224
MUSIK	
J. P. Salomon: ein Allroundgenie	226
BESTSELLER	
Zwei schwere Brocken und ein Fliegengewicht	227
SPORT	
»Sei fit, mach mit!« sagen die Perser	228
Ringen auch außerhalb der Tempel	230
WENDEPUNKTE	231

Brief des Herausgebers

Die blutige Diktatur der Jakobiner, die zuletzt nichts anderes war als die Diktatur eines einzelnen, des ehemaligen Rechtsanwaltes und späteren Berufsrevolutionärs Maximilien Robespierre, ist zu Ende. Am 10. Thermidor II (28. Juli) ist der »Unbestechliche« unter dem frenetischen Jubel einer sensationslüsternen Menge auf der Place de la Révolution mit einigen seiner getreuesten Anhänger guillotiniert worden.

So ungewiß die Zukunft im Moment auch ist, eines kann man schon jetzt sagen: Die Hinrichtung Robespierres markiert den Endpunkt einer Entwicklung, die 1789 mit dem Sturz des absolutistischen Feudalstaates begann und über die Hinrichtung des Königs und die politische Ausschaltung des Großbürgertums zur Etablierung der kleinbürgerlich-proletarischen Diktatur der Jakobiner führte.

Der Ausschaltung Robespierres, der von den einen als Vaterfigur der Nation gefeiert, von den anderen als die Inkarnation des Bösen bekämpft wurde, gingen monatelange Machtkämpfe innerhalb der Bergpartei voraus, die in verschiedene Fraktionen zerfiel. Eine Gruppe scharte sich um den selbstsüchtigen, von Haß und Ressentiments gegen die Besitzenden erfüllten Jacques-René Hébert. Die Hébertisten führten einen leidenschaftlichen Kampf gegen die christliche Religion, bezeichneten Robespierre als Einschläferer und verlangten, »die heilige Guillotine sollte noch mehr Gerechtigkeit schaffen«.

Robespierre führte eine gezielte Pressekampagne gegen Hébert und seine Anhänger und vernichtete zuletzt die Fraktion seines alten Mitkämpfers. Wenig später entledigte er sich Dantons, der einem gemäßigten Kurs und einer Versöhnung mit den europäischen Mächten das Wort geredet hatte.

Damit stand Robespierre auf dem Höhepunkt seiner persönlichen Macht. Er beherrschte den Jakobinerklub und die Kommune, den revolutionären Gemeinderat von Paris; alle Schlüsselstellungen im Staat waren mit ihm ergebenen Anhängern besetzt. Der Terror, der nach Robespierres Ansicht der Tugend durch rasche, harte, unbeugsame Gerechtigkeit zum Endsieg verhelfen sollte, wurde verschärft. Ein Gesetz vom 22. Prairial II (10. Juni) dehnte die Zuständigkeit des Revolutionstribunals auf ganz Frankreich aus und verweigerte den Angeklagten das Recht auf Verteidigung. Der sonderbare Revolutionär hatte auch einen Hang zur Mystik: beim Fest des »Höchsten Wesens« fungierte er als Hohepriester der von ihm gestifteten Religion.

Innerhalb weniger Wochen forderte der moralische Rigorismus Robespierres, übersetzt in eiskalten, zynischen Terror, mehr Opfer (1.376 Hinrichtungen) als das ganze vorangegangene Jahr. Damit war der Bogen überspannt.

Robespierre ist tot. Nach der Meinung vieler Zeitgenossen, die die politische Szenerie genau kennen, ist die Revolution an einem Wendepunkt angelangt. Die Frage nach ihren bisherigen Ergebnissen scheint daher berechtigt. Wenn man als zeitgenössischer Beobachter die Bedeutung der vielfältigen, komplexen Ereignisse, die sich seit 1789 in Frankreich abgespielt haben, auch nicht in ihrer ganzen Tragweite erkennen und abschätzen kann, so wird man doch sagen müssen, daß sie das Land in vielerlei Hinsicht grundlegend verwandelt haben. Staatsrechtlich gesehen, ist in Frankreich die Republik an die Stelle der Monarchie getreten. Die neue Staatsform ist in den Herzen der Bürger aber noch keineswegs verankert. Es ist daher die Frage, ob sie sich auf die Dauer wird behaupten können. Die Rückkehr zur Monarchie liegt durchaus im Bereich der Möglichkeit. Freilich: der Feudalstaat alter Prägung ist endgültig tot. Die Revolution hat den nationalen Einheitsstaat verwirklicht, der von ei-

starken Nationalgefühl getragen wird. Diesem unbändigen nationalen Behauptungswillen, der mit einer ausgeprägten Freiheits- und Emanzipationsideologie einhergeht, verdankt Frankreich seine Rettung vor dem Ansturm des antirevolutionär gesinnten Europa. Es scheint, als hätte die Revolution eine neue historische Kraft mit zukunftsträchtiger Strahlwirkung freigesetzt.

Im gesellschaftlichen Bereich hat die jahrhundertelange Vorrangstellung von Adel und Geistlichkeit ein Ende gefunden. Die wirtschaftliche Macht von Aristokratie und Kirche ist gebrochen. Dennoch ist der Einfluß der beiden vormals privilegierten Stände noch immer beträchtlich. Als Hauptgewinner der Revolution muß man freilich das Großbürgertum bezeichnen, das seine politischen und ökonomischen Ziele größtenteils verwirklicht hat.

Aber auch die Bauern können mit dem Erreichten zufrieden sein. Sie haben die grundherrlichen Lasten abgeschüttelt und sind nun Besitzer des von ihnen bearbeiteten Bodens. Die durch den Verkauf der Kirchengüter und des adeligen Emigrantenbesitzes geschaffene neue Agrarstruktur hat die Voraussetzungen für die Entwicklung eines gesunden, lebensfähigen Bauernstandes geschaffen.

Hingegen sind die Kleinbürger, die Handwerker und Fabriksarbeiter leer ausgegangen. Sie haben sich in der Revolution stark engagiert, sie haben ihr einen hohen Blutzoll entrichtet, ohne daß sie ihr persönliches Los entscheidend verbessern konnten. Ihre Lebensbedingungen sind nach wie vor armselig und trist. Wie man überhaupt sagen muß, daß der vorrevolutionäre Gegensatz zwischen arm und reich nicht verflacht ist, daß die Revolution das soziale Problem nicht gelöst und keine neue Gesellschaftsordnung geschaffen hat.

Der Traum der Aufklärer von der Freiheit, der Gleichheit und der Brüderlichkeit der Menschen hat sich nicht erfüllt. Vielleicht ist er überhaupt nicht erfüllbar. Aber jedenfalls sollte er als idealistisches Postulat immer wieder auf die Tagesordnung der Weltgeschichte gesetzt werden. ■

FRANKREICH

Robespierre hingerichtet

Ende der Schreckensherrschaft

Die Nacht zum 9. Thermidor des Jahres II (nach alter Zeitrechnung: des 27. Juli 1794) wird wohl kaum einer der zu allem entschlossenen, todbereiten Männer vergessen, die damals, in der unerträglichen Schwüle einer Pariser Hitzewelle, darangingen, Robespierres Sturz vorzubereiten.

Jedermann nannte den zierlichen, prüden, schüchternen Mann, vor dessen leisen Worten ganz Frankreich zitterte, insgeheim nur noch »den Tyrannen«, »neuen Diktator« und »den Mörder«. Sowie er aber mit seinem sorgfältig gepuderten Haar, seiner makellos seidenen Weste und seiner adrett gebundenen, modischen Halsbinde im Konvent erschien, um in langen, weitschweifigen, mit unzähligen allegorischen Bildern aus der Antike geschmückten Reden seine Zuhörer einzuschüchtern, da duckten sie sich alle unter dem kalten Blick seiner hellen Augen.

Man kann sich nun, da seine Macht gebrochen ist, kaum noch erklären, woher diese Macht kam. Denn Robespierre war in allem und jedem, was er tat, das Gegenteil eines Volkstribunen. Kann sein, daß er, wie sein erbitterter Gegner Collot d'Herbois einmal sagte,

Robespierre vor dem Sturz: *Der Tyrann besaß nur Macht, weil die Widerstandspartei uneinig war*

»den Weihwassergeruch eines Priesters, der gerade in die Sakristei kommt«, verbreitete, einen Geruch, der – wie Collot zynisch meint – die »Betschwestern und Unbefriedigten jedweden Geschlechts anzieht«. Eines stimmt: Stets war, wiewohl er nie von Gott, sondern nur vom »höchsten Wesen« sprach, etwas Frömmelndes um ihn, das ihn von all seinen Feinden und Freunden schied.

Sie haben ihm und dem von ihm beherrschten Jakobinerklub alles zugestanden: daß er die Radikalen, die Gotteslästerer und Schmierfinken der Revolution, den Zeitungskönig Hébert mit seinem ekelhaften Massenblatt, dem »Père Duchesne«, und den heiseren Schreier Chaumette, hinrichten ließ, beunruhigte sie nicht. Sie haben ihm sogar den großen Tribunen Danton geopfert, und den genialen Camille Desmoulins, ohne sich auch nur mit Worten für die beiden einzusetzen.

Nun aber, da Robespierre ganz allein dastand – alle die Großen der Revolution sind ja schon tot, geköpft oder ermordet, diese Marat, Desmoulins, Danton, Hébert, sogar Lafayette und Mirabeau fehlen als Widerpart, von der Gironde gar nicht zu reden –, nun hätte Robespierre zu beweisen gehabt, daß er sie alle zu ersetzen vermag.

Aber seine Feinde glauben zu wissen, daß er nur deshalb Macht besitzt, weil eine Gruppe nur sehr schwer eine Entscheidung zu treffen vermag. Solange sie ihm uneins, entscheidungslos gegenüberstehen, wird er stärker sein als sie: also müssen sie sich einigen.

Am 8. Thermidor hält Robespierre eine große, mehrstündige Rede. Er spricht in unbestimmten Wendungen, beschuldigt alle und jeden, droht mit der Guillotine, beklagt, daß der republikanische Geist entartet sei, daß selbst im allmächtigen Wohlfahrtsausschuß sich ein Geist der »Mäßiger und Kompromißler« breitmache; aber er, Robespierre, der einzige, der noch unbestechlich, noch nicht korrumpiert sei, er werde es den hinterhältigen Verbrechern, die ihn insgeheim einen »Tyrannen« nennen, schon zeigen. Schon bald werden sie sich bei ihrem Vorbild Louis Capet versammeln.

Der Konvent, diese Versammlung von 750 Männern, blickt in ohnmächtiger Wut auf seinen Bändiger: Wen meint er, wer ist verdächtig? Wird er zuschlagen? Wie viele von ihnen schlafen schon seit Tagen jede Nacht bei einem anderen Freund! Fouché ist seit Wochen untergetaucht; Tallien – dessen Frau, seine über alles geliebte Thérèse, verhaftet wurde und nun auf den Tod wartet – ist halb verrückt vor Angst, sie zu verlieren, und halb wahnsinnig vor Haß gegen Robespierre. Billaud-Varenne und Legendre, alte Revolutionäre, sehen die Sache des Volkes durch einen »neuen Nero« verraten, der sie alle umbringen wird.

Fouché, der, schmutzig und ungewaschen, in den Barken an der Seine schläft, wird zum Boten der Feinde Robespierres. Gleich einem Wiesel läuft der geschickte und skrupellose Mann von Tallien zur Rechten, zu Barras, von Barras zu Billaud-Varenne, von diesem wieder zu Tallien. So geht es die ganze Nacht, bis das Netz geknüpft ist: morgen, in der Sitzung, wird man zuschlagen.

Im Wohlfahrtsausschuß, diesem Macht- und Mordinstrument, das derzeit die ganze diktatorische Regierungsgewalt Frankreichs darstellt, arbeiten in dieser Nacht nur zwei: Lazare Carnot, der Schöpfer der revolutionären Militärmacht der Nation, ist über eine Karte gebeugt und mißt mit dem Zirkel. Neben ihm sitzt Saint-Just, der »blondgelockte Jüngling, der Todesengel der Revolution«, und schreibt ununterbrochen. Jeder weiß, daß Saint-Just das tun wird, was Robespierre nicht wagt: die Namen jener Patrioten zu nennen, die geköpft werden sollen. Die Stille

Tallien: *vom berüchtigten Girondistenjäger zum Führer der Thermidoristen. Aus Liebe zu seiner Frau Thérèse, die im Kerker auf ihre Hinrichtung wartete, wagte er den entscheidenden Schritt im Konvent.*

Vor dem Pariser Rathaus: *Während Robespierre vor dem Konvent um sein Leben redet, marschieren Nationalgarden auf, um seine Ächtung zu verkünden*

wird durchbrochen, als Billaud-Varenne und Collot d'Herbois hereinstürmen, aufs höchste von der Rede Robespierres erregt.

Collot stürzt sich auf Saint-Just, packt ihn am Ärmel und brüllt: »Was schreibst du da? Du schreibst wohl die Anklageschrift gegen uns?«

Saint-Just blickt den Rasenden freundlich an und sagt dann ruhig: »Ganz richtig, Bürger Collot, das mache ich gerade.« Dann wendet er sich zu Carnot und sagt: »Auch dich habe ich nicht vergessen!« und schreibt seelenruhig weiter. Collot und Billaud brüllen auf, Carnot hat vor Wut Tränen in den Augen, aber Saint-Just blickt nur kurz auf und sagt: »Collot, bitte setz dich, ich kann nicht schreiben, wenn du so herumtrampelst.«

Bis zum Morgengrauen schreibt Saint-Just, und bald weiß der Konvent, daß er Namen, viele Namen, vorlesen wird, um sie als Verräter zu brandmarken.

Gegen Morgen erhält Tallien einen zerrissenen, gefalteten Zettel, es ist ein Brief seiner geliebten Thérèse. »Eben war der Polizeiinspektor bei mir im Gefängnis. Er kam, um mir mitzuteilen, daß ich morgen aufs Schafott soll. Das hat wenig mit dem Traum gemein, den ich diese Nacht träumte: Robespierre existiere nicht mehr, und die Gefängnisse seien geöffnet. Aber dank eurer grandiosen Feigheit wird sich bald niemand mehr in Frankreich finden, der den Traum erfüllen kann.« Tallien rast zu Fouché. Noch jetzt, in dieser Stunde, will er Robespierre erdolchen. Die Freunde raten ihm zur Geduld.

Die Spannung im Konvent, der gegen Mittag mit seiner Sitzung beginnt, ist unerträglich. Es beginnt damit, daß Tallien den Vorsitz an Thuriot abgibt, weil er »selbst das Wort ergreifen« möchte.

Unausgesetzt blicken die Abgeordneten zum Saaleingang: Wird Robespierre nicht das – von seiner Sicht aus – einzig Richtige tun und sie alle von seiner Nationalgarde verhaften und köpfen lassen? Aber Robespierre ergreift nicht einmal das Wort. Er läßt Saint-Just auf die Tribüne. Der junge Mann, der eine Rede vorbereitet hat, die »den menschlichen Hochmut unwiderruflich unter das Joch der öffentlichen Freiheit beugen will«, spricht nur einen Satz, da springt Tallien mit tigerhafter Wildheit an seine Seite und fordert das Wort zur Geschäftsordnung. Die Wut läßt ihn nicht weiterreden. Mit ausgestreckter Hand zeigt er auf Robespierre, der im adretten, himmelblauen Frack in der ersten Bank sitzt.

Endlich findet Tallien die Sprache wieder: »Robespierre hat das Vaterland an den Rand des Abgrundes der Tyrannei gebracht und sich dabei in einen Vorhang der Ehrbarkeit zu hüllen versucht. Ich verlange, daß dieser Vorhang jetzt ganz zerrissen wird!«

Nun erhebt sich auch Billaud und brüllt: »Man will den Konvent erwürgen... wir werden zugrundegehen, wenn wir uns jetzt schwach zeigen!«

Die Abgeordneten, von Todesangst berührt, springen auf, rufen im Chor: »Nein, niemals! Tod dem Tyrannen!« Billaud überbrüllt sie: »Wir alle sind bereit, in Ehren zu sterben, denn niemand von uns will unter einem neuen Tyrannen leben!«

»Nieder mit dem Tyrannen!« antworten ihm Hunderte Stimmen. Robespierre steigt hinauf zur Tribüne, spricht, aber man hört kein Wort; Tallien, rasend, schwingt einen Dolch, die Glocke des Präsidenten läutet. Der Tumult dauert minutenlang.

Wieder versucht Robespierre zu sprechen, aber die Glocke des Vorsitzenden übertönt mit ihrem Gellen jedes Wort. Robespierre verliert die Nerven: »Präsident von Mördern, zum letzten Male verlange ich das Wort!«

Da springt der Abgeordnete Barère auf, jener Mann, von dem man sagt, daß er einen sechsten Sinn für Sieger

Die Liquidierung Dantons

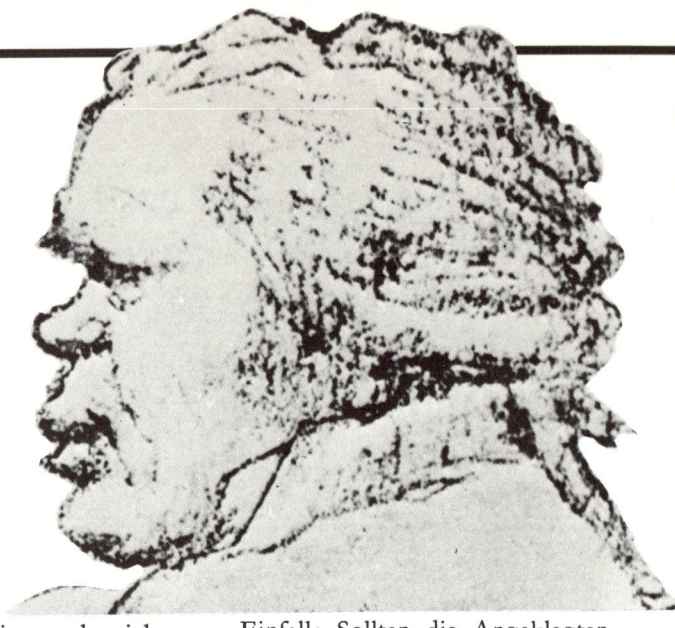

Robespierre haßte Danton. Er beneidete ihn um die Gabe, die Massen mitreißen zu können, er verabscheute in ihm den Vollblutmenschen mit allen Schwächen und Größen eines Genies. Aber daß Robespierre so schnell zuschlagen würde, um sich dieses Gegners zu entledigen, erstaunte die Feiglinge rings um die beiden, verwunderte die Claque, die allem, was geschah, Beifall klatschte.

Freilich, Danton hatte leichtfertig die schwankende Gunst der Pariser Kommune aufs Spiel gesetzt, als er sich nach Arcis-sur-Aube zurückzog, um dort nur der Liebe zu seiner blutjungen Frau zu leben. Das erleichterte Robespierres Attacke.

Spitzel hatten dem »Unbestechlichen« mitgeteilt, daß einige »Dantonisten« in eine schmutzige Schieberaffäre verwickelt wären. Auch Fabre d'Églantine, der dem neuen Kalender seine poetischen Monatsnamen gegeben hat, war tief in die Geschichte verwickelt. Aber Danton zögerte nicht einen Augenblick, den alten Freund »herauszuhauen«, wie er es nannte. »Jeder Mann würde so handeln wie ich!« sagte er.

Man hinterbrachte ihm, daß Saint-Just Anklagematerial zusammentrug: Korruption, Vaterlandsverrat, Zusammenarbeit mit dem Deserteur Dumouriez und Philippe Égalité, vormals Herzog von Orléans, Verschwörung mit dem König – hatte Danton nicht lachend Geld von der »Witwe Capet« genommen (freilich, ohne dem König zu helfen)?

»Flieh, Danton!« sagten die Freunde, »Robespierre ruht nicht, ehe er dich vernichtet hat.«

Aber Danton fragte nur: »Kann man das Vaterland an den Schuhsohlen mitnehmen?« und blieb.

Am 11. Germinal des Jahres II (31. März) wurde Danton, wurden seine Freunde verhaftet, und schon am 13. standen sie vor dem Revolutionstribunal. Die Anklage vertrat wie immer Fouquier-Tinville. Auf die Frage nach seinem Namen antwortete Danton pathetisch:

»Mein Name ist der in der Revolution sehr bekannte Name Danton. Mein Wohnort wird bald das Nichts sein, aber ich werde weiterleben im Pantheon der Geschichte...«

Dann begannen die Verhöre, zunächst gegen die Schieber, dann erst gegen Danton, der Entlastungszeugen aufzählte und seine ganze glühende Beredsamkeit entfaltete, so daß Fouquier-Tinville den Konvent um weitere Weisungen ersuchte: man müsse rasch zu einem Ende kommen, denn Dantons Empörung übertrug sich auf die Volksmassen.

Saint-Just lieferte den rettenden Einfall: Sollten die Angeklagten durch Widersetzlichkeit oder Beschimpfung des Gerichts den Gang des Verfahrens stören, seien sie auszuschließen.

Als der Ankläger Zeugenvernahmen ablehnte, brüllte Danton: »Justizmord, Tyrannenwillkür! Mörder!« Nun hatten sie ihn, wo sie ihn wollten: er wurde vom Prozeß ausgeschlossen, er hatte das Gericht beschimpft.

Die Geschworenen bejahten schließlich die Frage, ob Danton schuldig sei, die Wiedereinführung der Monarchie geplant zu haben.

Am nächsten Tag schon führte man Danton und Desmoulins, der um seine geliebte Frau Lucille weinte, zum Hinrichtungsplatz. Beim Haus Robespierres rief Danton schallend: »Du versteckst dich vergeblich, auch du kommst dran, und dann wird mein Schatten im Grab vor Freude toben.«

Als letzter von vierzehn »Verschwörern« stieg Danton aufs Schafott. »Ein Riemen genügt«, sagte er zum Henker, »heb dir den zweiten für Robespierre auf!«

und Besiegte hat und immer auf der Straße der Gewinner marschiert. »Mörder?« brüllt er in den Saal, »Ihr habt es gehört, Bürger: er nennt uns, die Volksvertreter, Mörder!«

Robespierre versucht, die Glocke des Vorsitzenden zu überschreien. Aber plötzlich versagt ihm die Stimme. Der Abgeordnete Garnier sieht dieses nervöse Versagen und ruft: »Das Blut Dantons erstickt dich!«

Robespierre erwidert mit röchelnder Stimme: »Ihr wollt Danton rächen, ihr Feiglinge, warum habt ihr ihn denn nicht verteidigt?«

Der Tumult dauert an, bis sich ein Abgeordneter erhebt, den niemand so richtig kennt, der nie den Mund aufgemacht hat, eine Null, die Quersumme all dieser Nullen im Konvent, der Abgeordnete Louchet: »Ich beantrage das Verhaftungsdekret gegen den Bürger Robespierre«, sagt er.

Man stimmt unter Jubelrufen ab: einstimmiger Beschluß, den noch vor einer Stunde mächtigsten Mann Frankreichs zu verhaften. Robespierres Bruder, die Abgeordneten Lebas und Couthon, ebenso natürlich Saint-Just werden für verhaftet erklärt. Man beschließt, die fünf Verhafteten sofort in die Gefängnisse zu überstellen.

Aber weiß der Konvent, was die radikale Kommune von Paris, diese Hochburg Robespierres, vorhat? Wird sich die Nationalgarde mit ihr solidarisch erklären, oder werden einige Musketiere und einige Kanonen genügen, um die Abgeordneten auseinanderzujagen?

Der glühendheiße Tag treibt die Pariser ins Freie. Sie gehen am Seineufer spazieren und versuchen zu ergründen, was vorgeht: Ordonnanzen überall, Meldereiter, Bewaffnete, die zu den Sammelplätzen der Garde eilen, in der Ferne, in der Vorstadt Saint-Marceau, läuten die Sturmglocken.

»Was sollen wir tun?« fragen sie ihre Offiziere. Aber die wissen auch nicht mehr. Der Kommandant der Nationalgarden von Paris, General Hanriot, der sie befehligen sollte, ist durch den gegen ihn ausgestellten Haftbefehl so verwirrt, daß er sich, der sonst so nüchterne Mann, sinnlos betrinkt und außerstande ist, Befehle zu erteilen.

Die Unterführer springen für ihn ein, organisieren mühsam einige Kompanien, mit deren Hilfe sie nach und nach die fünf Verhafteten ins Rathaus bringen.

Alles blickt nun wie gespannt auf Robespierre. Was wird er befehlen? Wann wird das Blutbad, das den Konvent auslöschen soll, beginnen? Robespierre ergreift zwar sofort das Wort, aber er redet und redet und redet; Vorwürfe gegen die Verräter, allgemeine Phrasen, allgemeine Drohungen. Voll Entsetzen erkennen seine Freunde, daß er ein Mann der Worte, der reinen Theorie ist, kein Praktiker, und daß er kläglich versagt, nun, da nur noch eine Tat die Radikalen retten könnte.

Vor dem Rathaus marschieren Truppen der Nationalgarde auf. Es geht gegen Mitternacht – Robespierre redet. Ein Gewitter zieht auf, es blitzt und donnert, ein Platzregen geht nieder. Drinnen redet Robespierre. Die Nationalgardisten hören ins Dunkel: Trommelwirbel und Marschtritte.

Eine Gruppe von drei Konventsabgeordneten, begleitet von Gendarmen, überflattert von der Trikolore, unterstützt von Trommlern, kommt zu ihnen, verliest ihnen die Ächtung Robespierres, seines Bruders, Couthons, Saint-Justs, Lebas', Hanriots und »aller, die den Verschwörern Hilfe leisten oder ihren Anordnungen folgen«.

Die Nationalgardisten schaudern. Niemand ist da, der ihnen Mut zuspricht, niemand, der sie umzustimmen versucht. Wo sind ihre Führer, wo ist Robespierre? Der Gewitterregen durchnäßt sie. Sie verschwinden; erst einzeln, dann in Gruppen gehen sie nach Hause.

Mittlerweile redet Robespierre noch immer: »Das ganze Volk hat sich erhoben, weil wir von Verrätern geächtet wurden, aber dieses Volk weiß, wo es zu stehen hat . . .«

Wenige Minuten später marschieren zwei Kolonnen mit Truppen des Konvents, die Bourdon und Barras befeh-

Robespierres Ende: *In einem Vorraum des Konvents wird Robespierre, dessen Unterkiefer zerschossen ist, operiert, obwohl seine Hinrichtung schon feststeht*

ligen, zum Rathaus, das sie fast ohne Widerstand betreten.

Robespierres Bruder springt vom zweiten Stock auf die Straße, Lebas erschießt sich; Robespierre hebt, als die Soldaten eindringen, eine Pistole. Ein Schuß fällt: hat er sich angeschossen, war es die Kugel eines Gendarmen? Es ist gleichgültig. Die Kugel hat den Unterkiefer zerschmettert, es ist eine gräßliche Wunde, und Robespierre verliert das Bewußtsein.

Sie tragen den Blutbefleckten auf einem Waschbrett zum Konvent, der noch immer tagt. Präsident Thuriot ruft der Versammlung zu: »Der Feigling Robespierre ist da. Wollt ihr ihn sehen?«

»Nein, nein!« rufen sie.

Und Thuriot fährt fort: »Der gegebene Platz für einen Tyrannen und seine Spießgesellen ist das Schafott. Man treffe sofort die notwendigen Maßnahmen, damit sie das Schwert des Gesetzes unverzüglich treffen kann.«

Robespierre liegt, der Sprache beraubt, in einem Vorraum der Regierung. Ein Militärarzt operiert ihn und steckt die Zähne des Tyrannen, die er herausschneiden mußte, als Andenken ein. Es bedarf keiner Verhandlung mehr: Robespierre ist ja geächtet...

Nachmittags um vier Uhr ist wieder einmal ganz Paris auf den Beinen. Die Hitzewelle brütet trotz des nächtlichen Gewitters über der Stadt, aber das stört niemanden. Es ist, als sei ein ungeheurer Druck von den Menschen genommen: wildfremde Leute sehen sich an und beginnen plötzlich und ohne ersichtlichen Grund zu lachen...

Dann kommt der Karren mit dem Tyrannen. Robespierre liegt reglos mit großem, weißem Verband um sein Gesicht, auf einer Bahre. Sie bleibt am Fuß des Schafotts stehen, bis die Reihe an Robespierre ist. Der Henker reißt den Verband ab, Robespierre brüllt vor Schmerz auf, Blut stürzt aus den Wunden. Aber wenige Augenblicke später zeigt Sanson, der Henker, der Menge den Kopf des Tyrannen von gestern. Der Jubel will nicht enden.

Was nun kommen wird, weiß niemand vorherzusagen. Eines steht fest: Die Zeiten des Terrors sind vorbei. ∎

Interview mit dem öffentlichen Ankläger Fouquier-Tinville

Fouquier-Tinville hat in zumindest 4.500 Gerichtsverfahren, die mit Ausnahme von einigen Dutzend Freisprüchen allesamt mit dem Todesurteil endeten, die Anklage geführt. Man könnte annehmen, daß der öffentliche Ankläger nun, da die Schreckenszeit vorüber ist, vor Angst schlottert. Aber Fouquier-Tinville sagte eiskalt: »Ich habe nur den Buchstaben des Gesetzes erfüllt. Ich war das Fallbeil der Revolution. Sitzt man über ein Beil zu Gericht? Kann man es zur Verantwortung ziehen? Wo doch Saint-Just mir befahl: ›Die Friedhöfe haben überfüllt zu sein, nicht die Kerker.‹«

Und er zitiert das Gesetz vom 22. Prairial (10. Juni), mit dem Robespierre dekretierte: »Verhör und Verteidigung sind nicht nötig. Es genügt, die patriotische Überzeugung der Geschworenen zu besitzen... Ich habe den Wortlaut hier«, sagt Fouquier und fährt fort: »Richtschnur ist das Gewissen der durch die Liebe zum Vaterland aufgeklärten Geschworenen.« Und weiter: »Patriotische Geschworene sind hinreichende Verteidiger für einen Schuldlosen. Daran habe ich mich gehalten. Dafür kann ich nicht verurteilt werden.«

»Ob er sich an besondere Maßnahmen erinnere?«

Fouquier-Tinville: »Ja, im Frühling dieses Jahres wuchs uns die Arbeit über den Kopf. Wir haben allmählich begonnen, ganze Gruppen von Angeklagten, die des gleichen Verbrechens schuldig waren, en bloc zu verurteilen.

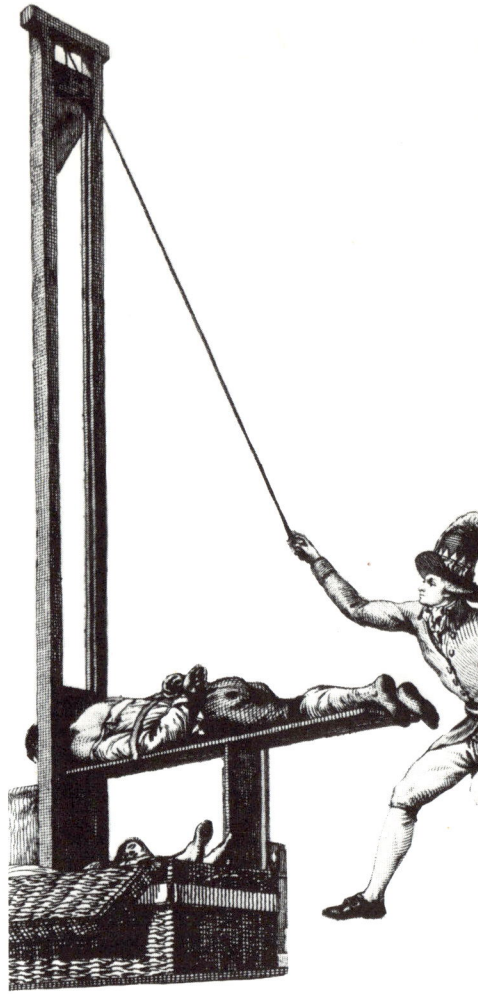

Mein Kollege Herman hat dafür das Wort ›amalgam‹ erfunden. Auch gab es unausgesetzt Verschwörungen in den Gefängnissen, wiewohl es den Häftlingen durchaus gutging. Ich ließ sie sich selbst verköstigen, sie hatten Beziehungen zum anderen Geschlecht, tranken, spielten Karten und hatten keinen Grund, sich zu verschwören. Ich mußte durchgreifen.«

»Wann hatten Sie am meisten zu tun?«

Fouquier-Tinville: »In den letzten Tagen vor dem 9. Thermidor. Ich erinnere mich nicht genau, aber ich glaube, am 7. Thermidor waren es 276 Urteile. Schon vorher gab es Tage mit mehr als 200, einmal waren drei prominente Frauen an einem Vormittag dabei: die Witwe Desmoulins, die Witwe Hébert und die Schwester des ehemaligen Königs, Madame Élisabeth. Das war überhaupt ein Tag – wir haben damals auch den Abgeordneten Chaumette verurteilt und den Verteidiger von Louis Capet, den alten Malesherbes samt Familie, sogar seine Enkel waren royalistische Verschwörer... so jung noch...« Und Fouquier versinkt in Nachdenken.

»Am 7. Thermidor, was war da?«

Fouquier: »Ich erinnere mich, daß ein Mädchen auf das Gericht losstürzte und uns zuschrie: ›Es lebe der König, ich will sterben!‹ Natürlich verurteilten wir sie. Solche Szenen mehrten sich in diesen Tagen, ich weiß nicht, was in die Leute gefahren war, sie drängten sich uns geradezu auf in ihrer Todessehnsucht. Übrigens: es tat mir sehr leid, als ich erfuhr, daß auch der Dichter André Chénier unter den Angeklagten war. Ich mochte seine revolutionären Gedichte sehr gern. Sein Bruder, ein großer Jakobiner und hervorragender Unterrichtsminister der Republik, hat es nicht gewagt, ihm zu helfen. Nur zwei Tage, und man hätte André Chénier entlassen. Aber das Gesetz darf weder Dichter noch Gelehrte besser behandeln.«

»Bereuen Sie denn nicht diese vielen Urteile? Halten Sie Ihre Opfer für schuldig?«

Fouquier: »Wir haben uns an die Gesetze gehalten. Jene, die sie gemacht haben, jene, die keinen Finger rührten, um sie zu verhindern, das sind die Schuldigen, die sollen bereuen, nicht ich. Ich war nur das Beil der Revolution...«

Wo ist der Dauphin?

Seit dem Tod Marie Antoinettes fragen sich nicht nur eingefleischte Royalisten, was denn aus dem Dauphin, aus »Ludwig XVII.«, geworden ist. Während sich die Gerüchte verdichten, der zehnjährige Junge sei längst eines der tausend Opfer der Schreckensherrschaft geworden, behaupten die Jakobiner keck, er sei sehr wohl am Leben, aber ein lebensuntüchtiges, schwächliches, kränkelndes Kind. Und alle, die Gegenteiliges behaupten könnten, haben sie aufs Schafott geschickt.

Nur – Briefe kann man nicht köpfen. Und Briefe beweisen das Gegenteil. Sie stammen aus der Feder einer Frau, die es wissen muß. Vor allem besser wissen muß. Marie Antoinette, bekannt als überaus sorgsame Mutter (was sie nicht vor der Guillotine rettete), hat sie an Madame de Tourzel gerichtet, an jene Frau, die bis zur Inhaftierung der Königsfamilie für kurze Zeit als Gouvernante die Oberaufsicht über Louis Charles führte.

In diesen Briefen zeichnet die liebende Mutter von ihrem Sohn durchaus nicht das Bild eines maroden Schwächlings. Im Gegenteil, da heißt es: »Er ist niemals krank gewesen... Wie alle kräftigen, gesunden Kinder ist er kopflos, leichtfertig und jähzornig, doch ist er dabei ein guter Junge, und wenn ihn sein Leichtsinn nicht fortreißt, sogar von hingebender Zärtlichkeit... Er weiß an sich zu halten und auch seine Unarten und auch seinen Zorn zu meistern, um als ein braves, liebenswürdiges Kind zu gelten. Ein einmal gegebenes Versprechen hält er gewissenhaft ein, doch ist er sehr vorlaut.«

Vielleicht hat dieser Charakterzug dem Jungen das Leben gekostet, mag sein, daß er seinem rohen Kerkermeister, dem Schuster, über den Mund gefahren ist und daß dieser grobknochige Jakobinerscherge ihn dafür erwürgte. Wie sonst ist es zu erklären, daß die Familie Simon in den Abendstunden des 19. Januar so überstürzt das Gefängnis des Temple verließ? Ein paar Monate später wurde der Schuster Simon guillotiniert – wollte man ihn mundtot machen?

Aber Fragen werden ja nicht beantwortet, vielmehr gibt der Konvent eine Stellungnahme ab, in der es heißt, einige seiner Mitglieder hätten sich davon überzeugt, daß der Dauphin wohlbehalten seinen neuen Kerkermeistern übergeben wurde.

Zu vieles spricht dagegen. Und es ist ja so leicht, eine Leiche verschwinden zu lassen. Im Massengrab beispielsweise, in ungelöschtem Kalk. Und darin haben sie Praxis, die Jakobiner.

Robespierre hat nie den Mut aufgebracht, sich zu dieser Schandtat zu bekennen, falls tatsächlich ein Mord begangen wurde. Warum wohl? Moral hat ihn doch nie gekümmert, wenn es um die Beseitigung von Menschen ging.

Louis XVII.: *Mord an einem unschuldigen Kind?*

Hier ist die Politik im Spiel: Seit Jahresfrist ist die Republik bemüht, mit Spanien und Sardinien Frieden zu schließen.

Es wird dabei zäh und verbittert verhandelt. Daß die Diplomaten bis jetzt keinen Erfolg hatten, liegt, alle Welt weiß es, an der Forderung dieser beiden Mächte, ihnen den Prinzen unversehrt auszuliefern. Warum erfüllt der Konvent diese Forderung nicht? Warum kann er sie gar nicht erfüllen? Doch nur, weil der Prinz nicht mehr vorgezeigt werden kann – andere Gründe, ihn im Kerker zu behalten, kann es nicht geben.

Nicht einmal einem Jakobiner wird es gelingen, dem Kinde Mitschuld an der schlechten Regierung seiner Eltern anzulasten. Wie also den Dauphin verurteilen? Aber darum geht es auch nicht.

Sie haben die Stirn, einem ganzen Volk weiszumachen, daß der Thronfolger lebt; aber dabei bauen sie schon vor, läuten sein Ende bereits ein, dichten ihm Krankheiten an, um irgendwann in nicht mehr ferner Zukunft von gekauften Ärzten seinen Tod verkünden zu lassen.

Es sind jedoch die falschen Krankheiten, zu denen sie Zuflucht nehmen. Von Schwindsucht ist die Rede und von dem Erbübel Skrofulose. Merkwürdig, daß die Nervenschwäche des Dauphins nicht erwähnt wird, von der schon seine Mutter schrieb: »... hat man an ihm schon in der Wiege eine außerordentliche Empfindlichkeit der Nerven wahrgenommen, und das geringste ungewöhnliche Geräusch vermochte auf ihn eine Wirkung auszuüben ... so fürchtet er sich zum Beispiel vor Hunden, weil er ihr Gebell nahe seinem Ohr gehört hat.«

Das Ende des großen Schreckens sollte Antworten auf die Frage nach dem Schicksal des Dauphins möglich machen. Mit dem dilettantischen Manövrieren um Leben oder Tod eines Kindes muß jetzt Schluß gemacht werden. ∎

KRIEG IM WESTEN

Vorwärts, wir gehen zurück!

Um eine militärische Blitzkarriere zu machen, muß man entweder Prinz oder Revolutionär sein. Dies beweist nun im französischen Lager ein schweigsamer, spröder Korse, der vor einigen Jahren bloß eine Geschützbatterie kommandierte, wegen seines rauhen italienischen Tonfalls belächelt wurde und für die leichtsinnige, lockere Lebensart seiner Kameraden wenig übrig hatte. Die Artillerie ist ganz allgemein dafür bekannt, daß ihre Offiziere häufig ausgeprägte technische oder wissenschaftliche Neigungen haben, und »der kleine Korporal« – so nannten ihn die Pariser Wäscherinnen in gutmütigem Spott – vertiefte sich nicht umsonst in kriegskundliche Wälzer.

Jetzt, mit sechsundzwanzig, ist er bereits General mit der Funktion eines Artillerieinspektors. Mehr als das: nach seinen Operationsplänen und unter seiner Führung gelang es den Franzosen, auf dem norditalienischen Kriegsschauplatz Erfolge von zumindest vorläufig entscheidender Bedeutung zu erringen. Paris ließ den jungen Goldkragenträger zwar kurzfristig als angeblichen Mitschuldigen Robespierres aus dem Verkehr ziehen, aber die Republik wäre sehr schlecht beraten, würde sie sich auf Dauer eines ihrer fähigsten Köpfe berauben. Buonaparte heißt der Mann, aber das »u« streicht er aus seinem Namen, damit dieser etwas »gallischer« klinge.

Wäre der gelehrte Artillerist von der Mittelmeerinsel nicht eine Einzelerscheinung, gäbe es in den obersten Rängen der französischen Armee mehrere Persönlichkeiten seines beachtlichen Kalibers, die Sache der Gegner stünde nun noch prekärer, als es sowieso der Fall ist.

Den Auftakt der Operationen begleitete ein wirkungsvoller Regieeinfall der Staatskunst: Im April begab sich Kaiser Franz zu seinen Soldaten nach Brüssel, gleichsam als die verkörperte Zuversicht, ein Symbol in Weiß, Rot und Gold unterm flatternden grünen Federbusch, mit leuchtenden Augen und leuchtendem Vlies. Wohin den Monarchen sein Schimmel trug, dort steigerte sich die Kampfmoral. Bei der Ankunft begrüßte ihn die wallonische Stadt mit Vorschußlorbeeren: »Trement Galli« – die Franzosen erzittern – stand da groß in einer Inschrift des zur verfrühten Triumphpforte umfunktionierten Tores.

Immerhin, so rasch schienen die Streiter der Republik nicht zu verzagen. Mit 150.000 Mann, aus dem riesigen Reservoir des Massenaufgebotes mobil gemacht, waren sie um ein Drittel stärker als die verbündeten Österreicher, Briten und Holländer. Dennoch: die erste Phase des Feldzugs im Westen bestätigte die kühnen Hoffnungen auf

Bonaparte: *mit sechsundzwanzig schon General*

22. März 1794, die Schlacht von Tournay: *Noch kann die Anwesenheit des Kaisers, Franz' II., die Kampfmoral der Soldaten stärken*

einen schnellen Sieg. Nach den Direktiven des österreichischen Generalstabschefs Mack von Leiberich warfen die Alliierten den Feind zurück und drangen zwischen den Festungen Condé, Valenciennes und Quesnoy vehement vor, so daß bei weiterem günstigem Verlauf die Franzosen rettungslos in die Defensive gedrängt worden wären. Der junge Erzherzog Karl, nun zum Feldzeugmeister ernannt (Generalsrang), überraschte graukäpfige Veteranen neuerlich durch verwegenen Truppeneinsatz.

Der Zufall, daß man bei einem gefangenen französischen General Angriffspläne gegen Flandern fand, sollte sich – ein vermeintlicher Vorteil – folgenschwer auswirken. Denn nun sahen sich die Verbündeten bewogen, die ursprüngliche Macksche Stoßkeilstrategie zu ändern, um diese Offensive abzuriegeln. Bei Tourcoing an der Sambre mußten sie im Mai in einer großen Schlacht einen ersten Rückschlag hinnehmen, bald darauf fiel nach tapferem Widerstand die von den Österreichern gehaltene Festung Charleroi. Aus den förmlich pulverisierten Bastionen stiegen die Verteidiger ins Freie, als sie die letzten Kugeln verschossen hatten. Es war eine ehrenvolle Übergabe.

Was unserer Zeit fehlt, ist eine schnellere Nachrichtenübermittlung, als das durch den Galopp der Meldereiter möglich ist. Hätten wir die, dann wäre vielleicht eine weitere Niederlage zu vermeiden gewesen. Reichsfeldmarschall Prinz Coburg, noch nicht von der Kapitulation in Kenntnis gesetzt, stellte sich am 26. Juni zur Rettung Charlerois der feindlichen Übermacht zu einer Schlacht. Bis zum Mittag blieben die Österreicher auf der ganzen Linie siegreich, doch dann trat eine jener in ihren Zusammenhängen nicht leicht überschaubaren Reaktionen ein, die eine ganze Kette von Ereignissen auslösen: nun erhielt der Oberbefehlshaber endlich die Meldung vom Fall der Festung. daraufhin brach er die Schlacht ab und ordnete den Rückzug an.

Die Lawine war ins Rollen gekommen, jeder objektive Beobachter konnte sich ausrechnen, wann die österreichischen Niederlande abzuschreiben wären. Erzherzog Karl sprach sich für einen rechtzeitigen Friedensschluß aus, da die Kriegsanstrengungen bei anhaltender Pechsträhne über die Kraft Österreichs gingen, das die hohen Mannschafts- und Materialverluste nur schleppend, wenn überhaupt, ausgleichen könne. Der Prinz gab hier keine Theorien von sich, er faßte die unmittelbaren persönlichen Erfahrungen vieler Tage und Nächte in Feldlagern zusammen, wenn er seinem kaiserlichen Bruder die Kampfmüdigkeit der Armee schilderte. Der einfache Soldat, den Karl gut kennt wie kaum einer, sieht kein Ziel mehr vor sich, er fühlt sich verheizt. »Jeder Befehl zum Rückmarsch bewirkt fröhliche Gesichter.« Und die Herren der Wiener Finanzverwaltung, die das Geld, Geld und nochmals Geld aufzubringen haben, ohne zu wissen, woher, sekundierten dem jungen General, der aus dem Pulverdampf kam.

Aber die treibende Kraft bei diesem Krieg ist eine Art Kreuzzugsidee, es geht nicht um Eroberungen, sondern um das Aufeinanderprallen unversöhnlicher Weltanschauungen. So wurden die Operationen fortgesetzt, obwohl dadurch die Einbußen nicht abzuwenden waren, die einen Frieden erkauft hätten. Die Franzosen konnten ihre Heere sogar auf 200.000 Mann verstärken, zumal ihnen die Koalition der Monarchen die Propagandaparole zur anhaltenden totalen Mobilisierung der gesamten Volkskraft lieferte: die Mächte der alten Ordnung seien nur darauf bedacht, in Frankreich wieder den Status quo ante herzustellen und alle Errungenschaften der Revolution zu beseitigen. Damit hat Paris im Spiel der Mächtigen eine nicht zu unterschätzende Trumpfkarte in der Hand.

Das ganze zweite Halbjahr stand im Zeichen eines einzigen in Schüben abrollenden, gigantischen Nachhutgefechtes der Verbündeten, die in den Niederlanden einen Punkt nach dem anderen räumten oder verloren. Am besten charakterisiert ein Paradoxon voll bitterer Ironie die Lage: Vorwärts, Kameraden, wir gehen zurück!

Die alliierten Großverbände spalteten sich unter dem feindlichen Druck in zwei Teile: die Österreicher setzten sich über Mecheln und Löwen ab, während die Kontingente der Briten und der Holländer nordwärts auswichen und in Holland Verteidigungsstellungen bezogen. Anfang September legte Prinz Coburg den Oberbefehl nieder, an seine Stelle trat General Clerfayt.

Erzherzog Karl steht bei der Rheinarmee, doch selbst er kann dort keine Wunder wirken. In den Winterquartieren herrscht gedrückte Stimmung. Der Soldat fühlt sich betrogen, Offiziere und Generalität führen ernste Gespräche von unverhohlener Resignation. Ist auf einen Frieden zu hoffen, der wenig Hoffnung läßt? ■

ARABIEN

Großarabien entsteht mit Allahs Hilfe

Die frommen Wahhabiten erkämpfen sich ein Reich

Die wenigen Oasen stecken bräunliche Palmwedel in einen dunstigblauen Himmel. Zwischen den kleinen, begrünten Inseln liegen weite Durststrecken, nur manchmal von grauen Hügeln unterbrochen, den Resten verlassener Siedlungen, deren hohe, schmale Lehmhäuser in Hitze und Trockenheit zu Sand zerfallen sind.

Im Hochland von Zentralarabien bilden schon zwei oder drei Dörfer ein Kleinstfürstentum; auch ein Wadi, ein steiniger Flußlauf, gehört oft dazu. Raubzüge sind die Hauptbeschäftigung der Oasenbewohner.

In diesem Wüstengebiet, in dem das Überleben von Regenfällen und von glücklich abgewehrten Angriffen benachbarter Stämme abhängt, hat sich seit 1740 eine streng reformierte Spielart des Islams entwickelt, die fromme Seelen für das muselmanische Paradies gewinnen will und eine Eroberungswelle ausgelöst hat, die das Ende aller lokalen Feudalherren bedeuten könnte.

Die Wahhabiten sind Sekte und Nationalarmee zugleich: ihr Anführer und Prophet, Mohammed Abd Al Wahhab, reicher Kaufmann aus einem Geschlecht berühmter Scheichs, wollte den Islam erneuern und von abergläubischen Schlacken befreien. Er predigte die Rückkehr zum alten, einfachen Glauben, der Sunna, wie sie im Hadith niedergeschrieben ist. Die Wahhabiten wenden sich gegen:

- die Erhebung des Propheten Mohammed zu einer Art Zweitgott,
- die polytheistische Heiligen- und Reliquienverehrung
- und das lockere Leben, das in allen Kreisen der islamischen Bevölkerung gang und gäbe ist.

Sektengründer Wahhab verlangte einfachste Lebensführung, strengste Beachtung aller religiösen Vorschriften, völlige Enthaltsamkeit von Tabak, Wein und Rauschgiften und forderte seine Anhänger zum unversöhnlichen Kampf gegen alle Glaubensfeinde auf (wobei der Begriff »Glaubensfeinde« zunächst nur auf seine nachlässigen Glaubensbrüder und noch nicht auf die Europäer angewendet wurde).

Im heißen, trockenen Hochland fällt der Verzicht auf ein süßes Leben, das man nie kennengelernt hat, leichter als in den reichen Küstenstädten. Unter den

So entsteht ein Großreich: *Eine Oase nach der anderen wird von den Wahhabiten erobert*

harten Wüstensöhnen fand Wahhab vor fast fünfzig Jahren die ersten, fanatischen Anhänger, die bereit waren, die neue Enthaltsamkeit auch mit dem Schwert zu propagieren. Der Prophet ließ sich in Ayaina nieder; der Herr der kleinen Stadt, Uthman Ibn Hamad, war bereit, die alten Sitten und die strenge islamische Rechtsprechung wiedereinzuführen – wohl auch, weil Wahhab Allahs Segen und große Gebietsgewinne verhieß. So begann man gleich mit der Missionierung Ayainas: Bäume, die abergläubischen Bewohnern heilig gewesen waren, wurden kurzerhand gefällt, und den allerheiligsten der Bäume nahm sich Wahhab selbst vor. Als darauf weder Blitz und Donner noch andere Wettererscheinungen zu beobachten waren, gab es großen Zulauf, und bald übten sich an die siebzig Jünger in der neuen Frömmigkeit.

1745 trübte sich das Verhältnis zwischen Prinz und Propheten so weit (anscheinend wegen Wahhabs Verurteilung einer Ehebrecherin), daß Uthman befahl, Wahhab auf dem einsamen Weg nach Dariya in einer Felsenhöhle zu ermorden – aber die Wachmannschaft weigerte sich, den frommen Mann umzubringen, und ließ ihn unbeschadet ziehen.

Mohammed Ibn Saud, der junge Herrscher von Dariya, gewährte ihm Gastfreundschaft und wurde schließlich der Heerführer, den Wahhab und seine Jünger zur Verbreitung ihrer Lehre brauchten.

In den nächsten Jahren gewannen die Wahhabiten unter Mohammed Ibn Saud und seinem kriegerischen Sohn Abdul-Aziz durch dauernde Kleinkriege gegen die Nachbaroasen Einfluß und Gefolgsleute. (Die Größenordnung solcher Feindseligkeiten entspricht etwa einer ritterlichen Fehde des europäischen Mittelalters: ein paar hundert Kämpfer auf jeder Seite, bis zu fünfzig Tote pro Gemetzel; Kamele und Frauen der besiegten Oase fallen dem Sieger zu.)

Erst nach dem Tod Wahhabs, der 1787 84jährig starb, begann die Zeit der großen Eroberungen. Die wahhabitischen Reiter, im flatternden Burnus über die Mähnen ihrer Pferde gebeugt, fegten wie ein Sandsturm über die Halbinsel. Abdul-Aziz Ibn Saud übernahm außer der militärischen Leitung auch noch die geistige Führung der Sekte; die Beduinen schlossen sich der neuen Bewegung begeistert an, andere Stämme folgten.

Besiegte Dörfer und Fürsten müssen schwören, nach den neuen, strengen Regeln zu leben, Rückfälle und Verrat werden erbarmungslos bestraft. Erst im vergangenen Jahr wurde eine Revolte der Hasa, die den wahhabitischen Gouverneur, alle Beamten und die zu ihrem Heil entsandten Religionslehrer ermordet hatten, grausam niedergeschlagen. Abdul-Aziz Ibn Saud zog mit seinem kleinen Heer durch alle aufständischen Dörfer; während er die größeren Siedlungen zurückeroberte, ließ er Trüppchen seiner Soldaten nachts ausschwärmen, um die kleineren Dörfer zu plündern, die Dattelernte zu stehlen oder zu vernichten und die Dattelpalmen – den einzigen Reichtum der Bewohner – zu fällen. Nach einigen Wochen hatte sich diese Terrorkampagne herumgesprochen. Seither hat es keine Aufstände gegen die wahhabitische Zentralgewalt gegeben.

Abdul-Aziz beherrscht heute ganz Innerarabien und die Küstenstriche von Bahrein und Oman. Auf der Halbinsel selbst hat er keinen Widerstand mehr zu fürchten, aber gerade dieser Erfolg hat die türkische Verwaltung auf ihn und seine Wahhabiten aufmerksam gemacht. Kein Weltreich kann Privatkriege seiner Untertanen dulden. Letzte Meldungen von der Hohen Pforte besagen, daß der Pascha von Ägypten in Konstantinopel vorstellig geworden ist und eine Strafexpedition gegen die langjährigen Unruhestifter fordert. ∎

RUSSLAND

Wie die Verbannung schmeckt

Ganze fünfundvierzig Häuser bildeten bis vor kurzem die Ansiedlung Ilimsk im mittleren Sibirien, nördlich von Irkutsk. Keine im tiefen Schnee erstickte unendliche Ebene, kein weißes Inferno, wie man sich in zivilisierten Breiten meist die unbekannte Welt jenseits des Ural vorstellt. Der Ort und die ihn umgebende Landschaft könnten irgendwo im Indianergebiet Neuenglands liegen: bewaldete Bergzüge, in der Niederung das Geschiebe der Holzdächer, mit Palisadenzäunen und Ecktürmen eingefriedet. Nur daß man hier nicht gegen Irokesen befestigt, sondern gegen die Tungusen, die zuweilen revoltieren, wenn die Obrigkeit den Pelzhandel zu kraß besteuert.

Nun kam ein neues Haus hinzu, größtenteils im Heimwerkerverfahren gezimmert. Darin wohnt ein Mann, der Druckerschwärze in Sprengstoff verwandelte und deshalb erfahren muß, wie bitter die Verbannung schmeckt: Alexandr Nikolajewitsch Radischtschew, Autor eines scheinbar harmlosen Reisebuches, mit dem er sich trotzdem fast um seinen Kopf geschrieben hätte. Das Exil gilt noch als Gnade.

Doch Absperrungen und Vertuschungsmanöver der russischen Behörden und der rasche Abschub des Verurteilten konnten nicht verhindern, daß der ehemalige Petersburger Zollamtsdirektor auch außerhalb der moskowitischen Grenzen als der markanteste politische Dissident des Zarenreiches berühmt wurde. Wobei die Frage noch zu beantworten wäre, ob Radischtschew ein Held ist, der mit bewundernswertem Mut verheerende Mißstände angeprangert, oder ein Don Quichotte, der eine Attacke gegen tatsächliche Riesen und nicht gegen Windmühlenflügel geritten hat.

Unbestreitbar ist der ungebärdige Zollbeamte einer der fähigsten Köpfe im heutigen Rußland. Alles deutete darauf hin, daß der jetzt Dreiundvierzigjährige eine glänzende Karriere vor sich hatte. Gutsbesitzerssohn, kam er als Page in den Hofdienst, blickte schon früh hinter die Potjomkinschen Fassaden von Pomp und Staatsaktionen, sah im Schatten des Zeremoniells Habgier, Bestechlichkeit und Intrige florieren. Bald darauf gehörte er zu einer Gruppe junger Russen, die auf Befehl der Zarin zwecks Jurastudium nach Leipzig geschickt wurden, an die beste deutsche Universität unserer Zeit. Dort saß er in den Vorlesungen oft neben einem Kollegen, dessen breites, behäbiges Frankfurterisch er nur mühsam verstand: es war der junge Goethe.

In Leipzig kommt Radischtschew auch zum erstenmal mit den Lehren der Aufklärung in Berührung. Rousseaus Gedanken faszinieren ihn, um so mehr, als der angehende Jurist die stupiden Schikanen eines russischen Majors zu ertragen hat, der – eher Drill- als Hofmeister – die Zöglinge beaufsichtigt.

Zurückgekehrt, wird Radischtschew Protokollführer beim Petersburger Senat oder, wie es auf russisch heißt, »titularnyi sowjetnik«, also Titularrat. Mit dem Rang eines Oberauditors läßt er sich zur Militärgerichtsbarkeit versetzen. Eine Position, die ihn schwersten psychischen Belastungsproben aussetzt. »Mein Dienst erforderte es, daß ich persönlich Disziplinarstrafen überwachte. Als ich zum erstenmal sah, wie ein Soldat Spießruten laufen mußte, wurde mir übel, und man mußte mich wegtragen.« Wird die Manneszucht in vielen Heeren äußerst streng gehandhabt, so hält die russische Armee, die sich zum größten Teil aus primitivsten Bauernburschen rekrutiert, gewiß den Rekord an drakonischer Härte. Prügelstrafen »mit daumendicken Gerten« sind schon fast in der Tagesration inbegriffen.

Die Leibeigenenrevolte der Jahre 1773/76, von dem verhinderten Volkstribunen Jemeljan Pugatschow zäh ausgefochten, bietet Radischtschew den Anlaß, die Uniform auszuziehen. Nach kurzem Zwischenspiel als Privatmann tritt er aber in die Zollverwaltung ein.

Er hatte bereits mehrere Arbeiten veröffentlicht und in Freimaurerzirkeln verkehrt, ehe er das Buch »Reise von Petersburg nach Moskau« in Angriff nahm. Solche Berichte sind in unserer reiselustigen Zeit keine Seltenheit, und der Autor gesteht gern ein, daß ihn Laurence Sternes »Empfindsame Reise durch Frankreich und Italien« anregte.

Soziale Kritik als Reisebuch getarnt

Aber wer sich, vom harmlosen gefälligen Titel getäuscht, Schilderungen der Landschaften und vordergründige Eindrücke erhofft, wird den Band kaum ergiebig finden. Genrebilder, wie etwa die ungenierten Beschreibungen der Badestuben der Kleinstadt Waldai, sind nur Kolorit. Radischtschew verfolgt mit seinem Buch ganz andere Ziele: scharf und schonungslos geht er mit aller Nöten, allem Elend des Sklavendaseins der Leibeigenen ins Gericht. Da bleibt weder Raum noch Anlaß für Idyllen und unbeschwerte Streifzüge. Im Dienst seines eigenen Gewissens wird der gewiegte Jurist zum öffentlichen Ankläger.

Wie das hochbrisante Manuskript durch die engen Reusen der russischen Zensur glitt, ist heute noch nicht klar. Drucker scheuten sich, den Auftrag zu übernehmen, so daß der Verfasser zu Selbsthilfe greifen mußte. Ein halbes Jahr arbeitete Radischtschew in einem Hinterzimmer seiner Wohnung an der Herstellung einer Auflage, die er mit zirka 650 Exemplaren beziffert, von denen im Jahre 1790 nicht mehr als rund drei Dutzend unter die Leute kamen.

Die aufmerksamste Leserin war wohl die Zarin selbst. Ihr galt dieses Buch als Beweis dafür, wie die bedrohlichen Ideen der Französischen Revolution gleich Pestbazillen nach Rußland eingeschleppt wurden, um so verwerflicher, wenn sie ein hoher Staatsbeamter verbreitete. – Tatsache aber ist, daß der Text bereits 1788 druckfertig war, also vor den Umwälzungen im Bourbonenstaat.

Radischtschew wurde verhaftet und in die berüchtigte Peter-und-Paul-Festung eingeliefert, das Gefängnis für politische Häftlinge. Während er in einer finsteren, feuchten Zelle kurze Atempausen zwischen peinlichen Verhören durchlebte, stöberte die Polizei in der ganzen Residenzstadt nach Belastungsmaterial, um möglichst alle Exemplare der Brandschrift zu konfiszieren.

Der Prozeß wegen Verschwörung zum Umsturz endete mit einem Todesurteil, und um diese Strafe noch zu verschärfen, sollte der Delinquent zur Enthauptung in Ketten bis Nertschinsk im chinesischen Grenzgebiet gebracht werden.

Als indirekter Lebensretter fungierte der unglückselige König Gustav III., denn der Sieg über Schweden stimmte die Zarin milder, und Radischtschews Verbrechen erschien ihr nun mit zehnjähriger Verbannung gesühnt. Zwar begann er den langen Marsch in schimpflichen Eisenfesseln, doch sie wurden ihm bald abgenommen. Und – verstehe einer die Russen! – je weiter er sich von Petersburg entfernte, desto mehr Erleichterungen gab es. Es war kein Gefangenentransport, sondern der Exilierte reiste fast wie ein großer Herr, konnte in manchen Städten längeren Zwischenaufenthalt nehmen, wurde in der Gesellschaft empfangen – »Sogar den Generalgouverneur durfte er in aller Form besuchen«, erklärt ein Gewährsmann.

Seit drei Jahren lebt nun Radischtschew in Ilimsk im mittleren Sibirien. Sein Lebensmut, den er dringend braucht, ist ungebrochen. Eines betrachtet er in seinem Unglück noch als Gewinn: daß er unterwegs fremde Völkerschaften und ein gewaltiges Stück seines unermeßlichen Vaterlandes kennenlernte – auch das geheimnisvolle, gefürchtete, oft mißverstandene Sibirien. Wer ihn selbst kennt, der weiß: er wird dort nicht endgültig verschollen bleiben. ∎

UNGARN

Martinovics: Agent oder Rebell?

Mit der Verhaftung von Ignác Martinovics, 39, scheint es der kaiserlichen Polizei gelungen zu sein, bis zum harten Kern der ungarischen Freiheitsbewegung vorzudringen. Kenner der Lage fragen allerdings, ob sich die Wiener Behörden damit kein Eigengoal geschossen haben.

Daß Martinovics zu den führenden Freidenkern gehört, steht außer Zweifel. 5.000 Exemplare seines Pamphlets, in dem er bereits vor drei Jahren die Aufhebung sämtlicher Privilegien der Adeligen und Kleriker gefordert hatte, wurden in wenigen Tagen verkauft. Es gehört zur Pikanterie der Geschichte, daß Martinovics selbst Kleriker ist: er gehört dem Orden der Franziskaner an.

Unter der Regierung Kaiser Leopolds II. wurden weder das Pamphlet noch dessen Autor verfolgt. In gut unterrichteten Kreisen erklärt man, Martinovics habe schließlich nur die Überzeugungen des Kaisers wiedergegeben, der bekanntlich sowohl offen wie durch die Unterstützung von Freidenkern gegen die übertriebenen Vorrechte des Adels vorgegangen war. Auch die Abschaffung der Leibeigenschaft stand auf seinem Programm.

Bereits sein Bruder und Vorgänger, Kaiser Joseph II., hatte den Franziskaner öfter empfangen. Martinovics, seinerzeit Professor an der Universität Lemberg, hatte auch als Erfinder von sich reden gemacht. Er legte dem Kaiser den Plan einer Dreschmaschine vor, die die Arbeit von vier Männern verrichten konnte. Die Erfindung wurde vom Kaiser mit der Frage abgelehnt, was denn mit den vier arbeitslosen Arbeitern und ihren Familien geschehen solle. Dennoch blieben die Kontakte zwischen Martinovics und dem Hof aufrecht.

1791 wurde der Franziskaner von Kaiser Leopold II. in die ungarische Hauptstadt entsandt, um dort für die Ideen der Aufklärung zu werben. Zu diesem Zweck erhielt er einen Sold von 3.000 Forint im Jahr.

Teils aus eigenem Antrieb, teils im Dienste des Kaisers begann Martinovics ein Agentennetz aufzubauen. Zu diesem Zwecke trat er mit dem von der Grewe-Affäre bekannten Hauptmann Johann Laczkovics in Verbindung. (Laczkovics hatte seinerzeit die Einführung der ungarischen Kommandosprache in seinem Regiment gefordert, worauf er gezwungen wurde, den Dienst zu quittieren.)

Nun wurde der ehemalige Hauptmann als Mitarbeiter von Martinovics ebenfalls von Wien aus besoldet. Um der freisinnigen Agitation ein Zentrum zu verschaffen, gab Kaiser Leopold dem Franziskaner eine eigene Abtei.

Zur Stunde gehört es zu den offenen Fragen, ob die Änderung des Regierungskurses unter Kaiser Franz II. auch die Verbindungsstellen von Martinovics am Wiener Hof ausgeschaltet hat. Es scheint jedenfalls festzustehen, daß der Franziskaner seine politische Tätigkeit nach 1792 immer mehr in den Untergrund verlegte.

Polizeikreise behaupten, der ehemalige Agent hätte während der vergangenen Monate zuerst in Wien und dann in der ungarischen Hauptstadt Buda eine geheime Gesellschaft gegründet. Der Geheimbund steht angeblich mit den radikalen Jakobinern in Paris in direkter Verbindung.

Nach denselben Quellen beträgt die Mitgliedszahl des Geheimbundes etwa 75. Die Verschwörer sind zum Großteil unter den jüngeren Intellektuellen zu suchen. Unter ihnen sind zahlreiche Literaten sowie vier römisch-katholische Geistliche. Die Polizei verfolgt weitere Spuren.

Ob es sich die Wiener Behörden leisten können, gegen Martinovics einen Prozeß zu führen, bleibt zweifelhaft. Da es sich um einen Agenten des letzten Kaisers handelt, könnte der verhaftete Jakobiner manche hohe Polizeistelle kompromittieren. ∎

ENGLAND

Monsterprozeß gegen den »Kaiser von Indien« knapp vor Ende

Frankreich mag den traurigen Ruhm für sich in Anspruch nehmen, die spektakulärsten und blutrünstigsten Prozesse des Jahrhunderts abzuhandeln – das längste und komplizierteste Verfahren unseres Jahrhunderts jedoch führt gewiß die britische Krone.

Ein dürres, unscheinbares Männchen mit bräunlicher Lederhaut steht nun schon seit sechs Jahren unter Anklage den Peers des Oberhauses Rede und Antwort, und es ist nicht zu erwarten, daß je die ganze Wahrheit zutage kommt: Ist Warren Hastings, einstmals allmächtiger erster Generalgouverneur Indiens, ein Tyrann, ein Betrüger und Halsabschneider – oder ist er ein weiser, geschickter Staatsmann, der vielleicht als Mitbegründer eines britischen Weltreiches in die Annalen der Geschichte eingehen wird?

Tatsache ist, daß unter Hastings Regentschaft England zur vorherrschenden Kraft am indischen Subkontinent wurde; vom Himalaja bis Ceylon, vom Indus bis Kalkutta gebietet es praktisch unumschränkt über 200 Millionen Seelen – 25mal mehr, als das Mutterland Einwohner hat. Millionen und Abermillionen Pfund aus den überseeischen Steuereinnahmen und Handelsgeschäften haben den Grundstock zu Macht und Reichtum eines bis dato bitterarmen Agrarstaates gelegt.

Tatsache ist aber auch, daß Hastings' Politik durchaus nicht der feinen englischen Lebensart entspricht.

»Wer nicht handelt, den erdrückt ein Mächtigerer. Also muß einer handeln und die Schuld auf sich nehmen«, sagte Hastings einmal während des Prozesses. Gerade aber das ist ein Grundsatz, welchen die britische Krone offenbar nicht (noch nicht?) offiziell gelten läßt. Sie möchte die Macht – die damit unabdingbar verknüpfte Schuld ist sie nicht zu tragen bereit.

Behörden und Regierungsstellen in London – wie jedermann davon überzeugt, daß im fernen Märchenland Indien Smaragde und Perlen auf den Bäumen wachsen und das Gold wie anderswo der Staub auf der Straße liegt – preßten durch Hastings immer größere Summen aus dem Land. Die tugendhafte Scham für Hastings' Methoden überkam sie erst viel später.

Ein bezeichnendes Detail aus dem Prozeß: Hastings ist unter anderem angeklagt, zwei vornehmen Begumen widerrechtlich ihr immenses Vermögen abgeknöpft zu haben. Hastings behauptet, es war nicht ungesetzlich, denn die beiden Damen trieben ein doppeltes Spiel und unterstützten Englands Feinde. Wie dem auch sei: die Millionen wurden selbstverständlich der Ostindischen Kompanie einverleibt und bleiben eisern in deren Tresoren. Die Rückgabe des Schatzes steht überhaupt nicht zur Debatte.

Will ein objektiver Beobachter in diesem Prozeß den Kern der Wahrheit herausarbeiten, dann muß er Hastings' Biographie und die Situation in Indien gleich sorgfältig studieren. Er wird entdecken, wie politische und persönliche Interessen aufs innigste miteinander verflochten sind, und blitzartig begreifen, welcher Art der Stoff ist, aus dem Geschichte gemacht wird.

Hastings, ein stiller, schüchterner Waisenknabe aus verarmtem Normannengeschlecht, kam 17jährig nach Indien. Im Dienste der Ostindischen Kompanie – eine Handelsgesellschaft, die nicht nur merkantilen Zwecken dient, sondern auch politische Macht im Namen der

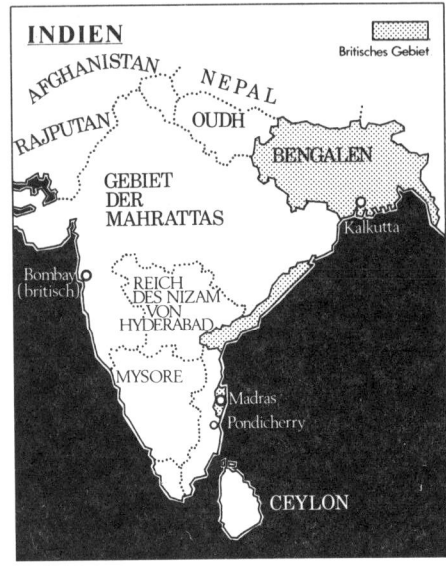

Westminster Hall, London: *Der Prozeß gegen den »Kaiser von Indien« füllt den Gerichtssaal*

Krone ausübt – arbeitete er zunächst als Frachtbriefschreiber. Unter dem ersten Gouverneur der Kompanie, Lord Clive, nahm er an diversen Eroberungszügen teil, spezialisierte sich dann auf Seidenhandel und fiel durch Verhandlungstalent und politischen Instinkt auf, so daß er 1761, 29 Jahre alt, in den Rat von Kalkutta, die Verwaltungsbehörde aller britischen Besitzungen in Indien, berufen wurde, dem er drei Jahre lang angehörte.

Im Grunde allerdings wollte er weder Politiker noch Kaufmann sein, sondern vielmehr als Privatgelehrter die uralten Weden, die Hymnen und Gebete der Hindu, übersetzen und die indische Sanskritkultur studieren, die ihm mittlerweile ans Herz gewachsen war.

Zum Unterschied von vielen anderen Kolonialbeamten hatte er in Indien kein Vermögen erworben, und seine hochfliegenden Pläne scheiterten am Geldmangel.

Schicksalhafte Begegnung

Nach drei Jahren Heimaturlaub folgte er neuerlich dem Ruf der Ostindischen Kompanie. Auf der zehn Monate währenden Überfahrt ereilte ihn das Schicksal in Gestalt einer Frau. Die Leidenschaft zu Marianne Imhoff – eine gebürtige russische Gräfin, mit einem liederlichen baltischen Baron verheiratet – war es, die ihn dazu trieb, »Kaiser von Indien« zu werden, um Marianne zur Kaiserin zu machen.

Hastings war nicht nur ein armer, er war ein total verschuldeter Mann, als er 1768 in Indien an Land ging; am Arm die schöne Marianne, im Schlepptau den Parasiten Imhoff, der sich die Duldung des Ehebruchs und später die Scheidung zunächst mit Schuldscheinen und dann mit horrenden Summen abkaufen ließ.

Um Marianne endgültig für sich gewinnen zu können, mußte Hastings, ob er wollte oder nicht, so rasch wie möglich Karriere machen und hart arbeiten. Komplizierte, heikle Arbeit, Probleme und Sorgen gab es in Hülle und Fülle.

Auf der einen Seite: die Engländer. Die Eroberer unter dem Streß eines mörderischen Klimas benehmen sich wie die Elefanten im indischen Porzellanladen.

Englische Soldaten ziehen plündernd und brandschatzend durch uraltes Kulturland.

Englische Kaufleute diktieren die Preise, wobei sie die von ihnen verkauften Waren exorbitant hoch ansetzen, Güter der einheimischen Produktion für einen Pappenstiel erwerben. Nebenbei machen sich die meisten Kompanieangestellten noch fette Privateinkünfte. Motto: »Nach zehn Jahren Indien jeder ein Nabob.«

Englische Steuerbeamte treiben unbarmherzig Gelder ein. Wer nicht zahlen kann oder mag, kommt in den Schuldturm (eine in Indien unbekannte Institution).

Englische Juristen sprechen in einer den Indern unverständlichen Sprache unbegreifliches Recht und machen bei dessen Durchsetzung nicht Halt vor den heiligsten Gütern der Nation: da wird ein juwelenbesetztes Bild des Gottes Schiwa beschlagnahmt, dort in einem Harem Razzia gemacht; Angehörige der höchsten Kasten werden ins Gefängnis geworfen und von Unberührbaren bewacht, heilige Kühe niedergeschossen.

Auf der anderen Seite: die Inder. Keineswegs ein homogenes Volk. Unermeßlich reiche Nabobs, Maharadschas, Sultane – und unvorstellbar arme Volksmassen. Riesige, wohlorganisierte Reiche und kleine Stammesterritorien mit umherschweifenden Räuberbanden. Hindus und Mohammedaner, die einander bis aufs Messer bekämpfen – und im nächsten Augenblick gemeinsam gegen die Usurpatoren vorgehen, sie schlachten und foltern. Querverbindungen zu den noch immer relativ starken Franzosen in Indien. Spionage, Verrat, Intrigen. Und immer wieder Aufstände, Kämpfe, Sabotage an allen Ecken und Enden.

Hastings greift mit harter Hand durch, schafft zunächst als Gouverneur von Bengalen, dann als erster Generalgouverneur für ganz Indien halbwegs Ordnung und erwirbt sich unbestreitbar hohe Verdienste.

Er reorganisiert das gesamte Verwaltungs- und Justizwesen. Er erschließt das Land durch Straßen und Wasserwege und macht es durch ungeheure Berieselungsanlagen wesentlich fruchtbarer. Er bringt die durch zahlreiche Kriege ramponierte Finanzlage der Ostindischen Kompanie in Ordnung und schleust steigende Gewinne ins Mutterland. Durch klug ausgetüftelte Verträge bindet er die Mächtigen Indiens an die englische Krone.

Über die Art und Weise, wie er zu diesen Erfolgen kam, läßt sich gewiß streiten – vor allem in England, wo man von den indischen Verhältnissen nicht die leiseste Ahnung hat.

W. Hastings: *Generalgouverneur von Indien*

Typisch ist der Fall des Maharadschas Nunkomar, über den im Prozeß viel Aufhebens gemacht wurde. Hastings ließ den Maharadscha, einen unberührbaren Brahmanen und Hohepriester, in Kalkutta öffentlich hängen, wobei es fast zu einem Volksaufstand kam. Vorwurf an Hastings: er hat dem Ansehen der englischen Krone geschadet.

Die Vorgeschichte: Bei der Besetzung eines wichtigen und äußerst einträglichen Postens war der Hindu Nunkomar zugunsten eines fachlich kompetenteren

Der Preis für Macht und Reichtum – *das schlechte Gewissen: Keine Vergebung bis zum Jüngsten Gericht (oben), nachdem die Briten wie Taschenspieler Gold aus Indien gezaubert haben (unten).*

mohammedanischen Fürsten hintangesetzt worden und reagierte auf mannigfache Weise:

- Während er sich bei Hastings in Kalkutta unentbehrlich machte, schwärzte er ihn heimlich bei den Londoner Zentralstellen an.
- Er verbündete sich hinterrücks mit den Franzosen und verriet ihnen die englischen Verteidigungspläne in Kalkutta.
- Mit Hilfe bestochener Zeugen bezichtigte er Hastings vor dem Rat von Kalkutta der Korruption.
- Um dem allen die Krone aufzusetzen, machte er Marianne Hastings opiumsüchtig.

Nunkomar ging dabei so geschickt zu Werke, daß Hastings ihm jahrelang nichts Konkretes nachweisen konnte – bis dem Generalgouverneur ein an sich unwichtiges Schriftstück in die Hände fiel, auf dem Nunkomar eindeutig eine Unterschrift gefälscht hatte.

Auf Urkundenfälschung steht die Todesstrafe und Nunkomar wurde hingerichtet.

Hastings' erbittertster Gegner war und ist Sir Philip Francis, der auch den Prozeß ins Rollen brachte. Francis, ein in London wegen seiner Rechthaberei gescheiterter Politiker, war nach Indien abgeschoben worden. Als Mitglied des Rates von Kalkutta wurde er zum schärfsten Kritiker Hastings', wobei seine Ambitionen auf den Posten des Generalgouverneurs eine gewiß nicht unbedeutende Rolle spielten.

Es kam zum offenen Bruch zwischen Hastings und Francis, als der Generalgouverneur das Ratsmitglied bei einem hinterhältigen Wortbruch ertappte und ihn deswegen öffentlich bloßstellte. Francis forderte Hastings zum Pistolenduell und wurde schwer verwundet. Diese Schmach hat Francis Hastings ebensowenig verziehen, wie der Generalgouverneur dem Maharadscha Nunkomar vergessen konnte, was er Marianne Hastings angetan hat.

Wie immer der Prozeß ausgehen mag – hängen wird man Hastings bestimmt nicht. Im Gegenteil, die Anzeichen für einen Stimmungsumschwung mehren sich. Nach dem Abfall der amerikanischen Kolonien sieht man in London immer deutlicher, daß Englands Zukunft jetzt in Indien liegt – und sie läge gewiß nicht dort, hätte Hastings nicht den Boden für eine weltweite Expansion vorbereitet.

Diese Erkenntnis scheint sich jetzt auch bis zur Ostindischen Kompanie durchgesprochen zu haben: Hastings, der sich – das stand von vornherein fest – in Indien gewiß nicht persönlich bereichert hatte, geriet während der langen Prozeßjahre an den Rand des Ruins. Und seine Position im Prozeß schien rettungslos verloren, als sich die geliebte Marianne dazu hinreißen ließ, einen Wechsel über 10.000 Pfund zu fälschen – der ausgerechnet Philip Francis in die Hände geriet.

Die Ostindische Kompanie hat nun diesen ominösen Wechsel an sich gebracht, stillschweigend bezahlt und so den peinlichen Schandfleck auf der Weste Hastings' getilgt. Überdies stellte sie ihrem ehemaligen Generalgouverneur eine ansehnliche Pension in Aussicht.

Wenn Anfang nächsten Jahres der Prozeß in seine letzte Runde geht, steht durchaus zu erwarten, daß Hastings eine ebenso glänzende Rehabilitation erfahren wird wie sein Lehrmeister und Vorgänger, Lord Clive. Auch Clive mußte sich wegen ähnlicher Delikte verantworten, wurde in allen Punkten freigesprochen und schließlich als Nationalheld gefeiert. ∎

Was ist ein Nabob?

Zumindest in England ist »Nabob« nicht mehr die Bezeichnung für einen steinreichen, indischen Fürsten, sondern ein Schimpfwort, das das alte »Parvenü«, »Neureicher« und »Emporkömmling« weitgehend ersetzt.

Ein Nabob ist der, dessen Familienname noch nie in den Listen von Eton, Oxford oder Cambridge aufgeschienen ist, der aber plötzlich die ältliche Tochter des verarmten Schloßbesitzers heiratet.

Inbegriff eines Nabobs: der neue »Sir« Robert Barker, der sein an sich ganz hübsches Landschloß mit schwülstigen Fresken hat ausmalen lassen, die seine Triumphe in Indien darstellen.

Die daheimgebliebene englische Aristokratie, die nicht ungern an ähnlichen wundersamen Geldvermehrungen teilnehmen würde, empört sich über die Methoden, mit denen Indien regiert werden muß, damit in den britischen Besitzungen derartige Vermögen in so kurzer Zeit erworben werden können. Kein geselliger Abend, an dem nicht genüßlich über die angeblichen Ausschweifungen dieser Parvenüs in Indien gesprochen wird: Bestechungen sollen an der Tagesordnung sein, Angestellte der Kompanie verleihen ihr Geld zu Wucherzinsen, handeln mit schönen Tänzerinnen, arrangieren Hahnenkämpfe, bei denen große Summen verspielt oder gewonnen werden, und mischen im Rauschgifthandel mit.

Warren Hastings hat seine Anklage, vor allem aber die gegen ihn gerichtete Stimmung zum großen Teil dem schlechten Ruf der Nabobs zu verdanken, diesen Nutznießern eines üblen Systems, mit dem er identifiziert wird.

Indischer Hahnenkampf: *Davon träumen alle, aber dem schlechten Ruf der Nabobs hat Hastings zum Teil seine Anklage zu verdanken*

WIRTSCHAFT

Negeraufstand in Haiti

Bürgerkrieg in französischer Kolonie – Anfang vom Ende der Sklaverei

Mit jedem Schiff, das aus Haiti eintrifft, gelangen neue Schreckensmeldungen über den Sklavenaufstand auf dieser karibischen Insel nach Europa.

Seit 23. August 1791 sind die Negersklaven der französischen Kolonie Santo Domingo (dem westlichen Teil Haitis) im offenen Aufstand. Die Lage der Weißen ist ziemlich aussichtslos. In absehbarer Zeit dürften Neger und Mulatten die Macht ganz in Händen haben.

Für die Insel selbst wäre ein weiterer blutiger Machtwechsel nichts Außergewöhnliches: seit Columbus auf seiner ersten Reise in die Neue Welt am 6. Dezember 1492 vor Haiti Anker warf, stand das Zuckereiland unter keinem guten Stern. Die Spanier, die hier ihre erste Niederlassung in »Westindien« gründeten, brachten es in 50 Jahren zuwege, die eine Million Ureinwohner vom Indianerstamm der Kariben praktisch auszurotten.

Trotz der Einfuhr von Zehntausenden Negersklaven, die sich für die Arbeit in den Plantagen besser eignen als die Indianer, wollte die Wirtschaft der Insel indes unter den Spaniern nicht recht gedeihen. Haiti wurde zur Operationsbasis der Flibustier, gefürchteter Piraten der Karibischen See. Unter ihrem Schutz entstanden französische Ansiedlungen, und schließlich wurde der ganze Westteil der Insel 1697 von den Spaniern an die Franzosen abgetreten, die eine bessere Hand für die Plantagenwirtschaft der Insel bewiesen.

Die Franzosen scheinen auch im Nahverkehr mit den Negersklaven von weniger Skrupel und Rassendünkel belastet zu sein als andere Völker. Jedenfalls gibt es auf Haiti erstaunlich viele Mulatten (Mischlinge), die jetzt im Bürgerkrieg teilweise auf der Seite der Weißen und teilweise auf der Seite der aufständischen Sklaven stehen. Nach dem »code noir«, der die Rechtsstellung schwarzer Sklaven im Machtbereich Frankreichs regelt, sind Kinder einer freien Frau automatisch frei, auch wenn ihr Vater ein Sklave ist. Kinder eines Freien und einer Sklavin hingegen werden zum Eigentum des Besitzers der Mutter.

Als wäre die Verwirrung auf Haiti noch nicht groß genug, landeten Engländer und Spanier 1793 auf der Insel, um sich die Trümmer der französischen Kolonie einzuverleiben. Dabei kam es zu einer seltsamen Verbrüderung: ein zum Kampf gegen die Sklaven gelandetes französisches Heer fraternisierte sich mit den Negern gegen die spanischen und englischen Eindringlinge.

Wann immer dieser unübersichtliche Dauerkrieg zu Ende gehen wird, an

Revolution der Sklaven: *Haiti ist bald ganz in der Hand der aufständischen Neger und Mulatten*

seinem Ende dürfte – erstmals in der Welt – ein selbständiger und von ehemaligen Negersklaven getragener Staat stehen.

Diese Entwicklung wurde übrigens schon 1572 von einem Besucher der Insel, Gerolomo Benzoni, in geradezu hellseherischer Art vorhergesagt: »Auf Santo Domingo haben sich die Neger so stark vermehrt, daß ich viele Spanier traf, die nicht daran zweifelten, daß diese Insel eines Tages den Mohren aus Guinea gehören wird.«

1754 gab es auf Haiti neben 14.000 Weißen und 4.000 freien Mulatten 172.000 Negersklaven. Ihr Aufstand hat die Zahl der Weißen dezimiert, ein Großteil der Franzosen wurde getötet.

Unterdessen beten die Plantagenbesitzer in Südamerika und ihre Pflanzerkollegen in der jungen nordamerikanischen Union, daß der Funke von Haiti nicht auf den Kontinent überspringen möge.

Aber mit dem Aufstand in Haiti scheint der Anfang vom Ende der Sklaverei in unserer Welt angebrochen zu sein. Wenn auch der französische Schriftsteller und Staatsphilosoph Charles Baron de Montesquieu noch vor wenigen Jahren – mit bei ihm ungewohnter Oberflächlichkeit – kundtat: »Sklaven müssen sein, sonst wäre der Zucker zu teuer.« ∎

Die Moral der Sklavenhändler

In den letzten Jahren taucht häufig der Gedanke auf, die Sklaverei widerspräche nicht nur den Grundsätzen des Christentums, sondern auch dem Geist der Revolution in Amerika und Frankreich.

Schon 1711 beschlossen die Quäker in Amerika, die Sklaverei aufzuheben, doch wurde ihr Beschluß durch die Heimatregierung in London annulliert. Die Quäker ließen indes nicht locker: 1751 erklärten sie ihre Sklaven für frei, und 1774 gründeten sie die »Pennsylvanische Gesellschaft« gegen die Sklaverei.

1787 folgte das englische »Komitee gegen den Menschenhandel«, aber es wird diesen Idealisten nicht leichtfallen, eine jahrtausendalte Tradition zu bekämpfen, die von den Sklavenheeren Ägyptens und Griechenlands bis zu den Leibeigenen Mitteleuropas in unsere Tage reicht. Immerhin hat Joseph II. von Österreich die Leibeigenschaft erst vor etwas mehr als zehn Jahren – 1782 – aufgehoben.

Der Handel mit Negersklaven durch europäische Seefahrernationen – Portugiesen, Spanier, Holländer, Franzosen, Engländer – begann 1444, als ein portugiesischer Kapitän im Senegal 235 Schwarze einfangen ließ und sie als Kuriosität dem Infanten von Portugal, Heinrich dem Seefahrer, überreichte, der großen Spaß mit dem Geschenk hatte. Heute versucht so mancher europäische Graf, es Heinrich dem Seefahrer gleichzutun, wenn er einige Negersklaven unter seinem Gesinde hält. Diese Mohren, in Europa als Kuriosität bestaunt, haben ein vergleichsweise gutes Leben gegenüber ihren Brüdern, die nach Nord- und Südamerika verschifft werden. Bis heute sollen etwa 30 Millionen Neger als Sklaven verschickt worden sein.

Die Kirche hat in Fragen der Sklaverei stets Zurückhaltung gezeigt. Immerhin war auf der Synode von Toledo (655) beschlossen worden, Kinder von Priestern als Sklaven zu verkaufen. Papst Gregor XI. befahl 1376, die unbotmäßigen Bürger von Florenz zu Sklaven zu machen, und 1571 übernahm Pius V. mit Dank 700 mohammedanische Sklaven, die bei der Schlacht von Lepanto gefangengenommen worden waren. Und bis in unsere Tage sitzen Sklaven an den Riemen päpstlicher Galeeren.

Gegen den Menschenraub in den grünen Hügel Afrikas werden manchmal Bedenken geäußert, doch beruhigen sich christliche Gewissen mit dem Gedanken, daß die Neger (die oft keine Ahnung haben, was mit ihnen geschieht, und annehmen, sie würden geschlachtet und gegessen werden) immerhin aus ihrer heidnischen Umwelt in eine christliche verpflanzt werden, was für ihr Seelenheil hoffen läßt.

Neger auf dem Weg in die Sklaverei: *in Halsfesseln und unter strengster Bewachung zu Fuß zur Küste, eine Flucht ist unmöglich*

Die Menschenhändler

Seit die spanische Krone den Engländern 1713 die Monopolkonzession zur Einfuhr von jährlich etwa 5.000 schwarzen Sklaven nach »Neuindien« (die spanischen Kolonien in Amerika) überließ, haben die Briten den Sklavenhandel mit angelsächsischer Gründlichkeit perfektioniert.

Heute gehen rund 40 Prozent der Weltsklaventransporte über Liverpool. In den letzten zehn Jahren (1783 bis 1793) wurden von Sklavenhändlern aus Liverpool 303.737 Neger in Richtung Westen abgefertigt (was den Händlern einen Nettogewinn von drei Millionen Pfund einbrachte).

Diese Zahlen sind dank der korrekten englischen Buchführung sehr genau. Als Beispiel ein Frachtbrief vom 1. Februar 1766, ausgefertigt in Senegal: »Verladen mit Gottes Gnade und in guter Verfassung von James Marr auf dem guten Schiff ›Mary Borogh‹, dessen Führer Kapitän Davon Morton ist und welches mit Gottes Gnade nach Georgia in Südkarolina bestimmt ist: 24 prima Sklaven und 6 prima weibliche Sklaven, gemarkt und numeriert, wie am Rande angegeben.«

England bietet dem Sklavenhandel ein Full service: so produziert man in Britannien besonders grell gefärbte Baumwollstoffe, preiswerten Schnaps und einfache Gewehre, mit denen die Sklaveneinkäufer an den Küsten Afrikas bezahlen. Manchmal tut es auch ein fetter Hund, für den ein Häuptling sieben Sklaven herausrückt.

Zur Transportsicherung werden Maulsperren, Fußfessel und Vorhangschlösser beigestellt. Vor allem aber haben eigens konstruierte Sklavenschiffe den Handel rationalisiert. Sie fassen bis zu 600 Stück der lebenden Fracht. In den 60 bis 90 Zentimeter hohen Zwischendecks werden die Sklaven nach Art von Salzheringen nebeneinandergeschlichtet und an Eisenstangen gekettet. Einmal pro Tag dürfen sie partieweise zur Fütterung und Verrichtung der Notdurft an Deck.

Während der Reise wird ihr Bewegungsspielraum unter Deck übrigens langsam größer, da etwa 30 Prozent den Transport nicht überleben und über Bord gehen, was für die Kapitäne eine entsprechende Verdiensteinbuße bedeutet.

Wenn Seuchen ausbrechen und keine Chance mehr besteht, den Zielhafen mit kostendeckender Sklavenzahl zu erreichen, machen die Kapitäne kurzen Prozeß: sie »entladen« das Schiff auf hoher See und kehren zur Aufnahme frischer Fracht nach Afrika zurück.

Mit der Besatzung der Sklavenschiffe wird auch nicht viel besser umgegangen. Sklavenschiffe verlassen ihre Heimathäfen häufig mit relativ großer Besatzung, weil sie bei der Übernahme der Ware und auch bei den vom Kapitän organisierten Sklavenjagden mithilft. Nach Ladung der Fracht ist die Besatzung jedoch zu groß. Die Kapitäne helfen sich dadurch, daß sie durch strenge disziplinäre Maßnahmen die überflüssigen Besatzungsmitglieder ausscheiden.

Ein im Mai 1787 in England gegründetes »Komitee gegen den Menschenhandel« wird von den einschlägig tätigen Unternehmen bisher nicht als ernste Gefahr für ihre lukrative Tätigkeit angesehen.

Unmenschlicher Sklaventransport: *zusammengepfercht wie die Sardinen*

CHINA

Britischer Handelsbotschafter abgeblitzt

Teeimporte bringen Zahlungsbilanzdefizit – Abhilfe durch Opium aus Indien

Das britische Antlitz seiner Exzellenz des Sonderbotschafters Lord Macartneys wurde noch länger, als der Dolmetscher die Antwort des Kaisers von China übersetzte. Der Kaiser faßte, nachdem er die unter großen Kosten und Mühen nach Peking geschleppten Industrieprodukte Britanniens besichtigt hatte, zusammen: »Merkwürdige und teure Gegenstände interessieren mich nicht. Wie Sie, Herr Botschafter, selbst sehen, besitzen wir alles. Ich lege keinen Wert auf phantastische, ungewöhnliche Waren und habe keine Verwendung für die Produkte Ihres Landes.«

Dabei hatte sich Seine Lordschaft, die sich nun vorkommen mußte wie ein lästiger Handelsvertreter, dem die Tür gewiesen wird, mit großem Eifer der Vorbereitung seiner diplomatisch-ökonomischen Mission gewidmet. Vom Baumwollgewebe aus Manchester bis zur Spieldose mit singender Nachtigall aus Birmingham war alles, was in Britannien gut und teuer ist, zu dieser Industrieausstellung 1793 nach Peking gebracht worden. Aber dem Kaiser von China sind seine echten Nachtigallen offenbar lieber.

Ein weiterer Versuch, den chinesischen Markt für Europas Produkte aufzuknacken, ist mißglückt. Die China-Männer sind sogar bereit, den europäischen Händlern Seide, Baumwolle, Porzellangefäße und neuerdings vor allem Tee zu verkaufen, sie zeigen jedoch selbst nur geringes Interesse an Konsumwaren des Westens.

Am besten gehen noch die von den Chinesen »Singsongs« genannten kleinen Automatenspieldosen und Uhren, die als Neujahrsgeschenk beziehungsweise als Bestechung bei Höflingen und Beamten gerne gesehen sind. (Uhren werden übrigens fast immer paarweise gekauft, damit man, falls eine versagt, immer noch weiß, wieviel es geschlagen hat.)

Aber die Verspieltheit einiger Mandarine schafft noch keinen Handelsbilanzausgleich gegenüber dem wachsenden Teedurst Europas.

Seit die englische Textilindustrie ein Schutzgesetz nach dem anderen durchdrückte, das die Einfuhr ausländischer Stoffe erschwert, hat die Ostindische Kompanie ihr Marketingkonzept ganz auf chinesischen Tee abgestellt: das Interesse der Engländer und der übrigen Europäer für dieses Modegetränk scheint unbegrenzt zu sein, und die »ehrenwerte Gesellschaft« (die Ostindische Kompanie) hat die Gewißheit, damit keine Lobby gegen sich aufzubringen, da es keine europäischen Konkurrenzprodukte für Tee gibt.

Das Hauptproblem aber ist, daß die Chinesen in Silbermünzen und Goldbarren bezahlt werden wollen, da sie kein Interesse an westlichen Waren haben. Schiffe, die nach Ostindien auslaufen, führen in ihren Laderäumen größere Werte an Silbermünzen als an Handelsware (Silber hat in China einen relativ höheren Kurs als Gold).

Die schönsten europäischen Waren müssen in Kanton oft zu Verlustpreisen abgestoßen werden, um vom Erlös wieder Tee kaufen zu können, der allerdings gewaltige Gewinne verspricht, insbe-

Militärparade für den britischen Handelsbotschafter: *Die Chinesen möchten mit Seide und Baumwolle, Porzellan und Tee ins Geschäft kommen*

sondere seit 1784. Seit damals ist die englische Teesteuer von rund 100 Prozent auf 12,5 Prozent gesenkt. Pitts Commutation-Act war allerdings keine freundliche Geste gegenüber den Teetrinkern, sondern eine Kapitulation vor den Schmugglern: die staatlich privilegierte, »ehrenwerte Gesellschaft«, die es sich selbst nicht leisten kann, zu schmuggeln, lieferte immer mehr Tee nach Frankreich und anderen Festlandsstaaten, von wo er nach England geschmuggelt wurde. Seit der Zollsenkung ist der Schmuggel nicht mehr so attraktiv.

Neuerdings zeichnet sich in Kanton eine interessante Dreieckslösung für den Zahlungsbilanzausgleich im Teehandel ab: Freie Kaufleute, die von der für den englischen Asienhandel allein privilegierten ostindischen Gesellschaft gnädigst geduldet werden, haben entdeckt, was die Chinesen gegen bare Münzen kaufen: indische Rohbaumwolle und indisches Opium.

Diese freien Kaufleute (Engländer und Inder) deponieren den Erlös ihrer Lieferungen aus China in der Faktorei der ostindischen Gesellschaft in Kanton und bekommen dafür Pfundanweisungen an die Bank von England oder an die Regierung in Bengalen.

Damit ist einerseits die englische Handelsbilanzlücke geschlossen (statt nach China wandern englische Waren nach Indien) und andererseits das Zahlungsmittelproblem in Kanton gelöst, weil die mit Vorliebe verwendeten spanischen Silberdollars, die die Ostindische Kompanie für ihren Tee zahlt, von den Chinesen an die indischen Opiumhändler weitergereicht werden, die sie bei der »ehrenwerten Gesellschaft« deponieren und mit deren (für Seeräuber wertlosen) Zahlungsanweisungen heimreisen.

Wie lange diese Dreiecksidylle des Welthandels anhält, bleibt abzuwarten. Mit dem Rauch, der aus Tausenden Opiumpfeifen aufsteigt, ballt sich über China eine Konfliktwolke zusammen: wenn die chinesischen Behörden eines Tages die Opiumeinfuhr verbieten sollten, würden sie sich damit das Geschäft mit dem zwar harmlosen, aber mindestens ebenso beliebten Tee verderben. Und das könnte die Weissagung des alten Kaisers Kang Hi von bevorstehenden Zusammenstößen zwischen China und westlichen Nationen wahr machen.

Die Hong-Kaufleute

Die Chinesen zeigten sich am Welthandel nie besonders interessiert; sie waren aber durchaus freundlich und aufgeschlossen, als etwa der englische Kapitän Weddell 1637 als erster bis Kanton vorstieß. Und 1658 öffnete ein kaiserliches Patent alle chinesischen Häfen für fremde Schiffe.

Erst nachdem sie betrunkene Seeleute, gewalttätige Kapitäne und betrügerische Kaufleute, die ihre in Afrika, Südamerika und Indien gelernten Methoden auch in China anwenden wollten, näher kennengelernt hatten, wurden die Chinesen wachsam, und China – im Norden durch die große Mauer vor Barbareneinfällen geschützt – igelte sich auch gegenüber den »Seebarbaren« ein. Nur Kanton blieb als Tür zur Welt offen, neben Makao, wo die Portugiesen seit 1557 eine Halbkolonie mit portugiesisch-chinesischer Verwaltung unterhielten, und Amoy, wo die Spanier (heute kaum noch genützte) Handelsrechte besitzen.

1717 formulierte Kaiser Kang Hi vorsichtig: »Es läßt sich voraussehen, daß China in kommenden Jahrhunderten oder Jahrtausenden durch Zusammenstöße mit westlichen Völkern gefährdet sein könnte.«

Um diese Zusammenstöße möglichst lange hinauszuzögern, darf der Handel mit Massenware nur über speziell ausgewählte (und über ihr Amt oft gar nicht glückliche) Hong-Kaufleute (Angehörige der Cohong-Gilde) abgewickelt werden, die trotz ihrer Monopolstellung erstaunlich oft Bankrott machen (nicht zuletzt, wenn korrupte Mandarine sie erpressen).

Ausländische Kaufleute werden bei solchen Konkursfällen jedoch nie in Mitleidenschaft gezogen. Ihnen gegenüber wird das Gesicht gewahrt. Dafür sorgt die Consoo-Kasse, eine Bürgschaftsversicherung der Hong-Kaufleute, in die sie drei Prozent ihres Umsatzes einzuzahlen haben.

Die absolute Korrektheit und Vertragstreue der offiziellen chinesischen Kaufleute wird von allen Europäern bestätigt. Dabei wird in Kanton kein einziger Vertrag schriftlich fixiert, es geht alles auf Treu und Glauben. ∎

Die große Chinesische Mauer: *2.450 Kilometer Befestigungsanlagen zum Schutz gegen Feinde*

Die Ankunft des Kaisers: *Pomp und ausgesuchte Höflichkeiten, aber die Handelsgespräche verliefen ohne Erfolg, denn die Chinesen wollen nichts kaufen*

Britischer Handelsbotschafter: *abgeblitzt*

Lokalaugenschein in Kanton

Wer mit den Chinesen Handel treiben will, muß nach Kanton pilgern und sich den dortigen Handelsbräuchen unterwerfen.

- Grundsätzlich darf nur mit Hong-Kaufleuten verhandelt werden. Das sind Angehörige der Cohong-Gilde, einer losen Kaufmannsgesellschaft. Es gibt aber in ganz Kanton nur ein rundes Dutzend Vertrauenskaufleute (vor zwei Jahren waren es gar nur vier, der Rest dürfte gerade Pleite gemacht haben und deshalb ins Gefängnis gesteckt worden sein).
- Jedes eintreffende Schiff bekommt einen Hong-Händler als »Sicherheitskaufmann« zugeteilt, der für die korrekte Abwicklung von Zoll und sonstigen Formalitäten haftet. (Wenn der Sicherheitskaufmann nicht selbst das Geschäft mit der Ladung des von ihm überwachten Schiffes macht, bekommt er 700 spanische Silberdollar als Dank für die Übernahme des Sicherheitsrisikos.)
- Es dürfen nur offizielle Dolmetscher beschäftigt werden.
- Der Transport der Güter vom Ankerplatz Whampoa bis zur Faktorei, 18 Kilometer stromaufwärts, darf nur auf offiziellen Lastkähnen erfolgen.
- Es gibt ein strenges Zeremoniell für den »Hoppo« (Zollinspektor) und Vorschriften, wie jeder in Kanton ansässige Kaufmann seinen Tresorraum zu schützen hat (eine Bank, bei der man bare Geldbestände hinterlegen könnte, gibt es nicht).

● Es dürfen keine weißen Frauen und keine Feuerwaffen eingeführt und pro Schiff nicht mehr als 100 Ballen Seide ausgeführt werden (was zu einem regen Handel mit unausgenützten Ausfuhrrechten führt).

Englands Ostindienkompanie ist durch zwölf Agenten in Kanton vertreten (dank der Monopolstellung der Ostindischen Kompanie dürfen sich andere englische Staatsbürger – etwa jene Händler, die Baumwolle und Opium aus Indien herbeischaffen – nicht dauernd in Kanton aufhalten).

Neben der englischen Kaufleutekompanie gibt es holländische und französische Niederlassungen. Und einige Engländer, die zur Umgehung der Monopolkompanie unter falscher Flagge segeln: Dieses Umgehungssystem wurde von einem Schotten namens John Reid erfunden, der 1779 unter österreichischer Flagge angesegelt kam und vor den Augen seiner eifersüchtigen Landsleute als »österreichischer Konsul« eine Faktorei gründete.

Dieses österreichische Chinaunternehmen war zwar nach acht Jahren pleite, doch das System Reids machte Schule: 1787 tauchte Daniel Beale in Kanton auf, stellte sich in seiner englischen Muttersprache als »Konsul des Königs von Preußen« vor und begann unter dessen Schutz seine Handelsaktivitäten.

Sein Partner, Henry Cox, ebenfalls Engländer, jedoch ohne schützende Papiere eines anderen Landes, wurde ausgewiesen. 1791 tauchte er allerdings erneut in Kanton auf. Als schwedischer Marineoffizier an Bord eines bewaffneten Schiffes, das er den Schweden mit dem Versprechen abgeluchst hatte, damit die russische Niederlassung in Alaska zu attackieren. Statt Krieg zu führen, hatte er allerdings Seehunde gejagt, deren Felle er nun den Chinesen verkaufen wollte (die, wie schon Kapitän Cook 1779 konstatiert hatte, versessen auf Felle sind. Sie zahlten Cook 120 Dollar pro Seeotterfell).

Den Engländern der Ostindischen Kompanie war der plötzlich zum schwedischen Marineoffizier gewandelte Cox nicht geheuer. Sie wollten ihrem ausgewiesenen Landsmann die Rückkehr verwehren. Da spielte Cox einen weiteren Trumpf aus: Er hatte auch preußische Papiere. Unter preußischer Flagge verschaffte er sich Eintritt in den chinesischen Markt.

Cox starb im Vorjahr. Seine Stelle wird heute vom Bruder Daniel Beales eingenommen, der aus England herbeigeeilt war, als »Sekretär des preußischen Konsuls« (seines Bruders).

Diese freien Kaufleute in Kanton verstehen nicht nur die englischen, sondern auch die chinesischen Gesetze zu umgehen. Sie vermitteln zwischen den Opiumimporteuren aus Indien und den kleinen – zum Handel mit Ausländern eigentlich gar nicht befugten – Kaufleuten Kantons; sie wirken aber auch als Agenten für die Privatgeschäfte der Kapitäne und Schiffsoffiziere der Ostindischen Kompanie, die das Privileg haben, auf jeder Reise auch auf eigene Rechnung Handelsware zu transportieren (Kapitäne zwischen 56 und 99 Tonnen, die übrigen Offiziere gemeinsam 47 Tonnen). ■

Militärposten: *China schützt sich seit Jahrhunderten wirksam gegen Fremdlinge, mit denen das Land nur zu oft schlechte Erfahrungen gemacht hat*

WISSENSCHAFT

Chemie: gewogen und gemessen

Zum Tode Antoine Lavoisiers

»Die Justiz muß ihren Lauf nehmen. Wir brauchen keine Gelehrten mehr«, sagte Coffinhal, Vorsitzender des Revolutionstribunals, vor dem sich Antoine Laurent de Lavoisier, 51, zu verantworten hatte – und fällte ein Todesurteil. Zugleich aber sprach er auch das Urteil über eine Revolution, die sich mit diesem neuerlichen Terrormord nicht nur als blindwütig hassend, sondern auch als bodenlos dumm und ignorant entlarvt hat.

Lavoisier wurde am 8. Mai hingerichtet. Damit wurde einer der brillantesten Köpfe unseres Jahrhunderts ein Opfer der unersättlichen Guillotine. Lavoisier war ein hervorragender Physiker und Agrarchemiker, in der Ökonomie ebenso daheim wie in der Politik und Finanzwissenschaft.

Seine steile Karriere begann er mit einer umwälzenden Arbeit über die Beleuchtung von Großstädten, die bereits dem 25jährigen einen Platz in der Akademie der Wissenschaften sicherte.

Absolut genial und bahnbrechend allerdings war er vor allem auf dem Gebiet der Chemie, die er dank seines scharfen analytischen Denkens, seiner quantitativen Beobachtungen in langwierigen Versuchsreihen vom Ruch des mittelalterlichen Hexenküchendunstes befreite und zu einer exakten, modernen Wissenschaft machte.

Sein erklärtes Ziel, »der Chemie ihre Fesseln, die ihre Fortschritte hemmen, abzunehmen und ihr einen wahren Geist der Analytik einzuführen«, erreichte er, indem er sich nie mit vagen Vermutungen abgab, sondern (so sein Lieblingsspruch) »alles mit Gewicht und Maß in der Hand« erhärtete.

Lavoisier erbrachte die unwidersprechbaren Beweise, daß

- jeder Körper bei der Verbrennung Sauerstoff aufnimmt und daß der Sauerstoff ein Bestandteil der Oxyde und der meisten Säuren ist;
- bei chemischen Vorgängen nichts neu entsteht und nichts vergeht (dieses Gesetz von der Erhaltung der Stoffe sichert ihm einen Ehrenplatz unter den Unsterblichen);
- die Atmung ein Verbrennungsprozeß ist;
- die Luft aus Sauerstoff und Stickstoff zusammengesetzt ist.

Das international leuchtende Aushängeschild Lavoisier war der Revolution anfangs durchaus genehm: der politisch eher indifferente Gelehrte wurde umschmeichelt, umworben und 1790 zum Leiter der Kommission für Maße und Gewichte ernannt.

Das hohe Amt bewahrte ihn dennoch nicht vor der Hochverratsklage. Sie basierte auf dem läppischen Gerücht, Lavoisier habe als Generalpächter der Tabakregie – ein Posten, den er seit 1771 innehatte und der ihm erst seine kostspieligen Experimente ermöglichte – dem Tabak Wasser und schädliche Stoffe zugesetzt.

Es ist durchaus denkbar, daß da, ganz abseits der großen Politik, ein paar kleine Neidhammel ihr Süppchen am Revolutionsfeuer gekocht haben. Denn wenn man Lavoisier vielleicht etwas vorwerfen kann, dann ist es die Tatsache, daß er mit den Ideen anderer Leute fallweise recht großzügig umging und zu erwähnen vergaß, daß manche seiner Denkansätze andere geistige Väter hatten.

Daß er 1789, als seine Lehre von der Verbrennung mittels Sauerstoff endlich weltweit anerkannt war, in einem öffentlichen Autodafé symbolisch das »Phlogiston« (das noch bis vor wenigen Jahren als geheimnisvoller, »nicht nachweisbarer Stoff« galt, der bei der Verbrennung entweicht) verbrannte, mag als bizarrer Zug eines von Eitelkeit nicht freien Genies mit dem Mantel des Schweigens bedeckt werden. ∎

Antoine Lavoisier und seine Frau: *»Die Revolution braucht keine Gelehrten mehr« (Coffinhal)*

GESELLSCHAFT

ZB-Titel:
Revolution in der Revolution

Feministinnen kämpfen für die Gleichberechtigung der Frau

Die spätmittelalterliche These, wonach Frauen weder Menschen sind noch von Christus erlöst wurden, wurde zwar im Laufe der letzten Jahrhunderte in vielen gelehrten Diskussionen ad absurdum geführt – gebessert hat sich dadurch das weibliche Los nicht wesentlich.

Mary Wollstonecraft: *englische Feministin*

1791 diskutierte das Komitee für öffentliche Erziehung in Paris einen Plan, Jungen und Mädchen die gleiche Schulbildung und Frauen die gleichen politischen Rechte wie Männern zu geben.

1794 befand dasselbe Komitee: Mädchen sollten in der Schule vor allem lernen, die brüderlichen Hosen fachgerecht zu waschen.

Was dazwischen liegt, ist ein brisantes Stück Frauengeschichte, Zündstoff vermutlich noch für viele Generationen: der erste Versuch einer umfassenden Frauenemanzipation. Eine Revolution in der Revolution.

Antoine de Condorcet: *pro Emanzipation*

Dichter und Denker der vergangenen Jahrzehnte waren es erst, die sich intensiv mit der Rolle der Frau in unserer Gesellschaft beschäftigten: Diderot erklärte, die Unterlegenheit der Frau sei von der männlichen Gesellschaft bewußt angestrebt worden; Voltaire prangerte die Ungerechtigkeit des weiblichen Schicksals an. Helvétius wies auf die mangelhafte Erziehung der Frauen hin, und Mercier enthüllte als erster die katastrophale Lage der arbeitenden Frau.

Das Lager der Antifeministen kann ebenfalls mit zugkräftigen Namen aufwarten: Molière verstand es vortrefflich, vor allem die bildungshungrigen Frauen dem allgemeinen Gespött preiszugeben (»Die lächerlichen Preziosen«, »Die gelehrten Frauen«). Und der hochgerühmte Rousseau, in seinen aufklärerischen Schriften Mitinitiator der Revolution, weist die Weiber bündig an ihren angestammten Platz: anbetend zu Füßen des Mannes – allenfalls noch ins Kinderzimmer.

Einen brillanten Verbündeten fanden die Frauen während der letzten Jahre in dem Voltaire-Freund, Mathematiker, Philosophen und Präsidenten der Nationalversammlung, Antoine de Condorcet, der vehement für die totale Gleichberechtigung eintritt.

Auch im Ausland zeichnen sich gegenwärtig starke emanzipatorische Strömungen ab: die Hamburger Lehrerin Caroline Rudolfi gründete eine Mädchenschule, um ihre Schützlinge zu selbständig denkenden Wesen zu erziehen; in England formuliert die Essayistin und Journalistin Mary Wollstonecraft in dem Roman »Leiden der Frauen« (Geschichte eines von einem despotischen Vater tyrannisierten und als Erzieherin herumgestoßenen Mädchens mit stark autobiographischen Zügen) und in dem Manifest »Rechtfertigung der Rechte der Frauen« feministische Parolen, die nicht nur in London die Gemüter erregen.

Mary Wollstonecraft hält sich derzeit in Paris auf. Daß sie nicht in direktem Kontakt mit den revolutionären Französinnen steht, hat einen zutiefst weiblich-tragischen Grund: Mary, im Alter von 35 Jahren anscheinend zum ersten Mal wirklich verliebt, wurde von ihrem Freund, einem zwielichtigen Amerikaner namens Gilbert Imlay, mitsamt einem Kind sitzengelassen. Er hat sich mit einem flotten Tingeltangelmädchen nach London abgesetzt.

Statt flammende Traktate zur Befreiung ihrer Geschlechtsgenossinnen zu verfassen, beweint Mary »die Ulme, um die ich mich schlinge und die mich stützt«. Die Wollstonecraft ist die traurige Bestätigung ihrer eigenen These: »In jedem Stadium unseres Lebens sind wir die Sklavinnen der Männer.«

· Durchaus nicht als Sklavinnen, sondern als gleichberechtigte Mitstreiterinnen ihrer Männer fühlen sich hingegen die Frauen der führenden französischen Revolutionäre. An der Seite wirklich fortschrittlicher Partner ist das Emanzipationsproblem für sie bedeutungslos.

Eine der hervorragendsten Frauen unserer Zeit, Thérèse Tallien, mit Intelligenz und Humanität begabt, wäre vielleicht berufen, eine Galionsfigur im Kampf der Frauen um Gleichberechtigung zu sein.

Schon vor Jahresfrist war es ihr gelungen, den Prokonsul von Bordeaux und berüchtigten Girondistenjäger, Jean Tallien (mit dem sie damals noch nicht verheiratet war), »umzudrehen« und ihm das blutige Handwerk zu legen. Heuer war sie die treibende Kraft hinter ihrem Mann, als er die Führung der Thermidoristen gegen Robespierre ergriff und so der Schreckensherrschaft ein Ende bereitete.

In den längst geschlossenen Salons der Lucille Desmoulins, der Madame de Staël, der Frau des Innenministers Roland, geistige Zentren der Revolution, hat man das Große und Ganze im Sinn, nicht Fragen von sekundärer Bedeutung.

Um die wesentlichen Fragen zu beantworten, muß man sich die Situation vor der Revolution ins Gedächtnis rufen: hier eine Handvoll vergnügungssüchtiger Parasiten mit ihren hohlköpfigen Gefährtinnen; dort die Masse der armen Kleinbürger mit ihren verzweifelten Frauen, die nicht wissen, wie sie die hungrigen Mäuler ihrer Kinder stopfen sollen. Nicht zu vergessen die große Zahl der Alleinstehenden in einer Gesellschaft, die nicht genügend Arbeit und Brot für Männer, geschweige denn für Frauen hat.

Was tun, um nicht zu krepieren? Eine dürre Zahl gibt erschreckende Auskunft: Paris hatte vor der Revolution 650.000 Einwohner, und davon waren 70.000 Dirnen – professionelle und Frauen im Grenzbereich der Prostitution: Wäscherinnen, Näherinnen, Stubenmädchen,

Olympe de Gouges: *hat eine ganz persönliche Rechnung mit den Aristokraten zu begleichen*

Marktfrauen, Schauspielerinnen und Tänzerinnen.

Niemand kann ernsthaft behaupten, daß all diese Frauen von Natur aus geldgierige, leichtfertige »Freudenmädchen« sind. Die überwiegende Mehrheit steht einfach vor der Alternative: zugrunde gehen oder das letzte verkaufen, was ihnen noch geblieben ist – den eigenen Körper. (Notabene zu Schleuderpreisen oder um das berühmte Butterbrot, denn die Konkurrenz ist übermächtig.)

Es bedarf wohl keines psychologisch geschulten Verstandes, um sich auszumalen, welche Emotionen, welche Aggressionen sich da angestaut haben müssen. Viele schockierende Phänomene der Revolution (das Jubelgeschrei der Weiber im Gerichtssaal und beim Schafott, der sinnlose Zerstörungsdrang gerade der Frauen beim Sturm auf die Tuilerien) lassen sich zumindest teilweise aus der plötzlich entfesselten Wut auf die tatsächlichen oder vermeintlichen Urheber dieser Qualen, die Angehörigen der herrschenden Klasse, erklären.

Daß die Frauen, angestachelt durch die Ideen der Revolution, dann schließlich nicht nur die Befreiung von der Vorherrschaft der Aristokratie, sondern auch von der Vorherrschaft der Männer überhaupt fordern, ist nur die konsequente Fortsetzung der einmal in Fluß geratenen Geschehnisse.

Angefangen hat die Revolution in schönster Eintracht und Solidarität der Geschlechter gegen den gemeinsamen Feind: Frauen stürmten am 14. Juli 1789 an der Seite der Männer die Bastille, Männer schlossen sich dem Hungermarsch der Frauen nach Versailles am 5. Oktober des gleichen Jahres an.

Und die Konstituierung der ersten Frauenklubs begann als bürgerliche Idylle nach dem altbekannten Schema:

Pro Emanzipation

Alle Bürgerinnen und Bürger müssen in gleicher Weise zu allen Würden, öffentlichen Ämtern und Stellen zugelassen werden, ohne daß andere Unterschiede als die der Fähigkeit den Ausschlag geben.

Mann, wer hat dir das Recht gegeben, die Frau zu unterdrücken? Das Volk wird in den Besitz seiner Rechte eingesetzt, die Neger werden befreit, warum befreit man nicht auch die Frauen?

Die Frau hat das Recht, das Schafott zu besteigen, sie soll das gleiche Recht haben, am Rednerpult zu stehen.

Das weibliche Geschlecht wird sich eines Tages erheben, um das Joch einer schimpflichen Sklaverei abzuschütteln. Eine Revolution bereitet sich vor, die den Geist und die Seele des einen und des anderen Geschlechtes erheben wird, und beide werden sich in Zukunft vereinigen, um zum allgemeinen Wohle beizutragen.

Vereint euch! Setzt der Kraft der rohen Gewalt die Kraft der Vernunft entgegen. Und bald werdet ihr sehen, wie die Männer nicht mehr als schmachtende Anbeter zu euren Füßen liegen, sondern stolz darauf sind, die ewigen Rechte der Menschheit mit euch zu teilen.

Ich weiß, daß ich mit meiner Sprache zwei Armeen von Feinden, die Dummen und die Unwissenden, gegen mich in Aufruhr versetze.

Olympe de Gouges

Ich fühle mich immer äußerst gedemütigt von der Sklaverei und den Vorurteilen, unter denen die Männer unser unterdrücktes Geschlecht halten.

Es ist höchste Zeit, daß die Frauen ihre schändliche Inaktivität aufgeben, in welcher sie Arroganz, Stolz und Ungerechtigkeit der Männer so lange gehalten haben. Laßt uns zu den Zeiten zurückkehren, da unsere Vorfahrinnen, Gallierinnen und Germaninnen, in öffentlichen Versammlungen sprachen und an der Seite ihrer Männer kämpften.

Wir wollen nicht eine Beschäftigung, um die Autorität der Männer an uns zu reißen, sondern um leben zu können.

Théroigne de Méricourt

Macht aus euren Töchtern menschliche Wesen. Beginnt nicht damit, aus ihnen Frauen von Welt oder Hausfrauen zu machen. Macht aus ihnen in erster Linie mutige, starke Menschen, die, wenn es sein muß, auch allein durchs Leben gehen können.

Caroline Rudolfi

Die eine Hälfte der Menschheit, unter ein hartes Joch gebeugt, ist im Laufe der Zeit vom Niveau vernunftbegabter Wesen fast bis auf die Stufe der Tiere geraten. In vielen Fällen schont man die Erniedrigten, indem man sie mit seidenen Bändern fesselt und sie dadurch verleitet, die eigene Sklaverei zu lieben.

Wir sind zuerst Menschen und dann erst Frauen.

Die Gesellschaft zerstört sich selbst, wenn sie die Frauen in die Rolle der unterwürfigen Sklavin oder verführerischen Mätresse drängt, ihnen finanzielle Unabhängigkeit versagt und sie ermutigt, sich ausschließlich mit ihrem Aussehen und ihrer Kleidung zu beschäftigen.

Mary Wollstonecraft

Entweder hat kein Mitglied der menschlichen Gesellschaft wirkliche Rechte, oder alle haben die gleichen. Wer gegen die Rechte eines anderen stimmt, was immer seine Religion, seine Rasse oder sein Geschlecht sein mag, stimmt gegen sich selbst.

Antoine de Condorcet

Frauenklub: *Unterricht in Rechten*

treusorgende Gefährtin an der Seite des tatendurstigen Mannes.

Etta d'Aelder hieß die beflissene Dame (eine holländische Baronesse und Revolutionssympathisantin), welche den ersten »cercle social« ins Leben rief. Ihr Französisch war miserabel, aber ihre Ideen wurden begeistert aufgenommen.

Und so schossen an allen Ecken und Enden von Paris Klubs aus dem Boden, deren Mitglieder brav Scharpie zupften, Bandagen wickelten und Spitalsbesuche bei den tapferen Helden der Revolution organisierten. Es wurde auch debattiert – nicht nur über konventionelle Frauenthemen: auch über Revolution und die daraus resultierenden gesellschaftlichen Veränderungen.

Beim Reden vergaßen die Frauen allmählich das Scharpiezupfen und das Kühlen heißer Kriegerstirnen mit zarten Mutterhänden. Sie griffen statt dessen nach einer Broschüre und verschlangen mit wachsendem Engagement »Die Erklärung der Rechte der Frau und der Bürgerin«, ein recht unorthodoxes, inoffizielles Gegenstück zur offiziellen »Erklärung der Menschenrechte«.

Die große Stunde der Olympe de Gouges war gekommen. Die Verfasserin des Pamphlets, ein schönes, wildes, leidenschaftliches Frauenzimmer aus dem Süden, mit scharfem Verstand und noch schärferer Zunge, warmherzig, mitleidsvoll, edel, sollte binnen weniger Monate zur Zentralfigur der Frauenrevolution werden.

Olympe hatte bereits einiges hinter sich, als sie, Anfang der siebziger Jahre, in Paris auftauchte. In einem Alter, in dem manche Mädchen noch mit Puppen spielen, hatte sie die Schattenseiten eines Frauenlebens bereits voll zu spüren bekommen: als uneheliche Tochter einer Krämerin in Montauban geboren (der Vater soll ein Aristokrat gewesen sein, manche behaupten sogar Ludwig XV.), wurde sie, 15jährig, an einen viel älteren Mann verschachert, der sie bereits ein Jahr später durch seinen Tod aus den Ehefesseln entließ.

Olympe packte ihre Siebensachen und zog aus, die Metropole zu erobern – als Dichterin! Daß sie weder lesen noch schreiben konnte, hinderte sie nicht, binnen kürzester Zeit eine Fülle von Werken zu verfassen, die sie wie in besessener Trance herunterdiktierte.

Natürlich war niemand auf die Ergüsse der kleinen Gans aus der tiefsten Provinz neugierig, und da sie über keine nennenswerten finanziellen Rücklagen verfügte, blieb ihr nichts anderes übrig, als den zeitüblichen Weg zu gehen. Durch ihre Liebhaber kam sie zu genügend Geld, um ihre Werke publizieren zu können – und sie wurde Frauenrechtlerin.

Ihre Romane »Memoiren der Mme. de Valmont«, »Der philosophische Prinz«, ihr Drama »Die Sklaverei der Neger« (Neger ist gleich Frau) brachten ihr einige Anerkennung der etablierten Literatursnobs und die bedingungslose Zustimmung aller unterprivilegierten Frauen, die in den Heldinnen von Olympe ihr eigenes Schicksal wiedererkannten.

Keine Frage, daß Olympe de Gouges eine begeisterte Republikanerin war – sie hatte ja buchstäblich von Geburt an ein Hühnchen mit der Oberschicht zu rupfen. Sie agitierte während der Revolution in den Straßen, sie erwies sich als mitreißende, temperamentvolle und überzeugungskräftige Rednerin in der Nationalversammlung, in den Klubs und im Konvent, der, beeindruckt durch den »Reichtum ihrer Ideen und die Macht ihrer Sprache« (so ein Konvents-

Théroigne de Méricourt: *im Konvent eine unüberhörbare Stimme für die Rechte der Frau.*

mitglied), manche ihrer Vorschläge aufgriff. Zum Beispiel die Errichtung von Musterwerkstätten für arbeitslose Handwerker und die Rehabilitierung unehelicher Kinder – eine Idee, die ihr begreiflicherweise besonders am Herzen lag.

Nachdem Olympe die »Frauenrechte« publiziert hatte, gründete sie selbst einige Frauenklubs, erhielten die anderen Klubs noch stärkeren Zulauf, profilierten sich andere Frauen als Rednerinnen und Agitatorinnen.

Da war die kleine Rose Lacombe, eine arbeitslose Schauspielerin aus der Provinz – ihre Herkunft ist unbekannt –, die sich zu einer Heldin der Revolution machte: beim Sturm auf die Tuilerien finden wir sie, die rote Mütze auf dem Kopf, den blanken Säbel in der erhobenen Rechten, an der Spitze der Marseiller. Sie wird sogar verwundet und erhält das Ehrenkreuz des Nationalkonvents.

Kontra Emanzipation

Die Frau ist eigens dafür geschaffen, dem Mann zu gefallen.

Allein schon durch die Gesetze der Natur sind die Frauen ebenso wie die Kinder dem Urteil der Männer ausgesetzt.

So muß sich die ganze Mädchenerziehung im Hinblick auf die Männer vollziehen. Ihnen zu gefallen, ihnen nützlich zu sein, sich von ihnen lieben und achten zu lassen, sie zu trösten, ihnen ein angenehmes und süßes Dasein zu bereiten: das sind die Pflichten der Frauen zu allen Zeiten.

> Jean-Jacques Rousseau

Sollen sich die Frauen in politischen Vereinen sammeln? Können sich die Frauen all den damit verbundenen nützlichen und gleichzeitig mühseligen Aufgaben widmen? Entschieden nicht, in Anbetracht der geringen Kraft ihres Körperbaues und zufolge ihrer natürlichen Bestimmung.

> Amar

Politische Freiheit ist nichts für Frauen. Eine Frau ist nur im Haushalt ihres Vaters oder ihres Mannes denkbar. Sie braucht nicht zu wissen, was außerhalb des Hauses vorgeht.

> Révolution de Paris (Zeitung)

Zarte Liebe und süßes Gefühl fehlen der Frau, die sich mit Wissenschaft, Politik und Philosophie beschäftigt. Wirkliche Männer verabscheuen diese Art von Frauen.

> Répertoire tribunal révolutionaire (Zeitung)

Seit wann ist es Frauen gestattet, ihr Geschlecht zu verleugnen? Sich wie Männer zu gebärden? Seit wann ist es Sitte, daß Frauen Haushalt und Kinder vernachlässigen, um auf öffentlichen Plätzen Reden zu halten? Wem hat diese Frau ihre häuslichen Pflichten anvertraut? Sollen wir sie ausüben? Die Natur hat dem Manne gesagt: »Sei Mann, die Jagd, der Feldbau, die Politik, die Anstrengungen aller Art sind dein Los.« Sie hat zur Frau gesagt: »Sei Weib. Die häuslichen Sorgen, die süßen Pflichten der Mutterschaft, das sind deine Arbeiten.« Deine Beschäftigungen verdienen Belohnung. Du wirst die Göttin des häuslichen Tempels sein, du wirst mit dem Zauber deiner Tugend und deiner Schönheit herrschen.

> Chaumette

Auch sie scheint bald zur Überzeugung gekommen zu sein, daß die Revolution die Rechte der Frauen nur unzureichend wahrnimmt, und gründete die »Gesellschaft republikanischer und revolutionärer Frauen«. In einer Broschüre, »Wink an Damen«, rechnet sie hart mit den satten Wohlstandsbürgerinnen ab, die tändelnd nach der Politik greifen wie nach einem neuen Spielzeug und nicht die leiseste Ahnung haben, wovon sie eigentlich reden.

Die Kämpferin aus der Reihe der Amazonen, die am meisten von sich reden machte, war zweifellos Théroigne de Méricourt – wobei sich die Gemüter allerdings weniger an ihren politischen Ideen als an ihrem extravaganten Lebenswandel entzündeten.

Die Karriere der Théroigne, eines frühverwaisten Bauernmädchens aus der Gegend von Lüttich, begann symptomatisch: sie wurde als Vierzehnjährige beim Kühehüten vergewaltigt.

Eine freundliche englische Dame nahm sich des Mädchens an, brachte es nach England, gab ihm eine gute Erziehung. Mit 17 geriet Théroigne an einen jungen Lebemann, der sie aus dem Hause ihrer Gönnerin entführte, einige Jahre ein rechtes Skandalleben mit ihr führte und sie dann abschob.

Théroigne wollte sich in Paris weiterbilden – aber der italienische Musiklehrer, der vorgab, eine große Sängerin aus ihr zu machen, hatte es nur auf ihr Geld und ihren Schmuck (die Abfindung des englischen Galans) abgesehen und brachte sie um ihr ganzes Vermögen.

Théroigne schloß sich der Revolution an: wir sehen sie beim Hungermarsch nach Versailles; wir sehen sie einmal im männlichen Reitanzug, ein anderes Mal, mit entblößter Brust und »Ça ira« singend zum Klang der Sturmglocken, im revolutionären Tumult.

Wir sehen sie aber auch Tag für Tag, Stunde um Stunde in der Nationalversammlung und später im Konvent auf der Galerie, wo sie durch ihr loses Mundwerk, ihre pointierten Zwischenrufe und kurze, prägnante Reden Bewunderung – und Abscheu erregt.

Man sagt ihr nach, daß sie mit sämtlichen Führern der Revolution – der prüde Robespierre natürlich ausgenommen – ein Verhältnis hatte; ein Gerücht, das vor allem von den Royalisten emsig kolportiert wird, als deren erbittertste Feindin sie sich in ihren zornigen Attacken erweist (viel Persönliches steckt dahinter: ihr früherer Freund war ein Lord). Es ist das altbewährte Rezept – schon Marie Antoinette wurde durch derlei schmutzige Tratscherei in Mißkredit gebracht.

Die Unterstellung ihres angeblich ausschweifenden Liebeslebens hält einer seriösen journalistischen Untersuchung nicht stand. Tatsache ist, daß sie gewiß kein Kind der Traurigkeit war. Tatsache ist des weiteren, daß sie längere Zeit mit dem Konventsmitglied Romme liiert war, mit dem zusammen sie den »Klub der Menschenrechte« gründete. Und es ist gewiß kein Zufall, daß es ausgerechnet Romme war, der – allerdings vergeblich – das Wahlrecht auch für Frauen forderte.

Erst sehr spät lief Théroigne zu eigenständigem politischem Programm auf. Mit großer Bestimmtheit und klar formulierten Argumenten setzte sie sich in den Klubs und vor dem Konvent energisch für die wichtigsten Voraussetzungen echter Frauenemanzipation ein: umfassende Mädchenbildung und Besserstellung der arbeitenden Frauen.

Nicht nur Romme, sondern auch andere Revolutionäre gingen zunächst mit den Frauen weitestgehend konform. Condorcet war ihr wärmster Befürworter, aber auch Danton, Desmoulins und Couthon setzten sich so nachdrücklich für sie ein, daß die Familien- und Eherechtsreform zustande kam, die den Frauen eine bessere Stellung einräumte.

Hatten die Frauenklubs also anfänglich Zustimmung oder zumindest stillschweigende Duldung gefunden, so machte sich jedoch mit der Zeit wachsender Widerstand bemerkbar. Dies hatte seine Ursachen einerseits im Unbehagen der Männer, die um ihre häusliche Bequemlichkeit fürchteten, andererseits in der zunehmenden Radikalisierung einiger Splittergruppen, deren Mitglieder in Männerkleidung durch die Straßen zogen, den Männern Kampf bis ans Messer ansagten und die mit ihren lautstark vorgebrachten Forderungen die Sitzungen des Konvents störten.

Aber auch die gemäßigten Frauen machten sich unbeliebt, indem sie sich von der blutigen Schreckensherrschaft distanzierten.

- Rose Lacombe forderte, die Gefangenen menschlicher zu behandeln und ihnen faire Gerichtsverhandlungen angedeihen zu lassen.
- Olympe de Gouges setzte sich in erstaunlicher politischer Voraussicht dafür ein, Ludwig XVI. nicht zu guillotinieren: »Es genügt nicht, den Kopf eines Königs abzuschlagen, um ihn zu töten, er lebt noch lange nach seinem Tode. Aber er ist wirklich tot, wenn er seinen Sturz überlebt.« Und: »Wer ein Blutbad anzettelt, wird in Strömen von Blut ertrinken.« Unglückseligerweise scheute sie auch nicht davor zurück, sich mit Robespierre persönlich anzulegen. Daß sie ihn zum Zweikampf forderte, mag er als Marotte eines verrückten Frauenzimmers übersehen haben. Ihre Pamphlete und Wandzeitungen, in denen sie ihn beschuldigte, die Leuchten der Revolution hinzumorden, um sich über Berge von Toten den Weg nach oben zu bahnen, konnte er ihr nicht verzeihen.

Als der Girondist Condorcet im Sommer vergangenen Jahres in den Untergrund gehen mußte und in Abwesenheit zum Tode verurteilt wurde, verloren die Frauen ihren einflußreichsten männlichen Mitstreiter.

Die Ermordung Marats durch Charlotte Corday war dann das Signal für eine breitangelegte antifeministische Pressekampagne: wenn schon die Frauen beginnen, sich in die blutigen Geschäfte der Männer einzumischen, dann ist es höchste Zeit, ihnen Einhalt zu gebieten.

Die Stimmung wurde zusehends frauenfeindlich. Und Rose Lacombe, die hochdekorierte Heldin der Tuilerien, war es schließlich, die das totale Verbot der Frauenklubs provozierte: am 28. November 1793 drang sie mit einer Gruppe in den Konvent ein, um mehr Rechte für die Frauen zu fordern, worauf der Abgeordnete Chaumette, ein

Frauen am Rednerpult: *für umfassende Mädchenbildung und Besserstellung der Arbeiterin*

Die gefährlichen Liebschaften

Schwanengesang einer untergehenden Klasse

Vor etwas mehr als zehn Jahren erschien in Frankreich ein Briefroman, der schockieren und anklagen sollte: »Die gefährlichen Liebschaften« von Choderlos de Laclos, dem Sekretär des Herzogs von Orléans, ein schonungsloser Bericht aus dem Leben der feinen Kreise. Der Herzog von Orléans ist nun tot, der französische Adel hingerichtet oder im Exil.

Choderlos' berühmtes Werk gehört heute zur Nostalgiewelle. Ungeklärt bleibt nach wie vor, wie der durchaus bürgerliche Artilleriehauptmann Choderlos de Laclos, dessen Ordnungsliebe und Pünktlichkeit im Dienst und dessen unverbrüchliche Liebe und Treue zu seiner Frau gerühmt werden, jemals dazu kam, das klassische Buch über die sogenannte gute Gesellschaft knapp vor Ausbruch der Revolution zu schreiben.

Choderlos' Schwanengesang des französischen Adels enthüllt eine Gesellschaft, deren Leben ein von nichts unterbrochener Müßiggang ist. Nicht einmal Vorzimmerintrigen unterbrechen die Langeweile der Aristokraten, die nicht bei Hof leben: die Menschen dieser Gesellschaft sind ohne Ehrgeiz, ohne geistige Interessen und ganz ohne Selbstdisziplin, es sei denn im Bösen. Auch ohne die Werke der großen Philosophen gelesen zu haben, flackert der Geist der Zeit durch die hohlsten Köpfe: das Jahrhundert der Vernunft ist analytisch und gefühlsfeindlich, die physische Liebe ein Mittel, den anderen zu beherrschen oder zu ruinieren.

Vielleicht ist dieser großartige Briefroman aber doch Parteischrift im Sinne einer Rede für die Nationalversammlung: der Held des Romans, Valmont, und seine Exgeliebte, die Marquise de Merteuil, vertreten die totale Verkommen-

eingeschworener Feind Condorcets, mit einer glühenden Haßtirade reagierte. Der Abgeordnete Amar forderte schließlich ein Verbot der Frauenklubs, das unter großem Beifall einstimmig angenommen wurde.

Olympe de Gouges wurde wenig später vor Gericht gestellt und zum Tode verurteilt. Sie behauptete zwar, schwanger zu sein, aber es nützte ihr nichts.

Théroigne de Méricourt erlitt ein noch viel grausameres Schicksal, nachdem ihrem an Abenteuern gewiß nicht armen Leben noch ein paar bizarre Facetten hinzugefügt worden waren.

Während eines Besuches in ihrer Heimat war sie von Agenten des kaiserlichen Hofes in Wien buchstäblich gekidnappt und nach Österreich verschleppt worden. Unter der Beschuldigung, eine der Rädelsführerinnen des Hungermarsches der Pariser Frauen nach Versailles gewesen zu sein und damit direkt zum Sturz der Monarchie und zum Tode Marie Antoinettes beigetragen zu haben, wurde sie zunächst auf der Festung Kufstein gefangengehalten und später in Wien vor Gericht gestellt. Man sprach sie mangels an Beweisen frei, zahlte ihr eine Wiedergutmachung von 600 Gulden und schob sie nach Paris ab.

Bei ihrer Rückkehr wurde sie wie eine Heldin gefeiert, und sie nahm aktiv am Sturm auf die Tuilerien teil. Daß sie sich dann wie Olympe de Gouges offen gegen Robespierre stellte, wurde auch ihr zum Verhängnis: bei einem Spaziergang überfiel sie eine Rotte wütender Jakobinerinnen, riß ihr die Kleider vom Leibe, peitschte sie aus und steinigte sie, bis sie mit schweren Kopfwunden blutend zusammenbrach. Offenbar erlitt sie eine Gehirnverletzung und verlor den Verstand. Ein lallendes, gebrochenes Wesen, lebt sie heute im Irrenhaus Saint-Marceau.

Der große männliche Vorkämpfer für die Rechte der Frau, Antoine de Condorcet, wurde von Robespierres Häschern aufgespürt. Wenige Wochen vor dem Ende der Schreckensherrschaft verhaftet, starb er an Gift. Ob er sich selbst entleibt hat oder ermordet wurde, konnte bis heute nicht geklärt werden.

Noch während seiner Gefangenschaft arbeitete er bis zuletzt wie ein Besessener an seinem philosophischen und politischen Testament »Historischer Abriß der Entwicklung des menschlichen Geistes«, in dem er aufs nachdrücklichste gleiche Erziehung und gleiche Rechte für die Frauen fordert.

Lediglich Rose Lacombe ist einigermaßen ungeschoren davongekommen: man sieht sie jetzt manchmal mit einem Bauchladen durch die Straßen gehen – eine kleine, unauffällige Frau, die allerlei Nippeskrimskrams feilbietet. ∎

heit des Adels; die von den beiden Bösen zu Tod gequälte Präsidentin Tourvel vertritt Tugend und Frömmigkeit des Bürgertums, wenn auch – vielleicht ohne Willen des Dichters – ihre tränenüberströmten Augenaufschläge nicht gehetzte Unschuld, sondern versteckte Sinnlichkeit ahnen lassen. Sie ist zu gut, um wahr zu sein, sie muß sterben. Die wahre Heldin und die Frau, die Choderlos de Laclos zweifellos in irgendeiner langweiligen Garnison hoffnungslos geliebt hat, ist die Marquise de Merteuil, die niemals sagt, was sie denkt, die ihre Gefühle niemals ahnen läßt. Sie lebt, inmitten einer klatschsüchtigen Gesellschaft, kaltblütig, gerade so, wie sie will. Jeder ihrer Liebhaber hält sich für den einzigen, jeder möchte mit ihrer Eroberung prahlen, kann es aber nicht, weil sich die Marquise nur die Männer aussucht, deren beschämendste Geheimnisse sie kennt. Damit erkauft sie sich ihr Schweigen.

Valmont, der sie verlassen hat und glaubt, sie hätte es ihm verziehen, hält sie für seine Verbündete im Versuch, ein junges Liebespaar und die Präsidentin Tourvel ins Unglück zu stürzen; für die Marquise, die die Liebesintrige zur höchsten Philosophie erhoben hat, ist aber der Exliebhaber das vierte Opfer eines teuflischen Plans. Sie siegt auf allen Linien: die jungen Liebenden werden durch Affären korrumpiert, die Präsidentin Tourvel stirbt an Verzweiflung und gebrochenem Herzen, der Vicomte de Valmont fällt schließlich im Duell gegen ihren jungen Liebhaber. Die Marquise hat gewonnen.

Schon nach dem Erscheinen der »Gefährlichen Liebschaften«, die sieben Jahre später bereits eine dritte Auflage erleben, zerbrach man sich in der französischen Gesellschaft den Kopf, wer denn die Urbilder der kaltschnäuzigen Intrige sein könnten. Viele bekannte Namen wurden genannt (vor allem in den Städten, in denen Choderlos de Laclos in Garnison gelegen war), aber der Dichter schweigt sich aus. Ihm genügt es, eine ganze Klasse so beschrieben zu haben, daß man die Personen nicht für erfunden, sondern für getreue Porträts aus der Wirklichkeit hält. ■

Die Vernunft des Jahrhunderts hat auch die Liebe infiziert: *Für den Adel ist Liebe lediglich ein Spiel oder ein Mittel, den anderen zu beherrschen*

Am Spieltisch: *Niemand findet etwas dabei, wenn jung und alt, arm und reich und auch die Geistlichkeit Vermögen und Ehre aufs Spiel setzen*

Der Spielteufel regiert in Europa

So groß derzeit in Europa auch die Klassenunterschiede sein mögen – eines haben arm und reich, hoch und niedrig, Adel, Klerus und Bürgertum selbst noch mit dem Pöbel gemein: Man spielt. Man würfelt, man spielt Karten, man setzt im Zahlenlotto. Man bringt sich um Vermögen und Ehre – und niemand findet etwas dabei.

Selbst ein so seriöser Zeitgenosse wie der in Weimar lebende Dichter und Staatsbeamte, Geheimrat Johann Wolfgang von Goethe, erklärt, das Spiel sei vor allem jungen Leuten sehr zu empfehlen, denn eine Gesellschaft ohne Kartenspiel sei schier undenkbar.

Vermögen von astronomischer Höhe zerrinnen am Kartentisch: Gräfin Sintzendorff verlor in einer Saison 20.000 Gulden. Fürstin Auersperg verspielte im Laufe einer einzigen Nacht ihre gesamte Mitgift. Der Herzog und die Herzogin von Gloucester hinterließen in Ansbach Spielschulden in der Höhe von 150.000 Gulden. Graf Schwerin büßte sein gesamtes Vermögen ein und landete im Gefängnis – wo er mit den Festungsgefangenen weiterspielte.

In Regensburg verlor eine junge Dame zwar kein Geld – dafür aber ihr Kind. Sie wurde am Spieltisch von Wehen überfallen. Da nicht rechtzeitig Beistand zur Hand war, starb das Neugeborene kurz nachher.

Auch vor heiligen Klostermauern macht der Spielteufel nicht halt: von den Oratorianern in Genua weiß man, daß sie zwar nicht um Geld, dafür aber um – Gebete spielen. Gäste, die verloren haben, dürfen das Kloster nicht verlassen, ehe sie, vor dem Kruzifix kniend, die vorher festgelegte Zahl von Paternostern und Ave-Marias heruntergeleiert haben.

Die großen Gewinner der teuflischen Sucht sind natürlich die Veranstalter und Bankhalter – längst schon nicht mehr ausschließlich Privatleute, welche die Dummen in verborgenen Hinterzimmern und diskreten Salons schröpfen. Wo Geld zu holen ist, da hält auch die hohe Obrigkeit nur allzu gerne die immer leere Hand auf.

Im Spielhaus zu Venedig wird an 60 bis 80 Tischen Nacht für Nacht offiziell gespielt.

Bankhalter sind, wie man hört, ausschließlich Patrizier, die in voller Amtstracht und Wollperücke ihren schweren »Dienst« tun müssen.

Auch das Spiel des kleinen Mannes wirft noch genug für das Staatssäckel ab: die Einnahmen aus dem Zahlenlotto für ein Jahrzehnt werden in Österreich mit zirka 21 Millionen Gulden veranschlagt.

RECHT

Erfinderparadies Amerika

Erstes Patentamt in Washington gegründet

Sie sind nicht die ersten, aber als jüngste Nation gehen sie natürlich besonders schwungvoll vor. Vor vier Jahren erließen die Amerikaner ihr erstes Patentgesetz. Und dann haben sie auch das erste Patentamt in Georgetown am Potomac eröffnet.

Den Anfang machten eigentlich die Venezianer. Mit ihrem Gesetz vom 19. März 1474 sichern sie den Erfindern »neuer Vorrichtungen« auf die Dauer von zehn Jahren eine Monopolstellung zu. Knapp 150 Jahre später zogen die Engländer nach. Mit ihrer Parlamentsakte vom 2. November 1623 versuchten sie gegen geistigen Diebstahl anzugehen. Dieses Gesetz erkannte nur solche Monopole an, die dem wahren Erfinder erteilt worden waren, und bot um vier Jahre länger Schutz als das Gesetz von Venedig. Und nun haben auch die Amerikaner ihr zentrales Patentamt, ein weiteres Zeichen der neuen Souveränität.

In Nordamerika wurden schon vorher Patente erteilt, aber immer nur von einzelnen Staaten oder Kolonien. Der erste war ein gewisser Samuel Winslow, der in der Neuen Welt ein Patent erwarb. Er erhielt es im Jahre 1641 vom obersten Gericht des Staates Massachusetts für eine neue Methode der Salzgewinnung.

Die Väter des amerikanischen Patentamtes, die Delegierten Aedanus Burke aus South Carolina, Benjamin Huntington aus Connecticut und Lambert Cadwalader aus New Jersey, präsentierten am 16. Februar 1790 ihren Gesetzestext der Regierung, und der Kongreß verabschiedete ihn noch am gleichen Tage.

Es ist in erster Linie der amerikanische Außenminister, Thomas Jefferson, der sich besonders um das Patentamt kümmert; ja er prüft höchstpersönlich die eingereichten Erfindungen und entscheidet, ob sie patentwürdig sind. Ihm zur Seite stehen Kriegsminister Henry Knox und »attorney general« (Kronanwalt) Edmund Randolph.

Nach dem neuen Gesetz werden Patente in den USA für die Dauer von 14 Jahren geschützt, und damit ein Patent eingetragen wird, sind vier bis fünf Dollar Gebühren zu entrichten.

Eindeutig muß man Thomas Jefferson das Verdienst zusprechen, das Patentamt schon innerhalb eines Jahres in Amerika populär gemacht zu haben, ist er doch selbst ein großartiger Erfinder – der jedoch noch kein Patent beantragt hat. Als wohl intellektuellster Kopf auf der anderen Seite des Atlantiks – er ist Mathematiker, Astronom, Architekt und gleichzeitig noch ein Sprachgenie – hat er früh erkannt, wie wichtig der staatliche Schutz geistigen Eigentums für Künstler und Techniker sein kann.

Jefferson selbst konstruiert derzeit unentwegt neue Sitzgelegenheiten. So erfand er einen Drehstuhl und einen Faltstuhl, von dem berichtet wird, daß man ihn – zusammengefaltet – auch als Spazierstock benützen kann.

Indessen, noch hat das Patentamt Schwierigkeiten. Die Kommissionsmitglieder sind viel zu oft unterwegs und deshalb nicht in der Lage, eingereichte Erfindungen innerhalb einer angemessenen Frist zu prüfen. Auch haben sie zu viele andere Aufgaben zu bewältigen, als daß sie sich gebührend um das Patentamt kümmern könnten. Immerhin vergaben die Vereinigten Staaten fünf Monate nach der Verabschiedung des Gesetzes, am 31. Juli 1790, ihr erstes Patent. Samuel Hopkins aus Vermont erhielt es für eine neuartige Methode, Pottasche herzustellen. Insgesamt wurden im Jahr 1790 drei Patente vergeben.

Am 29. Januar 1791 unterschrieben George Washington, Thomas Jefferson und Edmund Randolph für Francis Bailey aus Philadelphia die Urkunde, mit der ihm das Patent für die Herstellung von »Typenstempeln« erteilt wurde. Die weiteren 33 Patente dieses Jahres erhöhen die Zahl aller vom Patentamt vergebenen Urkunden auf stolze 37 Stück. ■

Thomas Jefferson: *ist sogar selbst Erfinder*

MODERNES LEBEN

Eine Hauptstadt vom Reißbrett

Im Wettrennen um die neue Hauptstadt der Vereinigten Staaten gibt es weder Sieger noch Besiegte. Nicht Philadelphia wird das Herz und Zentrum der jungen Nation sein, auch nicht New York oder Boston – sondern eine Stadt, die es im Augenblick nur auf dem Reißbrett gibt: Washington, D.C. (das geheimnisvolle Monogramm bedeutet »District of Columbia«).

Die zukünftige Hauptstadt Washington liegt nahe der Grenze: zwischen den beiden Bundesstaaten Maryland und Virginia, jener Grenze, die vor einem Menschenalter von den Landvermessern Mason und Dixon gezogen wurde und als Mason-Dixon-Linie bekannt ist. Hier ist auch die Mitte der Vereinigten Staaten: zum nördlichsten Zipfel von Maine wie zum südlichsten Punkt von Georgia ist es ungefähr gleich weit. Auch die Bevölkerung scheint diese Teilung in zwei Hälften zu respektieren: nördlich und südlich der Mason-Dixon-Linie wohnen ungefähr gleich viele Menschen.

Ein Flüßchen, der Anacostia, ergießt sich hier in die trüben Wasser des Potomac. Das Gras der Wiesen, die sich zum Fluß ziehen, wird langsam braun. Baumgruppen leuchten in allen Farben des Herbstes. Weiter nördlich, in Maryland drüben, gibt es ein paar Weizen-, Mais- und Tabakfelder; im Süden sieht man die Konturen der Häuser von Alexandria. Das sind die einzigen Anzeichen menschlicher Tätigkeit in diesem Raum. Und doch soll hier – und das möglichst bald – die künftige Hauptstadt der Vereinigten Staaten entstehen, die den Namen des ersten Präsidenten tragen wird: Washington.

Die Gründung einer Hauptstadt im geographischen und bevölkerungsmäßigen Zentrum der Nation ist der vorläufig letzte Schritt in einer Reihe von Maßnahmen, die nötig waren, um eine lose Allianz durch gemeinsame Interessen vereinter, aber getrennt verwalteter Staaten zu einem wirklichen Gemeinwesen zu verschmelzen. Die Stationen dieser Entwicklung:

- Mai 1787: In Philadelphia tritt der Verfassungskonvent zusammen.
- September 1787: Die Bundesverfassung wird ratifiziert: aus einem Staatenbund wird ein Bundesstaat.
- Juni 1788: Die Verfassung tritt in Kraft.
- April 1789: George Washington wird Präsident der Vereinigten Staaten.

Die Pläne zur Errichtung einer »synthetischen« Hauptstadt der Union gehen ziemlich lange zurück. Es liegt ein entsprechender Kongreßbeschluß aus dem Jahre 1783 vor. Zuerst sollte der Regierungssitz am Delawarefluß entstehen; dann einigte man sich auf den Potomac.

Und dann geschah in dieser Sache sieben Jahre nichts – sieben Jahre freilich, in denen die Voraussetzungen zur Lebensfähigkeit der Vereinigten Staaten geschaffen wurden. George Washington war noch kaum ein Jahr im Amt, als er bevollmächtigt wurde, die Lage der neuen Bundeshauptstadt zu bestimmen. Nach eingehenden Untersuchungen ist nun an der Mündung des Anacostia in den Potomac ein Quadrat von zehn Meilen Seitenlänge festgelegt worden, dessen Diagonalen von Nord nach Süd und von Ost nach West verlaufen.

Dieser »District of Columbia« ist aus den umliegenden Bundesstaaten Maryland und Virginia gleichsam herausgebrochen worden, denn die Hauptstadt soll auf »neutralem« Grund liegen. Zwei Gesichtspunkte haben die Wahl des Ortes bestimmt: zentrale Lage und Zugänglichkeit von der See her – denn nach wie vor sind die Seeverbindungen zuverlässiger und schneller als die auf dem Lande.

Der Anfang ist also gemacht; nun muß ans Werk gegangen werden. Nach dem Vorbild einiger europäischer Residenzen soll die Stadt genau nach Plan entstehen. Architekten und Stadtplaner sitzen bereits über ihren Reißbrettern, das Kapitol und das »Weiße Haus«, der künftige Amtssitz des Präsidenten, stehen fast allein auf weiter Flur. Ob der radikal-geometrische Plan des Franzosen L'Enfant zur Ausführung kommen wird, ist noch ungewiß. ∎

Washington: *wie der französische Architekt Pierre-Charles L'Enfant die zukünftige Hauptstadt sieht*

Jefferson liebt die Tafelfreuden

Sein Ruhm als Verfasser der Unabhängigkeitserklärung hat sein Bild als Mensch überstrahlt. Aber Thomas Jefferson ist ein rechter Mann, der gutes Essen und gute Weine, seine Frau, seine Kinder und sein Heim von ganzem Herzen liebt.

Kein Amerikaner scheint klarer erkannt zu haben, was sein Land zu bieten hat. Die Neue Welt, glaubt er, ist zur Freude der Menschen geschaffen worden. Begeistert demonstriert er die vielfältigen Möglichkeiten einer feinen Küche, indem er in seinem eigenen Hause nur das Allerbeste der überreichen Gaben der Natur verwendet und nach erstklassigen europäischen Rezepten kombiniert, wo es ihm angebracht erscheint. In seinem Garten in Monticello hat er nicht nur eine große Auswahl an Obst- und Gemüsesorten gepflanzt, sondern er sorgt auch dafür, daß es auf seinem Besitz Wild, Kaninchen, Pfauen, Perlhühner und Hasen gibt. In diesen Dingen ist er beispielhaft, und über seine hervorragende Bewirtung sprechen alle, die je bei ihm gegessen haben.

Vor neun Jahren ging er als amerikanischer Gesandter an den Hof Ludwigs XVI. und fand dort Geschmack an der feinen Küche und dem kultivierten Lebensstil der Pariser. Dort begegneten ihm aristokratische Eleganz und eine Höflichkeit, die er seinen Landsleuten gern empfohlen hätte. Hier auch lernte er die echte französische Küche kennen, die einen unauslöschlichen Eindruck in ihm hinterlassen hat. Was die Freuden der Tafel betrifft, hält er die Franzosen den Amerikanern für weit überlegen und bewundert, mit wieviel Verstand sie trinken – Wein und durchaus keine harten Getränke, wie das seine Landsleute gerne tun. Er engagierte einen französischen Küchenchef und einen französischen Haushofmeister, versäumte aber nicht, in seinem Pariser Garten auch etwas guten amerikanischen Mais zu pflanzen. Jefferson besitzt auch künstlerische Begabung: er zeichnete den Entwurf für eine silberne Kaffeekanne, die bei einem Diner für den Marquis Lafayette eingeweiht wurde; damals fungierte seine Tochter Patsy zum erstenmal als Gastgeberin.

Nichts entging seiner Aufmerksamkeit. Er probierte französisches Obst und Gemüse aus, um es mit amerikanischem zu vergleichen. Zwar zog er die europäischen Aprikosen und Birnen den heimischen vor, stellte aber die amerikanischen Gartengemüse über die französischen. Wenn er reiste, kehrte er immer gern bei Bauern ein, sah ihnen in die Töpfe und kostete ihr Brot. In Südfrankreich probierte er überall Orangen aus, um die beste Sorte zu finden, und in Italien machte er sich Notizen über die Zubereitung von Parmesankäse und Butter. Die Waffeln, die er in Holland zum erstenmal aß, schmeckten ihm so gut, daß er ein Waffeleisen kaufte.

Als er 1789, nach der neuesten Pariser Mode gekleidet, zurückkam, machte er sich daran, den amerikanischen Geschmack zu reformieren. Er nahm Petit, seinen Pariser Haushofmeister, nach Hause mit und trug ihm auf, Vorräte an Makkaroni, Parmesan, Marseiller Feigen, Rosinen, Mandeln, Senf, gutem Essig, Öl und Anchovis mitzubringen. Es machte Jefferson Freude, seine Gäste mit einer Reihe köstlicher neuer Gerichte und einer Auswahl erlesener Weine zu überraschen.

Sobald er sich als Außenminister in der Hauptstadt Philadelphia niedergelassen hatte, schob er von Zeit zu Zeit die Staatsgeschäfte beiseite, um den amerikanischen Chargé d'affaires (Geschäftsträger) in Paris, William Short, zu bitten, die eine oder andere Ingredienz, etwa Vanille, für ihn aufzustöbern oder ein Rezept für ein französisches Gericht ausfindig zu machen, das er zu Hause einführen wollte. Einmal schickte er Short sogar nach Neapel, um eine bestimmte Art Makkaroni zu besorgen. Der Chargé d'affaires mußte feststellen, das die neapolitanischen Makkaroni dünner als die französischen waren, und schickte Jefferson daher eine Nudelmaschine.

Bedauerlicherweise wird Jefferson wegen solcher »Kinkerlitzchen« von amerikanischen Chauvinisten heftig angegriffen: Patrick Henry, der berühmte Gouverneur von Virginia (»Ich bin kein Virginier – ich bin Amerikaner!«), nannte Jefferson vor kurzem einen Mann, der »seinen einheimischen Lebensmitteln abgeschworen« hätte.

Jefferson hält es für politisch klug, betont einfach zu leben. Er empfängt manchmal sogar Botschafter und andere wichtige Besucher in ausgetretenen Pantoffeln und einer alten roten Weste. Nur auf einem Gebiet gibt es für ihn keinen Kompromiß: bei seiner Tafel.

MODE

Mantel ist passé – man trägt Schal

Schon wieder hat eine englische Modeerfindung Furore gemacht. Nach dem Hemdkleid, der Chemise, das voriges Jahr von der Insel aus seinen Siegeszug begann, kommt ein brandneuer Tip von »drüben«: der Kaschmirschal.

Der Schal stellt gewissermaßen den konsequenten Schlußpunkt eines allgemeinen Modetrends dar. Die weich und locker fallende Chemise verdrängte zunächst alle verhüllenden Dessous und macht nun auch den schweren Mänteln den Garaus, welche die Körperformen den Blicken entziehen.

Da es in unseren Breiten jedoch ausgeschlossen ist, zur Winterszeit gänzlich auf wärmende Hüllen zu verzichten, erweist sich der Schal als hochwillkommener Lückenbüßer. Der original englische Kaschmirschal in den verschiedensten Farben und Dessins (für die ärmeren Schichten in bedruckter Baumwolle imitiert) ist sechs Ellen lang und zwei Ellen breit (also ungefähr 3,60 mal 1,20 Meter).

Der Schal wird nicht einfach um die Schultern gelegt und irgendwie am Körper fixiert, sondern in immer neuen Varianten drapiert; eine Kunst, in der jede Dame ihren ganz persönlichen Stil entfalten kann.

Wer zuwenig eigenen Geschmack und Einfallsreichtum besitzt, um sich mit Anmut und Grazie in den Schal zu hüllen, nimmt die Dienste einer Schalmodelleurin in Anspruch, welche Unterricht in der Fertigkeit des Wickelns erteilt.

So warm die – übrigens äußerst kostspieligen – Schals sein mögen: einen Mantel können sie bei strenger Kälte nicht ersetzen. Die Damen frieren – Mode ist nun einmal Mode – tapfer in ihren dünnen Musselinfähnchen und schlagen alle Warnungen in den Wind. ■

Die Entdeckung des Kindes

Sind Kinder nichts anderes als kleinwüchsige Erwachsene, oder sind sie eine Spezies für sich? Offensichtlich neigt man derzeit in England zur letzteren, völlig neuen Ansicht, was schon in einer eigenen Kindermode Niederschlag findet.

Noch vor wenigen Jahren waren die Kinder, kaum den Windeln entwachsen, ebenso gekleidet wie Mama und Papa. Die Knaben frisiert und gepudert wie die Väter, die Mädchen geschnürt und in die gleichen Stoffe gehüllt wie die Mütter, buchstäblich von Kindesbeinen an dazu gezwungen, sich ebenso steif zu halten und vorsichtig zu bewegen wie die Eltern.

Jetzt auf einmal entwickelt sich eine eigene Kindermode. Sie beginnt schon bei den Säuglingen, die in fortschrittlichen Häusern nicht mehr eingewickelt werden. Auch bei den Größeren fällt alles Beengende weg.

Mädchen wie Knaben tragen bis etwa zum dritten Lebensjahr lose Kittel; die Knaben später Hose und Hemd, dazu einen bequemen Überrock. Die weit fallenden Kleider der Mädchen reichen nicht wie früher bis zum Boden, sondern nur bis zur halben Wade und beeinträchtigen nicht mehr den kindlichen Bewegungsdrang.

Viele Eltern, auch der gehobenen Stände, lassen ihre Kinder ohne Hut und bei Schönwetter sogar bloßfüßig umherlaufen. Erstaunlicherweise scheint dies dem Wohlbefinden der Kleinen keinen Abbruch zu tun – im Gegenteil: die englischen Kinder sehen viel frischer und gesünder aus als ihre Altersgenossen auf dem Kontinent.

Vielleicht rührt dies auch daher, daß englische Kinder neuerdings regelmäßig Gymnastik betreiben. Ein Gymnastiklehrbuch für Kinder, dessen Verfasser ein Mr. Gutsmuth ist, wurde soeben publiziert und findet viele Käufer. ■

BIOGRAPHIE

Goethe und Schiller – Freundschaft oder Waffenstillstand

Hand in Hand in den Musenalmanach

Ín Jena únd Weimár / macht mán Hexámeter wíeder, / Áber die Péntametér / sínd noch viel éxzellentér!

So spottet ein Feind des heilen deutschen Dichterhimmels über die jüngst erblühte Freundschaft zwischen dem Herrn Geheimrat Goethe vom Weimarer Hof und dem Herrn Hofrat Schiller von der Universität Jena. ZEIT-BILD untersucht, wieweit die Freundschaft der beiden großen Dichter Wirklichkeit ist oder nur dem Wunschtraum des deutschen Publikums entspricht, das seine Lieblinge Hand in Hand und in Erz gegossen auf einem gemeinsamen Sockel sehen möchte.

Sieben Jahre hat Schiller in Weimar gelebt, ohne daß der Geheimrat Goethe von ihm Notiz genommen hätte. »Dieser Mensch, dieser Goethe, ist mir nun einmal im Weg und erinnert mich immer daran, daß das Schicksal mich hart behandelt hat, während es ihm leicht gemacht wurde«, soll Schiller damals seinen spärlichen Weimarer Bekannten gestanden haben. In diesen sieben Jahren hat er immer antichambrieren müssen, es ist eine Haßliebe, die da in ihm aufflammte und sich dagegen auflehnte, daß Goethe (so Schiller) »alle Menschen fesselt und bezaubert und sich dabei selbst frei hält, wie ein Gott – ohne sich je selbst zu geben«.

Goethe wieder – wenn er sich überhaupt gedanklich mit dem Neuankömmling Schiller beschäftigte – fand den hochaufgeschossenen, hageren Mann mit den roten Flecken auf den Wangen zunächst physisch zuwider. Der Hauch von Krankheit hat den gesunden Egozentriker Goethe schon immer abgestoßen. Der gelbe Schnupftabakfleck unter Schillers Nase war unschön und lächerlich und bewies ein exzentrisches Leben, in dem nur zwischen Tabak, Kaffee, Punsch und den berühmten faulign Äpfeln in der Schublade gedichtet wird.

Auch weltanschaulich ist zwischen den beiden fast nichts zu machen. Der Herr Geheimrat ist auch heute noch ganz naturgläubiger Geist, er und seine Anbeter treiben Mineralogie oder gehen Kräutlein sammeln, sie kommunizieren mit der reinen Natur, indem sie händisch Wege und Grotten in feinen Gärten anlegen oder sie wenigstens planen. Noch in Weimar spöttelte Schiller über »die kindliche Einfalt, die Goethe und seine ganze Sekte bezeichnet«.

Goethe und Schiller: *vereint in den »Horen«*

Goethe wiederum schien Schillers Philosophie abstrus, zu intellektuell und politisch gefährlich. Er selbst ist kein philosophischer Kopf, er hält es mehr mit dem Schauen als mit abstrakten Ideen.

Das also sind die Grundlagen der großen Freundschaft. Kann man unter diesen Umständen Schillers Berufung an die Universität Jena, die Goethe beim Herzog befürwortete (»sein Betragen ist ernsthaft und gefällig, und man kann glauben, daß er auf junge Leute guten Einfluß haben wird«), kann man also diese Verbannung nach Jena noch als Freundschaftsdienst bezeichnen, oder ist sie nicht eher als ein probates Mittel anzusehen, den Konkurrenten Schiller loszuwerden?

Wie dem auch sei, Schiller überlegte eine Weile und ging dann nach Jena. Ohne Gehalt, nur auf Kolleggelder der Studenten angewiesen – so gut war die Goethesche Empfehlung wieder nicht. Als die Zahl seiner Hörer nach anfänglichem Vivatgeschrei für den Dichter der »Räuber« auf etwa dreißig sank, gestand ihm der Herzog ein kleines Gehalt zu.

Alle Jenaer Professoren leben von Nebengeschäften, Schiller von kleinen historischen Arbeiten für Cotta und andere Verleger; oft erscheinen die größeren Schriften der Jenaer in den seltsamsten Verpackungen: Schillers »Geschichte des Dreißigjährigen Krieges« kam zum Beispiel in Göschens »Historischem Kalender für Damen« heraus.

Dann hatte Schiller seine Glanzidee, die ihm zwar kein Geld, aber die »Freundschaft« mit Goethe einbrachte: er, der mehr Journalist als Historiker ist, gründete eine geistig hochstehende Zeitschrift; der Name, der antike Bildung verströmt: Die Horen.

Trotz seiner merkwürdig chaotischen Arbeitszeiten ist Schiller ein genauer und geschickter Planer: während er noch Bittbriefe um Mitarbeit aussandte, erwähnte er schon die gerade Angeschriebenen als sichere Teilnehmer am Projekt. Cotta sagte zu, schließlich versprach auch Goethe einen Besuch in Jena.

Das Gespräch, an einem schönen Nachmittag vor dem Schillerschen Haus geführt, brachte den von Schiller lange gewünschten Durchbruch: er ging gezielt auf Goethes naturwissenschaftliche Interessen los und begann die Unterhaltung mit dem Problem einer möglichen Urpflanze. Auch Goethe lenkte das Gespräch schillerwärts, er suchte Informationen über die Philosophie, die ja jetzt alles gilt.

Schließlich begann Schiller sein Horen-Projekt zu rühmen. Humboldt sei mit von der Partie, auch Fichte, lauter respektable Leute, die Goethe verehren. Also sagte Goethe zu, kehrte nach Weimar zurück und erhielt bald darauf einen Brief aus Jena – Schiller wußte genau, daß man das Eisen schmieden muß, solange es warm ist –, der ihn entzückte. Sofort erwiderte er: »Es scheint, als wenn wir nach einem so unvermuteten Begegnen miteinander fortwandern müßten.«

Goethe sucht seit längerem jemanden, der ihm über die poetische Stagnation der letzten Jahre hinweghilft. Er glaubt, ihn in Schiller und dem Zwang, regelmäßig Material für die Zeitschrift liefern zu müssen, gefunden zu haben. Aber Chefredakteur Schiller mußte bald bemerken, daß Korrespondent Goethe zurückhält, fein auswählt, was er den Horen geben will und was nicht: den »Wilhelm Meister«, mit dem Schiller als mit einem ausgezeichneten Fortsetzungsroman gerechnet hatte, gibt Goethe nicht aus der Hand, dafür will er die eben begonnenen »Unterhaltungen deutscher Auswanderer« liefern, eine Anekdotensammlung, wie sie in anderen Sprachen seit Boccaccio schon oft erschienen ist.

Es ist also auch in der Zeit engster Zusammenarbeit an einem ersten, gemeinsamen Projekt keine vertrauende Freundschaft entstanden, sondern ein Wettstreit, ein genaues Abwägen, wer was gibt oder sich vergibt. Das deutsche literarische Publikum aber ist entzückt: seine beiden Heroen publizieren unter gleichem Umschlag, auch wenn sie einander das vertraute Du noch immer verweigern.

Man möchte eher an einen Waffenstillstand glauben.

■

PERSONALIA

Nach der Hinrichtung der Robespierristen wurde der inzwischen stark gealterte **Abbé Sieyès**, 46, auf einer Hinterbank unter den Abgeordneten gewissermaßen überraschend entdeckt. Niemand von ihnen hatte ihn im letzten Jahr auch nur ein Wort sagen hören; man hatte ihn kaum gesehen. »Sieyès«, fragte ein erstaunter Deputierter, »was hast du denn die ganze Zeit gemacht?« – »Überlebt«, sagte der Abbé leise.

Abbé Emmanuel-Joseph Sieyès

Manche haben sich wirklich keine Mühe gegeben zu überleben. Während Robespierres letzter Rede im Jakobinerklub, in der der Unbestechliche wieder düster von seinen vielen Feinden und deren Machinationen sprach, sprang Politmaler **David**, 46, plötzlich auf und schrie: »Wenn es sein muß, werde ich den Schierlingsbecher mit dir trinken.« Da es sich nun nicht um Schierling handelt, fühlt sich Künstler David offensichtlich nicht verpflichtet, mit den Robespierristen auf die Guillotine zu steigen. Es wäre auch schade: David hat die königliche wie die revolutionäre Gesellschaft porträtiert – auch die neuaufsteigende Mittelklasse mit ihren neuen Führern wird sich gerne in heroischer Pose malen lassen.

Joseph Haydn, 62, hat seine zweite Reise nach England angetreten. Als er bei Schärding an die österreichisch-bayrische Grenze kam, erkundigte sich der Zollbeamte nach seinem Beruf. »Tonkünstler«, sagte der Meister. Als der zweite Zollbeamte fragend aufblickte, erklärte der erste: »No, halt ein Hafner«. – »Freilich«, sagte Haydn lachend und zeigte auf seinen Diener, »und das ist mein Geselle«.

Joseph Haydn

Der Konventsabgeordnete und ehemalige Fleischhauer **Louis Legendre**, 38, hat gleich nach der Verhaftung Robespierres den Jakobinerklub aufgesucht, die dort befindlichen Mitglieder kurzerhand verjagt und das Gebäude zugesperrt. Den Schlüssel hat er dem Konvent feierlich ausgehändigt. Im November dieses Jahres ist der Jakobinerklub auch offiziell auf immer geschlossen worden.

Langsam tauchen in Paris auch wieder die komischeren Anekdoten aus der Schreckensherrschaft auf: Der royalistische Herausgeber und Verfasser der »Actes des Apôtres«, **Champcenetz**, 35, hat sich kurz vor seiner Hinrichtung durch die Guillotine noch dadurch zusätzlich unbeliebt gemacht, daß er während seiner Verhandlung vor dem Revolutionstribunal den Gerichtspräsidenten fragte: »Sagen Sie, ist das hier wie bei der berühmten Nationalgarde, kann man sich hier auch einen Vertreter kaufen?« ■

KUNST

Francisco Goya malt wieder

Seit April ist er wieder in Madrid, aber man kann nicht mit ihm sprechen. Francisco Goya, der neue Stern am Himmel der spanischen Malerei, ist nicht mehr jung; er ist spät zu Ehren gekommen und doch vielleicht schon am Ende. Man hört die widersprechendsten Äußerungen über ihn und seinen monatelangen Aufenthalt in Andalusien.

Ist er vom spanischen Hof geflohen? Wollte er den Folgen amouröser Beziehungen zu einer hohen Dame entkommen? Jedenfalls erlitt er in Cádiz bei seinem Freunde Sebastian Martinez einen schweren Schlaganfall, von dem er sich noch nicht ganz erholt hat. Man spricht aber auch von einer anderen Krankheit, einem spanischen Leiden, das man nach den Franzosen nennt.

Man erfährt von seinem Schwager, dem großen Francisco Bayeu, und anderen Malern in Madrid, daß Goya gelähmt war, seinen Gleichgewichtssinn verloren habe und kaum noch hören und sehen konnte. Seine rechte Hand soll immer noch gelähmt sein – seine Taubheit ist offenbar unwiderruflich und der Grund für seine Isolation. Er kann nur schriftlich mit anderen verkehren – begreiflich, daß diese Situation jede Kommunikation auf ein Minimum reduziert. Noch dazu soll er dauernd Kopfschmerzen und Ohrensausen haben, die ihn in eine chaotische, überreizte Stimmung versetzen. Kann er überhaupt noch malen?

Es ist uns gelungen, einige sehr wichtige schriftliche Äußerungen von ihm zu erhalten. Direktor Don Bernardo Iriarte von der Akademie San Fernando hat uns freundlicherweise einen Brief Goyas zu lesen gegeben, in dem dieser schreibt: »Um meine durch meine Leiden gelähmte Einbildungskraft zu beschäftigen und auch um wenigstens teilweise die Ausgaben für meine Krankheit wieder einzubringen, habe ich eine Reihe von Kabinettbildern gemalt, in welchen es mir gelungen ist, der Beobachtung den Platz zu geben, den sie gewöhnlich in bestellten Werken nicht hat, in denen kein Raum für Phantasie und Erfindungskraft ist.«

Wir hatten Gelegenheit, jene Kabinettbilder zu sehen, die Zeugnis einer neuen tragischen Kunst sind, Zeugnis der inneren Wandlung des Künstlers während seiner Krankheit. Vielleicht sind es seine letzten Werke, vielleicht sind sie der Anfang eines neuen Siglo de Oro, eines neuen goldenen Zeitalters der spanischen Malerei?

Auf den jüngsten Bildern Goyas ist eine radikale Wandlung seiner Palette zu erkennen. Grau, Schwarz und Braun herrschen vor. Aus farbenfroh gekleideten, fröhlichen Menschen sind tragische Figuren geworden, in denen sich das menschliche Schicksal widerspiegelt. Die Bilder sind »Volksfest«, »Karfreitagsprozession der Geißelbrüder«, »Stierkampf«, »Inquisitionsszene« betitelt. Bilder von Angst, Unterdrückung und Verbrechen.

Wem wird er die Augen öffnen? ■

Francisco Goya, Stierkampf: *eines der letzten Kabinettbilder des Malers, die eine Wandlung des Künstlers durch seine schwere Krankheit erkennen lassen*

MUSIK

J. P. Salomon: ein Allroundgenie

Für eine echt musikalische Sensation hat wieder einmal der vielseitige Violinvirtuose, Dirigent, Komponist und Impresario Johann Peter Salomon in London gesorgt: er veranlaßte den von ihm gemanagten Komponisten Joseph Haydn, zum ersten Mal Streichquartette nicht für die Intimität kleiner Salons, sondern eigens für den Konzertsaal zu schreiben, um ein größeres Publikum für Kammermusik zu interessieren.

Die Rechnung ging glatt auf: dank Haydns musikalischem Einfallsreichtum und Salomons hinreißender Interpretation wurden diese Quartette mit Enthusiasmus aufgenommen – für Eingeweihte durchaus nicht überraschend. Denn was dieses Allroundgenie auch anpackt – es gerät ihm zum Erfolg.

Der aus Bonn gebürtige Künstler – er kam übrigens 1745 im gleichen Haus wie Jahre später Beethoven zur Welt – zeigte bereits als Kind glänzende musikalische Anlagen und fand mit 13 Jahren als Geiger Aufnahme ins kurfürstliche Orchester. Mit 17 gab er ein Konzert in Frankfurt am Main und beeindruckte den Prinzen Heinrich von Preußen dermaßen, daß er ihn vom Fleck weg als Konzertmeister engagierte.

Nach triumphalen Erfolgen in Paris eroberte Salomon London, wo er am 27. März 1781 zum ersten Mal mit seiner berühmten Cremoneser Geige auftrat. Der »Morning Chronicle« schrieb: »Salomons Soli machen ergreifenden Eindruck und werden von niemandem übertroffen. Er hat viel Originalität. Er ist sehr empfindsam. Er ist ein Genie!«

Salomon dirigierte auch – und das Publikum jubelte ihm zu. Salomon begann zu komponieren – und fand warmen Beifall. Sogar ein Haydn lobte kürzlich Salomons jüngste Oper »Windsor Castle« als »recht passabel«. Das will immerhin schon etwas heißen.

Mehr zufällig wurde Salomon Impresario und Konzertagent – aber auch da verließ ihn sein Glücksstern nicht. Er trat ursprünglich im Rahmen der bekannten »professional concerts« auf, doch kam es bald zu tiefgreifenden Unstimmigkeiten mit den Managern. Worauf Salomon die Sache selbst in die Hand nahm und sein eigener Impresario wurde – ein so tüchtiger, daß ihm bald auch andere Künstler ihr Schicksal anvertrauten.

Heute leitet Salomon die größte Konzertagentur. Was in der musikalischen Welt Rang und Namen hat, steht mit Salomon in Kontakt und meist auch unter Kontrakt.

Seine bedeutendsten Klienten: Joseph Haydn und der italienische Wundertenor Giacomo David. Auch nach dem jungen Beethoven soll er bereits seine Fühler ausgestreckt haben.

Das Erfolgsrezept des Managers Salomon ist denkbar einfach: er ist ein glänzender Gesellschafter und schafft sich einflußreiche Beziehungen. Beim Prince of Wales ist er ebenso Persona grata wie bei anderen Hocharistokraten. Mit feinstem Fingerspitzengefühl nimmt er nur die besten Künstler unter Vertrag. Und ist nicht kleinlich. Haydn zum Beispiel erhält für die sechs Symphonien die stolze Summe von 300 Pfund, zuzüglich 200 Pfund für Verlagsrechte und weitere 200 Pfund pro Benefizkonzert.

Die von Salomon organisierten Konzerte in Hanover Square Garden sind ein gesellschaftliches Ereignis, zu dem sich in dem 800 Personen fassenden Saal oft bis zu 1.500 Menschen drängen – vor allem wegen der musikalischen Attraktion (und vielleicht auch wegen der exquisiten Buffets, die der schlaue Salomon während der Pausen gratis zugänglich macht).

Über dem Musikmanagement hat Salomon die Musikausübung nicht zu kurz kommen lassen. Nach wie vor tritt er als Solist und Dirigent auf, kümmert sich, zusammen mit Haydn und dem genialen Konzertmeister Giovanni Battista Viotti, um Aufbau und Neuorganisation des Symphonieorchesters, dessen Mitgliederzahl heuer von den bisher üblichen 40 auf 60 erhöht wurde. So entstand ein moderner, zukunftsweisender Klangkörper.

Johann Peter Salomon hat sich um das Londoner, ja um das gesamte europäische Musikleben große Verdienste erworben. Er darf mit Recht ein Zitat aus dem »Public Advertiser« auf sich beziehen: »Alles in der musikalischen Kunst ist jetzt in die Höhe getreten. Noch nie konnte sich dieses Land eines derartig hervorragenden musikalischen Zustands rühmen. Keine Metropole kann eine solche Vereinigung von Meistern aufweisen, wie es London eben bietet.«

Johann Peter Salomon: *Violinvirtuose, Dirigent, Komponist und Impresario, hat London zur Musikmetropole Europas gemacht.*

BESTSELLER

Zwei schwere Brocken und ein Fliegengewicht
Geschichte und erfolgreiche Geschichten auf dem Büchermarkt

Guerillakrieg gegen Despoten – eine gerechte Sache?

Der Abfall der vereinigten Niederlande von der spanischen Regierung war zwingend und gerecht – diese Meinung vertritt Friedrich von Schiller, seit fünf Jahren Professor für Geschichte in Jena, in seiner Abhandlung, deren erster Band im Herbst 1788 erschienen ist.

Auf der einen Seite günstige physische Umwelt und also freiheitliche Zustände – auf der anderen die durch triste Geistes- und Staatsverfassung verkümmerten Spanier. Bei solcher Sicht der Fronten erscheint der Guerillakrieg gegen die Spanier als gerechtfertigt.

Bei allen Bedenken gegen diese vertretene Meinung: Was wir da gelesen haben, ist keine Geschichtsschreibung, sondern Romanprosa. So fesselnd hat noch kaum einer geschichtliche Ereignisse beschrieben! Hier ist die Historiographie in den Rang einer Kunst erhoben. »Geschichte kann historisch treu geschrieben sein, ohne darum eine Geduldsprobe für den Leser zu sein...« sagt Schiller.

Historische Treue im Detail, zugegeben, doch nicht in den Prämissen und Folgerungen. Der Dichter der »Räuber« hat wegen ähnlich rebellischer Ansichten schon einmal vor der Wut seines Herzogs das Weite suchen müssen. Auch er führte in seinem Privatleben einen Guerillakrieg gegen die »Despoten«. In seinem Fall gegen jene Leute, die ihm seinerzeit zur Professur verholfen haben.

Friedrich von Schiller: Geschichte des Abfalls der vereinigten Niederlande von der spanischen Regierung. Leipzig, bei Lebrecht Grusius, 1788.

Triumph der Unkultur und der Religion

In England ist 1788 der sechste und letzte Band eines historischen Kompendiums erschienen, der »Geschichte des Verfalls und Untergangs des Römischen Reiches« von Edward Gibbon.

Nach Gibbon hat sich der Untergang Roms in drei Phasen vollzogen:
- Durch die Hunnen- und Gotenstürme zerfällt das Imperium in Einzelreiche (180 bis ca. 500).
- Die afrikanischen und asiatischen Besitzungen gehen an die Mohammedaner verloren, die Gründung Ostroms besiegelt den Verzicht auf das Westreich (500–800).
- Sprache und Sitten gehen unter, die Reichsidee wird 1453 mit der Erstürmung Konstantinopels begraben.

Gibbon hat einen brillanten Stil und einen sicheren Blick für die Kontinuität der Geschichte über viele Jahrhunderte hinweg. Nach seiner Auffassung ist das Christentum für den Verfall Roms verantwortlich. Der Kampf zwischen Christen und Heiden, religiöser Fanatismus, Zensurmaßnahmen, Massaker, Aberglauben: das sind für Gibbon die Stationen zum Untergang. Daß er das nicht polemisch, sondern nüchtern argumentierend tut, ist ihm hoch anzurechnen.

Edward Gibbon: Decline and Fall of the Roman Empire. 6 Bände, 1766—88.

Der oder die Abschreiber aus den USA

Bereits zwei Jahrzehnte ist es her, seit der unvergleichliche Goethe »Die Leiden des jungen Werthers« veröffentlichte, jetzt kommt die Kunde von einem Plagiat aus der Neuen Welt. In Boston ist vor fünf Jahren ein Buch erschienen, das den schwülstigen Titel trägt: »The Power of Sympathy or The Triumph of Nature Founded in Truth« (Die Macht der Sympathie oder Der Triumph von Natur und Wahrheit). Es ist die Geschichte eines gerade noch verhinderten Inzests zwischen Halbgeschwistern, die daraufhin den Tod finden. Schuld an der Geschwisterliebe ist der Vater.

Der Roman richtet sich vornehmlich an eine weibliche Leserschar und ist Goethes Werther außerordentlich getreu »nachempfunden«. Bedenklich stimmt außerdem, daß hier der Versuch unternommen wird, aus einem allgemein bekannten Skandal der Bostoner Gesellschaft literarisches Kapital zu schlagen. Während man in Amerika annimmt, daß die aus Boston stammende Dichterin Sarah Wentworth Morton für dieses Werk verantwortlich zeichnet – der Roman wurde anonym auf den Markt geworfen –, ist in Europa der wirkliche Autor inzwischen bekannt. Er heißt William Hill Brown und stammt ebenfalls aus Boston. »The Power of Sympathy« ist der Erstling des Neunundzwanzigjährigen, und man kann nur hoffen, daß das literarische Greenhorn das Abschreiben läßt oder einen eigenen, besseren Weg findet.

William Hill Brown: The Power of Sympathy or The Triumph of Nature Founded in Truth. Boston 1789. ■

SPORT

»Sei fit, mach mit!« sagen die Perser

Exklusivinterview mit dem Reiseschriftsteller Carsten Niebuhr

Der Däne Niebuhr gehört zu den Zeitgenossen, denen die augenblicklichen Aufregungen der europäischen Politik noch nicht aufregend genug sind. Er muß sich in die Abenteuer ferner Länder stürzen. Vor wenigen Wochen kehrte der berühmte Reisende von seiner bisher letzten Fahrt nach Arabien und die umliegenden Reiche zurück. Die Sportredaktion von ZEIT-BILD befragte Herrn Niebuhr zum Problem der Körperertüchtigung, die in Europa heute in einer einzigen, progressiven Schule, dem »Philanthropinum« in Dessau, auf dem Lehrplan steht.

ZB: Herr Niebuhr, die mangelnde Sportbegeisterung der europäischen Jugend gibt Anlaß zu Sorge. Haben Sie im Zuge ihrer Reisen Erfahrungen sammeln können, die beweisen, daß andere Völker da tüchtiger sind?
NIEBUHR: Das kann man wohl sagen. Vor allem in Persien fiel mir auf, daß die meisten Männer ungewöhnlich kräftig und dennoch von geschmeidiger Eleganz sind. Den Grund dafür erfuhr ich in Schiras, wo mich mein Gastgeber in ein sogenanntes »surchone«, ein »Haus der Stärke«, einlud. Das ist ein relativ kleines, aber sehr hoch gebautes Haus, in dem jeder seine Stärke öffentlich unter Beweis stellen kann. Dies geschieht auf dem kleinen Platz in der Mitte eines Raumes, der vier Nischen hat. Die Beleuchtung ist dürftig, da keine Fenster in den Wänden sind, lediglich oben im Gewölbe ist ein Loch, durch das ein wenig Licht fallen kann. Die ganze Anlage hat wohl den Sinn, Luftzug abzuhalten. Die Luft ist daher schweiß- und tabakgeschwängert.
ZB: Wieso tabakgeschwängert, Herr Niebuhr?
NIEBUHR: Es gehört zur Eröffnung des Trainings, daß sich die Teilnehmer zuerst in eine Nische setzen, eine Pfeife Tabak rauchen und eine Tasse Kaffee trinken. Dazu spielen drei Musikanten mit Zither und Pauke, einer singt. Dann ziehen sich alle Teilnehmer bis auf enganliegende lederne Hosen aus und springen in die Arena. Bevor die Übungen beginnen, verrichten sie aber ihre Gebete.
ZB: Wird eigentlich einzeln oder gruppenweise geübt?
NIEBUHR: Zuerst übt jeder für sich, um den Körper locker und geschmeidig für die Gruppenübungen zu machen. Die Teilnehmer stützen sich dann nebeneinander auf Hände und Füße; Sinn dieser Übung ist es, Hände und Füße möglichst weit zu spreizen, ohne daß dabei der Bauch den Boden berührt. In dieser Stellung wird jetzt mit dem Kopf gekreist, alles im Takt der unaufhörlich spielenden Musik. Die Besten liegen dabei fast flach auf dem Boden und kreisen den Kopf etliche 60 Male.
ZB: Wie sind denn die Kraftübungen?
NIEBUHR: Einige nehmen in beide Hände sehr schwere Holzkeulen, werfen sie auf beide Schultern und bewegen sie im Takt über dem Kopf von vorn nach hinten. Andere wieder legen sich auf ein Kissen und heben zwei schwere Holzstücke, wobei der Meister neben ihnen sitzt und laut mitzählt. Es versteht sich von selbst, daß jeder bei dieser außerordentlich schweren Übung die anderen überflügeln will. Das Ende dieser Übungen bildet ein Tanz, und zwar ein schwerer Stampftanz, der den Zweck hat, den Körper durchzuschütteln und die verkrampften Muskeln zu lösen.
ZB: Man sagt, daß die Perser hervorragende Ringer seien?

Ringen in Persien: *In einem »Haus der Stärke« kann jedermann seine Kraft unter Beweis stellen. Vor Beginn der Kämpfe wird gemeinsam trainiert*

NIEBUHR: Das ist ganz richtig. Der Ringkampf bildet auch den Abschluß des Treffens. Alle stellen sich in einer Reihe auf, der Meister hält eine kurze Ansprache, in der er auf die Tradition des Ringkampfes hinweist – und dann beginnen sie paarweise zu ringen. Dies geschieht folgendermaßen: die Kämpfer stehen einander gegenüber, grüßen den Gegner durch Kreuzen der Hände vor der Stirn. Dann setzen sie sich. Jeder versucht jetzt, seinen Gegner am vorteilhaftesten zu fassen. Es kommt zum Handgemenge, wobei sie bald kniend, bald stehend ringen, bis einer endgültig auf dem Boden zu liegen kommt. Der Unterlegene küßt dem Sieger ehrerbietig die Hand. Es war einer darunter, der nach und nach alle besiegte – als niemand mehr gegen ihn antreten wollte, trat er auf die Zuschauer zu und forderte ein kleines Trinkgeld.

ZB: Gibt es besonders bekannte Ringer?

NIEBUHR: Ja, natürlich. Kann einer den Nachweis erbringen, daß er in einem der drei großen Ringerzentren wie Isfahan, Konstantinopel oder Delhi bekanntgemacht habe, daß er gegen den Stärksten ringen wolle und daß sich keiner gefunden habe, der ihn zu Boden hätte werfen können, so darf er sich einen in Stein gehauenen Löwen aufs Grab setzen lassen. In Schiras gibt es zwei solcher Gräber.

ZB: Wie viele solcher »surchones« gibt es in Schiras?

NIEBUHR: Allein in Schiras gibt es drei öffentliche »Häuser der Stärke«, in größeren Städten natürlich wesentlich mehr. Reiche Leute haben sich »Kraftkammern« im eigenen Haus eingerichtet, sie üben zumeist vormittags, den Nachmittag verbringen sie mit Reiten.

ZB: Herr Niebuhr, vielen Dank für das interessante Gespräch. ∎

Ringen auch außerhalb der Tempel

Japan bricht mit Tradition

Die berühmten japanischen Sumo-Ringer (das Wort wird »ssmo« ausgesprochen) haben mit einer Tradition gebrochen, die noch auf das erste Jahrhundert unserer Zeitrechnung zurückgeht. Damals nämlich ließ Kaiser Suinin (29–70 n. Chr.) die Hofleute nur im Tempelbezirk ringen. Frauen durften nicht zusehen. Erst jetzt werden derartige Kämpfe auch außerhalb der Tempel ausgetragen, und auch Frauen dürfen sich unter das – selbstverständlich zahlende – Publikum mischen.

Aus der ehemaligen Privatbelustigung des Kaisers ist nämlich eine öffentliche Einrichtung geworden, die im ganzen Land ihre Anhänger hat. Kaiser Shomu (725–745 n. Chr.) fügte die Ringkämpfe ins herbstliche Erntefest ein und ließ in allen Provinzen Vorkämpfe veranstalten, aus denen die Besten in die damalige Hauptstadt Nara entsandt wurden. Die Finalkämpfe, die vorzugsweise im Asuka-dara-Tempel von Nara abgehalten wurden, fanden ungeheuren Anklang. Das beweist allein schon die Tatsache, daß der Bau des Hofu-kuji-Tempels in Yamashiro zur Gänze durch die Einnahmen aus den Ringkämpfen finanziert wurde.

Es ist ja ein beeindruckender Anblick, die weit über 100 Kilo schweren, halbnackten Kolosse einander belauern zu sehen – sie fintieren, stürmen aufeinander los, wechseln blitzschnell die Griffe (es gibt insgesamt 64), um den Gegner aus dem Ring zu drängen. Denn wenn einer der Ringer auch nur mit der Zehe außerhalb des strohgeflochtenen Kreises von 1,6 Meter Durchmesser gerät oder im Kreis zu Fall gebracht wird, hat er schon verloren.

Wie alle japanischen Sportarten hat das Sumo uralte Tradition und überkommene Riten. So ringen am Finaltag die westlichen gegen die östlichen Provinzen, Rosenpappel gegen Pfirsichblüte. Die drei Sieger erhalten Bogensehne und Pfeil. Die Ringer selbst sind bis auf einen seidenen Schal um den Unterleib nackt, am Schal selbst hängen die errungenen Meisterschaftsabzeichen. Insgesamt gibt es fünf Leistungsklassen, deren oberste Maku-no-uchi (hinter dem Vorhang) heißt. Jeder Ringer strebt danach, als Banzuke unter einem Arenanamen bekannt zu werden.

Der Schiedsrichter ruft die beiden Kontrahenten auf das Doh yo, ein mit einem Schutzdach versehenes Podium, das die Fett- und Muskelberge mit leichtem Neigen des Kopfes betreten. Sie sind halbgeschoren, bis auf einen einzigen Haarknoten in der Mitte des Hinterkopfes, in den sie Blumen eingeflochten haben.

Jetzt beginnen die Vorbereitungszeremonien: Sie spülen den Mund mit Wasser, das ihnen der Sieger des vorhergegangenen Kampfes reicht, und streuen Salz (in Japan ein Symbol der Reinheit) in die Arena, um ihre absolute Unterwerfung unter die Regeln zu bekunden. Mit abwechselndem Seithochspreizen der Beine werden die Götter begrüßt, ein Niederstampfen in Grätschstellung soll den Tritt gegen den Erdteufel bedeuten. Sodann gehen sie mit ausgebreiteten Armen und hohlem Kreuz in den Startsitz und sehen einander in die Augen.

Dies wiederholt sich mehrere Male, bis der Schiedsrichter feststellt, daß die Gegner haargenau im gleichen Rhythmus atmen. Erst dann gibt er das Zeichen zum Kampf, der oft nur Sekunden dauert. Zehntausende Zuschauer begleiten das Ringen mit lauten Aufschreien, aber wenn die Entscheidung verkündet wird, herrscht atemlose Stille.

Die Kämpfer nehmen den Spruch unbewegt hin, sie bieten ein Beispiel vollendeter Beherrschung des Körpers und des Geistes.

Ein Turniertag beginnt um acht Uhr früh und endet am Spätnachmittag – da tritt einer der Ringer auf und schwingt einen eisernen Bogen, womit das Ende des Kampftages angezeigt wird. ■

Japanische Sumo-Ringer: *ehemals Privatbelustigung des Kaisers, nun eine öffentliche Einrichtung*

In den **17 Monaten der Terreur,** der Schreckensherrschaft, verhängte das Pariser Revolutionstribunal 2.627 Todesurteile. In der Provinz wurden 16.594 Todesurteile ausgesprochen und vollzogen. Dazu kommen etwa weitere 20.000 Bürger, die bei standrechtlichen Erschießungen im Zuge der Unterdrückung von Rebellionen (Lyon, Nantes, Toulon) ums Leben gekommen sind.

WENDEPUNKTE

Selbstmord:
Jacques Roux, revolutionärer Priester und Führer der Enragés, im Gefängnis

Guillotiniert:
Die »Hébertisten« **Hébert** (der »Père Duchesne«), der General **Ronsin,** der Generalsekretär des Kriegsministeriums. **Vincent,** der Erfinder der Trias »Freiheit – Gleichheit – Brüderlichkeit« **Momoro;**

die »Ultraprogressiven« **Mazuel, Descombes, Ancard, Ducroquet;**
der »ausländische Agent« **Anacharsis Cloots,** preußischer Deputierter;
die Bankiers **Kock, Proli, Desfieux, Pereira** und **Dubuisson;**

die »Dantonisten« **Danton, Desmoulins, Delacroix** und **Philipeaux,** der General **Westermann** als Freund Dantons;

die in die Schieberaffäre verwickelten **Fabre d'Eglantine, Guzman** und die **Brüder Frey;**

der große Chemiker **Lavoisier,**
Mme. Élisabeth, Schwester von Ludwig XVI.,
mit ihr **Lucille,** Witwe von Camille Desmoulins,
Mme. Hébert,
der Verteidiger Ludwigs XVI., **Malesherbes,** zusammen mit seinen minderjährigen Enkeln,
der Dichter **André Chenier,**
der General **Alexandre de Beauharnais;**

die »Robespierristen« **Maximilien** und **Auguste** (»Bonbon«) **Robespierre, Saint-Just,** der Abgeordnete **Couthon,** der General der Pariser Nationalgarde, **Hanriot, Simon,** der Kerkermeister des Dauphin,
alles in allem 104 »Robespierristen«, davon 22 am 28. Juli, 70 am 29. Juli und 12 am 30. Juli.

5. April: *Danton wird zur Hinrichtung gefahren*

Bedeutende Ereignisse 1789–1794

	POLITIK: FRANKREICH	POLITIK: AUSLAND	BILDENDE KUNST
1789	5. Mai: Eröffnung der Generalstände 17. Juni: Der dritte Stand erklärt sich zur Nationalversammlung 11. Juli: Entlassung von Finanzminister Necker 14. Juli: Sturm auf die Bastille 26. August: Erklärung der »Menschen- und Bürgerrechte« 5.–6. Oktober: Weiberzug nach Versailles, Übersiedlung des Königs und der Nationalversammlung nach Paris 2. November: Verstaatlichung der Kirchengüter	George Washington erster Präsident der USA Aufstand in den österreichischen Niederlanden Verkündung der »Bill of Rights« im USA-Staat Virginia	† Tischbein d. Ä., dt. Rokokomaler
1790	27. April: Gründung des radikalen Klubs der Cordeliers 12. Juli: Zivilkonstitution des Klerus 14. Juli: Föderationsfest in Paris	† Joseph II. Nachfolger wird sein Bruder Leopold II. Friede von Werelä: Ende des Schwedisch-Russischen Krieges um Ostseeprovinzen und Ostfinnland (Gebietsverluste für Schweden) Bauernaufstand in Sachsen	Maulpertsch: Selbstbildnis
1791	2. April: † Mirabeau 20. Juni: Fluchtversuch des Königs 3. September: Frankreich wird nach der neuen Verfassung eine konstitutionelle Monarchie 1. Oktober: Eröffnung der gesetzgebenden Versammlung	Pillnitzer Deklaration: Bündnis Österreich – Preußen gegen Frankreich Kanada-Akte vom englischen Parlament verabschiedet Washington, die Hauptstadt der USA, wird gegründet † Potjomkin	
1792	20. April: Kriegserklärung Frankreichs an Österreich, Beginn der Koalitionskriege 25. Juli: Manifest des Herzogs von Braunschweig 10. August: Sturm auf die Tuilerien, Sturz der Monarchie 2.–6. September: Massaker in den Gefängnissen 20. September: erste Sitzung des Konvents, Kanonade von Valmy 21. September: Abschaffung des Königtums 11. Dezember: Beginn des Prozesses gegen Ludwig XVI.	Friede von Jassy: Ende des Russisch-Türkischen Krieges (Gebietsgewinne für Rußland) Militärkonvention Österreich – Preußen † Leopold II. Nachfolger wird sein Sohn Franz II. † Gustav III. (ermordet) Dollar wird Münzeinheit der USA Kentucky wird Bundesstaat der USA	† Reynolds, engl. Porträtmaler
1793	21. Januar: Hinrichtung Ludwigs XVI. 11. März: Ausbruch des royalistischen Aufstandes in der Vendée 6. April: Bildung des Wohlfahrtsausschusses 31. Mai–2. Juni: Ausschaltung der Gironde 13. Juli: Ermordung Marats 23. August: Dekret über die Levée en masse 5. September: Der Konvent fordert den Terror 29. September: Höchstpreise festgesetzt 16. Oktober: Hinrichtung Marie Antoinettes 10. November: Fest der Freiheit und Vernunft	Zweite Teilung Polens zwischen Rußland und Preußen England, Holland, Sardinien, Neapel, Portugal und Spanien verbünden sich mit Österreich und Preußen gegen Frankreich	Goya: Caprichos (Radierungen) Canova: Amor und Psyche David: Der ermordete Marat † Guardi, ital. Rokokomaler * Waldmüller, österr. Biedermeiermaler
1794	26. Februar: Ventôse-Akt über die Beschlagnahme der Güter von Verdächtigen 13. März: Verhaftung der Hébertisten 30. März: Verhaftung der Dantonisten 10. Juni: Verschärfung des Justizterrors 27. Juli: Sturz Robespierres 28. Juli: Hinrichtung Robespierres		

LITERATUR	MUSIK	WISSENSCHAFT UND TECHNIK
Goethe: Torquato Tasso Kotzebue: Menschenhaß und Reue	Mozart: Jupitersymphonie Grétry: Blaubart (Oper)	Antrittsvorlesung Schillers in Jena: Was heißt und zu welchem Ende studiert man Universalgeschichte Herschel entdeckt die ersten zwei Satelliten des Saturn Erste Baumwollspinnerei in den USA (Beverly, Massachusetts)
Goethe: Römische Elegien Burke: Betrachtungen über die Französische Revolution Schiller ⚭ Charlotte von Lengfeld	Mozart: Cosi fan tutte Mozart: Krönungskonzert Haydns erste Reise nach England	Goethe: Die Metamorphose der Pflanze (Pflanze als Urform des Lebens) Immanuel Kant: Kritik der Urteilskraft Erstes Dampfkraft-Walzwerk in England † Adam Smith, engl. Nationalökonom
de Sade: Justine, ou les malheurs de la vertu Boswell: Life of Samuel Johnson Moritz: Die Götter der Griechen und Römer * Grillparzer, österr. Dichter	Mozart: Titus Mozart: Die Zauberflöte Mozart: Requiem Haydn: Symphonie mit dem Paukenschlag † Mozart	Herder: Ideen zur Philosophie der Geschichte der Menschheit Galvani entdeckt die galvanische Elektrizität Pinel schlägt in seinem Werk »Sur l'aliénation mentale« eine menschliche Behandlung der Geisteskranken vor
	Beethoven kommt nach Wien Cimarosa: Die heimliche Ehe (Oper) Rouget de Lisle: Marseillaise	Fichte: Versuch einer Kritik aller Offenbarung Chappe erfindet einen optischen Telegraphen Gasbeleuchtung in einer englischen Fabrik
† Goldoni, ital. Dramatiker Jean Paul: Das vergnügte Leben des Schulmeisterleins Maria Wuz in Auenthal Voß: Homer-Übersetzung		Schiller: Über Anmut und Würde Herder: Briefe zur Beförderung der Humanität Eli Whitney erfindet eine Baumwollentkörnungsmaschine
† Gottfried August Bürger, dt. Balladendichter † André de Chenier, franz. Lyriker Beginn der Freundschaft zwischen Goethe und Schiller	Haydn: 12 Londoner Symphonien vollendet Haydns zweite Reise nach England	Fichte: Grundlagen der Gesammelten Wissenschaftslehre Metermaß in Frankreich eingesetzt Erste Pferdeeisenbahn in England Gründung der École Polytechnique in Paris * Lavoisier

Personenregister

A

Abd Al Hamid I., türk. Sultan (1773—1789) *47*

Abd Al Wahhab, Mohammed (um 1703 bis 1792), Stifter der Wahhabitensekte *194 f.*

Adams, John (1735—1826), 2. Präsident der USA *168*

Alexander I. Pawlowitsch, Zar von Rußland 1801—1825 *126*

Alxinger, Johann Baptist (1755—1797), österr. Dichter *7*

Anckarström, Jacob Johan (1762—1792), schwed. Offizier *123 f.*

Aranda, Pedro Pablo Abarca de Bolea, Graf von (1719—1798), span. Staatsmann *163*

Armsfeldt, Gustav Mauritz (1757—1814), Berater Gustavs III. *122*

Artois: siehe Charles-Philippe Prinz v. A.

B

Baggesen, Jens Immanuel (1764—1826), dän. Schriftsteller *135*

Barnave, Antoine-Pierre (1761—1793), 1790 Präsident der Nationalversammlung *80, 181*

Barras, Paul Vicomte de (1755—1829), Gegner Robespierres *120, 186, 189*

Beauharnais, Alexandre de (1760—1794), franz. General *231*

Beaumarchais, Pierre-Augustin Caron de (1732—1799), Bühnenschriftsteller u. Abenteurer *44, 132 ff.*

Beckford, William (1759—1844), engl. Schriftsteller *179*

Beethoven, Ludwig van (1770—1827), dt. Komponist *80, 128, 178, 226*

Bergopzoom, Johann Baptist (1742—1804), Wiener Hofschauspieler u. Dichter *132*

Besenval, Pierre-Victor, Baron von (1722 bis 1791), Militärkommandant von Paris *16, 18*

Bethmann-Unzelmann, Friederike Auguste Konradine (1760—1815), dt. Schauspielerin *172*

Billaud-Varenne, Jean-Nicolas (1756—1819), Mitglied d. Wohlfahrtsausschusses *103, 157, 186 f.*

Blanchard, Jean-Pierre (1753—1809), franz. Ballonfahrer *77 ff.*

Blumauer, Alois (1755—1798), österr. Schriftsteller u. Buchhändler *7*

Boswell, James (1740—1795), schott. Schriftsteller *90 ff.*

Bouchardon, Edme (1698—1762), franz. Bildhauer *154*

Brissot, Jacques-Pierre (1754—1793), Girondistenführer *52, 54 f., 98, 100, 138 f., 143, 181*

Buonaparte, Napoleone (1769—1821), franz. General *101 f., 155, 192*

Burke, Edmund (1729—1797), engl. Publizist, Politiker u. Philosoph *90*

C

Cagliostro, Alessandro Graf von, eigentlich Giuseppe Balsamo (1743—1795), Geisterbeschwörer, Alchimist u. Freimaurer *70 ff.*

Capet, Louis: siehe Ludwig XVI.

Carnot, Lazare (1753—1823), 1793 Organisator des Kriegswesens *55, 142, 148 ff., 155, 157, 161, 164, 187*

Carrier, Jean-Baptiste (1756—1794), radikaler Jakobiner *155*

Chappe, Claude (1763—1805), Erfinder eines opt. Telegraphen *119 f., 129*

Chardin, Jean-Baptiste Siméon (1699—1779), franz. Maler *41*

Charles Philippe Prinz von Artois (1757 bis 1836), Bruder Ludwigs XVI. *112 f., 139*

Chaumette, Pierre-Gaspard (1763—1794), Mitglied des Konvents *186, 191, 214 f.*

Chenier, André de (1762—1794), franz. Lyriker *177, 191, 231*

Choderlos de Laclos, Pierre (1741—1803), franz. Schriftsteller *216 f.*

Cimarosa, Domenico (1749—1801), ital. Komponist *44*

Clavière, Etienne (1735—1793), Genfer Bankier *166*

Clavijo y Fajardo, José (um 1730—1806), span. Schriftsteller u. Gelehrter *133*

Clive, Robert Lord C. of Plassey (1725 bis 1774), engl. Gouverneur u. Oberbefehlshaber in Indien *117, 199, 201*

Clodion, eigentl. Claude Michel (1738—1814), franz Bildhauer *154*

Coffinhal, Jean-Baptiste (1754 bis ca. 1832), Vizepräsident des Revolutionstribunals *208*

Collot d'Herbois, Jean-Marie (1750—1796), Mitglied des Wohlfahrtsausschusses *154 f., 157, 185, 187*

Condorcet, Antoine Marquis de (1743 bis 1794), franz. Philosoph, Mathematiker u. Sozialrevolutionär *55, 102, 210, 212, 215 f.*

Corday d'Armont, Charlotte de (1768 bis 1793), franz. Royalistin *150 f., 215*

Cotes, Francis (1725—1770), engl. Maler *88*

Couthon, Georges (1755—1794), Mitglied d. Konvents *154, 157, 189, 215, 231*

Custine, Adam-Philippe Graf von (1740 bis 1793), franz. General *174, 181*

D

Dalberg, Wolfgang Heribert Reichsfreiherr von (1750—1806), Intendant des Mannheimer Nationaltheaters 1778—1803 *42*

Danton, Georges (1759—1794), Mitglied des Wohlfahrtsausschusses *34, 101 ff., 146 148, 153, 155 ff., 164, 167, 175, 184, 186, 188 f., 215, 231*

David, Giacomo (1750—1830), ital. Sänger *87, 224*

David, Jacques-Louis (1748—1825), franz. Maler *41, 151 f., 224*

Desmoulins, Camille (1760—1794), Initiator des Sturms auf die Bastille, Mitarbeiter Dantons *15, 34, 52 f., 121, 138, 157, 164, 186, 188, 215, 231*

Diderot, Denis (1713—1784), franz. Schriftsteller u. Philosoph *177, 210*

Dietrich, Philippe-Frédéric Baron von (1748 bis 1793), Bürgermeister von Straßburg *124, 162, 181*

Ditters von Dittersdorf, Karl (1739—1799), österr. Komponist *43*

Du Barry, Marie-Jeanne Bécu Gräfin (1743 bis 1792), seit 1769 Mätresse Ludwig XV. *25, 28, 133, 153 f., 181*

Dumouriez, Charles-François (1793—1823), franz. General *100, 114, 150, 160 f., 188*

E

Égalité, Philippe: siehe Philippe v. Orléans

Elisabeth von Württemberg (1767—1790), ⚭ Franz II. *110*

F

Fabre d'Églantine, eigentl. Philippe François Nazaire Fabre (1750—1794), franz. Lustspieldichter *157, 188, 231*

Fersen, Hans Axel Graf von (1755—1810), schwed. Diplomat *57 ff., 167*

Fichte, Johann Gottlieb (1762—1814), dt. Philosoph *159, 223*

Fitzherbert, Maria Ann, geb. Smythe (1756 bis 1837, ⚭ 1785 Georg IV. *6*

Floridablanca, José Moñino y Redondo Graf von (1728—1808), span. Politiker *163*

Fouché, Joseph (1759—1820), Mitglied des Konvents *55, 100, 154 f., 186 f.*

Fouquier-Tinville, Antoine-Quentin (1746 bis 1795), öffentl. Ankläger des Revolutionstribunals *152, 188, 190 f.*

Francis, Sir Philip (1740—1818), engl. Politiker *200*

Franklin, Benjamin (1706—1790), amer. Staatsmann, Schriftsteller u. Erfinder *94 f., 145*

Franz I. Stephan, röm.-dt. Kaiser 1745 bis 1765, ⚭ Maria Theresia *61 f., 136, 192 f., 197*

Franz II., röm.-dt. Kaiser 1792—1804, Sohn Leopolds II. *109 f., 113, 132*

Friedrich II., der Große, König von Preußen 1740—1786 *123, 143*

Friedrich August III., der Gerechte, Kurfürst von Sachsen 1768—1827, *62 ff.*

Friedrich Wilhelm II., König von Preußen 1786—1797, Neffe Friedrichs des Großen *7, 50, 114, 124, 143*

G

Gainsborough, Thomas (1727—1788), engl. Maler *88*

Galvani, Luigi (1737–1798), ital. Arzt u. Entdecker der galvan. Elektrizität *75 f.*
Garrick, David (1717–1779), engl. Schauspieler u. Dramatiker *90*
Georg III., König von England 1760–1820, infolge der Geisteskrankheit 1811 sein Sohn, Georg IV., Regent *5 f., 87, 116, 127*
Georg IV., König von England 1820–1830, seit 1811 Regent, Sohn Georgs III. *5, 87, 226*
Gerstenberg, Heinrich Wilhelm von (1737 bis 1823), dt. Dichter u. Kritiker *135*
Gibbon, Edward (1737–1794), engl. Geschichtsschreiber u. Politiker *90, 227*
Godoy, Manuel de, Herzog von Alcudia (1767–1851), span. Staatsmann *163 f.*
Goethe, Johann Wolfgang von (1749–1832), dt. Dichter *32, 37, 42, 45 ff., 83 f., 93, 115, 129, 133, 135, 137, 218, 222 f., 227*
Goldoni, Carlo (1707–1793), ital. Dramatiker *177*
Gouges, Olympe de (1748–1793), franz. Schriftstellerin u. Frauenrechtlerin *212 f., 215 f.*
Goya y Lucientes, Francisco José de (1746 bis 1828), span. Maler *224 f.*
Gozzi, Carlo Graf (1720–1806), ital. Dramatiker *177*
Guillotin, Joseph-Ignace (1738–1814), franz. Arzt *107 f.*
Gustav III., König von Schweden 1771 bis 1792 *9, 40, 122 ff., 197*

H
Hamilton, Alexander (1757–1804), amer. Staatsmann *11, 145, 168*
Hanriot, François (1761–1794), Kommandant der Gardes nationales *189, 231*
Hastings, Warren (1732–1818), 1773–1785 Generalgouverneur von Britisch-Indien *82, 198 ff.*
Haydn, Joseph (1732–1809), österr. Komponist *42 ff., 80, 84, 87, 94, 128, 177, 224, 226*
Hébert, Jacques-René (1757–1794), Haupt der radikalen Jakobiner, Journalist *103, 138 f., 184, 186, 231*
Helvétius, Claude-Adrien (1715–1771), franz. Philosoph *210*
Henry, Patrick (1736–1799), Gouverneur v. Virginia *221*
Herder, Johann Gottfried von (1744–1803), dt. Dichter u. Philosoph *93*
Herman, Martial-Joseph-Armand (1750 bis 1795) Präsident des Revolutionstribunals *190 f.*
Hildebrandt, Johann Lukas von (1668 bis 1745), österr. Baumeister *176*
Hoche, Lazare (1768–1797), franz. General *148*
Houchard, Jean-Nicolas (1740–1793), franz. General *181*

Houdon, Jean-Antoine (1741–1828), franz. Bildhauer *127*
Humboldt, Wilhelm Freiherr von (1767 bis 1835), dt. Staatsmann, Philosoph u. Sprachforscher *223*

I
Iffland, August Wilhelm (1759–1814), dt. Schauspieler, Theaterleiter u. Dramatiker *42*
Imlay, Gilbert (ca. 1754–1828), Autor u. pol. Abenteurer *210*

J
Jean Paul, eigentl. Johann Paul Friedrich Richter (1763–1825), dt. Dichter *135, 159*
Jefferson, Thomas (1743–1826), 3. Präsident der USA *11, 127, 145, 219, 221*
Johann VI., König von Portugal 1816–1826, infolge der Geisteskrankheit seiner Mutter, Maria I., seit 1792 Regent *115 f.*
Johnson, Samuel (1709–1784), engl. Schriftsteller *90 ff.*
Jones, John Paul, eigentl. John Paul (1748 bis 1792), engl. Seefahrer u. Abenteurer *126 f.*
Joseph II., röm.-dt. Kaiser 1765–1780, Sohn Maria Theresias *7 f., 9, 31 f., 39, 50, 61 f., 78, 80, 94, 109 f., 112, 131 f., 136, 180, 197, 203*
Jourdan, Jean-Baptiste Graf (1762–1833), franz. Marschall *162*

K
Kant, Immanuel (1724–1804), dt. Philosoph *33, 79, 93, 127*
Karl IV., König von Spanien 1788–1808, ⚭ Maria Luise *40, 133, 163 f.*
Karl August, Herzog von Sachsen-Weimar 1775–1828 *33, 37, 45, 83 f., 129, 223*
Karl Eugen, Herzog von Württemberg 1737 bis 1793 *33, 38, 115*
Karl Ludwig Johann, Erzherzog von Österreich (1771–1847), Feldherr, Bruder Franz' II. *113, 159 f., 162, 193 f.*
Karl Theodor, Kurfürst von der Pfalz 1733 und von Bayern 1778–1799 *74*
Katharina II., die Große, Zarin von Rußland 1762–1796, geb. Sophie Auguste Prinzessin von Anhalt-Zerbst, ⚭ Peter III. *9, 80, 111 f., 126 f., 143, 159, 196 f.*
Kauffmann, Angelika (1741–1807), Schweizer Malerin *129 f.*
Khevenhüller-Metsch, Johann Joseph Graf von (1706–1776), Oberstkofmeister Josephs II. *7, 131 f.*
Klopstock, Friedrich Gottlieb (1724–1803), dt. Dichter *135, 158 f.*
Knigge, Adolf Freiherr von (1752–1796), dt. Schriftsteller *44 f., 74, 135*
Knox, Henry (1750–1806), amer. Kriegsminister *168, 219*
Kotzebue, August Friedrich Ferdinand von (1761–1819), dt. Dramatiker *42, 80 ff.*

Kuhn, Adam (1741–1817), Prof. d. Medizin u. Botanik am College von Philadelphia *170*

L
Lafayette, Marie-Joseph-Motier Marquis de (1757–1834), franz. General, Befehlshaber der Pariser Nationalgarde *23 f., 51 f., 80, 101, 104, 165, 186, 216, 221*
Lamballe, Marie-Thérèse de Savoyie-Carignan Fürstin von (1749–1792), Freundin Marie Antoinettes *28*
La Motte, Jeanne de Saint-Rémy de Valois Gräfin von (1756–1791), Anstifterin der Halsbandaffäre *28, 94*
Laudon, Gideon Ernst Freiherr von (1717 bis 1790), österr. Feldmarschall *9*
Launay, Bernard-Jordan Marquis de (1740 bis 1789), Kommandant der Bastille *19 f., 22, 40*
Lavoisier, Antoine-Laurent de (1743–1794), franz. Chemiker *208, 231*
Leopold II., röm.-dt. Kaiser 1790–1792, Sohn Maria Theresias *31, 54, 58, 61 f., 78, 80, 84, 108 ff., 113, 129, 131, 136, 139, 197*
Lessing, Gotthold Ephraim (1729–1781), dt. Dichter u. Kritiker *131*
Lichtenberg, Georg Christoph (1742–1799), dt. Physiker u. Schriftsteller *40, 171*
Ligne, Charles-Joseph Fürst von (1735–1814), österr. Feldmarschall u. Diplomat *132*
Löschenkohl, Johann (Mitte 18. Jh. bis Anfang 19. Jh.), Kupferstecher in Wien *136 f.*
Ludwig XV., der Vielgeliebte, König von Frankreich 1715–1774 *25 f., 29, 133, 153 f., 173, 177, 213*
Ludwig XVI., König von Frankreich 1774 bis 1792, Enkel von Ludwig XV., ⚭ Maria Antoinette *4, 14, 22 ff., 36, 46, 50 ff., 56 ff., 80, 98 ff., 109, 114, 124, 127, 133, 139, 142 f., 146 f., 153, 163 ff., 173, 177, 181, 186, 188, 191, 215, 221, 231*
Ludwig XVII. (1785–1795), Sohn Ludwigs XVI., nach Hinrichtung des Vaters zum König erklärt *59, 148 f., 191 f.*

M
Malesherbes, Chrétien-Guillaume de Lamoignon de (1721–1794), Verteidiger Ludwigs XVI. *146, 149, 191, 231*
Marat, Jean-Paul (1744–1793), einer der radikalsten Demagogen der Franz. Revolution, Präsident des Jakobinerklubs *34, 51, 53, 101, 103, 106, 120, 124, 138 ff., 147, 150 f., 167, 186, 215*
Maria I., 1777 Königin von Portugal, nach 1788 in geist. Umnachtung gefallen *115 f.*
Maria Ludovica v. Bourbon-Spanien (1745 bis 1792), ⚭ Leopold II. *84, 108, 129*
Maria Luise (1781–1819), Königin von Spanien, ⚭ Karl IV. *40, 163 f.*
Maria Theresia (1717–1780), 1740 Erzherzogin

von Österreich, Königin von Ungarn und Böhmen, ⚭ Franz I. *27, 44, 109, 131, 136, 153, 180*
Maria Theresia von Bourbon-Neapel (1772 bis 1807), ⚭ Leopold II. *110*
Marie Antoinette (1755—1793), Königin von Frankreich, ⚭ Ludwig XVI., Tochter Maria Theresias von Österreich *23 ff., 53, 57 ff., 80, 94, 101 f., 104 f., 133, 143, 148 f., 152 ff., 167, 181, 188, 191 f., 215 f.*
Martinovics, Ignác Jószef (1755—1795), ungar. Revolutionär *197*
Maulpertsch, Franz Anton (1724—1796), dt.-österr. Maler *175 f.*
Méricourt, Théroigne de, eigentl. Anne Josephine Terwagne (1762—1817), franz. Frauenrechtlerin *212, 215 f.*
Mirabeau, Honoré-Gabriel Riqueti Graf von (1749—1791), 1791 Präs. d. Nationalversammlung *40, 52 f., 56, 80, 95, 121, 134, 138 f., 165 ff., 186*
Moritz, Karl Philipp (1756—1793), dt. Schriftsteller *93, 135*
Mozart, Wolfgang Amadeus (1756—1791), österr. Komponist *40, 42, 44, 84 ff., 94, 127, 178*

N

Narbonne-Lara, Louis Prinz (1755—1821), Kriegsminister Ludwigs XVI. *80, 100*
Necker, Jacques (1732—1804), franz. Bankier u. Staatsmann, 1777—1790 Finanzminister *14, 22, 29 f., 40, 80, 167*
Niebuhr, Carsten (1733—1814), dt. Forschungsreisender *228 f.*

O

Orléans, Louis-Philippe-Joseph Herzog von (1747—1793), nach Beitritt zum Jakobinerklub Philippe Égalité *14, 139, 146, 164 f., 173, 181, 188, 216*

P

Paisiello, Giovanni (1740—1816), ital. Komponist *44, 87*
Parmentier, Antoine-Augustin (1737—1813), franz. Agronom *34 ff.*
Peter III., Zar von Rußland 1762, 1739 Herzog Karl Peter Ulrich von Holstein-Gottorp, ⚭ Katharina II. *112*
Pinel, Philippe (1745—1826), franz. Irrenarzt *118 f.*
Pitt d. Ä., William Earl of Chatham (1708 bis 1778), 1766—1768 brit. Außenminister *5*
Pitt d. J., William (1759—1806), 1782—1783 brit. Schatzkanzler, 1783 Premierminister, Sohn von Pitt d. Ä. *5 f., 13, 206*
Pius VI., Papst 1775—1799 *53 f., 57, 70 ff., 126, 203*
Polignac, Herzogin Jolande de Polastron von (um 1749—1793), Freundin von Marie Antoinette *28*
Pompadour, Jeanne Antoinette Poisson, Dame Le Normant d'Étoiles, Marquise von (1721 bis 1764), seit 1745 Mätresse Ludwigs XV. *25, 133*
Potjomkin, Grigori Alexandrowitsch Fürst (1739—1791), russ. Feldherr u. Staatsmann *9, 111 f., 126 f., 130, 196*

R

Radcliffe, Ann (1764—1823), engl. Schriftstellerin *179*
Radischtschew, Alexandr Nikolajewitsch (1749—1802), russ. Dichter *196 f.*
Ramsay, Allan (1713—1784), Hofmaler Georgs III. *89*
Reinhold, Karl Leonhard (1758—1823), dt. Philosoph *33*
Reynolds, Joshua (1723—1792), engl. Maler *88 f., 90, 139*
Robespierre, Maximilien de (1758—1794), Präs. d. Wohlfahrtsausschusses *34, 55, 98 ff., 105 f., 138, 143, 146 ff., 153, 155 ff., 166 f., 175, 184 ff., 192, 211, 215 f., 224, 231*
Rohan, Louis-René-Édouard Fürst von (1734 bis 1803), franz. Kardinal *28, 71, 94*
Roland de La Platière, Jean-Marie (1734 bis 1793), 1792 franz. Innenminister *55, 181, 211*
— Jeanne-Marie, gen. Mme. Roland (1754 bis 1793), franz. Politikerin, ⚭ Jean-Marie R. *138, 157, 181, 211*
Rouget de Lisle, Claude-Joseph (1760—1836) *162*
Rousseau, Jean-Jacques (1712—1778), franz. Schriftsteller u. Kulturphilosoph *36, 55, 143, 177, 210, 214*

S

Sacco, Johanna (1754—1802), Wiener Hofschauspielerin *132*
Sade, Donatien-Alphonse-François Marquis de (1740—1814), franz. Schriftsteller *173 f.*
Saint-Just, Louis-Antoine-Léon (1767—1794) Anhänger Robespierres im Wohlfahrtsausschuß *148 ff., 157, 174, 186 ff., 190, 231*
Salieri, Antonio (1750—1825), ital. Komponist *84, 86*
Salomon, Johann Peter (1745—1815), Komponist, Violinvirtuose, Impresario dt. Herkunft in England *87, 226*
Sanson, Charles-Henri (1740—1793), Henker von Paris *108, 190*
Schiller, Friedrich von (1759—1805), dt. Dichter *33, 42, 158, 222 f., 227*
Schröter, Korona (1751—1802), dt. Sängerin, seit 1776 Schauspielerin in Weimar *83*
Selim III., türk. Sultan 1789—1807 *111*
Sieyès, Emmanuel-Joseph (1748—1836), Abbé, Abgeordneter des dritten Standes *18, 157, 165, 224*
Smith, Adam (1723—1790), schott. Nationalökonom u. Moralphilosoph *39, 69 f., 90, 116*

Staël, Germaine Baronin von Staël-Holstein, gen. Madame de Staël (1766—1817), franz. Schriftstellerin, Tochter von Jacques Necker *40, 80, 211*
Stanislaus II. August, König von Polen 1764 bis 1795 *143 f.*
Stein, Charlotte von (1742—1827), Gattin des herzoglichen Stallmeisters in Weimar *45, 83 f.*
Sterne, Laurence (1713—1768), engl. Schriftsteller *135, 196*
Suworow, Alexander Wassiljewitsch Graf (1729—1800), russ. Feldherr *9*

T

Talleyrand-Périgord, Herzog Charles-Maurice von (1754—1838), Bischof, franz. Staatsmann *47, 52 f.*
Tallien, Jean-Lambert (1767—1820), Gegner Robespierres *186 ff., 211*
— Thérèse (1775—1835), geb. Cabarrus, Marquis de Fontenay, ⚭ Jean-Lambert T. *186 ff., 211*
Thümmel, Moritz August von (1738—1817), dt. Schriftsteller *135*
Tipu Sahib (1749—1799), Sultan von Maisur *82 f.*
Troger, Paul (1698—1762), österr. Maler *176*

U

Unzelmann: siehe Bethmann

V

Vergniaud, Pierre-Victurnien (1753—1793), Girondistenführer *55, 102, 146, 153, 181*
Vernet, Claude-Joseph (1714—1789), franz. Maler *47*
Viotti, Giovanni Battista (1755—1824), ital. Komponist *226*
Voß, Johann Heinrich (1751—1826), dt. Dichter *135*
Vulpius, Christiane (1765—1816), ⚭ 1806 Johann Wolfgang von Goethe *45 ff.*

W

Walpole, Horace, Earl of Orford (1717 bis 1797), engl. Schriftsteller *90, 179*
Washington, George (1789—1797), 1. Präsident der USA *10 f., 144 f., 168, 170, 219 f.*
Watt, James (1736—1819), engl. Ingenieur u. Erfinder der Dampfmaschine *67*
Weidner, Christiane Friederike (1730—1799), Wiener Hofschauspielerin *131 f.*
Weishaupt, Adam (1748—1830), dt. Philosoph, Begründer d. Illuminatenordens *74*
Wesley, John (1703—1791), engl. Begründer d. Methodismus *95*
Winckelmann, Johann Joachim (1717—1768), dt. Archäologe u. Kunstgelehrter *130*
Wollstonecraft, Mary (1759—1797), engl. Frauenrechtlerin u. Schriftstellerin *210 ff.*
Wucherer, Georg Philipp, Pamphletdrucker, kam Anfang der siebziger Jahre nach Wien *180*

Quellennachweis
(der wichtigsten Bücher)

A

Alexandrow, Viktor: Die Geheimnisse des Kremls. München 1964
Arnau, Frank: Das Auge des Gesetzes. Düsseldorf 1962
Arnau, Frank: Jenseits der Gesetze. München 1966
Avenel, George d': Richelieu et la Monarchie absolue. Paris 1884

B

Bausani, Allessandro: Die Perser. Stuttgart 1965
Beard, Miriam: A History of Business. Toronto 1962
Bernard, Paul P.: Joseph II. and Bavaria. Den Haag 1965
Bersihand, Roger: Geschichte Japans. Stuttgart 1963
Bessand-Massenet, Pierre: Femmes sous la Revolution. Paris 1953
Bessand-Massenet, Pierre: De Robespierre á Bonaparte. Paris 1970
Bloch, Iwan: Neue Forschungen über den Marquis de Sade und seine Zeit. Berlin 1904
Blond, Georges und Germaine: Der Mensch war immer schon genüßlich. Wien 1965
Böhn, Max von: Die Mode. München 1908—1925
Böhn, Max von: Das Beiwerk der Mode. München 1928
Böhn, Max von: Deutschland im 18. Jahrhundert. Berlin 1922
Böhn, Max von: England im 18. Jahrhundert. Berlin 1922
Boswell, James: The life of Samuel Johnson. London 1973
Boswell, James: London Yournal. New York 1956
Bourdeau, Jean: La Rochefoucauld. Paris 1895
Bowers, Claude Gernade: Jefferson versus Hamilton. Boston 1945
Brautlacht, Erich: Versuchung in Indien. Hamburg 1958
Breton, Guy: Geschichte aber macht Madame. München 1970
Brinton, Crane, u. Christopher, John B., u. Wolff, Robert Lee: A History of Civilization. New York 1955
Brown, Dale: Die amerikanische Küche. New York 1968
Buchner, Eberhard: Das Neueste von gestern. München 1911
Buchner, Eberhard: Ärzte und Kurpfuscher, München 1922
Buchner, Eberhard: Medien, Hexen und Geisterseher. München 1926
Buchner, Eberhard: Religion und Kirche. München 1925

C

Castries, René Duc de: La vie quotidienne des émigrés. Paris 1966
Chateaubriand, François-René Vicomte de: Memoires d'autre Tombe. Paris 1947
Christian, Paul: The History and Practice of Magic. London 1952
Clark, George Norman (Hrsg.): The Oxford History. Oxford 1952—1956
Conte Corti, Egon Cäsar: Die trockene Trunkenheit. Leipzig 1930
Cronin, Vincent: Ludwig XVI. und Marie Antoinette. Düsseldorf 1975
Cunliffe, Marcus: The Nation takes shape. Chicago 1959
Cunow, Heinrich: Die Parteien der großen Französischen Revolution und ihre Presse. Berlin 1912

D

Darmstaedter, Ludwig: Handbuch zur Geschichte der Naturwissenschaft und der Technik. Berlin 1908
Darmstaedter, Ludwig: Naturforscher und Erfinder. Bielefeld 1926
Davis, Reginald Trevor: Spain in Decline. London 1957
Delderfield, Eric R.: Kings and Queens of England. New York 1972
Dethloff, Willi: Chinin. Berlin 1944
Dickler, Gerald: Dreizehn Prozesse, die Geschichte machten. München 1964
Diepgen, Paul: Geschichte der Medizin. Berlin 1949
Diepgen, Paul, und Aschoff, Ludwig: Kurze Übersichtstabelle zur Geschichte der Medizin. Berlin 1960
Döbler, Hannsferdinand: Kultur- und Sittengeschichte. Gütersloh 1971—1974
Dollinger, Hans: Schwarzbuch. München 1973
Dos Passos, John: Men who made the Nation. New York 1957
Dos Passos, John: The Head and Heart of Thomas Jefferson. New York 1954
Dülmen, Richard von: Der Geheimbund der Illuminaten. Stuttgart 1975
Dumas, Alexandre: Die Gräfin von Charnis. Pest 1852–1854
Dumas, Alexandre: Ange pitou. Pest 1855
Dumas, Alexandre: Die Flucht nach Varennes. Pest 1857
Durant, Will und Ariel: The Age of Napoleon. New York 1975

E

Edwardes, Michael: Illustrierte Geschichte Indiens. München 1961
Einstein, Alfred: Mozart. New York 1945
Esser, Wilhelm: Philippe Pinel. Düsseldorf 1938
Estrée, Paul d': Le Theatre sous la Terreur 1795–1894. Paris 1913

F

Feiling, Keith: Warren Hastings. London 1954
Feiling, Keith: A History of England. New York 1948
Fejtö, Ferenc: Joseph II. Stuttgart 1956
Flake, Otto: Die Französische Revolution. Leipzig 1932

G

Gättens, Richard: Inflationen. München 1955
Gernet, Jacques: Le Monde Chinois. Paris 1972
Gleichen-Rußwurm, Alexander Freiherr von: Weltgeschichte in Anekdoten und Querschnitten. Berlin 1929
Godechot, Jacques: La Prise de la Bastille. Paris 1965
Grob, Gerald N.: Interpretations of American History. New York 1972
Grothe, Heinz: Das neue Narrenschiff. Stuttgart 1968
Grun, Bernard: Aller Spaß dieser Welt. Wien 1966

H

Hanfstängl, Ernst Franz: Amerika und Europa von Marlborough bis Mirabeau. München 1930
Hennebo, Dieter: Geschichte der deutschen Gartenkunst. Hamburg 1962 bis 1965

Hilger, Dietrich: Edmund Burke und seine Kritik der Französischen Revolution. Stuttgart 1960
Hoch, Auguste: Die Inflation. Wien 1946
Hoffmeister, Heribert: Anekdotenschatz. Berlin 1957
Hudson, Derek: Sir Joshua Reynolds. London 1958
Hunke, Sigrid: Allahs Sonne über dem Abendland. Stuttgart 1975

J

Jacob, Heinrich Eduard: Sechstausend Jahre Brot. Hamburg 1954
Jusserand, Jean Jules: Les sports et jeux d'Exercise dans l'Ancienne France. Paris 1901

K

Kaus, Gina: Katharina die Große. Leipzig 1935
Kemmerich, Max: Kulturkuriosa. München 1923–1924
Kemmerich, Max: Das Kausalgesetz der Weltgeschichte. Ludwigshafen 1922
Kulischer, Josef: Allgemeine Wirtschaftsgeschichte des Mittelalters und der Neuzeit. München 1971

L

Lange, Wilhelm: Genie, Irrsinn und Ruhm. München 1961
Lavater-Sloman, Mary: Katharina und die russische Seele. Zürich 1941
Leip, Hans: Bordbuch des Satans. München 1959
Lerbs, Karl: Die deutsche Anekdote. Berlin 1944
Lützeler, Felix Franz Egon: Hinter den Kulissen der Weltgeschichte. Leipzig o. J.

M

Massin, Jean: Almanach. Paris 1963
Massin, Jean: Robespierre. Berlin 1963
Mencken, August: By the neck. New York 1942
Michelet, Jules: Les femmes de la Revolution. Paris 1960
Mostar, Hermann: Weltgeschichte höchst privat. Wien 1957
Mühr, Alfred: Das Kabinett Gottes. Düsseldorf 1971

N

Nirenstein, Otto: Luftfahrt im alten Wien. Wien 1917

O

Orieux, Jean: Talleyrand ou le Sphinx incompris. Paris 1970

P

Paczensky, Gert von: Die Weißen kommen. Hamburg 1970
Palazzi, Fernando: Enciclopedia degli Aneddoti. Mailand 1941
Peabody Gooch, George: Catherine the Great. London 1954
Peabody Gooch, George: Germany and the French Revolution. London 1965
Pirenne, Henri: Histoire de Belgique. Brüssel 1932
Pomeau, René: Beaumarchais. Paris 1956
Poncin, Leon de: Hinter den Kulissen der Revolution. Berlin 1929
Porchev, Boris: Les Soulevements Populaires en XVIII Siècle. Paris 1963
Prause, Gerhard: Genies ganz privat. Düsseldorf 1975
Prause, Gerhard: Niemand hat Kolumbus ausgelacht. Düsseldorf 1966
Pritchard, John Laurence: A History of Capital Punishment. New York 1960

R

Ranke, Leopold von: Ursprung und Beginn der Revolutionskriege 1791 und 1792. Leipzig 1875
Ranke, Leopold von: Die deutschen Mächte und der Fürstenbund. Leipzig 1821
Regele, Oskar: Generalstabschefs aus vier Jahrhunderten. Wien 1966
Reinhard, Marcel: La Chute de la Royauté. Paris 1969

S

Sayyid Fayyaz, Mahmud: The Story of Islam. Karachi 1959
Scheler, Lucien: Lavoisier et la Revolution française. Paris 1956
Schoerer, Mark: William Blake. New York 1946
Schreiber, Hermann: Frankreich aus erster Hand. Würzburg 1970
Skalweit, Stephan: Edmund Burke und Frankreich. Köln 1956

Soboul, Albert: Précis de l'Histoire de la Révolution française. Paris 1975
Soloveytchik, George: Potemkin. Zürich 1951
Speter, Max: Lavoisier und seine Vorläufer. Stuttgart 1910
Sullerot, Evelyne: Die emanzipierte Sklavin. Wien 1972
Syben, Friedrich: Offiziersanekdoten. Berlin 1942
Syben, Friedrich: Preußische Anekdoten. Berlin 1939

T

Tharp, Edgar: Giants of Invention. New York 1971
Thiel, Rudolf: Der Himmel voller Geigen. Wien 1963
Thompson, James Matthew: The French Revolution. Oxford 1947
Thompson, James Matthew: Leaders of the French Revolution. Oxford 1948
Thompson, James Matthew: Robespierre and the French Revolution. New York 1962

U

Urlanis, Boris Cesarevic: Bilanz der Kriege. Berlin 1965

W

Walter, Gérard: Actes du Tribunal revolutionnaire. Paris 1968
Walter, Gérard: Babeuf. Paris 1937
Walter, Gérard: La Conjuration du Neuf Thermidor. Paris 1974
Walter, Gérard: La Guerre de Vendée. Paris 1953
Walter, Gérard: Histoire de la Terreur. Paris 1937
Walter, Gérard: La Revolution française vue par ses Journaux. Paris 1948
Waterhouse, Ellis K.: Reynolds. London 1941
Wilhelm, Richard: Geschichte der chinesischen Kultur. München 1928

Z

Zimmermann, Alfred: Geschichte der europäischen Kolonien. Berlin 1901
Zinkeisen, Johann Wilhelm: Geschichte des osmanischen Reiches in Europa. Hamburg 1840–1863
Zöllner, Erich: Geschichte Österreichs. Wien 1974.

Gesamtinhalt

BRIEF DES HERAUSGEBERS
 4, 50, 98, 142, 184

ARABIEN
Großarabien entsteht mit Allahs Hilfe — 194

AUSTRALIEN
Aus dem Knast zu den Känguruhs — 12

DEUTSCHLAND
Wieder einer von sechzehn — 109
Gedämpfte Begeisterung — 158

ENGLAND
Der König und der Kanzler — 5
Monsterprozeß gegen den »Kaiser von Indien« knapp vor Ende — 198

FRANKREICH
ZB-Titel: »Pariser Revolte« oder Französische Revolution? — 14
Der Bäcker und die Bäckerin übersiedeln nach Paris — 23
Zwei wirklich unbekannte Leute — 25
Der König und die Revolution — 51
Die verunglückte Reise der Familie Korff — 57
ZB-Titel: Ende des Königtums? — 99
Die große Köpfmaschine — 107
ZB-Titel: Die Gleichheit vor der Guillotine — 146
Der neue Kalender — 158
Robespierre hingerichtet — 185
Wo ist der Dauphin? — 191

ÖSTERREICH
Bilanz eines Regierungsstils — 7
Der Kaiser kommt aus Florenz — 61
Ein Fragment bleibt zurück — 108

POLEN
Bediene sich, wer will! — 143

PORTUGAL
Der Narrendoktor kommt aus England — 115

RUSSLAND
Kein Schwedenpunsch in Petersburg — 9
Beide Pfoten aus dem Schlamm — 111
Wie die Verbannung schmeckt — 196

SACHSEN
Die Sorgen des Kurfürsten — 62

SPANIEN
Spaniens Alleinherrscher ist der »schöne Manuel« — 163

UNGARN
Martinovics: Agent oder Rebell? — 197

VEREINIGTE STAATEN VON AMERIKA
Washington for President — 10
Der undankbare Washington — 144

KRIEG IM WESTEN
»Die Komödie dauert nicht lange!« — 113
Mit dem Rücken zur Wand — 159
Vorwärts, wir gehen zurück! — 192

EMIGRANTEN
Immer Feste feiern — 112

FREIMAURER
Arbeit unter freiem Himmel — 164

WIRTSCHAFT
Warum gibt es kein Brot? — 29
ZB-Titel: Lumpengesindel — 64
Das Vermächtnis des Nationalökonomen Adam Smith — 69
Neuer Dollar — 116
Privatgeschäfte — 116
Preiskontrolle für Holzpantoffeln — 165
Währung: Kirchengüter wurden zu Papier — 166
Negeraufstand in Haiti — 202
China: Britischer Handelsbotschafter abgeblitzt — 205

MEDIZIN
Heikle Fracht aus Florenz — 31
Ketten zum alten Eisen — 118
Der Tod von Philadelphia — 168

RECHT
Der Magier und der Papst — 70
Zivile Ehe und Scheidungsflut — 121
Erfinderparadies Amerika — 219

WISSENSCHAFT
Die Sache mit dem Frosch — 75
Chemie: gewogen und gemessen — 209

ERFINDUNGEN
Jetzt geht's auch ohne Brieftauben! — 119

UNIVERSITÄTEN
Friedrich von Schiller hielt Antrittsvorlesung in Jena — 33

GESELLSCHAFT
Die Revolution begann im Kaffeehaus — 33
Heldinnen und Hyänen — 170
ZB-Titel: Revolution in der Revolution — 210
Die gefährlichen Liebschaften — 216
Der Spielteufel regiert in Europa — 218

VERBRECHEN
Der Tod kam auf dem Maskenball — 122

MODERNES LEBEN
Ein Mann kämpft gegen den Hunger — 34
Der neue Landschaftsgarten — 36
Von »Unserer Lieben Frau« zur »Gerechten Lukretia« — 120
Seebäder in Deutschland? — 171
Eine Hauptstadt vom Reißbrett — 220

UNTERHALTUNG
Im Dreivierteltakt — 38

MODE
Der Turm ist tot – es lebe die Feder! — 38
Revolution auch in der Mode — 76
Cäsar mit der Jakobinermütze — 125
Aus englischer Umstandsmode wurde in Paris das Nacktemd — 171
Mantel ist passé – man trägt Schal — 222
Die Entdeckung des Kindes — 222

ABENTEUER
Die Wiener gehen in die Luft — 77

BIOGRAPHIE
Begegnung mit dem Feuergeist 79
Seeräuber und Freiheitsheld
   zugleich 126
Der »göttliche Marquis« schon
   wieder im Gefängnis 173
Goethe und Schiller – Freund-
   schaft oder Waffenstillstand 222

PERSONALIA   39, 80, 128, 174, 224

KUNST
Sind unsere Maler nur noch
   Kopisten? 41
Der Präsident hat viel zu tun 88
Die Dame ist fünfzig 129
»Ich träume von Sümeg«, sagt
   Maulpertsch 175
Francisco Goya malt wieder 224

THEATER
Kassenschlager verdrängt Schiller 42
Wer war der König von
   Madagaskar? 80
»Verlust der Herrschaft«
   ist verboten 82
Was Spaß macht, ist erlaubt 83
Bankier an die Spitze der Burg? 131
»Zu amüsant für einen Gift-
   mischer!« 133
Empörung nach dem Tod Goldonis 177

MUSIK
Raubdrucker plündern
   Kapellmeister Haydn 42
Requiem aeternam dona ei... 84
Krach um Stimmwunder David 87
Junger Pianist begeistert das
   musikalische Wien 178
J. P. Salomon: ein Allroundgenie 226

BESTSELLER
Über den (wahren) Umgang mit
   Menschen 44
Aufregung in Weimar 45
Der Marktschreier und sein
   Hanswurst 90
Ideen zur Philosophie der
   Geschichte der Menschheit 93
Die Götter der Griechen und Römer 93
»... der ist noch über Goethe!« 135
Drei Reisen – erbaulich, komisch,
   heilsam 135
Das Schloß von Otranto ist keine
   Sommerfrische 179
Bestseller nur mehr zum Lieb-
   haberpreis erhältlich 180
Zwei schwere Brocken und ein
   Fliegengewicht 227

PRESSE
Zu haben bei Löschenkohl im
   Gewölbe am Kohlmarkt 136
Das Rauschen im Blätterwald 138

SPORT
Sport ist Mord 46
Hurling oder die Zähmung eines
   Spiels 180
»Sei fit, mach mit!« sagen die
   Perser 228
Ringen auch außerhalb der
   Tempel 230

WENDEPUNKTE
   47, 94, 139, 181, 231

BEDEUTENDE EREIGNISSE 232
PERSONENREGISTER 234
QUELLENNACHWEIS 237

Bildnachweis

Bildarchiv der Österreichischen Nationalbibliothek, Wien (93); Verlagsarchiv Ueberreuter, Wien (34); Bibliothéque Nationale, Paris (25); Radio Times Hulton Picture Library, London (13); Museen der Stadt Wien (11); Musée Carnavalet, Paris (7); Graphische Sammlung Albertina, Wien (5); Picture Library Mary Evans, London (5); USIS, Wien (3); Erich Lessing, Wien (2); Heeresgeschichtliches Museum, Wien (2); British Museum, London (1); India Office Library and Records, London (1); Kunsthistorisches Museum, Wien (1); Musée Bargoin, Clermont-Ferrand (1); Musée des Arts et Metiers, Paris (1); Musée des Beaux Arts, Chartres (1); Musée Granet, Aix-en-Provence (1); Museo della Scala, Mailand (1); Princeton University Library, Princeton (1); Rockefeller University, New York (1); Sammlung H. C. Robbins-Landon, Wien (1); State Historical Association, Philadelphia (1); alle Karten und Zeichnungen stammen von Lorenz Grieder, Wien (5).

Die Themen der nächsten Bände:

Der Dreißigjährige Krieg

Das antike Rom – Ende der Republik

Weitere Bände in Vorbereitung